中国人民大学研究报告系列

中国会计指数研究报告

2019

RESEARCH REPORT ON CHINA
ACCOUNTING INDEX

主　编　王化成

副主编　刘　欢　刘桂香　李昕宇　刘金钊

中国人民大学出版社
· 北京 ·

前　言

近年来，复杂多变的国际环境，供给侧结构性改革的深入推进以及资本市场建设的不断完善对我国宏观经济发展、中观行业运行以及微观企业经营都产生了十分深远的影响。在日益复杂的经济形势下，寻找、构建一套能够及时准确地反映宏观经济发展、全面有效地评估行业运行以及科学合理地筛选投资标的的指标体系成为当下决策部门、企业和投资者等社会各界的迫切需求，也是当前科研工作者亟须攻克的一项重要任务。

作为记录企业财务状况、经营业绩与资金变动情况的载体，微观企业会计信息与宏观和中观层面经济活动之间的内在联系受到了国内外学术界的高度关注，其在宏观经济决策中所发挥的重要价值也受到了广泛认可。与其他数据相比，会计信息具有以下优势：一是会计信息经过专业的审计，企业相关会计人员、负责人和外部审计人员对会计信息负责，准确性较高。二是随着会计实务的发展、会计准则的改革完善，会计信息不仅起到了记录过去的作用，还具有预测价值，从而有助于宏观经济决策、中观行业评价以及投资策略制定。三是在一个经济体中，宏观经济运行由所有微观企业构成，每一个微观企业的经济活动都是宏观经济运行的构成元素，把所有的单个企业综合起来就构成了宏观经济的主体。因此，经过汇总的会计信息能够反映宏观经济运行情况。

在这一背景下，会计指数课题组以深化和拓宽会计信息应用性为工作重点，近年来连续出版了《中国会计指数研究报告（2012）》《中国会计指数研究报告（2013—2014）》《中国会计指数研究报告（2015）》《中国会计指数研究报告（2016）》《中国会计指数研究报告（2017）》《中国会计指数研究报告（2018）》，分别对会计宏观价值指数、会计综合评价指数和会计投资价值指数的理论基础、研究方法和应用价值等进行了系统的分析论证，构建了一套完整的分析宏观经济发展趋势、评估中观行业运行状况和反映微观企业投资价值的多功能指数体系。该系列研究成果在国内学术界和实务界引发了巨大反响，对实现会计信息在宏观经济决策、行业运行评价、投资决策制定等领域的应用发挥了重要的推动作用。

2018 年以来，我国的宏观经济运行情况发生了一些新的变化，不同产权性质、不同地区、不同行业的经济运行呈现出一些值得关注的新趋势、新特点。对会计宏观价值指数、会计综合评价指数和会计投资价值指数进行分析，有助于政府有关部门、企业和投资者更好地掌握宏观经济的发展趋势，评估行业整体运行情况，以及判断企业的真实投资价值，从而提高决策的科学性和有效性。在近一年的不断探索中，会计指数的研究工作取得了新的突破，本报告即课题组最新的研究成果。

本报告在《中国会计指数研究报告（2018）》的基础上，进一步编制了 2018 年第 2 季度至 2019 年第 1 季度的会计宏观价值指数，深入剖析了这一年来我国宏观经济的运行情况；编制了 2018 年度的会计综合评价指数，全面分析了我国制造业、服务业、金融业等各行业的最新发展趋势；编制了 2018 年度的会计投资价值指数，综合考察了我国 A 股上市公司的经营状况与投资价值。与前六份研究报告相比，本报告的特色和创新之处具体体现在以下几个方面：

第一，会计宏观价值指数在沿用全样本编制方法的基础上，从全行业、大制造业、大服务业、农林牧渔业、金融业等多个行业视角，以及产权性质、四类经济主体、地区等多个经济视角出发，结合近年来国内外重要政治、经济事件，如供给侧结构性改革、金融监管、中美贸易摩擦等，对"新常态"下我国宏观经济形势展开了更为全面、深入的剖析。第二，会计综合评价指数的分析体系日趋完善，应用价值得以加强。此前，课题组仅从定量层面测算了各行业上市公司的会计综合评价指数，并未从定性层面对测算结果的内涵加以解读与分析。在本报告中，课题组从盈利能力、成长能力、经营风险、资产质量、偿付能力等多个方面对各行业上市公司会计综合评价指数的现状与变动展开了定性分析，进一步完善了会计综合评价指数的分析体系，有助于增强会计综合评价指数在实践中评价行业运行情况的应用价值。第三，会计投资价值指数的应用价值得到进一步提升。此前，课题组只在定量层面对 A 股上市公司的投资价值进行了测算，忽视了对测算结果的定性解读与分析，这可能不利于投资者，尤其是中小投资者对会计投资价值指数的理解与认知，限制了会计投资价值指数的应用范围。在本报告中，课题组基于会计投资价值指数的编制结果，进一步从盈利能力、盈利质量、成长能力、经营风险等方面对上市公司的投资价值进行了系统分析，有助于投资者在构建投资组合过程中对会计投资价值指数进行充分理解与合理运用，增强会计投资价值指数的应用价值。

本课题得到了财政部、中国会计学会和中国人民大学的鼎力支持。财政部将会计指数列为部重大科研课题；中国人民大学高度重视会计指数的研究工作，在人员和经费上给予了大力支持，组成以王化成教授为主持人的核心研究团队；中国人民大学商学院、财政金融学院、经济学院和统计学院的诸多著名专家和教授参加了课题研究和讨论；中国人民大学国家发展与战略研究院专门成立了"会计、财务与经济运行研究中心"，支持会计指数课题的持续研究；中国人民大学科研处也高度重视会计指数的研究工作，将会计指数研究报告列入中国人民大学科学研究基金项目中的"中国人民大学研究报告系列"。本书便是会计指数系列研究报告的第七本。在本报告付梓之际，我们特向以上相关机构表示由衷感谢。希望在我们的不懈努力和各方的大力支持下，该系列研究能够为我国会计理论研究指明新的方向、开启新的篇章。

本报告是王化成教授主持的国家社会科学基金重大项目"基于马克思劳动价值论的会计宏观价值指数编制与分析"（18ZDA073）的阶段性成果。本报告也得到了财政部"会计名家培养工程"的经费资助。

本报告是一项集体研究成果，由王化成担任主编，刘欢、刘桂香、李昕宇、刘金钊任副主编。先后参加本报告撰写的课题组成员有：王化成、刘欢、刘桂香、李昕宇、刘金钊、高升好、张伟华、卿小权、张修平、钟凯、潘俊、侯粲然、孙昌玲、王灿、陈占燎、许少山、王芃芃、杨雅宁、薛菲、李晗、董青。课题组成员完成初稿后，主编、副主编经多次讨论定稿。

会计信息宏观有用性的研究在国内外都处于起步阶段，其理论基础、研究方法和研究结论尚无定论，但无论是从宏观角度提高宏观经济预测决策的科学性，还是从微观角度拓宽会计信息的使用范围，这项研究都具有重大的理论意义和现实意义。期待学术界同仁共同投入会计信息宏观有用性的研究中来，为会计理论研究做出更大的贡献。

王化成

目　录

上篇　会计宏观价值指数

中篇 会计综合评价指数

下篇　会计投资价值指数

第1章 引　言

《中国会计指数研究报告（2012）》《中国会计指数研究报告（2013—2014）》《中国会计指数研究报告（2015）》《中国会计指数研究报告（2016）》《中国会计指数研究报告（2017）》《中国会计指数研究报告（2018）》分别在 2013 年、2014 年、2016 年、2017 年、2019 年和 2020 年出版。[①] 书中对会计指数的定义及理论框架、会计宏观价值指数编制的理论基础与方法、会计综合评价指数编制的理论基础与方法、会计投资价值指数编制的理论基础与方法等进行了系统阐述，引起了国内学术界和实务界的广泛关注，对推动会计信息在宏观经济决策领域和资本市场投资领域的应用起到了探索性作用。

2018 年以来，我国宏观经济环境与形势发生了一些新的变化，不同行业的运行情况、不同企业的经营状况与投资价值也出现了一些新的趋势和特点。对会计宏观价值指数、会计综合评价指数与会计投资价值指数进行分析，有助于政府相关部门和企业对当前宏观经济形势与未来发展趋势进行研判，提高决策的科学性和有效性。随着会计信息在政府和企业的决策中发挥着越来越重要的作用，会计指数的编制和分析也有了新的进展。本报告就是课题组最新的研究成果。

1.1　会计指数定义及其理论框架

会计指数是以要素分配理论为依据，以数理统计方法为工具，利用企业会计

[①]　感兴趣的读者可以参考王化成：中国会计指数研究报告（2012）. 北京：中国人民大学出版社，2013；中国会计指数研究报告（2013—2014）. 北京：中国人民大学出版社，2014；中国会计指数研究报告（2015）. 北京：中国人民大学出版社，2016；中国会计指数研究报告（2016）. 北京：中国人民大学出版社，2017；中国会计指数研究报告（2017）. 北京：中国人民大学出版社，2019；中国会计指数研究报告（2018）. 北京：中国人民大学出版社，2020.

信息编制的，用以反映一家企业、一个行业乃至宏观经济总体运行状况及发展趋势的一套指数体系。包括会计宏观价值指数、会计综合评价指数和会计投资价值指数，如图1-1所示。

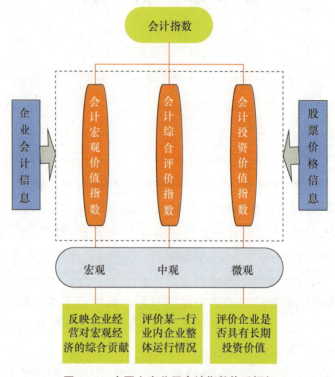

图1-1 中国上市公司会计指数体系框架

会计宏观价值指数（accounting macro-value，AMV）是以各利益相关主体分配的企业新创价值为计算基础，以数理统计方法为工具编制的，用以反映企业经营对宏观经济综合贡献的指数。包括价值创造额指数和价值创造效率指数。

价值创造额指数是以企业新创价值为计算基础，以数理统计方法为工具编制的，用以反映企业总体在一定期间内价值创造总量及其变动趋势的指数。将价值创造额在四类分配主体间的分配情况进一步指数化，可以反映企业为四类分配主体创造的价值总量及其变动趋势，包括股东获利指数、债权人利息指数、员工薪酬指数和政府税收指数。

股东获利指数是以股东分享的企业新创价值为计算基础，以数理统计方法为工具编制的，用以反映一定期间内企业为股东所创造的价值总量及其变动趋势的指数；债权人利息指数是以债权人分享的企业新创价值为计算基础，以数理统计方法为工具编制的，用以反映一定期间内企业为债权人所创造的价值总量及其变动趋势的指数；员工薪酬指数是以员工分享的企业新创价值为计算基础，以数理统计方法为工具编制的，用以反映一定期间内企业为员工所创造的价值总量及其变动趋势的指数；政府税收指数是以政府分享的企业新创价值为计算基础，以数理统计方法为工具编制的，用以反映一定期间内企业为政府所创造的价值总量及其变动趋势的指数。

价值创造效率指数是以企业单位资产新创价值为计算基础，以数理统计方法为工具编制的，用以反映一定期间内宏观经济运行质量及其变动趋势的指数。

会计综合评价指数（accounting comprehensive valuation，ACV）是利用企业会计信息编制的，用于综合评价某一行业中企业在特定会计期间内的经营情况和财务状况的指数。

会计投资价值指数（accounting investment value，AIV）是利用企业会计信息及其市场表现构建的，综合考虑企业盈利能力、盈利质量和成长能力，反映企业长期投资价值的指数。该指数反映了企业的真实投资价值，有助于引导投资者进行价值投资，充分发挥会计信息在资产定价中的基础性作用。

1.2   本报告研究框架概述

本报告分为三个部分：会计宏观价值指数、会计综合评价指数和会计投资价值指数，分别为本报告的上篇、中篇和下篇，如图1-2所示。

上篇为会计宏观价值指数，包括第2章会计宏观价值指数总体编制结果及分析，第3章大制造业会计宏观价值指数编制结果及分析，第4章大服务业会计宏观价值指数编制结果及分析，第5章农林牧渔业会计宏观价值指数编制结果及分析，第6章金融业会计宏观价值指数编制结果及分析。本着为读者提供增量信息的原则，本书上篇的描述重点放在最近四个季度（2018年第2季度到2019年第1季度）会计宏观价值指数的趋势分析上。

中篇为会计综合评价指数，包括第7章食品制造业会计综合评价指数编制结果及分析，第8章医药制造业会计综合评价指数编制结果及分析，第9章橡胶和塑料制品业会计综合评价指数编制结果及分析，第10章非金属矿物制品业会计综合评价指数编制结果及分析，第11章金属制品业会计综合评价指数编制结果及分析，第12章通用设备制造业会计综合评价指数编制结果及分析，第13章专用设备制造业会计综合评价指数编制结果及分析，第14章汽车制造业会计综合评价指数编制结果及分析，第15章电子器械及器材制造业会计综合评价指数编制结果及分析，第16章计算机等电子设备制造业会计综合评价指数编制结果及分析，第17章电力、热力、燃气及水生产和供应业会计综合评价指数编制结果及分析，第18章零售业会计综合评价指数编制结果及分析，第19章交通运输业会计综合评价指数编制结果及分析，第20章房地产业会计综合评价指数编制结果及分析，第21章银行

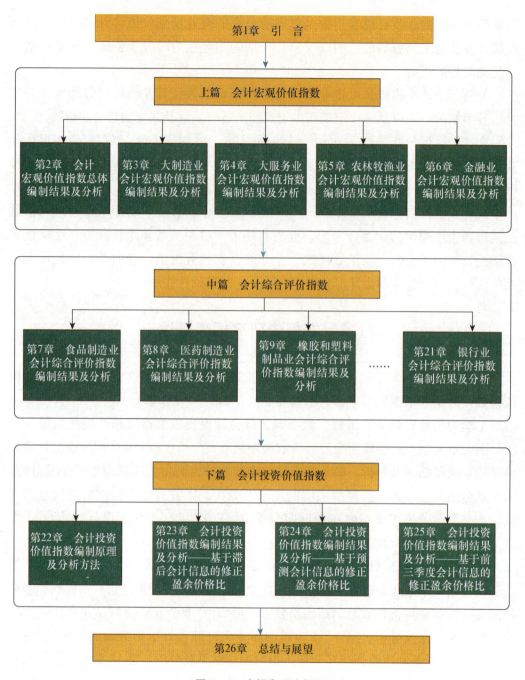

图 1－2　本报告研究框架

业会计综合评价指数编制结果及分析。通过召开专家座谈会、实地调研和问卷调查等方式，本报告从回报、风险和成长三个方面选取资产负债表和利润表主要项目进行预测和分析，并依据相关财务指标构建会计综合评价指数，实现从会计角度对上市公司的经营绩效进行评价。

　　下篇为会计投资价值指数，其中第 22 章阐述了会计投资价值指数编制原理及分析方法，第 23～25 章为会计投资价值指数编制结果及分析，包括基于滞后会计信息的修正盈余价格比的结果分析、基于预测会计信息的修正盈余价格比的结果分析和基于前三季度会计信息的修正盈余价格比的结果分析。

上 篇
会计宏观价值指数

　　会计宏观价值指数的理论基础可以追溯到早期的要素分配理论。经济学家萨伊指出，产品的价值源自劳动、资本和自然力量（土地）的共同作用，只有将三个要素结合起来才能创造价值和财富；相应地，这三个要素应当参与新创价值的分配。其中，劳动对应工资，土地对应地租，资本对应利润，此即萨伊的"三位一体"公式，构成了早期的要素分配理论。马克思的劳动价值论认为，企业在一定时期内生产的商品价值由 c，v，m 三部分构成，其中，c 是生产资料的转移价值，v 是劳动者在必要时间内为自己创造的价值，m 是劳动者创造的剩余价值。$v+m$ 就是企业在生产过程中新创造的价值，v 表现为工资，m 表现为利息、利润等。可以说，二者对企业新创价值所包含内容的看法是一致的。

　　按照要素分配理论，劳动者出让劳动力获得工资，土地所有者出让土地使用权获得地租，借贷资本与股权资本分别获得利息与利润。政府提供国防、环境治理等公共产品，为企业的正常经营提供安定的宏观环境；有关职能部门通过制定并执行与企业相关的经济法律法规，确保市场有序竞争、企业内部安全生产。因此，政府以税收的形式参与企业新创价值的分配。会计宏观价值指数将增值额作为企业收益的核算中心，按照增值额的直接计算方法，企业在一定期间内的增加额等于参与价值创造的各要素所获得的收益之和，参与分配的主体包括股东、政府、员工、债权人。这一计算方法主要用于微观企业的价值增加核算。该思路构成了会计宏观价值指数计算的逻辑起点。

　　具体来讲，会计宏观价值指数包括价值创造额和价值创造效率两个方面，其中，价值创造效率指数的编制以价值创造额为基础。价值创造额是指企业在特定会计期间内为股东、政府、员工、债权人等分配主体创造的价值之和，其计算公式设计如下：

$$价值创造额 = 净利润 + 财务费用 + 支付的各项税费 + "应交税费"期末余额 - "应交税费"期初余额$$
$$+ 支付给职工以及为职工支付的现金 + "应付职工薪酬"期末余额 - "应付职工薪酬"期初余额$$

　　"净利润"对应股东的价值分配，"财务费用"对应债权人的价值分配[①]，"支付的各项税费＋'应交税费'期末余额－'应交税费'期初余额"对应政府的价值分配，"支付给职工以及为职工支付的现金＋'应付职工薪酬'期末余额－'应付职工薪酬'期初余额"对应员工的价值分配。该指标立足会计增加值理论，体现了分配理论的思想，从四类利益主体参与企业经营成果分配的角度反映了上市

---

　　① 严格来说，债权人的价值分配对应"利息支出"，包括当期资本化了的利息支出与财务费用，但在目前会计准则下，资本化了的利息支出无法从报表项目中分离出来，故本研究暂不将其纳入计算公式。

公司对经济增长、充分就业等做出的贡献。

价值创造额属于绝对量指标，仅能反映企业在特定期间内新创价值的总量，而多个企业价值创造额的加总在一定程度上能反映宏观经济的增长情况。然而，由于单个企业以及企业总体在不同期间内投入使用的资源数量不同，因而不能通过简单地比较价值创造总量来判断宏观经济运行质量。在资源受限的情况下，除了维持经济总量的增长，还需兼顾投入产出效率。因此，我们在价值创造额基础上引入了价值创造效率指标，继而编制价值创造效率指数，以反映宏观经济总体、不同产业（行业）及单个企业的运行效率。

价值创造效率是指单个企业或企业总体在特定会计期间内利用单位资产新创造的价值，反映了经济资源的投入产出效率，其计算公式定义如下：

$$价值创造效率 = \frac{价值创造额}{总资产}$$

就单个企业而言，价值创造效率从利益相关者角度揭示了企业全部资产的投资回报率；从企业总体乃至整个经济体角度看，价值创造效率反映了全社会经济资源的使用效率。

在定义了价值创造额与价值创造效率后，接下来我们将采用定基指数形式编制价值创造额指数和价值创造效率指数，并对指数进行除数修正。具体编制流程及有关计算过程详述如下：

1. 样本选取与基期确定

在国民经济活动中，企业是最主要的参与者和价值创造者。因此，国家内所有企业的价值创造额之和的变动情况，能够反映国家宏观经济的实际运行状况。由于只有上市公司存在公开披露财务信息的义务，而在我国资本市场迅速发展的情况下，上市公司在国民经济中的比重越来越高，使用上市公司数据能够在较大程度上反映国民经济的真实运行情况，因此样本初选范围为境内上市公司；同时，考虑到新旧会计准则下部分报表项目存在一定差异，且2006年以前的上市公司数量相对较少，因此，本课题组以2007年第1季度在A股上市交易的公司作为样本量的确认基础。为保证样本能够较为全面地反映宏观经济运行情况，更客观、有效地反映产业结构变化对宏观经济的影响，课题组采用自2007年第1季度以来，在沪深两地上市时间超过一年的全部A股上市公司作为样本进行分析研究。

2. 指数公式的选择

目前最常见的指数类型有三种：定基指数、环比指数和链式指数，其中定基指数是基础，三者在指数的构造方法上可以相互转换，本报告选择定基指数的形式。

3. 指数的计算方法

本报告选择定基指数的形式，并采用除数修正法进行修正。具体原理如下：以 2007 年 1 月为基期，令 2007 年 1 月份样本公司 AMV 之和为 a_1，该月份样本公司在 2007 年 2 月的 AMV 之和为 a_2；2007 年 2 月份样本公司 AMV 之和为 b_2，该月份样本公司在 2007 年 3 月的 AMV 之和为 b_3；2007 年 3 月份样本公司 AMV 之和为 c_3，该月份样本公司在 2007 年 4 月的 AMV 之和为 c_4，依次类推……根据可比性原则得出如下关系式：2007 年 1 月为基期，设为 100，即 a_1 对应 100；2007 年 2 月的指数为 $(b_2/b_1) \times 100$，b_1 未知，1—2 月的增长率为 a_2/a_1，存在如下等比例关系式：

$$\frac{b_2}{b_1} = \frac{a_2}{a_1}$$

故 2007 年 2 月份的价值创造额指数为：

$$\frac{a_2}{a_1} \times 100$$

2007 年 3 月的价值创造额指数为 $(c_3/c_1) \times 100$，c_1 未知，1—3 月包含两期增长率，a_2/a_1 和 b_3/b_2，存在如下等比例关系式：

$$\frac{c_3}{c_1} = \frac{b_3}{b_2} \times \frac{a_2}{a_1}$$

故 2007 年 3 月份的价值创造额指数为：

$$\frac{b_3}{b_2} \times \frac{a_2}{a_1} \times 100$$

后续编制依次类推。

由于按上述方法编制的价值创造额指数主要反映经济总量的增长，无法揭示宏观经济的运行效率，因此，我们以 AMV 为基础，先进行除数修正，再用 AMV/ASSET 编制价值创造效率指数，即单位资产的新创价值，以反映企业总体在特定期间的投入产出效率。

2018 年以来，会计宏观价值指数呈现出一些新的趋势和特点，本书上篇以先总后分的思路，对全行业以及大制造业、大服务业、农林牧渔业和金融业四大类行业的新趋势、新特点进行分析和解读，为政府、企业和个人投资者提供宏观经济运行形势及未来走向等相关信息，以提高各类经济主体决策的科学性和有效性。

第 2 章　会计宏观价值指数总体编制结果及分析

2.1　会计宏观价值指数总体编制结果分析

以全样本为基础编制的会计宏观价值指数总体结果见表 2-1。表 2-1 分别列示了各季度全样本的价值创造额以及据此编制的价值创造额指数和价值创造效率指数。为了检验价值创造额指数和价值创造效率指数对宏观经济运行情况的反映效果，我们以单季度的国民生产总值（GDP）为基础，运用定基指数计算法构建了 GDP 指数，通过比较不同指数在时序上的波动趋势，来反映宏观经济运行质量。三类指数的总体变化趋势见图 2-1。

表 2-1　全样本价值创造额、价值创造额指数、价值创造效率指数总体编制结果

季度	价值创造额（亿元）	价值创造额指数	价值创造效率指数	GDP 指数
200701	3 860	100	100	100
200702	4 960	117	109	113
200703	5 350	114	101	122
200704	8 210	127	109	138
200801	6 940	107	87	121
200802	8 220	126	99	138
200803	6 970	106	82	144
200804	5 730	87	64	155
200901	6 410	97	65	130
200902	8 290	124	78	147
200903	8 330	124	76	157
200904	9 570	138	81	177

续表

季度	价值创造额（亿元）	价值创造额指数	价值创造效率指数	GDP 指数
201001	9 720	139	77	153
201002	12 000	156	84	174
201003	11 400	147	76	186
201004	13 600	173	86	209
201101	13 400	170	80	183
201102	14 800	187	84	208
201103	14 300	179	78	222
201104	15 100	189	80	242
201201	14 700	184	73	206
201202	15 800	194	74	230
201203	15 300	188	71	242
201204	17 100	210	77	267
201301	16 400	202	70	227
201302	18 300	224	76	252
201303	17 300	213	71	267
201304	19 300	234	76	295
201401	17 900	217	67	246
201402	20 100	243	73	274
201403	19 200	233	69	290
201404	21 200	256	74	317
201501	19 600	235	65	264
201502	23 100	275	72	295
201503	19 900	237	61	309
201504	21 500	253	64	337
201601	20 500	241	59	283
201602	22 600	266	63	316
201603	21 900	256	59	333
201604	26 000	301	67	370
201701	24 140	278	60	315
201702	26 480	304	65	351
201703	26 560	303	64	370
201704	29 060	330	68	410
201801	27 830	315	63	348
201802	30 200	342	67	380
201803	28 900	326	63	398
201804	29 300	327	62	440
201901	31 400	350	64	370

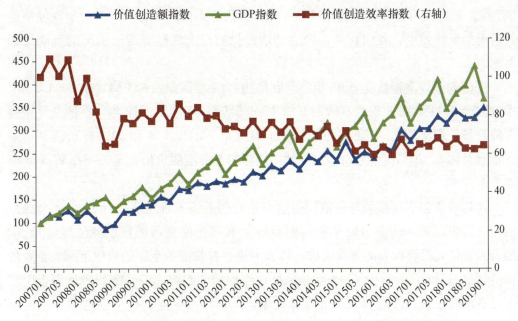

图 2 - 1　全样本价值创造额指数、价值创造效率指数、GDP 指数总体变化趋势

表 2-1 和图 2-1 显示，全样本的价值创造额指数在 2008 年第 3 季度迅速下滑，并在当年第 4 季度降至最低点，但自 2009 年第 1 季度以来整体呈明显上升趋势，且第 2、4 季度"翘尾"特征明显，随后维持稳定增长趋势；2017 年增长速度较快，从第 1 季度的 278 点增长至第 4 季度的 330 点，增长速度达 18.7%；2018 年除在第 2 季度达到 342 点之外，第 3 季度和第 4 季度都呈下降趋势，截至 2018 年第 4 季度收至 327 点。GDP 指数自 2007 年第 1 季度以来，每年相比上年同期均呈上升趋势，整体走势与价值创造额指数基本一致。与价值创造额指数略有不同，2018 年 GDP 指数从第 1 季度的 348 点持续增长至第 4 季度的 440 点，增速高达 26.44%。

以上结果客观反映了我国宏观经济自 2007 年第 1 季度以来始终保持正向增长，但各时间段内增速不同。具体来讲，2008 年国内外金融危机全面爆发，国内经济增长速度放缓，2009 年以来经济复苏并良好发展，2015 年我国经济下行压力大，2016 年逐渐复苏，且 2016 年年末增长态势强劲。进入 2017 年，在国家"三去一降一补"政策的持续推进下，增长速度再次放缓。延续 2017 年的趋势，2018 年价值创造增速仍呈低速增长，这与国家经济转型阶段的特征相符。

反映经济增长速度的价值创造额指数与 GDP 指数相比较而言，除 2008 年第 3、4 季度和 2009 年第 1 季度外，两个指数大体走势基本一致，但在 2012 年以后 GDP 指数的增长速度明显快于价值创造额指数的增长速度，两类指数的差距逐渐扩大，GDP 指数在 2018 年第 4 季度达到 440 点的高峰，同期价值创造额指数只有

327 点。考虑到两个指数在统计口径、核算方法等方面的差异，以及对宏观经济运行情况的反映效果，我们认为，价值创造额指数对宏观经济运行情况的反映更加客观。①

价值创造效率指数在 2008 年各季度均比 2007 年同期大幅下降，从 2009 年第 1 季度起至 2011 年第 3 季度逐步回升至 80 点附近，但进入 2012 年，整体又呈缓慢下降趋势，截至 2015 年第 4 季度已降到 60 点上下；2017 年和 2018 年价值创造效率指数总体在 60～70 点之间小幅波动，每年四个季度的价值创造效率指数都在 64 点上下。

比较价值创造额指数与价值创造效率指数的走势不难发现，自 2008 年金融危机全面爆发以来，政府采取积极的财政政策和宽松的货币政策以刺激经济增长，随着 4 万亿元投资计划的逐步实施，以及利率、存款准备金率的数次下调，企业的价值创造总量从 2009 年第 1 季度起保持逐年递增的趋势。但经济刺激计划也引发了投资增长过快、产能利用率下降等问题，从而导致企业的价值创造效率停滞不前并呈现缓慢下降的趋势，直到 2016 年年末和 2018 年开始稳定在 60～70 点之间小幅波动，没有出现进一步下滑。

2.2 四类分配主体分析

对价值创造额的分配主体进行分析，可以反映股东、政府、员工及债权人等利益相关者的分配所得在企业新创造价值中所占的比重及变化趋势，为政府相关部门制定收入分配和税收等政策提供参考。考虑到金融业样本中债权人占比的特殊性，我们在分析全行业价值创造额的构成情况时剔除了金融业样本。

2.2.1 四类分配主体价值创造额指数分析

为更清晰地显示四类分配主体所获价值创造额，我们对其进行了指数化处理，得到四个价值创造额指数：股东获利指数、政府税收指数、员工薪酬指数和债权人利息指数。表 2-2 和图 2-2 描述了四类分配主体价值创造额指数的变动趋势。

---

① GDP 的统计范围涵盖一段时期内整个经济体生产的所有产品，而在会计核算中，企业只有将所生产的产品销售出去才能确认收入。例如，某企业在一段时期内生产了 5 亿元的产品，其中只有 1 亿元的产品被销售出去，其他部分则作为存货列示在资产负债表中。在计算 GDP 时，当期生产的 5 亿元产品均被涵盖其中；而计算价值创造额时仅考虑所有产品的人工成本和当期售出产品形成的利润，二者对产品价值的确认时点存在差异。事实上，只考察企业本期所销售的部分，才能更准确地反映本期宏观经济的真实运行情况。

表 2-2　全样本四类分配主体价值创造额指数编制结果（剔除金融业）

季度	价值创造额（亿元）				价值创造额指数			
	股东	政府	员工	债权人	股东	政府	员工	债权人
200701	884	961	522	179	100	100	100	100
200702	1 090	1 190	808	183	121	113	142	101
200703	1 090	1 150	715	217	120	108	124	119
200704	1 680	2 370	1 810	232	140	118	195	120
200801	1 460	1 740	1 070	247	121	86	115	128
200802	1 660	2 490	1 240	272	136	122	132	141
200803	1 420	1 900	1 110	368	117	93	116	190
200804	68.9	1 940	1 780	423	5	94	185	218
200901	921	1 750	1 250	314	70	85	130	162
200902	1 600	2 310	1 440	281	120	110	146	143
200903	1 750	2 220	1 380	294	129	105	136	146
200904	1 660	2 540	2 280	316	118	117	216	155
201001	1 960	2 680	1 690	337	139	123	159	165
201002	2 360	3 110	1 930	388	165	142	180	189
201003	2 330	2 990	1 890	304	162	136	174	148
201004	2 740	3 530	2 840	385	186	158	255	185
201101	2 490	3 550	2 180	398	168	159	196	192
201102	2 890	4 050	2 470	440	193	180	218	209
201103	2 690	3 770	2 460	516	178	167	213	242
201104	2 320	4 070	3 470	572	153	180	301	268
201201	2 210	3 640	2 640	606	146	161	229	284
201202	2 310	4 060	3 040	685	149	177	253	318
201203	2 320	3 880	2 910	686	149	169	242	318
201204	2 590	4 640	3 970	687	166	202	331	318
201301	2 390	3 810	3 160	712	153	166	264	330
201302	2 820	4 850	3 340	698	180	210	277	322
201303	2 900	4 110	3 250	707	185	178	271	328
201304	3 050	5 030	4 560	734	192	213	368	333
201401	2 520	3 840	3 500	893	158	163	282	405
201402	3 160	5 030	3 730	875	199	213	300	397
201403	3 080	4 340	3 730	905	193	183	299	410
201404	2 610	5 440	5 210	912	162	229	417	412
201501	2 240	4 150	4 000	931	139	175	319	421
201502	3 540	5 050	4 330	919	218	212	343	411
201503	2 280	4 500	4 190	1 200	140	189	332	536
201504	2 270	5 580	5 750	1 030	134	232	452	456
201601	2 510	4 460	4 520	923	149	186	355	410
201602	3 750	4 970	4 750	986	222	207	372	438
201603	3 490	4 890	4 700	993	205	203	366	440
201604	4 000	6 740	7 170	1 020	233	278	555	457
201701	3 942	5 142	5 390	1 027	228	211	413	457

续表

季度	价值创造额（亿元）				价值创造额指数			
	股东	政府	员工	债权人	股东	政府	员工	债权人
201702	4 820	6 129	5 774	1 165	276	251	439	517
201703	5 068	5 799	5 828	1 211	291	238	440	538
201704	4 930	6 838	8 172	1 357	280	279	614	598
201801	5 062	5 912	6 298	1 278	286	241	470	561
201802	6 190	6 920	6 870	1 280	352	281	508	561
201803	5 670	6 320	6 930	1 370	321	256	511	601
201804	2 100	7 550	9 810	1 580	118	306	721	693
201901	5 250	6 170	7 300	1 470	295	250	535	645

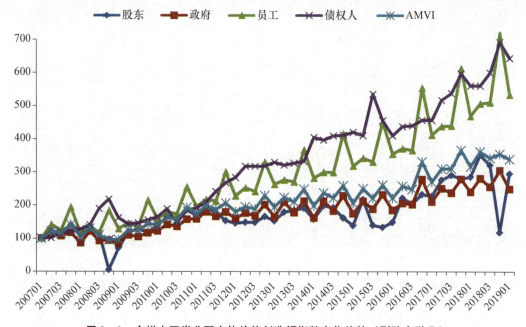

图2-2　全样本四类分配主体价值创造额指数变化趋势（剔除金融业）

从总体趋势来看，自 2009 年第 1 季度以来，股东获利指数、政府税收指数、员工薪酬指数和债权人利息指数均呈上升趋势，其中，股东获利指数在 2008 年第 4 季度降至最低点，此后恢复性上升，但自 2014 年第 3 季度下降至 2015 年第 1 季度的 139 点，2015 年第 2 季度反弹至 218 点，之后再次下滑，并于 2015 年第 4 季度降至 134 点；进入 2016 年，股东获利指数开始大幅攀升，2017 年和 2018 年前两个季度保持了 2016 年的快速增长态势，并于 2018 年第 2 季度达到历史最高点 352 点，2018 年第 4 季度急剧下降至 118 点。这与 2018 年国家去杠杆政策导致的公司融资难、中美贸易摩擦导致的公司投资增速放缓以及公司大幅计提商誉减值等因素有关。随后，国家出台提高货币流动性的政策，股东获利指数在 2019 年第 1 季度反弹至 295 点。政府税收指数自 2012 年以来逐渐上升，于 2018 年第 4

季度达到峰值 304 点，表明在当前的经济形势下，政府税收增速仍然强劲。员工薪酬指数从 2011 年开始就大幅增长，与股东和政府的差距不断拉大，历年来屡创新高，继 2017 年第 4 季度达到 614 点之后，2018 年第 4 季度达到 721 点，增幅高达 17.4%，这与近年来中国人口红利逐渐消失、人工成本逐渐攀升相关。同时，员工薪酬指数受季节性因素影响较大，第 1、3 季度较低，第 2、4 季度较高，这说明半年绩效和年终绩效奖金的发放对该指数的走势影响显著。债权人利息指数虽然在 2015 年第 3 季度达到 536 高点后出现骤降，但在 2016 年第 2 季度马上止跌回升，进入 2017 年，债权人利息指数增速远高于 2016 年，于 2018 年第 4 季度达到历史新高 693 点，与 2017 年第 4 季度 598 点相比，增速高达 15.9%。这表明上市公司融资难的问题没有得到有效解决，并且随着经济增速下降和外部经营环境的恶化，企业经营面临的挑战和困难越来越多，上市公司的债务融资成本进一步上升。

此外，个别指数在个别季度出现一些异常值，这可能是一些权重较大的样本公司在当季度出现异常波动导致的。例如，债权人利息指数在 2008 年第 3 季度和第 4 季度出现异常波动，是由于部分公司财务费用突增，如中国中铁 2008 年第 3 季度的汇兑损失达 19 亿元，中国联通 2008 年第 4 季度的利息支出突增 24 亿元；债权人利息指数在 2015 年第 3 季度出现异常波动，主要是由于人民币中间价汇改、美元对人民币升值造成部分公司（主要航空公司、中国石化、宝钢股份等）汇兑损失激增。

2.2.2　四类分配主体价值创造额占比分析

对价值创造额按股东、政府、员工和债权人所得占比进行分析，可以揭示各类主体的分配格局及变化趋势，为政府相关部门制定收入分配和税收等政策提供参考。从图 2-3 中我们可以看到，股东、政府和员工三类主体在 2007—2018 年的价值创造额都出现了较大幅度的变动，而债权人占比总体在 6%～7% 小幅波动。员工薪酬所得占比自 2007 年开始出现持续上升，尤其是在 2010 年之后，上升速度进一步加快，2015 年之后稳定在 35% 上下，这表明 2010 年之后用工荒问题严峻，企业成本大幅攀升；2015 年和 2016 年相对平稳。2017 年员工薪酬所得占比超过政府所得占比，在四类主体所得占比中排名第一，并在 2018 年继续上升至 36.89%。政府所得占比在 2008 年的 42.06% 高点之后持续下降，在 2017 年降至 32.93%，2018 年政府所得占比基本与 2017 年持平，这表明近年来我国政府的减税政策起到了较大的效果。与员工薪酬所得占比趋势相反，股东获利占比在 2010 年后出现较大幅度的下滑，在 2015 年达到历史最低水平 19.88%，2016 年和 2017 年出现恢复性上涨，这表明这两年企业盈利水平有所提升，股东获得的回报额提高。然而 2018 年，股东获利占比再次下降，这主要是由于 2018 年国家去杠杆力度大、公司融资难问题加剧，公司投资增速放缓，再加上中美贸易摩擦的影响，公司盈利能力有所下降。

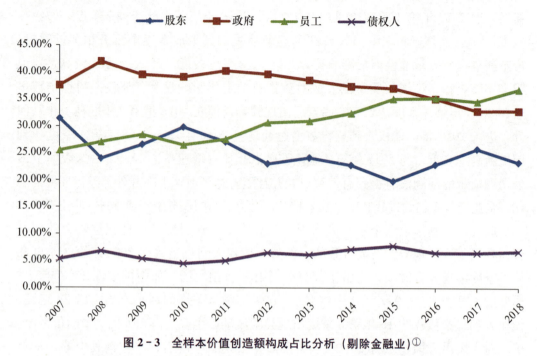

图2-3　全样本价值创造额构成占比分析（剔除金融业）①

以上分析说明，近些年企业四类分配主体价值创造额占比的变化，较大程度上是由政府减税措施带来的，企业面临的劳动力成本和融资成本较高的问题仍未得到明显改善。为进一步保障我国经济社会健康发展，促进价值创造额在四类分配主体之间合理分配，我们认为应优化企业发展环境，降低实体经济企业成本，优化企业运营模式，增强企业盈利能力；应深化财税体制改革，建立税种科学、结构优化、法律健全、规范公平、征管高效的税收制度，保证财政收入合理增加；应调整国民收入分配格局，规范初次分配，加大再分配调节力度，健全科学的劳动报酬和工资水平的合理决定机制、正常增长机制、支付保障机制；应加快金融体制改革，提高金融服务实体经济效率，健全商业性金融、开发性金融、政策性金融、合作性金融分工合理、相互补充的金融机构体系，降低企业融资成本。

2.3　按产权性质分析

按产权性质对上市公司的价值创造额和价值创造效率进行分析，可以反映出

---

①　此处对全样本价值创造额的构成分析和后面四类分配主体所获价值创造额的指数化趋势比较均不包括金融业，因为金融业的业务性质和财务报表与非金融业存在根本性差异。

不同产权性质的上市公司在企业发展和资源利用效率等方面的状况。按照上市公司实际控制人的性质，本研究将样本公司分为国有控股公司和非国有控股公司，同时在分析过程中剔除了金融业的样本。

从表 2-3 中可以看出，国有控股公司和非国有控股公司的季均价值创造额分别为 8 572 亿元和 2 619 亿元，反映出国有经济在国民经济中占主导地位，对保持经济快速增长做出了较大贡献。同时，单个国有控股公司的季均总资产和单个公司季均价值创造额也远远大于非国有控股公司，这与国有经济在国民经济中起主导作用的现实相吻合。

表 2-3　全样本分产权性质描述性统计

产权性质	季均样本量	季均总资产（亿元）	单个公司季均总资产（亿元）	季均价值创造额（亿元）	单个公司季均价值创造额（亿元）
国有控股公司	972	220 318	227	8 572	8.82
非国有控股公司	1 373	72 927	53	2 619	1.91

2.3.1　分产权性质价值创造额指数分析

图 2-4 揭示了国有控股公司与非国有控股公司在各季度的价值创造额指数及变化趋势。从价值创造额在时序上的波动趋势来看，非国有控股公司自 2007 年以来保持平稳增长，在 2017 年进一步快速发展。然而由于国家去杠杆政策力度大，公司融资难度增大，加上中美贸易摩擦的影响，非国有控股公司在 2018 年受到较大的影响，尤其是 2018 年第 3 季度和第 4 季度非国有控股公司价值创造额指数急剧下滑，直到 2019 年，国家继续对非国有控股公司实施利好政策，其价值创造额才开始回升。相比于非国有控股公司，国有控股公司增长趋势相对平缓。

2.3.2　分产权性质价值创造效率指数分析

图 2-5 揭示了不同产权性质的上市公司各季度的价值创造效率指数变化趋势。可以看出，两类产权性质的上市公司自 2011 年第 1 季度以来价值创造效率指数均呈下降趋势，反映出我国目前存在资源利用效率不高的问题。非国有控股公司价值创造效率指数下降趋势明显小于国有控股公司，说明非国有控股公司在提高单位资产价值创造额上取得了更好的成果，非国有经济在国民经济增长过程中表现出非凡的活力，国有经济的运行效率有较大的提升空间。只有 2018 年第 4 季度，非国有控股公司价值创造效率指数下降速度加快，价值创造效率首次低于国有控

图 2-4　全样本分产权性质价值创造额指数变化趋势（剔除金融业）

股公司。2018 年第 4 季度非国有控股公司价值创造效率大幅下滑与资金紧张有密切关系，在政府出台对非国有控股公司的利好政策后，其价值创造效率出现回升。

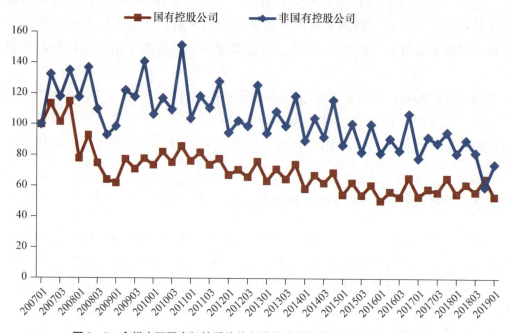

图 2-5　全样本不同产权性质价值创造效率指数变化趋势（剔除金融业）

通过按产权性质分析，我们认为应坚持公有制为主体、多种所有制经济共同发展，毫不动摇巩固和发展公有制经济，毫不动摇鼓励、支持、引导非公有制经济发展；应深化国有企业改革，增强国有经济活力，提升国有经济的运行效率，推进国有资本布局战略性调整，坚定不移把国有企业做强做优做大，更好地服务于国家战略目标；应继续发展混合所有制经济，分类、分层推进国有企业混合所有制改革，鼓励和支持非公有资本、集体资本参与国有企业混合所有制改革，有序吸收外资参与国有企业混合所有制改革，建立健全混合所有制企业治理机制，营造国有企业混合所有制改革的良好环境；应鼓励、支持、引导非公有制经济发展，进一步贯彻落实促进非公有制经济健康发展的政策措施，鼓励非公有制企业参与国有企业改革，更好地激发非公有制经济活力和创造力，推动经济持续健康发展。

2.4　按行业分析

按行业对上市公司的价值创造额和价值创造效率进行分析，可以反映出不同行业的上市公司在企业发展和资源利用效率等方面的状况，为国家统筹各行业健康发展提供建议。由表2-4可以看出，大制造业在样本数量与价值创造额上均领先于其他行业，这与第二产业在我国国民经济中占重要地位相一致；大服务业的样本量仅次于大制造业，但单个公司的资产规模较小，价值创造额位列第三；金融业上市公司数量虽然少，但公司规模与其他行业相比具有压倒性优势，价值创造额在四大行业中位列第二；农林牧渔业的季均样本量最少，季均公司规模最小，季均价值创造额最低。

表 2-4　全样本分行业描述性统计

行业大类	季均样本量	季均总资产（亿元）	单个公司季均总资产（亿元）	季均价值创造额（亿元）	单个公司季均价值创造额（亿元）
大制造业	1 691	211 218	125	8 772	5.19
大服务业	618	80 957	131	2 391	3.87
农林牧渔业	36	1 283	35	38	1.04
金融业	55	984 408	17 978	5 710	104.29
合计	2 400	—	—	—	—

2.4.1　分行业价值创造额指数分析

由表2-5和图2-6可知，自2009年第1季度以来，各行业价值创造额指数均呈逐渐上升趋势。其中，全样本与大制造业价值创造额指数较为一致，均自2008年金融危机以来稳中有升，并于2017年第4季度创历史新高，2018年二者又都有轻微的下降；大服务业价值创造额指数自 2009 年第 4 季度以来一直居各行业最高位，且有逐渐拉大差距的趋势，增长势头强劲，并于 2017 年年底达到历史最高峰 881 点，2018 年维持了这一强劲增长态势，反映出我国大服务业自 2009 年以来发展势头良好，这与近年来国家大力促进服务业发展和努力实现经济转型升级的政策导向密切相关；农林牧渔业由于样本量较少，价值创造额指数容易受单个企业价值创造额变化的影响，整体走势波动幅度较大，在 2018 年四个季度内出现大幅震荡，这主要是由于 2018 年猪肉价格低迷，农林牧渔业整体行情下滑，加上样本量小，受个股的影响大；金融业价值创造额指数近年来有所波动，但总体呈上升趋势，尤其是在 2019 年第 1 季度迅速增长至 363 点，达到有史以来的最高点。

表 2-5　全样本分行业价值创造额指数编制结果

季度	全样本	大制造业	大服务业	农林牧渔业	金融业
200701	100	100	100	100	100
200702	117	118	132	188	110
200703	114	112	136	104	109
200704	127	120	236	247	104
200801	107	92	147	156	120
200802	126	115	178	165	126
200803	106	100	130	120	108
200804	87	75	204	134	75
200901	97	84	134	152	108
200902	124	110	175	154	130
200903	124	113	139	139	133
200904	138	122	240	191	135
201001	139	124	193	184	147
201002	156	144	224	181	154
201003	147	135	234	147	141
201004	173	161	340	316	148
201101	170	156	229	168	171
201102	187	174	276	244	179
201103	179	164	266	258	175
201104	189	175	352	224	169
201201	184	160	247	180	202
201202	194	169	299	195	204
201203	188	162	300	197	197
201204	210	192	415	232	187
201301	202	171	282	170	226
201302	224	194	347	177	236
201303	213	182	329	162	228
201304	234	209	449	319	214
201401	217	173	321	222	258

续表

季度	全样本	大制造业	大服务业	农林牧渔业	金融业
201402	243	205	387	239	261
201403	233	191	372	159	258
201404	256	214	522	252	250
201501	235	176	374	135	293
201502	275	207	504	185	324
201503	237	182	444	217	270
201504	253	207	597	289	241
201601	241	185	436	292	282
201602	266	210	540	399	285
201603	256	204	513	387	269
201604	301	257	831	383	242
201701	278	225	531	291	293
201702	304	252	666	253	292
201703	303	255	634	338	291
201704	330	286	881	399	261
201801	315	262	641	323	311
201802	342	290	825	115	300
201803	326	283	729	435	285
201804	327	277	874	295	266
201901	350	276	753	227	363

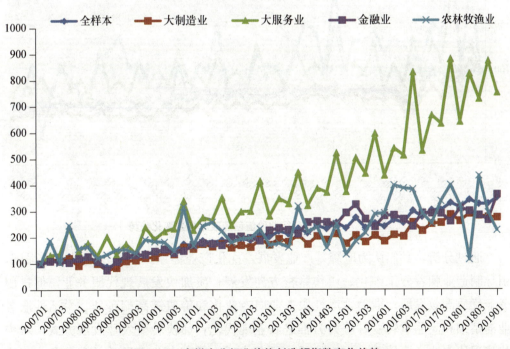

图 2-6 全样本分行业价值创造额指数变化趋势

2.4.2 分行业价值创造效率指数分析

由图 2-7 可知，自 2011 年第 1 季度以来，大服务业和农林牧渔业的价值创造效率指数呈现震荡下行趋势，直到 2018 年，大服务业的波动幅度缩小，基本在 80～95 点之间波动，而农林牧渔业依然大起大落，这主要是由于农林牧渔业样本量小，受个别样本业绩波动影响较大。大制造业价值创造效率在样本期间内较为平稳，但整体也呈下滑趋势，表明我国经济总体运行效率不高。该结果间接表明，积极的财政政策与适度宽松的货币政策虽然能刺激经济总量增长，但随着投资规模的迅速扩张，产生了资产使用效率下降等问题，导致价值创造效率与价值创造额的增长速度脱节。大制造业价值创造效率整体走低，原因包括：第一，经济处于转型期，大制造业仍存在产能过剩、创新不足等问题，企业盈利能力难以实现突破；第二，产业升级未能实现，大量资产拉低价值创造效率；第三，目前我国经济下行压力未减，实体经济困难重重，价值创造效率进一步恶化。金融业价值创造效率指数近几年持续在 55～65 点之间小幅波动。

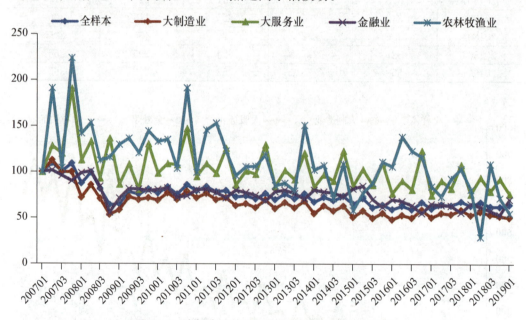

图 2-7　全样本分行业价值创造效率指数变化趋势

通过分析，我们认为应统筹产业发展，优化产业体系。应加快建设制造强国，引导制造业朝着分工细化、协作紧密方向发展；应加快发展现代服务业，促进服务业优质高效发展，推动生产性服务业向专业化和价值链高端延伸、生活性服务业向精细和高品质转变；应大力推进农业现代化，加快转变农业发展方式，着力构建现代农业产业体系、生产体系、经营体系，提高农业质量效益和竞争力；应提高金融业管理水平和服务质量，引导金融业发展同经济社会发展相协调，优化金融资源空间配置和金融机构布局，大力发展中小金融机构，不断增加金融服务实体经济的可持续性；应支持节能环保、生物技术、信息技术、智能制造、高端装备、新能源等新兴产业发展，支持传统产业优化升级，培育产业发展新动力。

2.5　按地区分析

对上市公司价值创造额和价值创造效率进行分地区分析，可以反映全国不同地区的上市公司在企业发展和资源利用效率方面的情况，为国家制定区域发展战略和资源分配政策提供参考。本研究参考常见的区域划分标准，将全国 31 个省、自治区、直辖市分为华东、华南、华中、华北、西北、西南和东北七大地区，其中，华东地区包括山东、江苏、安徽、浙江、福建、上海，华南地区包括广东、广西、海南，华中地区包括湖北、湖南、河南、江西，华北地区包括北京、天津、河北、山西、内蒙古，西北地区包括宁夏、新疆、青海、陕西、甘肃，西南地区包括四川、云南、贵州、西藏、重庆，东北地区包括辽宁、吉林、黑龙江。在按地区分析的过程中，剔除了金融业的样本。

表 2-6 列示了各地区上市公司的季均样本量、季均总资产和单个公司季均总资产、季均价值创造额和单个公司季均价值创造额。由表 2-6 可知，华北地区季均总资产突破 10 万亿元，高居七大地区榜首，此外，华北地区单个公司季均总资产、季均价值创造额和单个公司季均价值创造额也均遥遥领先于其他地区。紧随华北地区的是华东地区，而其他地区不论是在季均总资产还是在季均价值创造额上都远远小于这两个地区，尤其是东北和西北两个地区，季均总资产只有 1 万亿元左右，产业发展规模具有较大的上升空间，应该重点开发和支持。目前，我国区域经济发展不平衡问题仍未得到圆满解决，这与我国主要经济产业主要分布在华北和华东地区，其他地区缺乏相应的经济支柱密切相关。为了调动各区域发展积极性，应充分发挥各地区地理资源优势，促进各地区平衡发展。

表 2-6　全样本分地区描述性统计

地区	季均样本量	季均总资产（亿元）	单个公司季均总资产（亿元）	季均价值创造额（亿元）	单个公司季均价值创造额（亿元）
华东	942	81 671	87	2 972	3.15
华南	403	40 207	100	1 412	3.50
华中	237	17 534	74	623	2.63
华北	331	117 884	356	5 052	15.27
西北	122	10 295	84	288	2.36
西南	183	14 679	80	539	2.95

续表

地区	季均样本量	季均总资产（亿元）	单个公司季均总资产（亿元）	季均价值创造额（亿元）	单个公司季均价值创造额（亿元）
东北	128	11 099	87	315	2.46

2.5.1 分地区价值创造额指数分析

图 2-8 揭示了各地区上市公司价值创造额指数的变动情况。自 2008 年金融危机以来，各地区价值创造额指数总体呈波动上升趋势。其中，华南地区的总体增长幅度最大，并且从 2016 年开始增长幅度进一步扩大，在 2017 年第 4 季度价值额指数达到最高值 909 点，进入 2018 年增幅有所缩小，2018 年之后甚至出现缓慢下降趋势。西南地区在 2016 年以前保持缓慢增长的态势，2016 年第 3 季度后快速攀升，2017 年第 4 季度价值创造额指数高达 615 点，接近 2016 年第 3 季度的两倍，2018 年依旧保持较为快速的增长趋势。华东和华中地区一直呈中速缓慢发展，且增长幅度极其相似，2016 年后都有一个较快的增长，2018 年都有一定幅度的下降。东北和华北地区近年来增长幅度则相对平缓，十年来价值创造额指数仍然只在 300 点以下徘徊，尤其是在 2018 年第 4 季度，东北地区价值创造额指数只有 115 点，是自 2012 年以来的最低点，因此在推动各地区不断发展的同时，应关注华北和东北地区新的增长点。随着西部大开发战略的不断推进，西北地区价值创造额指数呈现大幅上升趋势，但也出现较大的波动，这主要是由于西北地区样本数量较少，价值创造额指数容易受单个公司价值创造额波动的影响。

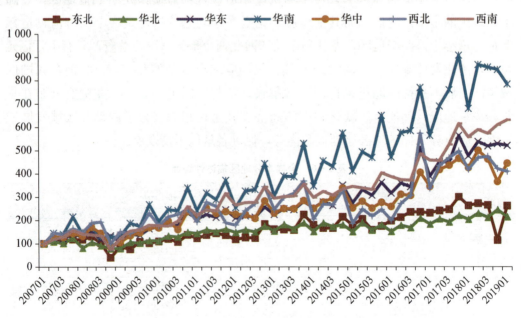

图 2-8　全样本各地区价值创造额指数变化趋势（剔除金融业）

2.5.2　分地区价值创造效率指数分析

图 2-9 揭示了各地区上市公司价值创造效率指数的整体情况。由图可知，七大地区的价值创造效率指数自 2011 年第 1 季度起总体呈下降走势，且呈现出明显的分层和季度周期性波动的特点。与价值创造额指数处于低位相似，华北和东北地区的价值创造效率指数也处于最下层，总体水平偏低，这表明华北和东北地区的经济活力尚未得到充分释放，资源优势有待进一步发挥。西北地区价值创造效率指数自 2007 年起快速下滑，直至 2015 年才开始趋于平缓，但是只在 40 点上下波动，这意味着西部大开发战略在支持西部发展的过程中虽投入大量的资源，但资源利用效率较低，有待进一步提高。华中、西南和华东地区的价值创造效率指数处于中层，2015 年之前一直是缓慢下滑态势，2015—2017 年在 70 点上下波动，没有进一步恶化。华南地区的价值创造效率指数处于最上层，并且呈现明显的季节性波动，每年几乎都是从第 1 季度逐渐上升至第 4 季度，在其他地区价值创造效率指数远远低于 100 点时，华南地区表现出优良的经济活力，价值创造效率指数在一年内至少有三个季度保持在 100 点以上。就各地区价值创造效率指数的波动情况来看，华北地区波动最小；东北、华东、华中、西南地区波动稍大；华南地区整体波动较大，且第 2、4 季度"翘尾"现象明显；西北地区在七大地区中波动幅度最大，这与其样本量较少有关。

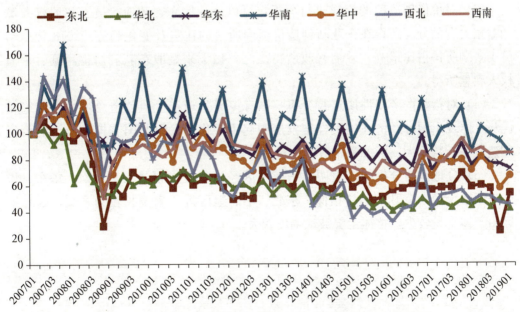

图 2-9　全样本各地区价值创造效率指数变化趋势（剔除金融业）

通过分地区价值创造额指数和价值创造效率指数分析，可以看出，华南地区经济发展态势最佳，西南、华东、华中地区发展良好，西北地区发展不够稳定，东北、华北地区近年来经济发展较为平缓。因此，我们认为要努力推动区域协调发展，支持东部地区率先发展，更好辐射带动其他地区；加大国家支持力度，促进中部地区崛起；加快体制机制改革，推动东北地区等老工业基地振兴；深入实施西部大开发战略，支持西部地区改善基础设施、发展特色优势产业、强化生态环境保护。

2.6　本章小结

本章对以全样本为基础编制的价值创造额指数和价值创造效率指数进行了多维分析，重点考察了会计宏观价值指数与宏观经济运行之间的联系，主要研究结论如下：

（1）基于全样本编制的价值创造额指数与价值创造效率指数的波动情况与宏观经济总体的变化趋势基本一致，且与二者相比，GDP 指数能够更加客观地反映经济的增长速度与运行效率。

（2）在剔除金融业后，价值创造额指数的总体走势与大制造业基本一致，无论是从公司数量、资产规模还是从价值创造额来看，大制造业都是主体，对国民经济发展发挥了重要的作用。

（3）对价值创造额的构成进行分析，可以反映股东、政府、员工和债权人等利益相关者的分配所得在企业新创造价值中所占的比重及变化趋势。2018 年季均员工薪酬所得占比最高，政府税收所得次之，接下来是股东获利所得，最后是债权人利息所得。

（4）对指数按产权性质进行分析，国有控股公司在价值创造总量上占有绝对优势，体现出国有经济在国民经济发展中起主导作用，但非国有控股公司的价值创造效率指数更大，资源利用效率相对更高。

（5）分地区的分析结果表明，华南地区经济发展增幅最大，西南、华东、华中地区增长稳中有升，趋势相似；东北、华北地区近年来增长较为平缓；西北地区由于样本量较少，整体走势波动幅度较大。

第3章 大制造业会计宏观价值指数编制结果及分析

中国作为全球制造业中心，制造业的运行状况对国民经济的发展至关重要，制造业企业的价值创造能力及经营效率的高低直接影响宏观经济的运行质量。近年来，大制造业整体受后经济危机影响，处于低位徘徊调整阶段。由于中国过去大多依靠廉价劳动力发展劳动密集型产业，随着劳动力成本不断上升，传统模式已经难以维系，行业迫切面临转型。本章将着重分析大制造业的相关情况及运行规律。

3.1 大制造业总体测算结果分析

以大制造业为基础编制的会计宏观价值指数总体结果见表3-1。表3-1分别列示了各季度大制造业的价值创造额指数和价值创造效率指数。为了检验价值创造额指数和价值创造效率指数对宏观经济运行情况的反映效果，我们以单季度的第二产业GDP为基础，运用定基指数计算法构建了第二产业GDP指数，通过比较不同指数在时序上的波动趋势，来反映宏观经济运行质量。三类指数的变化趋势见图3-1。

表3-1 大制造业价值创造额指数、价值创造效率指数编制结果

季度	价值创造额指数	价值创造效率指数	第二产业GDP指数
200701	100	100	100
200702	118	112	120
200703	112	100	126
200704	120	100	142
200801	92	72	122
200802	115	86	147
200803	100	71	150

续表

季度	价值创造额指数	价值创造效率指数	第二产业 GDP 指数
200804	75	53	159
200901	84	58	125
200902	110	73	152
200903	113	70	159
200904	122	72	181
201001	124	69	151
201002	144	77	183
201003	135	70	188
201004	161	79	215
201101	156	72	182
201102	174	77	219
201103	164	70	226
201104	175	72	248
201201	160	63	201
201202	169	65	236
201203	162	61	240
201204	192	70	264
201301	171	60	215
201302	194	67	251
201303	182	61	257
201304	209	68	286
201401	173	55	228
201402	205	63	268
201403	191	58	273
201404	214	63	299
201501	176	51	234
201502	207	58	274
201503	182	50	276
201504	207	55	302
201601	185	48	236
201602	210	53	283
201603	204	50	291
201604	257	59	330
201701	225	51	270
201702	253	55	320
201703	257	54	328
201704	289	59	370

续表

季度	价值创造额指数	价值创造效率指数	第二产业 GDP 指数
201801	264	53	298
201802	292	57	353
201803	283	54	360
201804	278	52	402
201901	278	50	318

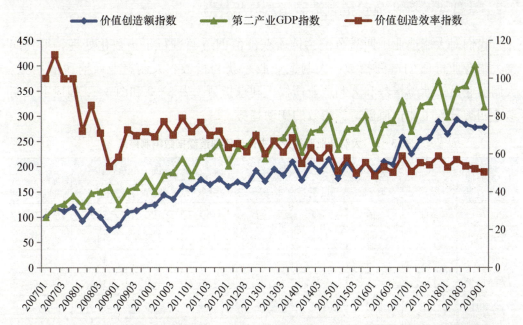

图 3 - 1　大制造业价值创造额指数、价值创造效率指数、第二产业 GDP 指数总体变化趋势

　　结合表 3 - 1 和图 3 - 1 可以看到，自 2009 年以来，第二产业 GDP 指数与价值创造额指数均呈现不断上升的趋势，这与政府四万亿元投资计划的逐步实施密切相关。大制造业价值创造效率指数在 2017 年以前整体走低，这与大制造业产能过剩问题突出、产业转型滞后、我国经济下行压力大有关。大制造业价值创造效率指数在 2018 年第 1 季度至第 3 季度较 2017 年同期有所上升，我们认为是深化供给侧结构性改革、深入推进"三去一降一补"政策和着力振兴实体经济等举措激发了制造业企业发展活力，提升了企业价值创造潜力和效率。但 2018 年第 4 季度的大制造业价值创造额指数和价值创造效率指数比往年同期有所下降，这与 2018 年下半年中美贸易摩擦、民营企业融资难、经济发展阶段性疲态有关。大制造业价值创造额指数与第二产业 GDP 指数的波动趋势一致，2008 年金融危机后，剔除季度因素，第二产业 GDP 指数与大制造业价值创造额指数之间的差距基本保持稳定。

3.2 四类分配主体分析

对大制造业价值创造额的构成进行分析，可以反映大制造业股东、政府、员工及债权人等利益相关者的分配所得在企业新创造价值中所占的比重及变化趋势，为政府相关部门制定收入分配政策和税收政策等提供参考。

3.2.1 四类分配主体价值创造额指数分析

我们对大制造业中四类分配主体所获价值创造额进行了指数化处理，得到四类大制造业价值创造额指数：大制造业股东获利指数、大制造业政府税收指数、大制造业员工薪酬指数和大制造业债权人利息指数。表3－2和图3－2描述了大制造业四类分配主体价值创造额指数的变动趋势。

表3－2 大制造业四类分配主体价值创造额指数编制结果

季度	价值创造额（亿元）				价值创造额指数			
	股东	政府	员工	债权人	股东	政府	员工	债权人
200701	706	819	385	142	100	100	100	100
200702	851	991	582	157	118	109	140	109
200703	803	955	539	172	110	104	128	119
200704	1 140	2 020	1 470	197	100	102	189	127
200801	1 120	1 520	856	222	98	77	110	143
200802	1 260	2 200	989	247	108	111	126	159
200803	1 200	1 700	889	304	103	85	111	195
200804	−13.6	1 530	1 280	323	−2	76	158	206
200901	734	1 560	964	252	87	77	119	161
200902	1 280	2 030	1 140	223	149	98	138	141
200903	1 490	2 060	1 100	235	172	99	129	144
200904	1 260	2 110	1 840	258	140	98	205	156
201001	1 590	2 390	1 340	272	176	111	148	163
201002	1 900	2 770	1 550	328	207	128	169	196
201003	1 830	2 620	1 490	256	198	120	160	152
201004	2 040	2 930	2 220	321	216	132	234	189
201101	2 070	3 160	1 730	334	218	142	182	197
201102	2 340	3 530	1 960	375	244	159	202	218

续表

季度	价值创造额（亿元）				价值创造额指数			
	股东	政府	员工	债权人	股东	政府	员工	债权人
201103	2 160	3 300	1 940	456	223	147	195	261
201104	1 780	3 370	2 740	477	184	150	276	273
201201	1 860	3 230	2 080	488	192	144	209	280
201202	1 810	3 510	2 450	545	182	154	236	308
201203	1 820	3 330	2 290	546	182	146	219	308
201204	1 830	3 820	3 180	571	184	167	305	323
201301	1 980	3 320	2 500	583	199	145	240	329
201302	2 180	4 170	2 670	609	216	181	255	342
201303	2 280	3 560	2 570	580	227	155	247	327
201304	2 300	4 150	3 600	597	225	175	332	329
201401	2 050	3 260	2 780	697	201	138	257	385
201402	2 520	4 270	2 970	703	247	180	273	388
201403	2 430	3 710	2 930	726	238	157	269	399
201404	1 640	4 440	4 170	745	159	187	381	408
201501	1 660	3 520	3 170	733	160	148	288	401
201502	2 630	4 080	3 370	721	250	170	304	390
201503	1 680	3 720	3 240	836	160	155	292	452
201504	1 230	4 410	4 450	747	116	184	400	404
201601	1 790	3 640	3 470	703	170	152	313	382
201602	2 760	3 880	3 630	691	262	161	326	374
201603	2 510	3 930	3 570	732	237	163	319	396
201604	2 470	5 120	5 310	661	231	211	472	359
201701	3 000	4 230	4 110	770	276	173	358	414
201702	3 540	4 800	4 350	884	325	196	379	475
201703	3 810	4 620	4 370	919	354	189	380	495
201704	3 240	5 080	6 160	990	297	207	533	528
201801	3 730	4 760	4 640	994	349	194	401	529
201802	4 630	5 180	5 080	813	427	211	436	436
201803	4 300	4 910	5 160	879	395	200	441	471
201804	1 360	5 360	7 220	1 100	125	218	617	589
201901	3 800	4 780	5 350	1 070	348	194	456	573

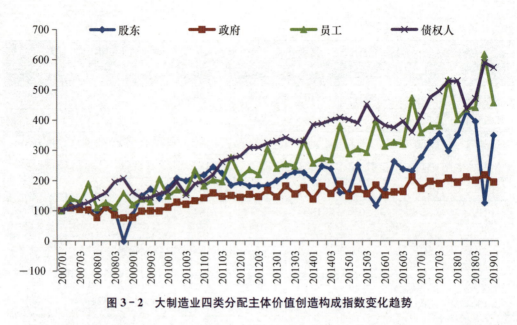

图3-2 大制造业四类分配主体价值创造构成指数变化趋势

从表3-2和图3-2中可以看到，2008年金融危机以后，大制造业整体股东获利所得波动很大。2013年以来，随着我国宏观经济形势愈发严峻、内需不足、国际大宗商品价格在低位徘徊，采掘、钢材、水泥、石油化工等行业业绩表现不佳，股东获利指数整体大幅下滑，于2015年第4季度落到最低点116点，但2016年股东获利指数出现反弹，2018年第2季度达到历史新高427点，表明自2016年以来大制造业企业盈利能力明显提升。但2018年第4季度股东获利指数又出现断崖式下降，这与2018年下半年中美贸易摩擦、民营企业融资难、经济发展阶段性疲态导致大制造业企业盈利能力下降密切相关。政府税收指数近年来则相对稳定。员工薪酬指数持续上升，未来预计会稳步增加，人力成本上升是必然趋势，因此未来我国的大制造业很难依靠廉价人力成本进行竞争。大制造业需要进行产业升级，加大新产品研发，向技术创新型产业转型。债权人利息指数自2009年第3季度起，经过持续多年的快速上升，2015年第4季度第一次出现大幅下降，反映出2015年年底的降息政策使得企业的债务融资成本下降。但自2017年起债权人利息指数增长明显，2018年增幅进一步加大，反映出我国大制造业整体融资成本回升，企业融资成本依旧较高，下降趋势并不稳定，政府仍然需要对资金流动进行积极引导。

3.2.2 四类分配主体价值创造额占比分析

从图3-3中可以看到，股东获利所得季均占比由2007年的29.34%下降至2018年的23.32%，降幅较大。政府税收所得季均占比较大，为38.24%。近年来，政府税收所得占比逐步下降，2018年季均占比降至33.62%，说明国家定向调整税收政策，给大制造业企业降低税负的举措初显成效。员工薪酬所得季均占比为 32.07％，2007 年季均占比为 24.95％，而 2017 年和 2018 年季均占比则上升至 34.61％和 36.76％，充分反映了近年来我国制造业人力成本不断上升的现象，这对我国制造业的产业升级提出了新的要求。相比 2017 年，2018 年债权人利息所得季均占比略有下降，反映出我国大制造业企业融资成本依旧较高。

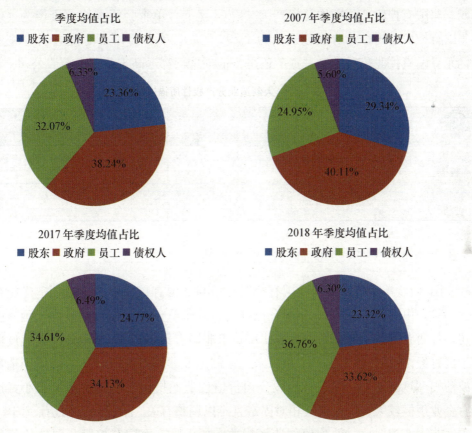

图 3-3　大制造业价值创造额构成占比

总体来说，大制造业在经历数年的艰苦转型期后，逐步取得了一定成果，但仍面临人力成本上升、融资成本较高等问题。因此，我们认为政府需要从鼓励企业加大研发投入、积极推进税制改革、降低企业融资成本等方面着手，推动智能制造等中高端制造业的发展，促进产业结构实现转型升级。

3.3　按产权性质分析

为揭示大制造业中不同产权性质的上市公司在经济增长和资源使用效率方面的发展动态，给调整资源配置结构、提高资源配置效率提供决策参考，我们对大制造业上市公司按产权性质进行分类，分析不同性质企业的价值创造总量及资产使用效率。

根据上市公司实际控制人的性质，我们将大制造业中的样本公司划分为国有控股公司与非国有控股公司。表3-3是大制造业上市公司分产权性质描述性统计，由表3-3可知，国有控股公司季均总资产达到166 445亿元，单个公司季均总资产为252亿元。季均价值创造额为6 972亿元，单个公司季均价值创造额为10.54亿元。非国有控股公司季均总资产为44 453亿元，单个公司季均总资产为43亿元。非国有控股公司季均价值创造额为1 792亿元，单个公司季均价值创造额为1.74亿元。国有控股公司无论是资产还是价值创造额都远高于非国有控股公司。

表3-3 大制造业分产权性质描述性统计

产权性质	季均样本量	季均总资产（亿元）	单个公司季均总资产（亿元）	季均价值创造额（亿元）	单个公司季均价值创造额（亿元）
国有控股公司	662	166 445	252	6 972	10.54
非国有控股公司	1 029	44 453	43	1 792	1.74

3.3.1 分产权性质价值创造额指数分析

图3-4揭示了大制造业国有控股公司与非国有控股公司价值创造额指数的变化趋势。由图3-4可知，非国有控股公司的价值创造额指数明显高于国有控股公司，且两者的差距明显增大，由此反映出非国有经济近10年来的发展速度明显快于国有经济。同时，自2013年以来，大制造业非国有控股公司的价值创造额指数波动幅度逐渐增大，而国有控股公司价值创造额指数波动幅度相对较小，这与国有企业规模较大、经营模式相对固定且难以调整有关。值得注意的是，2018年第4季度非国有控股公司的价值创造额指数大幅下降，而国有控股公司的价值创造额指数走势平稳，说明2018年下半年中美贸易摩擦、民营企业融资难、经济发展阶段性疲态主要影响的是民营大制造业企业。中央政府于2018年11月召开了民营企业座谈会，提出减轻民营企业税费负担，解决民营企业融资难、融资贵问题，营造公平竞争环境等举措，支持民营企业健康发展，因此民营大制造业企业价值创造额于2019年第1季度迅速回升。

3.3.2 分产权性质价值创造效率指数分析

图3-5揭示了大制造业中不同产权性质的上市公司价值创造效率指数及其变化趋势。可以看到，2011年以前，非国有控股公司的价值创造效率指数呈现一定的上升趋势，与此同时，国有控股公司的价值创造效率指数出现明显的下滑，表明在这一时期，非国有控股公司更注重提升单位资产的价值创造能力。进入2012

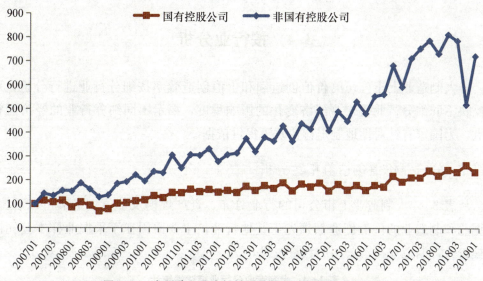

图 3 - 4　大制造业分产权性质价值创造额指数变化趋势

年，两类性质企业的价值创造效率指数基本处于同步下滑状态，表明在此阶段，
国有控股公司和非国有控股公司都存在价值创造效率下滑问题。但自 2016 年第 4
季度以来，国有控股公司价值创造效率指数较之前同期有所回升，侧面反映出国
有企业整体运行效率提高，国有企业深化改革初显成效。同样，由于 2018 年下半
年的中美贸易摩擦、民营企业融资难、经济发展阶段性疲态等，非国有企业的价
值创造效率指数于 2018 年第 4 季度大幅下降，并在 2018 年年底中央政府出台支持
民营企业发展的相关政策后迅速回升。

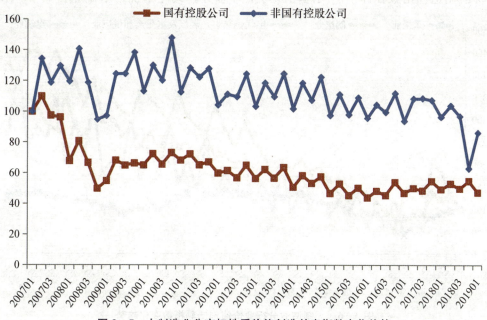

图 3 - 5　大制造业分产权性质价值创造效率指数变化趋势

3.4 按行业分析

对大制造业上市公司的价值创造额和价值创造效率按细分行业进行分析，可以反映不同细分行业受宏观经济变化的影响程度，揭示不同细分行业的经济运行特点，为国家有针对性地制定行业政策提供依据。

3.4.1 分行业价值创造额指数分析

从表3-4大制造业上市公司的行业分布、资产规模及价值创造额可以看出，采掘业和制造业的价值创造额领先于其他行业，主要原因在于采掘业样本公司的规模较大，制造业样本公司的数量占优。

表3-4 大制造业分行业描述性统计

行业代码	行业名称	季均样本量	季均总资产（亿元）	单个公司季均总资产（亿元）	季均价值创造额（亿元）	单个公司季均价值创造额（亿元）
B	采掘业	66	47 019	708	3 014	45.38
C	制造业	1 467	107 665	73	4 147	2.83
D	电气、热力、燃气及水生产和供应业	92	21 893	238	590	6.42
E	建筑业	66	34 441	525	1 015	15.49

从图3-6中可以看到，除采掘业在2013年之后出现小幅下滑，其他三个行业的价值创造额指数在样本期间内均保持上升态势。具体来说，采掘业自2016年以

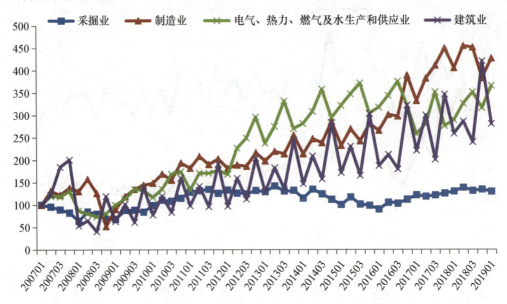

图3-6 大制造业分行业价值创造额指数变化趋势

来开始缓慢回升。制造业自 2016 年以来大幅增长，并于 2018 年第 2 季度创历史新高，反映出我国制造业逐步进行转型升级，从相对依赖资源的发展模式向创新型发展模式转型。但由于制造业是大制造业中受 2018 年下半年中美贸易摩擦、民营企业融资难、经济发展阶段性疲态影响最大的细分行业，因此 2018 年第 4 季度下滑较大。电气、热力、燃气及水生产和供应业自 2016 年以来先上升再下降，这与国家"去产能"解决传统制造业，特别是钢铁、水泥、电解铝等高消耗、高排放行业产能普遍过剩的举措相关。建筑业价值创造额指数经过 2007 年快速增长，在 2008 年第 1 季度出现大幅下滑，这主要是受到中国铁建和中国中铁在 2008 年第 1 季度应交税费和应付职工薪酬大幅下降所导致的政府所得与员工所得双双下滑的影响。建筑业自 2018 年以来整体趋势变动不大，符合"去库存"举措的预期。

3.4.2　分行业价值创造效率指数分析

图 3-7 显示了大制造业细分行业的价值创造效率指数。从四个细分行业的价值创造效率指数变动趋势来看，采掘业在 2011 年之前呈现较大的波动性，在 2011 年之后出现明显的下滑趋势，但 2016 年第 2 季度开始缓慢回升，自 2018 年第 3 季度起又有下降的趋势。受 2008 年金融危机的影响，制造业价值创造效率指数在 2008 年第 4 季度出现大幅下降，并在随后期间呈现出先缓慢下降后缓慢回升的变动趋势。受中美贸易摩擦和经济形势影响，制造业价值创造效率指数在 2018 年第 4

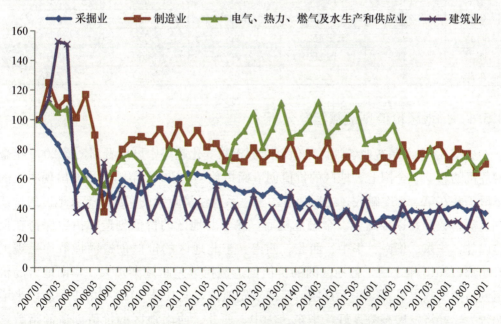

图 3-7　大制造业分行业价值创造效率指数变化趋势

季度有较大下降。电气、热力、燃气及水生产和供应业价值创造效率指数在 2012 年以前波动较大，从 2012 年第 2 季度开始增长，2013—2016 年较为稳定，但 2017 年第 1 季度大幅下降，2018 年呈缓慢波动回升态势。建筑业呈现明显的季节性特征，受中国铁建和中国中铁的影响，建筑业 2007 年第 3、4 季度的价值创造效率指数明显高于其他季度，近年来则维持在 25～45 点。

3.5　按地区分析

对大制造业上市公司价值创造总量及效率进行分地区分析，可以反映全国各地区的大制造业上市公司在经济增长及资源使用效率方面的发展动态，为国家及地方政府制定相关行业的区域发展战略、资源分配政策提供参考。表 3-5 列示了大制造业各地区季均样本量、季均总资产等数据的描述性统计结果。图 3-8 和图 3-9 展示了大制造业各地区价值创造额指数变化趋势和价值创造效率指数变化趋势。

表 3-5　大制造业分地区描述性统计

地区	季均样本量	季均总资产（亿元）	单个公司季均总资产（亿元）	季均价值创造额（亿元）	单个公司季均价值创造额（亿元）
华东	684	49 927	73	2 022	2.95
华南	278	18 857	68	785	2.82
华中	185	13 992	76	515	2.78
华北	221	100 353	454	4 519	20.44
西北	94	8 452	90	250	2.65
西南	141	11 259	80	450	3.18
东北	86	8 242	95	229	2.65

3.5.1　分地区价值创造额指数分析

从图 3-8 大制造业各地区价值创造额指数变化趋势中可以看到，受 2008 年金融危机的影响，全国七大地区的价值创造额指数均在 2008 年第 3 季度出现明显的下滑，并在第 4 季度触底，之后随着国家一系列经济政策的实施，七大地区的价值创造额指数开始逐步回升。金融危机后，除华北地区的价值创造额指数保持在低位以外，华东、华南、华中、西北、西南、东北地区的价值创造额指数均呈现上升趋势，2013 年之后，各地区间的价值创造额指数差距逐渐扩大。华南地区的价值创造额指数上升幅度较大且逐渐保持领先地位，尤其是 2017 年第 1 季度以来增幅较大，经济发展态势良好，华东、华中、西北、西南地区的价值创造额指数紧随其后，同样实现了一定幅度的增长。但受 2018 年下半年中美贸易摩擦、民营企业融资难、经济发展阶段性疲态的影响，东北、华东、华南、华中、西北地区的价值创造额指数均在 2018 年第 4 季度呈现不同程度的下降态势。其中，值得注意的是，与其他地区相对稳定的价值创造额指数相比，2016 年第 4 季度，西北地区样本公司由于受到中油工程注入优质资产、剥离不良资产的重大资产重组事项影响，价值创造额指数出现剧烈攀升。华北地区的价值创造额指数长期保持在低位，说明该地区的经济状况受宏观经济不景气及国有企业转型困难等问题的影响尤为严重。

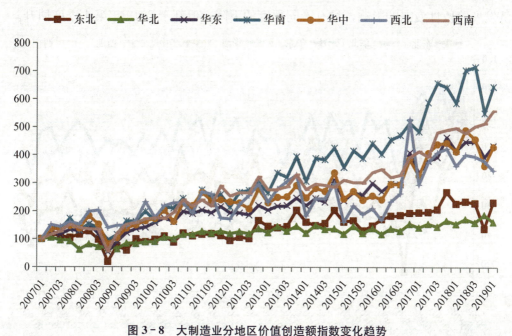

图 3-8　大制造业分地区价值创造额指数变化趋势

3.5.2　分地区价值创造效率指数分析

图 3-9 揭示了各地区大制造业上市公司的价值创造效率指数的变化趋势。由图 3-9 可见，在样本期间内，华北地区的价值创造效率指数总体呈下滑趋势，且多数时间在七大地区中垫底。为缓解 2008 年金融危机的冲击，中央政府制定了四万亿元投资计划，华北地区作为大型国有企业的注册所在地，获得了较多的投资份额，但不断下滑的价值创造效率指数说明华北地区企业的投资并未达到预期效果。进入 2016 年，随着国有企业深化改革的不断推进，华北地区的价值创造效率指数出现稳步回升的态势。华南地区的价值创造效率指数在 2009 年之后开始普遍高于国内其他地区，2017 年第 2 季度有较大幅度增长，可以看出华南地区大制造业价值创造效率很高。东北地区的价值创造效率指数呈现震荡调整的趋势，2016年之后趋于稳定，2017 年第 4 季度大幅上升。华中和华东地区的价值创造效率指

数 2008 年之后呈围绕季度均值波动的趋势，在 2016 年第 4 季度以前整体呈下降趋势，2016 年第 4 季度开始回升。西南地区的价值创造效率指数自 2016 年第 4 季度以来大幅上升，呈现良好势头。西北地区的价值创造效率指数在 2009 年之前受益于大规模的国家政策红利，小幅高于国内其他地区，但 2009 年之后开始逐步下跌，到 2016 年第 1 季度和第 2 季度已接近华北地区水平，2016 年第 4 季度受到中油工程重大资产重组事项的影响，出现剧烈攀升。2018 年第 4 季度，东北、华东、华南、华中、西北地区的价值创造效率指数受中美贸易摩擦、民营企业融资难、经济发展阶段性疲态的影响，均有不同程度的下降，但都于 2019 年第 1 季度回升。

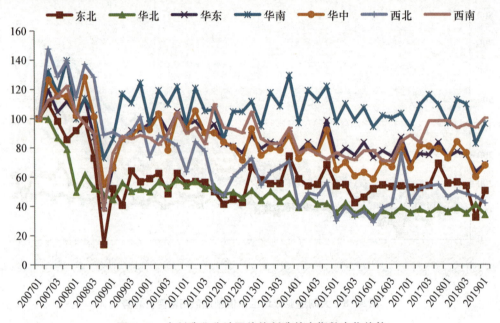

图 3 - 9　大制造业分地区价值创造效率指数变化趋势

3.6　本章小结

为深入分析大制造业的运行规律，揭示其对宏观经济的影响，本章从四类分配主体、企业产权性质、行业属性及地区分布等角度对大制造业会计宏观价值指数的相关结果进行研究分析，结果发现：

（1）大制造业价值创造额指数与第二产业 GDP 指数波动趋势一致，基本呈现不断上升的趋势，这与政府四万亿元投资计划的逐步实施密切相关，二者之间的差距基本保持稳定。大制造业的价值创造效率整体走低，原因主要有三个方面：一是处于经济转型期，大制造业仍存在产能过剩、创新缓慢等问题，导致企业盈利能力无法实现突破；二是产业转型滞后，大量资产拉低了价值创造效率；三是目前我国经济下行压力大，实体经济困难重重，使得价值创造效率进一步下降。受 2018 年下半年中美贸易摩擦、民营企业融资难、经济发展阶段性疲态的影响，大制造业企业价值创造额和价值创造效率均有不同程度的下降，受调控政策影响于 2019 年第 1 季度又迅速回升。

（2）四类分配主体的分析结果表明，大制造业在经历了数年的艰苦转型期后，取得了一定成果，但仍面临人力成本上升、融资成本较高等问题。

（3）分产权性质的分析结果发现，在样本期间内，大制造业国有控股公司的价值创造额指数与价值创造效率指数明显低于非国有控股公司，进一步深化国有企业改革任务艰巨。非国有控股公司受 2018 年下半年中美贸易摩擦、民营企业融资难、经济发展阶段性疲态的影响更大，应针对性地出台政策对非国有控股公司进行帮助和扶持。

（4）分行业的分析结果发现，我国大制造业正逐步从相对依赖资源的发展模式向创新型发展模式转型升级，与此同时，解决传统制造业产能普遍过剩，调整高消耗、高排放行业的"去产能"相关举措初显成效。

（5）分地区的分析结果发现，华东、华南、华中、西北、西南、东北地区的大制造业发展均呈上升趋势，2013 年之后各地区间大制造业发展的差距逐渐扩大，华南地区发展态势最好，保持领先地位，而华北地区长期在低位徘徊，说明该地区的经济状况受宏观经济不景气及国有企业转型困难等问题的影响尤为严重。

第4章 大服务业会计宏观价值指数
编制结果及分析

作为国民经济三大支柱产业之一,近年来,服务业在推动总体经济增长、创造就业机会、增加外贸出口以及刺激内需等方面发挥了越来越重要的作用,服务业上市公司作为同行业的佼佼者,在促进行业繁荣、推动整个经济发展的过程中具有举足轻重的作用。因此,本章从总体测算结果、包含金融业在内的总体测算结果分析、四类分配主体分析、按产权性质分析、按行业分析以及按地区分析共六个方面展开。

4.1 大服务业总体测算结果分析

以大服务业为基础编制的会计宏观价值指数总体结果见表4-1。表4-1分别列示了各季度大服务业的价值创造额指数和价值创造效率指数。为了检验价值创造额指数和价值创造效率指数对宏观经济运行情况的反映效果,我们以单季度的第三产业GDP为基础,运用定基指数计算法构建了第三产业GDP指数,通过比较不同指数在时序上的波动趋势,来反映宏观经济运行质量。三类指数的变化趋势见图4-1。

表4-1 大服务业价值创造额指数、价值创造效率指数编制结果

季度	价值创造额指数	价值创造效率指数	第三产业GDP指数
200701	100	100	100
200702	132	128	102
200703	136	120	103
200704	236	191	114
200801	147	113	121
200802	178	133	121

续表

季度	价值创造额指数	价值创造效率指数	第三产业 GDP 指数
200803	130	93	122
200804	204	137	130
200901	134	87	134
200902	175	108	136
200903	139	81	139
200904	240	130	150
201001	193	99	156
201002	224	109	159
201003	234	108	164
201004	340	147	178
201101	229	95	187
201102	276	109	191
201103	266	99	195
201104	352	126	207
201201	247	86	211
201202	299	101	216
201203	300	98	221
201204	415	130	235
201301	282	84	241
201302	347	102	245
201303	329	92	251
201304	449	121	266
201401	321	84	267
201402	387	97	272
201403	372	91	278
201404	522	123	296
201501	374	85	298
201502	504	103	306
201503	444	86	314
201504	597	110	331
201601	436	77	330
201602	540	91	339
201603	513	81	348
201604	831	123	370
201701	531	75	367
201702	665	91	376

续表

季度	价值创造额指数	价值创造效率指数	第三产业 GDP 指数
201703	634	82	387
201704	880	108	412
201801	640	76	406
201802	822	94	417
201803	727	79	428
201804	872	93	451
201901	751	77	443

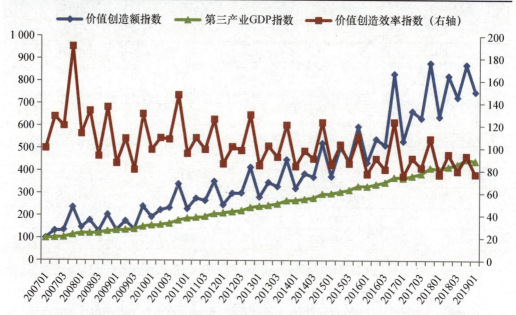

图 4-1 大服务业价值创造额指数、价值创造效率指数、第三产业 GDP 指数变化趋势

结合表 4-1 和图 4-1 可以看到，2007 年第 1 季度至 2019 年第 1 季度，大服务业价值创造额指数与第三产业 GDP 指数波动趋势一致，呈现明显的上升趋势。进入 2014 年，该指数的增长趋势已高于第三产业 GDP 指数，特别是在 2016 年，呈现大幅上扬趋势，2018 年增长速度进一步加快，与第三产业 GDP 指数之间的差距进一步拉大。2018 年以来，供给侧结构性改革的深入推进、新动能的快速成长、结构持续优化都大大地推动了经济的转型升级，服务业整体发展良好。

大服务业价值创造效率指数在 2016 年之前一直处于下滑趋势，2016 年第 4 季度有所反弹，随后趋于稳定。从大服务业价值创造额指数和价值创造效率指数的相对走势来看，二者在波动形态上高度一致，具有较强的季节性，在同一年内表现出第 1、3 季度偏低，第 2、4 季度走高的特征，大致呈 N 形波动趋势，并且二者之间的差距逐渐拉大，说明我国大服务业新增投资效率较低。

4.2　大服务业（含金融业）总体测算结果分析

2007年第1季度以来大服务业（含金融业）的价值创造额指数、价值创造效率指数的编制结果见表4-2。为了检验大服务业（含金融业）的价值创造额指数和价值创造效率指数对宏观经济运行情况的反映效果，延续前期指数报告的方法，我们以单季度的第三产业GDP为基础，运用定基指数计算法构建了第三产业GDP指数。大服务业（含金融业）价值创造额指数、价值创造效率指数和第三产业GDP指数的变化趋势如图4-2所示。

表4-2　大服务业价值创造额指数、价值创造效率指数编制结果（含金融业）

季度	价值创造额指数	价值创造效率指数	第三产业 GDP 指数
200701	100	100	100
200702	116	108	102
200703	116	102	103
200704	133	115	114
200801	127	104	121
200802	139	110	121
200803	113	88	122
200804	103	76	130
200901	114	76	134
200902	141	88	136
200903	136	83	139
200904	159	93	150
201001	158	87	156
201002	170	91	159
201003	161	82	164
201004	185	92	178
201101	185	87	187
201102	200	90	191
201103	195	86	195
201104	204	86	207
201201	213	84	211
201202	224	85	216
201203	220	83	221

续表

季度	价值创造额指数	价值创造效率指数	第三产业 GDP 指数
201204	231	84	235
201301	241	83	241
201302	260	88	245
201303	251	84	251
201304	260	85	266
201401	274	85	267
201402	289	86	272
201403	283	84	278
201404	304	88	296
201501	313	87	298
201502	364	94	306
201503	307	79	314
201504	310	78	331
201601	316	77	330
201602	337	79	339
201603	319	73	348
201604	354	78	370
201701	343	74	367
201702	362	78	376
201703	357	75	387
201704	376	78	412
201801	374	76	406
201802	398	79	417
201803	368	72	428
201804	379	73	451
201901	438	81	443

　　结合表 4-2 和图 4-2 可以看到，包含金融业上市公司之后，2015 年第 2 季度，大服务业（含金融业）价值创造额指数快速上扬，反映了 2015 年上半年的"大牛市"带来的价值创造额提升，但是在 2015 年下半年监管层介入，开始强力调控从而引发"股灾"之后，回落到第三产业 GDP 指数水平，随后两者继续保持一致，直到 2018 年第 3 季度才出现小幅下跌，短暂落后于第三产业 GDP 指数，这主要是 2018 年金融业遭受强监管，增速放缓导致的。最终，二者在 2019 年第 1 季度重新

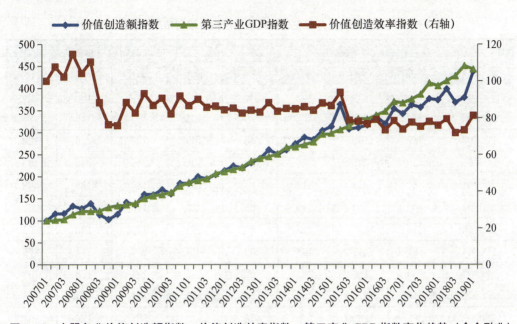

图 4-2　大服务业价值创造额指数、价值创造效率指数、第三产业 GDP 指数变化趋势（含金融业）

汇合。从大服务业（含金融业）价值创造额指数和价值创造效率指数的相对走势来看，二者较强的季度效应在加入金融业后几乎消失，但二者的差距依然逐渐拉大，这说明我国大服务业（含金融业）新增投资效率也比较低。

4.3　四类分配主体分析

对大服务业价值创造额的构成进行分析，可以反映大服务业股东、政府、员工及债权人等利益相关者的分配所得在企业新创造价值中所占的比重及变化趋势，为政府相关部门制定收入分配政策和税收政策等提供参考。

4.3.1　四类分配主体价值创造额指数分析

对大服务业价值创造额按股东、政府、员工和债权人占比进行构成分析，可以揭示大服务业各类主体的分配格局，但是，分配结构分析相当于存量静态分析，并不能展现大服务业各类主体所获价值创造额在时序上的动态变化趋势，不能揭示大服务业各类主体分配所得在不同宏观经济形势下的波动规律。为此，本部分对大服务业中四类分配主体所获价值创造额进行了指数化处理，得到四类大服务业价值创造额指数：大服务业股东获利指数、大服务业政府税收指数、大服务业员工薪酬指数和大服务业债权人利息指数。表 4-3 和图 4-3 描述了大服务业四类分配主体价值创造额指数的变动趋势。

表4-3　大服务业四类分配主体价值创造额指数编制结果（剔除金融业）

季度	价值创造额（亿元）				价值创造额指数			
	股东	政府	员工	债权人	股东	政府	员工	债权人
200701	175	142	134	36	100	100	100	100
200702	229	198	222	25	131	133	149	70
200703	289	190	173	43	165	127	116	120
200704	535	346	336	33	305	215	215	93
200801	331	211	212	24	189	131	136	68
200802	400	281	249	24	226	173	159	67
200803	218	197	217	63	123	121	138	175
200804	81.6	417	495	99	46	257	314	276
200901	183	196	281	60	103	121	178	167
200902	316	278	290	57	177	171	184	158
200903	253	160	280	58	140	98	176	161
200904	395	432	439	57	214	261	270	156
201001	367	287	346	64	199	173	212	175
201002	458	346	377	58	247	206	228	161
201003	499	368	396	46	265	217	237	126
201004	687	604	605	62	358	348	345	168
201101	409	391	450	61	215	226	257	167
201102	531	519	490	63	278	296	275	164
201103	512	471	503	57	267	268	282	150
201104	529	697	716	93	276	397	401	244
201201	342	415	553	115	178	236	310	301
201202	491	554	573	137	252	314	314	361
201203	493	542	607	137	252	306	332	361
201204	753	823	772	112	384	464	422	295
201301	400	496	647	126	204	280	354	332
201302	646	680	649	86	329	383	355	226
201303	618	546	659	123	313	307	362	326
201304	744	878	932	131	375	490	503	348
201401	459	569	704	192	231	318	380	510
201402	640	760	744	167	323	424	401	443
201403	646	626	777	175	325	348	417	462
201404	962	994	1020	161	481	549	542	425

续表

季度	价值创造额（亿元）				价值创造额指数			
	股东	政府	员工	债权人	股东	政府	员工	债权人
201501	585	633	821	193	294	358	436	515
201502	915	965	945	193	458	543	499	512
201503	602	777	923	363	301	437	487	963
201504	1 020	1 170	1 250	276	478	630	655	722
201601	675	824	1 020	215	316	442	529	562
201602	920	1 090	1 090	291	430	585	565	761
201603	923	961	1 090	256	429	514	560	669
201604	1 490	1 610	1 800	358	693	856	920	936
201701	912	904	1 250	253	427	482	654	664
201702	1 260	1 320	1 380	273	581	698	701	714
201703	1 220	1 170	1 420	285	549	619	712	740
201704	1 670	1 760	1 950	356	742	926	972	922
201801	1 220	1 150	1 610	276	529	600	783	709
201802	1 600	1 710	1 720	451	689	887	836	1 162
201803	1 320	1 400	1 710	481	564	705	826	1 231
201804	734	2 180	2 520	469	313	1 098	1 213	1 196
201901	1 450	1 390	1 910	398	609	695	905	1 007

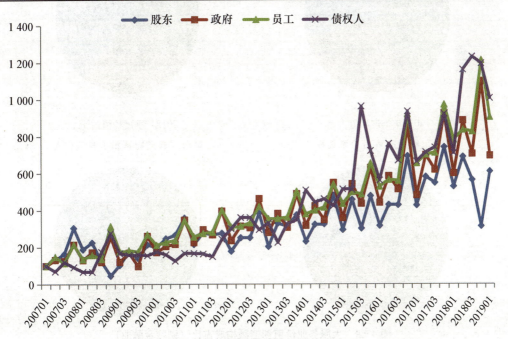

图4-3　大服务业四类分配主体价值创造额指数变化趋势（剔除金融业）

从表4-3和图4-3中可以看到，从总体趋势来看，自2007年第1季度以来，大服务业的政府税收、员工薪酬和债权人利息所得基本保持了同步快速增长，2018年第4季度，政府税收指数达到1 098点，员工薪酬指数达到1 213点；2018年第3季度，债权人利息指数达到最高点1 231点，均创造了全样本期间内的最高水平。而股东获利指数的增长速度要明显低于其他三类指数，特别是到了2018年，与其他三类指数继续保持高增长的态势不同，股东获利指数经历了明显下跌。通过观察数据发现，2018年第4季度大服务业净利润表现较第3季度有明显的下降，这主要是受国家去杠杆政策、货币流动性紧缩、中美贸易摩擦以及上市公司大量计提商誉减值损失等的影响。以商誉减值为例，许多影视游戏类公司（如天神娱乐、华闻传媒、乐视网、掌趣科技等）都计提了巨额的商誉减值损失，造成企业净利润急剧下滑。

4.3.2 四类分配主体价值创造额占比分析

图4-4是大服务业价值创造额构成占比分析图。首先，从2007—2018年所有

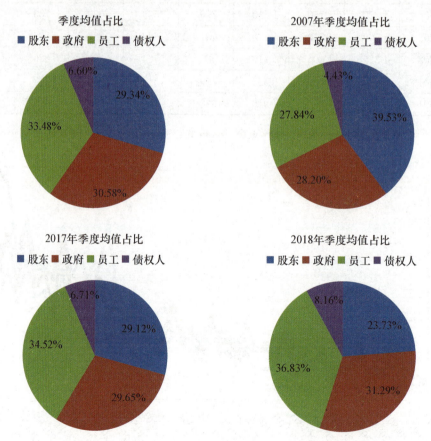

图4-4 大服务业价值创造额构成占比（剔除金融业）

季度的均值来看，员工薪酬所得占比最高，为 33.48％；政府税收所得占比次之，为 30.58％；股东获利所得占比排在第三位，为 29.34％；债权人利息所得排在最后，为 6.60％。其次，与 2007 年季度均值相比，2018 年大服务业分配结构发生了显著变化。2007 年，股东获利所得占比最高，达到 39.53％，2018 年下降至 23.73％。2007 年，员工薪酬所得占比为 27.84％，2018 年大幅上升，达到 36.83％，在四类分配主体中占比最高，增加约 9 个百分点。政府税收所得占比也出现了较大幅度的上升，从 2007 年的 28.20％上升至 2018 年的 31.29％。总的来说，大服务业价值创造额中员工薪酬所得、政府税收所得和债权人利息所得占比均有上升，股东获利所得占比大幅下降，这种下降会影响股东的投资积极性，从长远看可能影响我国经济的结构调整和转型升级。因此，为大服务业营造良好的经营环境，提高企业的盈利能力，使股东在价值创造额分配占比中有所提高，成为监管层促进经济转型升级的重要事项。

4.4　按产权性质分析

对大服务业上市公司价值创造总量及价值创造效率按产权性质进行分析，可以反映不同产权性质的上市公司在经济增长及资源使用效率方面的发展动态，为国家针对大服务业企业完善基本经济制度，制定合理的税收政策提供参考。

与前面的章节类似，本节按照上市公司实际控制人性质将大服务业上市公司分为国有控股公司与非国有控股公司。表 4-4 列示了两类企业的样本量、季均总资产、单个公司季均总资产、季均价值创造额以及单个公司季均价值创造额。

分析表 4-4 可以看出，虽然在样本数量上，非国有控股公司与国有控股公司之间不存在明显差距，但在资产规模和价值创造额上，大服务业非国有控股公司与国有控股公司对比悬殊。具体来看，非国有控股公司与国有控股公司季均价值创造额分别为 771 亿元和 1561 亿元。该结果在一定程度上表明，国有控股公司为大服务业的价值创造做出了重要贡献，国有经济在大服务业上市公司中居于主导地位。

表 4-4　大服务业分产权性质描述性统计

产权性质	季均样本量	季均总资产（亿元）	单个公司季均总资产（亿元）	季均价值创造额（亿元）	单个公司季均价值创造额（亿元）
国有控股公司	294	51 975	177	1 561	5.30
非国有控股公司	318	26 288	83	771	2.42

4.4.1 分产权性质价值创造额指数分析

图4-5揭示了大服务业两类产权性质上市公司自2007年第1季度至2019年第1季度的价值创造额指数。分析图4-5可以看出，虽然两类企业的价值创造额指数均保持增长趋势，但非国有控股公司价值创造额指数的增长明显大于国有控股公司，表明非国有控股公司的成长性要优于国有控股公司。2018年，非国有控股公司增长放缓，而国有控股公司仍保持原来的增长趋势，并且在2018年第4季度超过非国有控股公司，这是近年来第一次出现大服务业国有控股公司超过非国有控股公司的情况，其主要原因是非国有控股公司在2018年第4季度受到货币流动性趋紧的影响，获得贷款难度陡增，价值创造受到直接冲击。2019年第1季度国家整体货币流动性趋缓，非国有控股公司的价值创造额指数再次超过国有控股公司。另外，从价值创造额指数在时序上的波动趋势来看，国有控股公司与非国有控股公司均表现出第1、3季度偏低、第2、4季度走高的特点，与大服务业总体价值创造额指数波动趋势一致。

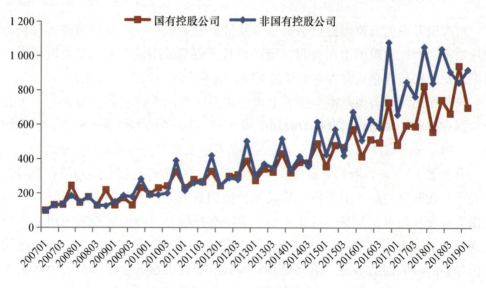

图4-5 大服务业分产权性质价值创造额指数变化趋势（剔除金融业）

4.4.2 分产权性质价值创造效率指数分析

图4-6揭示了大服务业两类产权性质上市公司2007年第1季度至2019年第1季度的价值创造效率指数的变化趋势。由图4-6可知，2008年金融危机之后，两类公司的价值创造效率指数均呈下降趋势，2011年之前，非国有控股公司

价值创造效率指数的下降趋势要小于国有控股公司，该结果在一定程度上表明，四万亿元投资计划对国有控股公司的价值创造效率产生了更大的冲击，增加投资虽然能刺激经济总量增长，却难以保证资金的配置效率。2011 年之后，国有控股公司的价值创造效率处于稳定状态，而非国有控股公司价值创造效率持续下滑。从 2015 年第 3 季度开始，两个效率指数的差异基本上保持稳定，表明虽然非国有控股公司价值创造额增长迅速，但新进入企业的价值创造效率较低，非国有控股公司需要改变粗放的扩张方式，提高单位资产的价值创造能力。此外，可以发现国有控股公司和非国有控股公司的价值创造效率具有明显的第 4 季度效应，主要原因是第 4 季度公司的股东分红和政府税收较高。

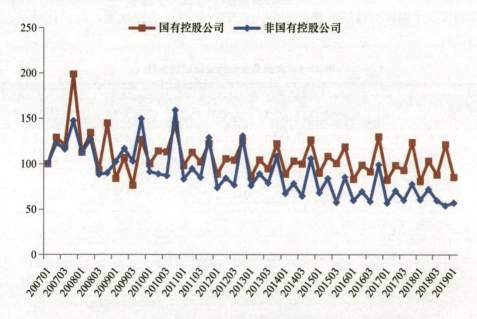

图 4-6　大服务业分产权性质价值创造效率指数变化趋势（剔除金融业）

以上结果的政策启示是，在当前国际市场需求疲软、出口贸易受阻、国内消费增速缓慢的大环境下，刺激内需对于保持经济总量平稳增长、增加就业机会具有极为重要的现实意义。

4.5　按行业分析

对大服务业上市公司的价值创造额与价值创造效率按细分行业进行分析，可以反映各细分行业受宏观经济变化影响的程度，揭示不同行业的经济运行特点，为国家有针对性地制定行业政策提供依据。

4.5.1 分行业价值创造额指数分析

结合表4-5与图4-7可以发现，在大服务业的11个细分行业中，季均价值创造额从高到低依次为：房地产业；交通运输业、仓储和邮政业；批发和零售业；信息传输、软件和信息技术服务业；租赁和商务服务业；文化、体育和娱乐业；水利、环境和公共设施管理业；科学研究和技术服务业；住宿和餐饮业；卫生和社会工作；教育。其中，2018年，排名靠前的四个行业价值创造额占大服务业的比例约为89.68%，因而这四个行业价值创造额的增减变化直接决定了大服务业的变化趋势。因此，当宏观经济出现剧烈波动导致整个服务业受到影响时，政府部门应当优先考虑针对敏感性强、影响力大的行业制定调控政策，以确保经济总体平稳运行。

表4-5　大服务业分行业描述性统计

行业代码	行业名称	季均样本量	季均总资产（亿元）	单个公司季均总资产（亿元）	季均价值创造额（亿元）	单个公司季均价值创造额（亿元）
F	批发和零售业	138	12 163	88	418	3.03
G	交通运输业、仓储和邮政业	80	17 194	215	601	7.50
H	住宿和餐饮业	10	362	35	16	1.49
I	信息传输、软件和信息技术服务业	139	8 737	63	311	2.24
K	房地产业	123	33 121	269	763	6.19
L	租赁和商务服务业	34	2 911	85	78	2.29
M	科学研究和技术服务业	17	405	24	21	1.23
N	水利、环境和公共设施管理业	28	1 624	59	56	2.03
P	教育	2	33	15	2.65	1.18
Q	卫生和社会工作	6	184	29	10.92	1.75
R	文化、体育和娱乐业	36	1 557	44	57	1.60

在大服务业包含的11个行业中，部分行业存在样本企业偏少的情况，这些行业的价值创造额指数和价值创造效率指数容易受到单一企业变动的影响，难以准确反映行业变动情况。因此本课题组在分析两类指数变动趋势时，剔除了样本量小于30的行业。

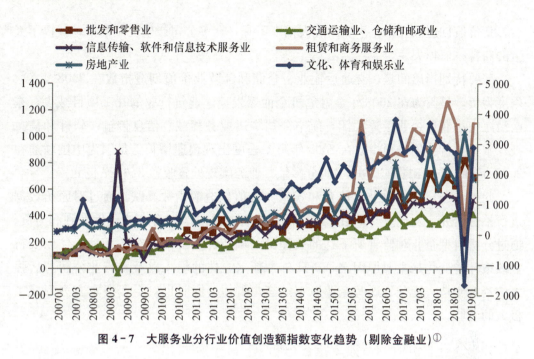

图 4-7　大服务业分行业价值创造额指数变化趋势（剔除金融业）①

从图 4-7 中可以看出，2018 年以前，增长最快的三个行业分别是文化、体育和娱乐业，房地产业以及租赁和商务服务业，批发和零售业，交通运输业、仓储和邮政业，信息传输、软件和信息技术服务业增长相对缓慢。文化、体育和娱乐业增速明显超过其余细分行业，这反映了我国文化产业快速发展的态势。

对价值创造额指数波动情况进行分析，可以发现：（1）房地产业存在明显的季度效应，即每年第 2、4 季度较高而第 1、3 季度较低，与大服务业总体的变化趋势相一致。房地产业的销售素有"金九银十"之称，销售旺季通常出现在 9 月份和 10 月份，而 10 月份实现的成交额在一年内最为集中，导致第 4 季度的价值创造额趋高。交通运输业、仓储和邮政业同样存在明显的季度效应，价值创造额指数高点主要集中在每年第 3 季度，其余三个季度相对较低。（2）2018 年以前，文化、体育和娱乐业，信息传输、软件和信息技术服务业以及批发和零售业存在明显的年末效应，即每年的前三个季度增长缓慢，而第 4 季度出现跳跃式增长。对于文化、体育和娱乐业而言，年底的影视艺术新作频呈、媒体广告异常活跃、出版物和印刷品激增都将导致相关企业营业收入的集中增长。就批发和零售业而言，第 4 季度包含较多的法定节假日，消费品需求旺盛、消费时间比较集中。（3）租赁和商务服务业不存在明显的波动趋势。但是，以 2015 年为分割时间点，2015 年以前，租赁和商务服务业价值创造额指数增长平缓，2015 年以后增速明显提高，同时波动性也变大。特别是 2018 年，租赁和商务服务业经历了第 2 季度的快速发展

---

① 房地产业以及文化、体育、娱乐业结果请参考右侧纵轴。

后，其价值创造额在第 4 季度出现大幅度下降，众多公司产生巨额亏损，计提了大量的商誉减值损失。

需要特别指出的是，交通运输业、仓储和邮政业价值创造指数在 2008 年第 4 季度为负，是因为在 2008 年金融危机全面爆发期，建筑行业的开工项目减少，东南沿海中小制造企业接连关闭，航空公司客运业务骤减。信息传输、软件和信息技术服务业价值创造额指数在 2008 年第 4 季度出现快速增长，是因为中国联通在 2008 年第 4 季度出售 CDMA（码分多址）业务实现处置收益 356.27 亿元。

此外，2018 年，文化、体育和娱乐业价值创造额指数暴跌。通过对原始数据进行整理研究，发现主要是由于该行业近半数企业在 2018 年年末季度净利润为负。通过分析典型企业对监管所下达的关注函的回应，发现外部经济环境不佳以及行业政策环境变化是主要原因之一。此外，新兴媒体的涌入以及新行业公司背后强大的资金支持，抢夺了这些企业原本的客户群体，同时也对企业资本实力形成了极大的考验。

4.5.2　分行业价值创造效率指数分析

对大服务业的价值创造效率做进一步细分，可以深入反映各具体行业的经营特点及其受宏观经济变化的影响程度，为政府制定具体行业政策提供参考。从图 4-8 中可以看出：（1）批发和零售业的价值创造效率指数在 2012 年之后表现出明显的下滑趋势。（2）交通运输业、仓储和邮政业的价值创造效率指数在 2008 年之后处于相对稳定状态，并表现出较明显的季度规律，即第 3 季度较高，第 1、2、4 季度较低。（3）信息传输、软件和信息技术服务业的价值创造效率指数除去 2008 年第 4 季度的异常值外，一直处于十分稳定的状态，并表现出明显的年末效应。（4）房地产业价值创造效率存在明显的波动性，2007 年第 4 季度达到最高点，随后呈现出先上升后下降的波动状态，这表明虽然房地产业的价值创造额增长迅速，但更多依赖于大量资产进入，单位资产价值创造额并不高。（5）租赁和商务服务业的价值创造效率指数在 2010 年以前上升，2011 年之后下降，2018 年第 4 季度明显下降后又回升。（6）文化、体育和娱乐业的价值创造效率指数在 2011 年出现大幅下滑，随后保持稳定状态，直到 2018 年第 4 季度再一次大幅下降，随后马上回升至原来水平，这主要是由于价值创造额的显著下跌所致。总的来说，文化、体育和娱乐业的价值创造效率增长趋势明显高于其他行业，反映出我国文化、体育和娱乐业良好的发展态势。与价值创造额指数波动趋势一致，房地产业以及交通运输业、仓储和邮政业价值创造效率指数存在明显的季度效应，文化、体育和娱乐业，信息传输、软件和信息技术服务业以及批发和零售业存在明显的年末效应，租赁和商务服务业不存在明显的波动趋势。

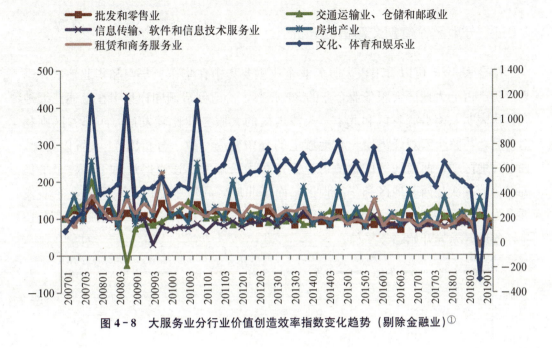

图 4-8　大服务业分行业价值创造效率指数变化趋势（剔除金融业）[①]

4.6　按地区分析

对大服务业上市公司价值创造总量及效率按地区进行分析，一定程度上可以反映不同地区大服务业的经济增长速度及资源使用效率，为国家制定区域发展战略和资源分配政策提供参考。

本章对地区的划分方法与前面一致，表 4-6 列示了各地区季均样本量、季均总资产、单个公司季均总资产、季均价值创造额和单个公司季均价值创造额。

表 4-6　大服务业分地区描述性统计（剔除金融业）

地区	季均样本量	季均总资产（亿元）	单个公司季均总资产（亿元）	季均价值创造额（亿元）	单个公司季均价值创造额（亿元）
华东	247	31 430	127	941	3.81
华南	121	21 048	174	612	5.07
华中	47	3 259	70	101	2.18
华北	107	17 496	164	530	4.97
西北	21	1 678	79	36	1.72
西南	39	3 396	86	89	2.28
东北	37	2 658	72	81	2.19

---

① 文化、体育、娱乐业结果请参考右侧纵轴。

4.6.1 分地区价值创造额指数分析

结合表 4-6 可以看出，大服务业企业主要集中在华东、华南和华北地区，季均总资产占七大地区大服务业企业的 86.42%，价值创造额同样集中在上述三大地区。这表明东南沿海省区和北京、天津地区的大服务业比较发达，西部省区则相对落后，与整个宏观经济增长在地域上的分布格局一致。分析图 4-9 可以看出，在七大地区中，西南地区的价值创造额指数增长最为迅速，但近两年有趋于平稳的趋势，其次是西北地区和华南地区，而东北地区和华中地区的大服务业企业发展最为缓慢。2007—2017 年，各地区大服务业发展增速有逐年扩大的趋势，2018年，各地区差异开始趋于平稳。

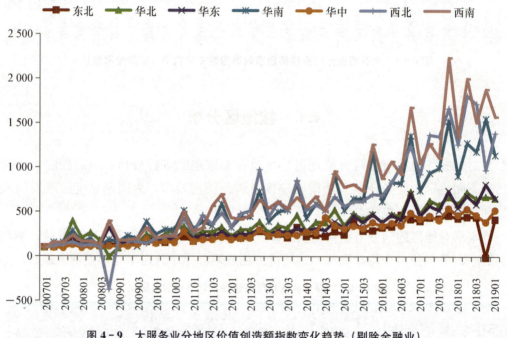

图 4-9 大服务业分地区价值创造额指数变化趋势（剔除金融业）

西南和西北地区大服务业价值创造额指数增长迅速，一方面得益于政府积极进行产业改革，扶持本地区大服务业企业发展；另一方面得益于本地区大服务业企业基础较差，更容易实现快速发展。华南地区能够实现快速增长，主要是因为该地区市场化程度更高，对大服务业企业发展更为重视。对七大地区进行综合分析，可以发现七大地区价值创造额指数存在明显的年末效应，即第 4 季度价值创造额指数较高。

特别地，东北地区大服务业价值创造额指数在 2018 年第 4 季度大幅度下跌，随后在 2019 年第 1 季度回升[①]。仔细探究原始数据后发现，这是由于几家注册于东北地区、受商誉减值影响的影视游戏公司在 2018 年产生了巨额亏损。其中，天神娱乐 2018 年度净利润亏损约 75.22 亿元，并且公司逾期债务规模较大，有息债务大幅增加，未来主营业务盈利能力将大幅下降。除此之外，*ST 工新、*ST 大控等企业的主营业务收入不佳是企业业务调整以及计提商誉减值准备等造成的。

4.6.2　分地区价值创造效率指数分析

图 4-10 表明七大地区的大服务业价值创造效率指数均呈下滑趋势，且存在较明显的年末效应，即第 4 季度价值创造效率较高。2019 年第 1 季度，各地区的大服务业价值创造效率指数基本趋同（西北地区数值参见右侧坐标轴），说明各地区价值创造效率增幅差距在不断减小。具体分析，东北地区呈持续下滑趋势，2018 年第 4 季度小幅下滑，随即回升到原来水平，该下跌主要是该地区影视游戏类企业

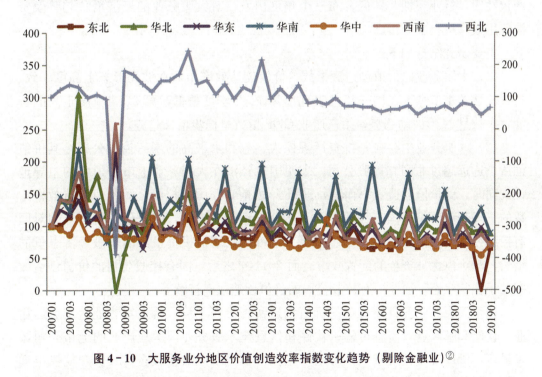

图 4-10　大服务业分地区价值创造效率指数变化趋势（剔除金融业）[②]

---

① 由于东北地区的金圆股份在 2018 年第 4 季度从大制造业变更到大服务业（资产总量大，对大服务业样本有较大影响），加上东北地区大服务业企业在 2018 年第 4 季度经营状况不佳，如果此时在大服务业样本中加入金圆股份会导致会计价值创造额发生数量级的变动，从而造成价值创造额指数以及价值创造效率指数出现异常。为了与实际情况相符，我们在 2018 年第 4 季度将金圆股份从大服务业样本中剔除。

② 西北地区结果请参考右侧纵轴。

在 2018 年第 4 季度的巨额亏损所造成的；华北地区在 2008 年出现大幅下滑，2009 年第 1 季度出现明显反弹，并在随后年度维持相对稳定状态；华东地区在 2008 年第 4 季度出现大幅上涨，2019 年第 1 季度大幅回落，并在随后年度出现轻微下滑；华南地区存在明显的波动性，截至 2018 年第 1 季度，价值创造效率指数并未出现明显下滑；华中地区在 2013 年以前有明显下滑趋势，在随后年度维持相对稳定状态；西北地区经过最初的快速增长，2011 年之后存在明显的下滑趋势；西南地区在 2008 年第 4 季度出现大幅上扬，并在随后年度回落，在之后的样本期间里存在轻微下滑趋势。上述结论表明，虽然西北地区和西南地区价值创造额增长迅速，但需要考虑转变经济发展方式，提高经济效率的问题。

4.7　本章小结

本章着重研究了大服务业上市公司的价值创造总量及价值创造效率，从企业产权性质、行业属性及地区分布三个角度出发，对大服务业的经济增长趋势及资源使用效率进行了分析。

主要研究结论如下：

（1）大服务业的价值创造额指数与价值创造效率指数在波动形态上高度一致，具有较强的季节性，在同一年内表现出第 1、3 季度偏低，第 2、4 季度走高的特征，大致呈 N 形波动趋势，第三产业 GDP 指数呈稳步增长趋势。

（2）大服务业中存在一批资产规模大、盈利水平高的国有控股公司，其价值创造量远远超过非国有控股公司，表明国有经济在大服务业上市公司中的主导地位。同时，就价值创造效率而言，2011 年之前，非国有控股公司价值创造效率指数的下降趋势要小于国有控股公司，在一定程度上表明，四万亿元投资计划对国有控股公司的价值创造效率产生了更大的冲击，增加投资虽然能刺激经济总量的增长，却难以保证资金的配置效率。而 2011 年之后，国有控股公司的价值创造效率处于稳定状态，而非国有控股公司的价值创造效率持续下滑。

（3）大服务业各具体行业的价值创造实力分布不均，批发零售业，交通运输业、仓储和邮政业，信息传输、软件和信息技术服务业，房地产业的上市公司数量最多，资产规模相对较大；房地产业上市公司不但数量较多，其资产规模也远远超过其他行业；就价值创造额指数来看，文化、体育和娱乐业及房地产业增长最快。就价值创造效率指数来看，文化、体育和娱乐业远超其他行业，但在 2018 年第 4 季度行业整体形势严峻，两种指数均经历了大幅下跌。

（4）大服务业的地区发展极不平衡，华东、华南及华北地区大服务业上市公司的价值创造总量远高于其他地区。从增长速度分析，西南地区的价值创造额指数增长最为迅速，其次是西北地区和华南地区。从价值创造效率来看，除华北、西北、西南、华东和华南地区以外，大服务业各细分地区在研究期间内均表现出缓慢下降的趋势，但不同地区价值创造效率指数走势的差异不明显。另外，各细分地区价值创造效率指数存在明显的年末效应。

第 5 章 农林牧渔业会计宏观价值指数
编制结果及分析

为了突出产业特征和分析的针对性，本研究对多个行业进行了分类分析，如大制造业、大服务业和金融业等。考虑到农林牧渔业对应国民经济中的第一产业，自身的行业特点较为明显，本章对其单独进行研究，着重从行业总体、分配主体和企业的产权性质角度对农林牧渔业的价值创造额总量及价值创造效率进行深入分析。根据样本选择方法，每季度有不同数量的农林牧渔业上市公司纳入计算样本。

5.1 农林牧渔业总体测算结果分析

自 2007 年第 1 季度以来，农林牧渔业价值创造额指数、价值创造效率指数的编制结果见表 5-1。为了检验农林牧渔业价值创造额指数和价值创造效率指数对宏观经济运行情况的反映效果，延续前期指数报告的方法，我们以单季度的第一产业 GDP 为基础，运用定基指数计算法构建了第一产业 GDP 指数。农林牧渔业价值创造额指数、价值创造效率指数和第一产业 GDP 指数的变化趋势见图 5-1。

表 5-1 农林牧渔业价值创造额指数、价值创造效率指数编制结果

季度	价值创造额指数	价值创造效率指数	第一产业 GDP 指数
200701	100	100	100
200702	188	191	159
200703	104	104	241
200704	247	224	298
200801	156	142	126
200802	165	153	198
200803	120	112	284
200804	134	116	331
200901	152	130	127
200902	154	136	200

续表

季度	价值创造额指数	价值创造效率指数	第一产业 GDP 指数
200903	139	121	292
200904	191	145	360
201001	184	133	142
201002	181	135	229
201003	147	104	342
201004	316	192	417
201101	168	100	165
201102	244	146	270
201103	258	153	410
201104	224	123	479
201201	180	96	192
201202	195	106	295
201203	197	106	436
201204	232	119	537
201301	170	85	206
201302	177	88	311
201303	162	80	476
201304	319	151	594
201401	222	102	223
201402	239	107	334
201403	159	71	507
201404	252	109	617
201501	135	58	223
201502	185	77	358
201503	217	88	519
201504	289	111	646
201601	292	106	252
201602	399	138	381
201603	387	123	533
201604	383	117	660
201701	291	85	248
201702	253	74	382
201703	338	93	552
201704	399	104	695
201801	323	81	255
201802	114	30	376
201803	279	70	527
201804	189	46	721
201901	146	36	254

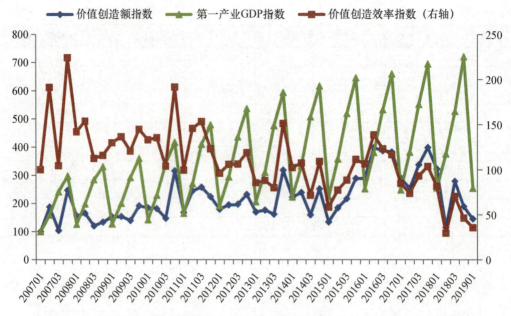

图 5-1 农林牧渔业价值创造额指数、价值创造效率指数、第一产业 GDP 指数变化趋势

结合表 5-1 和图 5-1 可以看到，整体而言，在 2017 年之前农林牧渔业的价值创造额指数呈现波动上升的趋势，特别是在 2015—2017 年迎来快速增长，并在 2017 年第 4 季度达到历史高点 399 点。进入 2018 年，农林牧渔业整体出现下滑，以生猪养殖业务为例，由于猪价低迷，上市公司生猪养殖业务出现大量亏损，如温氏股份主营业务亏损严重，这对上游板块，如饲料、疫苗业产生了消极影响，加上中美贸易摩擦和去杠杆政策，农林牧渔业价值创造额指数急剧下降，在 2018 年第 2 季度降到近几年的最低点。虽然在 2018 年第 3 季度出现暂时回升，但 2018 年第 4 季度之后仍继续下降，2019 年第 1 季度，下降速度才有所放缓。

在价值创造效率方面，农林牧渔业价值创造效率指数在 100 点上下来回波动。2015 年第 1 季度到 2016 年第 2 季度，持续上升，表明农林牧渔业运行效率有所提高，进入 2016 年第 3 季度，开始连续下滑，并在 2018 年第 2 季度达到历史最低点 30 点，虽然在 2018 年第 3 季度有所反弹，但此后继续下滑，并于 2019 年第 1 季度收于 36 点。农林牧渔业价值创造额指数和价值创造效率指数的走势基本一致。

从农林牧渔业价值创造额指数和第一产业 GDP 指数的相对走势来看，第一产业 GDP 指数高于农林牧渔业价值创造额指数，表明农林牧渔业上市公司价值创造额的增长速度落后于第一产业 GDP 的增长速度，这可能与农林牧渔业上市公司数量较少有关。随着农林牧渔业公司不断上市，这一差距在 2015 年后逐渐缩小，2015—2017 年，农林牧渔业行情较好，上市公司价值创造额增长速度逐渐加快，价值创造额指数随之提高。2018 年，农林牧渔业价值创造额指数出现断崖式下跌，但同期第一产业 GDP 指数仍呈现上升趋势，这可能是由于第一产业 GDP 统计口径较广，没有受到农林牧渔业上市公司业绩下滑的过大影响。

5.2　四类分配主体分析

对农林牧渔业价值创造额的构成进行分析，可以反映农林牧渔业股东、政府、员工及债权人等利益相关者的分配所得在企业新创造价值中所占的比重及变化趋势。图 5-2 反映了农林牧渔业价值创造额的构成情况。总体来看，员工与股东两类主体在 2007—2018 年所获价值创造额都出现了较大幅度的变动，而政府和债权人占比总体平稳。其中，员工薪酬所得占比自 2007 年开始持续上升，2013 年达到历史高点 66.23%，2014—2015 年维持相对稳定，2016 年骤降至 38.68%，这主要是由于 2016 年农林牧渔业整体行情较好，员工占比下滑。2017 年，员工占比开始回升，在 2018 年收于 60.50%。股东所得占比也出现明显的变化，2007—2014 年，由于农林牧渔业行情低迷，公司盈利能力弱，股东所得占比持续下降，这一情况在 2015—2016 年得到缓解，尤其是 2016 年股东所得占比大幅提升至历史高点 51.33%，然而农林牧渔业不确定性大，2017 年股东所得占比下降到 33.63%，主要是因为农林牧渔业样本量少，容易受到单个样本的影响，例如，獐子岛公司 2017

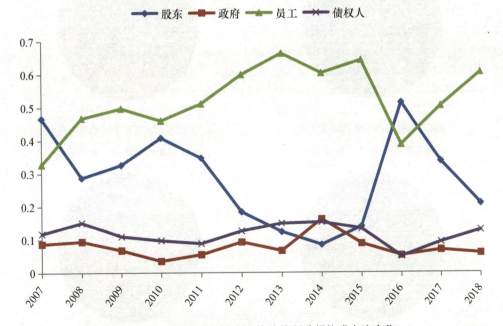

图 5-2　农林牧渔业四类主体价值创造额构成占比变化

年上演"扇贝跑了"事件，当年净利润亏损了大约 8 亿元。2018 年股东所得占比进一步下滑至 20.87%，这主要是因为国内猪肉价格低迷与非洲猪瘟等事件导致公司盈利能力下降。债权人所得占比总体略高于政府所得占比，除 2016 年下滑到 4.84% 之外，债权人所得占比 2007—2018 年总体保持在 10%～15%。政府所得占比在四类主体中最低，这主要是因为政府对农林牧渔业税收减免力度较大。

图 5-3 是四类主体在农林牧渔业与大制造业价值创造额构成情况的对比图。从图中可以看出，农林牧渔业中政府季度均值占比与 2018 年季度均值占比都明显低于大制造业。其中，农林牧渔业政府季度均值占比为 7.05%，而大制造业政府季度均值占比为 38.25%。2018 年，农林牧渔业政府季度均值占比为 5.84%，大制造业政府季度均值占比为 33.64%，这表明相对于大制造业，政府对农林牧渔业的税收减免优惠政策的成效明显。农林牧渔业员工所得占比在 2007 年至 2019 年第 1 季度均值达到 52.87%，2018 年达到 60.50%，远远高于大制造业员工所得占比，这意味着在农林牧渔业中，公司价值创造额有一半以上归员工所有。同时，农林牧渔业债权人所得占比也略高于大制造业债权人所得占比。

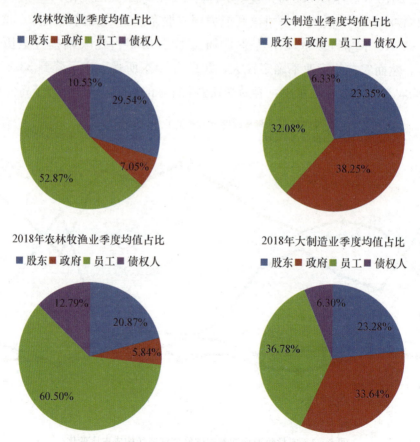

图 5-3　农林牧渔业与大制造业价值创造额构成占比

5.3　按产权性质分析

对农林牧渔业上市公司价值创造额及价值创造效率按产权性质进行分析，可以反映不同产权性质的上市公司在经济增长及资源使用效率方面的发展动态，为国家制定相关产业政策提供参考。按照上市公司实际控制人的性质，我们将农林牧渔业样本公司分为国有控股公司与非国有控股公司。表 5 - 2 列示了不同产权性质的上市公司季均样本量、季均总资产、单个公司季均总资产、季均价值创造额及单个公司季均价值创造额。不同产权性质上市公司的价值创造额指数及价值创造效率指数的统计结果分别见图 5 - 4 和图 5 - 5。

表 5 - 2　农林牧渔业分产权性质描述性统计

产权性质	季均样本量	季均总资产（亿元）	单个公司季均总资产（亿元）	季均价值创造额（亿元）	单个公司季均价值创造额（亿元）
国有控股公司	15	501	34	12	0.82
非国有控股公司	22	779	36	26	1.21

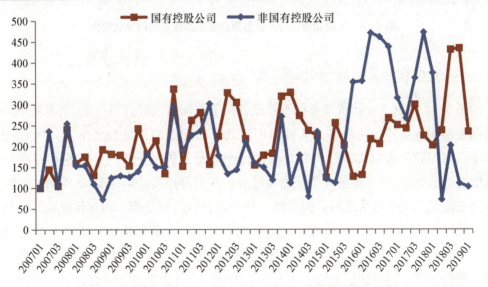

图 5 - 4　农林牧渔业不同产权性质价值创造额指数变化趋势

从表 5 - 2 中可以看出，国有控股公司的季均总资产为 501 亿元，非国有控股公司的季均总资产为 779 亿元；国有控股公司单个公司季均总资产为 34 亿元，非国有控股单个公司季均总资产为 36 亿元。非国有控股公司的季均总资产大于国有控股公司。国有控股公司的季均价值创造额为 12 亿元，非国有控股公司的季均价值创造额为 26 亿元；国有控股公司单个公司季均价值创造额为 0.82 亿元，非国有控股公司单个公司季均价值创造额为 1.21 亿元。非国有控股公司的季均价值创造额及单个公司季均价值创造额均大于国有控股公司。该结果在一定程度上表明，非国有性质的农林牧渔业上市公司的表现略好于国有性质的农林牧渔业上市公司。

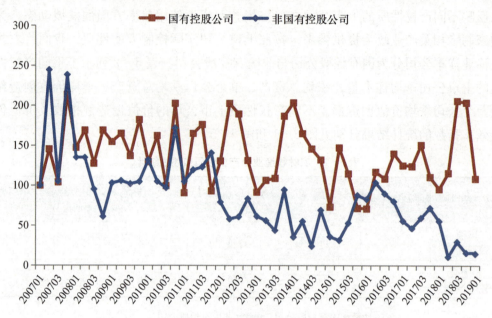

图 5－5　农林牧渔业分产权性质价值创造效率指数变化趋势

5.3.1　分产权性质价值创造额指数分析

图 5－4 揭示了农林牧渔业国有控股公司与非国有控股公司在 49 个季度中的价值创造额指数及其变化趋势。从价值创造额在时序上的波动趋势来看，国有控股和非国有控股公司中均有公司在金融危机期间受到较大影响，导致国有控股公司价值创造总额在 2008 年第 3 季度出现低点，非国有控股公司在 2008 年第 4 季度出现历史低点。金融危机之后，两类性质的公司在价值创造额上均开始波动性上涨。

此外，从图 5－4 中可以看出，国有控股公司的价值创造额在大多数季度高于非国有控股公司，但 2015 年第 3 季度到 2018 年第 1 季度，非国有控股公司的价值创造额明显高于国有控股公司，主要是 2015 年 11 月上市的非国有控股公司温氏股份纳入样本公司所致。值得注意的是，自 2018 年第 1 季度以来非国有控股公司的价值创造额指数开始下滑，在第 2 季度达到历史低点，远远低于国有控股公司，这主要是由于温氏股份在 2018 年上半年出现大幅亏损。与此同时，国有控股公司价值创造额指数大幅增长，在 2018 年第 4 季度达到历史高点 434 点，在 2019 年第 1 季度又回落至 235 点。

5.3.2　分产权性质价值创造效率指数分析

图 5-5 揭示了不同产权性质的农林牧渔业上市公司在 49 个季度中的价值创造效率指数及其变化趋势。从图 5-5 中可以发现，农林牧渔业企业的价值创造效率指数变化比较大，主要是因为样本量比较少，容易受到单个样本波动的影响。在金融危机期间，非国有控股公司价值创造效率出现大幅下滑，2018 年第 4 季度收于 61 点，此后开始回升，直到 2010 年第 4 季度达到历史高点 172 点。进入 2011 年，非国有控股公司价值创造效率指数呈波动下降趋势，并在 2018 年达到历史最低点 11 点。与非国有控股公司表现不同，国有控股公司价值创造效率指数在 100～200 点之间波动。同时，国有控股公司价值创造效率指数在绝大部分季度高于非国有控股公司，说明在农林牧渔业中国有控股公司价值创造效率增长趋势的表现好于非国有控股公司。值得注意的是，2018 年国有控股公司与非国有控股公司价值创造效率指数变化呈相反趋势，这主要是因为非国有控股公司中温氏股份出现巨额亏损，而同期国有控股公司表现出较强的活力，价值创造效率指数持续攀升。

5.4　本章小结

为了深入分析农林牧渔业自身的经济运行规律，同时揭示其对宏观经济的影响，本章从总体测算结果、四类分配主体和产权性质等角度对农林牧渔业会计宏观价值指数的相关结果进行了深入分析，研究结果表明：

（1）我国农林牧渔业受宏观经济运行影响明显，2008 年金融危机导致农林牧渔业价值创造额指数和价值创造效率指数均出现明显下降，危机过后两者均有所回升。

（2）从四类分配主体的分配情况来看，股东所得占比呈现明显下降趋势，债权人和政府所得占比变化不大，而员工所得占比上升明显且数值最高，约占农林牧渔业价值创造总额的 53%。

（3）分产权性质来看，农林牧渔业国有控股公司在多数季度的价值创造额高于非国有控股公司。

第 6 章　金融业会计宏观价值指数
编制结果及分析

　　金融业是第三产业中的重要行业，也是国民经济发展的"晴雨表"，在国民经济中处于牵一发而动全身的地位。该行业的运行状况直接关系到整个国家的经济发展和社会稳定。金融业的数据指标从各个角度反映了国民经济的整体状况和个体情况，经常被用作宏观经济决策的参考指标。本章将对金融业上市公司的价值创造额及价值创造效率进行深入分析。需要指出的是，由于我国金融业上市公司数量较少[①]，且许多规模较大的金融类企业在沪深两市上市时间较晚[②]，因此，根据样本选择方法，每季度有不同数量的金融业上市公司纳入计算样本。

6.1　金融业总体测算结果分析

　　金融业上市公司价值创造额指数及价值创造效率指数的编制结果见表 6-1。为了检验金融业上市公司价值创造额指数和价值创造效率指数对宏观经济运行情况的反映效果，我们以 2007 年第 1 季度的第三产业 GDP 为基础，构建第三产业 GDP 指数。三类指数的变化趋势见图 6-1。

表 6-1　金融业价值创造额指数、价值创造效率指数总体编制结果

季度	价值创造额指数	价值创造效率指数	第三产业 GDP 指数
200701	100	100	100
200702	110	102	102
200703	109	96	103

---

　　① 金融业包括的上市公司较少，截至 2019 年第 1 季度，金融业共有上市公司 96 家，其中银行 33 家、证券信托 45 家、保险 7 家、其他金融业公司 11 家。

　　② 例如，交通银行上市时间为 2007 年 5 月，建设银行上市时间为 2007 年 9 月，农业银行上市时间为 2010 年 7 月。

续表

季度	价值创造额指数	价值创造效率指数	第三产业 GDP 指数
200704	104	90	114
200801	120	99	121
200802	126	101	121
200803	108	84	122
200804	75	56	130
200901	108	71	134
200902	130	82	136
200903	133	81	139
200904	135	79	150
201001	147	81	156
201002	154	82	159
201003	141	72	164
201004	148	74	178
201101	171	81	187
201102	179	81	191
201103	175	78	195
201104	169	72	207
201201	202	80	211
201202	204	78	216
201203	197	75	221
201204	187	68	235
201301	226	79	241
201302	236	80	245
201303	228	77	251
201304	214	71	266
201401	258	81	267
201402	261	78	272
201403	258	77	278
201404	250	73	296
201501	293	82	298
201502	324	85	306
201503	270	71	314
201504	241	62	331
201601	282	70	330
201602	285	69	339
201603	269	64	348
201604	242	55	370

续表

季度	价值创造额指数	价值创造效率指数	第三产业 GDP 指数
201701	293	65	367
201702	292	64	376
201703	291	63	387
201704	261	56	412
201801	312	65	406
201802	300	62	417
201803	285	58	428
201804	266	54	451
201901	363	70	443

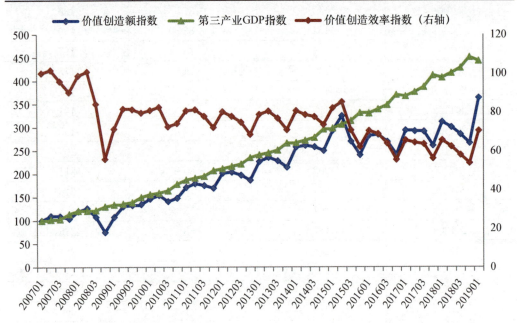

图 6-1　金融业价值创造额指数、价值创造效率指数、第三产业 GDP 指数变化趋势

　　金融业作为现代经济的核心及国民经济发展的润滑剂，与宏观经济的运行密切相关。结合表 6-1 与图 6-1 可以看到，整体而言，金融业价值创造额指数呈上升趋势。2008 年第 4 季度，金融业价值创造额指数显著下降，主要是因为受金融危机的冲击。2015 年第 3 季度指数下降，主要是因为中国人寿和中信证券 2015 年第 3 季度较第 2 季度业绩下滑均超过 50%。2015 年第 4 季度显著下降，原因主要有三点：第一，新华保险 2015 年第 4 季度亏损 4 300 万元；第二，北京银行和农业银行 2015 年第 4 季度较第 3 季度业绩下滑均超过 40%；第三，股灾对金融机构和第三产业的冲击。相比 2015 年第 4 季度，从 2016 年第 1 季度开始，金融业价值创造额有所上升，说明 2015 年"股灾"对金融业的影响有所缓解。此外，从 2010 年

第 4 季度起，金融业价值创造额指数呈现出比较明显的季节特征，即每年的第 1 季度大幅上升，第 2 季度至第 4 季度缓慢回调，这一特点一直持续到 2018 年。金融业价值创造额指数在 2019 年第 1 季度开始上升，达到 363 点，这与银行业公司为充分利用当年的信贷额度，在年初发放大量贷款进而提高盈利水平有关。

在价值创造效率方面，2010 年第 1 季度到 2014 年第 4 季度，金融业价值创造效率指数基本稳定在 80～90 点。2015 年第 3、4 季度有所下降，这主要是 2015 年下半年"股灾"导致的。截至 2019 年第 1 季度，金融业价值创造效率指数为 70 点，与 2007 年第 1 季度相比下降 30 个点，这表明从长期来看，我国金融业运行效率较低且变化不大，基本处于比较稳定的状态。

从金融业价值创造额指数和价值创造效率指数的相对走势来看，2008 年第 4 季度以前，二者走势保持一致，从 2009 年第 1 季度开始二者之间的差距逐渐拉大。这说明金融危机期间的刺激性信贷投放降低了金融业的运行效率。迄今为止，这种负面作用并没有随着时间的推移而减小，反而随着新增贷款的增加进一步强化。金融业与全样本、大制造业和大服务业的走势基本一致。

从金融业价值创造额指数和第三产业 GDP 指数的相对走势来看，二者在 2015 年之前基本一致，2015 年之后，金融业发展情况与第三产业 GDP 的走势出现了分离，其中第三产业 GDP 依旧保持增长，而金融业价值创造额指数在 241～293 点之间来回波动，与第三产业 GDP 指数的差距逐渐变大，直到 2019 年第 1 季度才开始重新回升。

6.2　按行业分析

对金融业上市公司价值创造额指数及价值创造效率指数进行深入考察，我们发现银行、证券信托及保险类上市公司在价值创造额及价值创造效率方面存在显著差异。按照课题组的样本筛选方法，2012 年第 2、3 季度和 2013 年第 2 季度无证券信托类公司纳入样本，所以在此不分析证券信托类上市公司，仅对银行业和保险业进行比较分析（见图 6-2 和图 6-3）。其中，2014 年第 4 季度之前，银行业上市公司的价值创造额指数与保险业基本上保持一致的变化趋势。由于受 2008 年金融危机的影响，2008 年第 4 季度出现下降凹点。2015 年第 1 季度，保险业价值创造额指数急速增长，这是因为受到上市公司西水股份的影响，2015 年第 1 季度该公司的净利润同比增长了 108%；此外，平安银行的净利润同比增长了 84.7%。由于受到 2015 年"股灾"的影响，第 3、4 季度保险业和银行业的价值创造额都出现下降趋势。但是，随着经济的回暖，与 2015 年第 4 季度相比，2016 年保险业和银行业的价值创造额指数开始上升，价值创造额均值也在增加。总体而言，银行业的价值创造额指数保持持续缓慢周期性的增长。相比之下，从 2016 年第 1 季度至 2018 年第 1 季度，保险业的价值创造额指数出现大幅上升。2018 年 3 月，银监会和保监会合并，在面临转型、扩大对外开放以及从严监管的局势下，保险业在机遇与挑战中举步维艰。在之后的三个季度，保险业价值创造额大幅下降，直到 2019 年第 1 季度才回归高点，与资本市场波动呈现出较为一致的趋势。

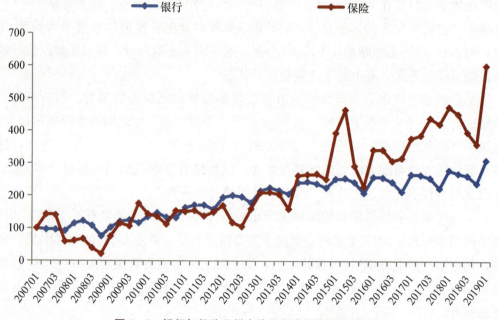

图 6-2　银行与保险业样本价值创造额指数趋势比较

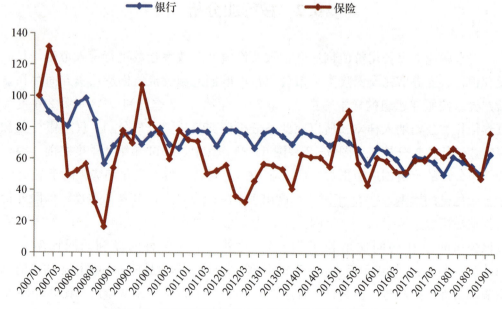

图 6-3　银行与保险业样本价值创造效率指数趋势比较

　　此外，从图 6-3 中可以看出，金融业的价值创造效率波动比较大，特别是保险业在 2007 年第 3 季度至 2008 年第 4 季度、2010 年第 1 季度至 2012 年第 3 季度出现较大幅度下跌。由于保险业的样本量比较少，到 2012 第 1 季度才有 5 家上市公司，只要有一家公司出现价值创造额上升或者下降，就会对保险业的价值创造效率指数产生较大的影响。例如，2007 年第 4 季度，中国人寿净利润的降低引起保险业价值创造效率指数急速下降。由于受到 2008 年金融危机和 2015 年"股灾"的影响，与同年第 1 季度比，保险业价值创造效率指数第 4 季度下降的幅度比较大。但是，从 2016 年第 1 季度开始，保险业和银行业的价值创造效率指数开始逐渐上升。另外，受资本市场波动影响，保险业价值创造效率指数呈现同步波动，2018 年第 2 季度开始呈现明显的下降趋势，直到 2019 年第 1 季度才回升。考虑到银行业上市公司价值创造额占金融业上市公司价值创造总额的比重达 90% 以上，且每季度银行业上市公司数目远多于保险业上市公司，二者差异较大，下面分别对银行业和保险业进行深入分析。

6.3　银行业上市公司测算结果分析

　　银行业作为一国金融体系的核心组成部分，受国家宏观经济政策的影响巨大，同时能直接反映宏观经济状况的变化。因此，对银行业上市公司价值创造额指数、价值创造效率指数进行分析，可以反映银行业上市公司的经营对宏观经济的综合贡献。

　　图 6-4 为银行业上市公司价值创造额指数变化趋势图。从图中可以看出，总体来说，银行业上市公司的价值创造额指数逐年上升，至 2019 年第 1 季度达到 311 点，这得益于我国宏观经济的持续快速增长。银行业的季度效应比较明显，在第 4 季度都出现下降的现象。尽管 2008 年第 4 季度银行业上市公司的价值创造额略有下降，但总体来说，银行业受 2008 年金融危机和 2015 年"股灾"的影响比较小。价值创造额的下降主要源于银行不良贷款拨备的增加。从 2009 年第 1 季度开始，银行对贷款利率的议价能力逐渐提升，加之通货膨胀预期上升，银行信贷规模将保持快速增长，银行的价值创造额也相应增加。未来随着利率市场化的推进，银行业的价值创造额增长趋势可能会放缓。

　　图 6-5 为银行业上市公司价值创造效率指数变化趋势图。尽管银行业上市公司的价值创造额逐年上升，但随着银行业上市公司的资产规模快速增长，价值创造效率并未随之提高，并且呈逐渐下降趋势。由于受到 2008 年金融危机的影响，银行业上市公司价值创造效率指数下降至历史最低点 57 点。2019 年第 1 季度与 2007 年第 1 季度相比，下降了 37 个点。该结果意味着当前银行业虽然发展迅速，

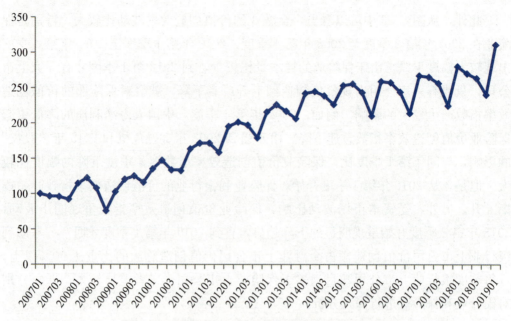

图 6-4　银行业上市公司价值创造额指数变化趋势

但仍未摆脱注重规模扩张的粗放型经营模式。因此，银行业在拓宽业务范围时应注重提高单位资产的价值创造效率。

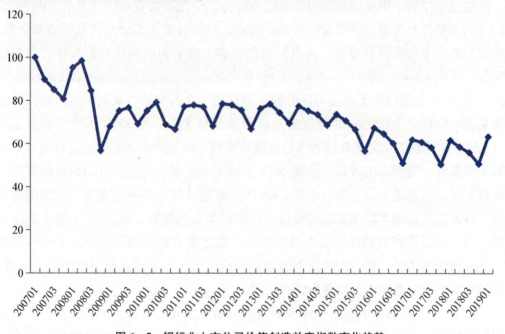

图 6-5　银行业上市公司价值创造效率指数变化趋势

图 6-6 为银行业与大制造业公司样本价值创造额指数趋势对比图，由图可知，银行业虽然上市公司数量较少，但价值创造额指数在 2011 年之前与大制造业基本

一致。从 2012 年起，银行业价值创造额指数开始领先于大制造业，并且差距有逐渐扩大的趋势。这意味着近几年银行业发展速度快于大制造业。由于 2017 年第 4 季度大制造业的价值创造额比较高，再加上银行业季度效应的影响，2017 年第 4 季度大制造业价值创造额指数高于银行业。2018 年银行业价值创造额指数仍低于大制造业，直到 2019 年第 1 季度，银行业价值创造额指数才出现较大幅度的增长，高于大制造业价值创造额指数。

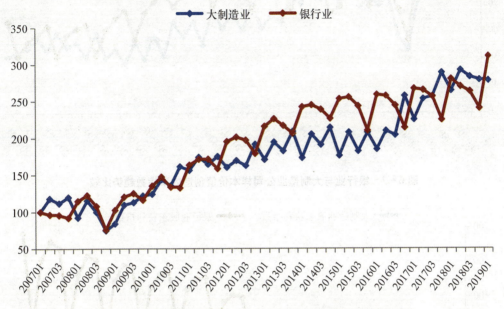

图 6-6　银行业与大制造业公司样本价值创造额指数趋势比较

图 6-7 为银行业与大制造业公司样本价值创造效率指数趋势对比图。首先，总体来看，大制造业和银行业的价值创造效率指数均呈季节性波动，有缓慢下降趋势。其次，无论是大制造业还是银行业都受到 2008 年金融危机的影响，在 2008 年第 4 季度出现急速下降。最后，我们可以发现，大制造业的价值创造效率指数在 2007 年第 1 季度开始低于银行业，在之后的年度中缓慢趋于一致，直到 2012 年第 1 季度两者之间的差距再次变大。值得注意的是，2017 年第 4 季度，大制造业价值创造效率指数反超银行业。这与我国实体经济最近几年发展速度有所减缓的现状基本一致，银行业作为实体经济的润滑剂，并未发挥好服务实体经济的功效。

从前面对大制造业的分析可知，债权人利息所得过快增长是大制造业股东获利在价值创造额中占比下降的重要原因。为了对这一论断进行验证，我们在本节绘制了 2007 年第 1 季度至 2019 年第 1 季度银行业和大制造业公司样本股东获利指数趋势对比图，如图 6-8 所示。2008 年第 4 季度，受金融危机的影响，银行业股东

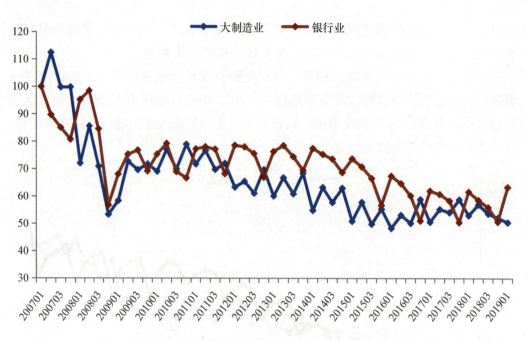

图 6-7　银行业与大制造业公司样本价值创造效率指数趋势比较

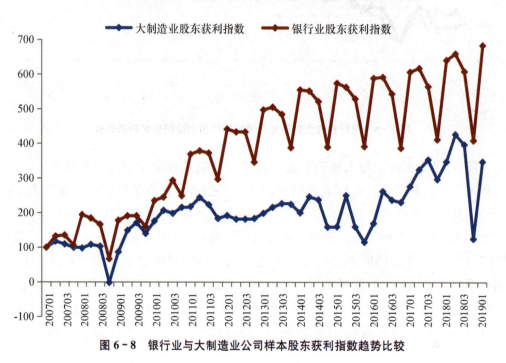

图 6-8　银行业与大制造业公司样本股东获利指数趋势比较

获利指数和大制造业股东获利指数同时达到历史低点。此后，二者均出现回升。大制造业股东获利指数在 2011 年第 2 季度达到历史高点，此后一度有企稳迹象，但从 2014 年第 3 季度开始又呈下降趋势，在 2015 年第 4 季度"股灾"期间达到新的低点，之后有所攀升，2018 年第 4 季度骤降到 123 点。截至 2019 年第 1 季度，大制造业股东获利指数为 349 点。从 2018 年 2 月开始，汽车、石油化工行业等政策的调整以及中美贸易摩擦的发生，使得制造业面临巨大的挑战和威胁，在原有的季度效应的基础上出现了大幅波动。而银行业股东获利指数在金融危机后总体呈上升趋势，截至 2019 年第 1 季度，银行业股东获利指数达到 685 点，与 2007 年第 1 季度相比，上涨幅度超过 6.8 倍。银行业股东获利指数的上升速度大大快于大制造业股东获利指数，这在一定程度上说明，银行业股东获利所得过快增长导致大制造业股东获利所得在价值创造额中的占比下降。

6.4　保险业上市公司测算结果分析

保险是社会生产发展必不可少的一个保障因素，保险业作为一国金融体系的重要组成部分，为社会生产的发展提供了可靠的动力支撑，保证了国民经济平稳发展。所以，对保险业上市公司价值创造额、价值创造效率进行分析，可以反映保险业上市公司的经营对宏观经济的综合贡献。

图 6-9 为保险业公司样本价值创造额指数变化趋势图，从图中可以看出，总体来说，保险业上市公司的价值创造额指数呈上升趋势，这主要得益于我国国民经济的持续快速增长。2008 年由于金融危机导致资本市场下滑，保险公司投资收益大幅下降，保险业上市公司的价值创造额指数降幅明显，并于第 4 季度达到历史最低点。从 2009 年第 1 季度开始，随着宏观经济好转，资本市场回暖，保险公司投资收益上升，保险业的价值创造额也相应增长。2012 年，由于保险业会计政策调整，保险公司大量计提资产减值，在当期确认损益，因此当期保险业价值创造额明显下降。2015 年第 3 季度和第 4 季度价值创造额指数大幅下降，一方面是由于"股灾"对金融市场的冲击，另一方面是由于中国人寿 2015 年第 3 季度业绩下滑超过 50%，新华保险 2015 年第 4 季度出现业绩反转，亏损 4 300 万元。保险业上市公司数量有限，所以单个公司业绩变化对保险业的价值创造额变动趋势影响较大。随着经济的恢复，2016 年第 1 季度，保险业的价值创造额指数开始上升，2018 年第 1 季度达到 475 点。2018 年保险业价值创造额指数下降主要有两个方面原因：一是 2018 年 3 月银监会与保监会合并，保险业面临转型与开放的抉择。政府加大了对保险业的监管执行力度，风险控制趋严。二是资本市场自 1 月冲高之后，A 股市场出现大幅调整，三大股指全部下跌。受资本市场影响，2018 年保险业的价值创造额指数呈现下降趋势。2019 年第 1 季度，随着资本市场的复苏，保险业的价值创造额指数开始上升，达到 602 点。

图 6-10 为保险业公司样本价值创造效率指数变化趋势图。从图中可以看出，2008 年受金融危机影响，保险业价值创造效率指数下降幅度明显，并于第 4 季度

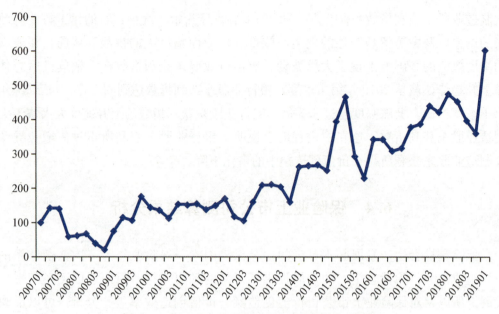

图 6 - 9　保险业公司样本价值创造额指数变化趋势

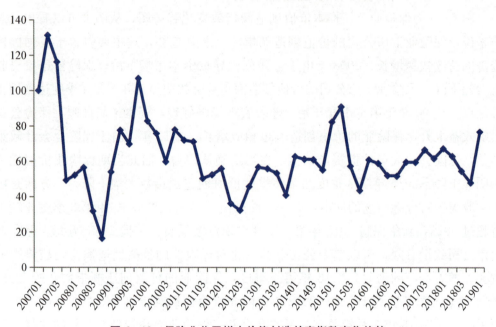

图 6 - 10　保险业公司样本价值创造效率指数变化趋势

达到最低点。从 2009 年起，保险业的价值创造效率指数开始反弹，并于 2009 年第 4 季度恢复到金融危机爆发前的水平，这主要得益于三点：一是宏观经济形势好转；二是中国平安在 2009 年 8 月完成对深发展 A 的收购；三是保险公司 2009 年实施了会计新规，利润在 2009—2010 年提前释放。2011—2012 年，由于保险公司大量计提资产减值，在当期确认损益，因此保险业的价值创造效率明显下降。从

2012 年第 4 季度开始，保险业的价值创造效率整体呈现上升趋势。2015 年第 3、4 季度，保险业的价值创造效率下降主要是由于中国人寿、新华保险业绩的变化和"股灾"对保险市场的冲击。2016 年保险业价值创造效率指数开始上升，且四个季度的价值创造效率都高于 2015 年第 4 季度，说明随着宏观经济增长，2015 年"股灾"对保险业的影响有所缓解。从 2017 年第 1 季度开始，价值创造效率指数逐步上升，至 2018 年第 1 季度一直处于上升状态。与价值创造额指数趋势一致，由于保险机构转型变革与资本市场影响的双重作用，从 2018 年第 2 季度开始，价值创造效率指数呈下降趋势，一直持续到 2018 年年底。2019 年第 1 季度有所回升，这说明政府对保险业的监管与整顿初见成效。

6.5　本章小结

本章研究了金融业上市公司的价值创造额总量及价值创造效率，并对银行业和保险业进行了深入分析。研究发现：

（1）金融业上市公司价值创造额指数与第三产业 GDP 指数总体发展趋势一致。2008 年席卷全球的金融危机使得金融业的价值创造额指数在 2008 年第 4 季度降至最低点。金融危机之后，金融业的价值创造额指数保持上升趋势，自 2010 年第 4 季度起呈现较明显的季度特征。

（2）与大制造业及大服务业上市公司类似，金融业上市公司的价值创造效率在金融危机后并未与价值创造额同比提高，甚至未完全恢复到金融危机前的水平。

（3）银行业上市公司的价值创造额逐年上升，总体而言，2008 年银行业受金融危机的影响较小。然而由于银行业上市公司的资产规模同步快速增长，其价值创造效率并未随之提高。

（4）保险业上市公司的价值创造额在样本期间内整体呈上升趋势，但是受金融危机、资本市场波动以及保险业会计新规的影响，保险业的价值创造效率波动较大。由于保险业上市公司数量较少，个别公司的业绩变化会给保险业上市公司的价值创造额和价值创造效率带来较大影响。

中 篇
会计综合评价指数

　　传统上，金融机构（以券商为主）、统计机构（各类财务数据库和国家统计局）和行业协会等均对行业运行与发展状况较为关注。但是，上述三类机构的行业分析均存在一定的不足。首先，券商等金融机构较多以行业研究报告的方式对行业发展状况进行分析，较多关注企业盈利能力（EPS，P/E等），存在指标选择单一、分析标准不一致等问题，为企业财务决策提供参考的作用较弱。其次，统计机构较多以企业原始数据的分类整理为主要内容，缺乏对于行业运行状况的相关讨论，难以实现企业财务指标的横向比较。最后，行业协会更多关注行业政策法规、新闻动态等，多从政策层面对行业运行状况、发展前景进行讨论，缺乏严谨的财务数据分析。

　　会计综合评价指数是一套基于预测数据的行业效益综合评价方法，构建初衷源于上市公司年报披露的迟滞性。一般来说，上市公司年报大多在第二年三四月披露，这使得企业管理层、投资者、商业银行等很难基于公司的行业地位进行及时、有效的财务决策。因此，会计综合评价指数力图基于行业前期业绩表现估计其年度财务指标，以期实现行业财务信息的提前披露，增加会计信息的信息含量，为企业及其利益相关者决策提供更有效、更充分的科学依据。会计综合评价指数的应用范围可不断推广，其对企业薪酬考核、预算制定、战略规划和外部投资者的投资与贷款决策等均有借鉴意义。

　　会计综合评价指数的构建主要包括以下几个步骤：第一，对行业财务报表关键项目进行预测。本报告主要采用除数占比、周期移动平均等方法，以3季报为基础对资产负债表和利润表主要项目的第4季度财务数据进行预测，作为构建财务指标的基础数据。第二，构建财务指标体系，综合评价行业运行状况。本报告基于第4季度财务报表主要项目的预测值，从回报、风险和成长三个方面构建财务指标，用以衡量行业运行状况。第三，基于行业财务指标实际值，从会计角度构建计量模型，对相关行业上市公司的经营绩效进行评价，最终完成会计综合评价指数的构建工作。需要说明的是，构建会计综合评价指数的最终目的是以预测数据为基础，对各公司经营业绩进行科学评价，以期为政府、企业和投资者提供有价值的财务信息。但是，现阶段较难对单个上市公司的财务指标进行准确预测，因此，在构建预测模型的过程中，主要以行业均值作为评价行业运行状况的基准。

　　经过多次反复测算，会计综合评价指数综合行业经营季度特征、会计项目变动趋势等因素，将除数占比法和周期移动平均法相结合，完成了对资产负债表和利润表中关键会计项目的预测。其中，资产负债表的主要项目分别采用B周期移动平均（basic cycle method，BCM）和A周期移动平均（advanced cycle method，ACM）两种方法进行预测；利润表的主要项目也采用B周期移动平均和A周期移动平均两种方法，以提高预测精度。需要说明的是，B周期移动平均是以当前行业代码为基准，A周期移动平均是以历史行业代码为基准，因此，两种方法的计算结果略有差异，且不同年度的计算结果会有一定的变化。

根据会计综合评价指数的基本思想，对行业财务指标的选取和赋权是构建会计综合评价指数的基础。课题组历经多轮专家论证，走访上百家上市公司的财务总监或财务总经理，并委托元年科技股份有限公司对54家企业的经理、业务分析员、产品经理、销售负责人等进行问卷调查，以全方位、立体地了解企业的实际需求，增强会计综合评价指数编制的理论基础和现实意义。最终，根据专家座谈会、问卷调查和国务院国有资产监督管理委员会颁布的《中央企业综合绩效评价实施细则》，按照普遍性和重要性原则，主要从回报、风险和成长三个方面选取财务指标以衡量行业运行状况。

制造业是国民经济发展的重要方面，中篇分别选取食品制造业（C13，C14，C15）[①]、医药制造业（C27）、橡胶和塑料制品业（C29）、非金属矿物制品业（C30）、金属制品业（C33）、通用设备制造业（C34）、专用设备制造业（C35）、汽车制造业（C36）、电子器械及器材制造业（C38）、计算机等电子设备制造业（C39）等作为主要研究样本，对上述行业的会计综合评价指数进行编制和分析。具体指标筛选结果主要包括以净资产收益率（ROE：扣除非经常性损益后的净利润/本期期末所有者权益和上期期末所有者权益的均值）、总资产收益率（ROA：扣除非经常性损益后的净利润/本期期末总资产和上期期末总资产的均值）和销售净利率（ROS：扣除非经常性损益后的净利润/营业总收入）为代表的回报类指标，以资产负债率（LEV：负债总额/资产总额）、流动比率（CUR：流动资产/流动负债）为代表的风险类指标，以总资产周转率（TOA：营业总收入/本期期末总资产和上期期末总资产的均值）、应收账款周转率（TOR：营业总收入/本期期末应收账款和上期期末应收账款的均值）、营业总收入增长率（RG：本期营业总收入/上期营业总收入）和总资产增长率（AG：本期总资产/上期总资产）为代表的成长类指标。根据调研结果，按照百分制，制造业回报类指标所占权重为36，风险类指标所占权重为24，成长类指标所占权重为40。

零售业作为服务业的一部分，其经营结构、行业特征与制造业有差异，本报告选取零售业（F52）作为标的，对其会计综合评价指数编制结果进行分析与讨论。根据会计综合评价指数的基本思想，通过专家座谈、实地走访上市公司财务总监及企业相关负责人，零售业财务指标选取和赋权结果包括以销售净利率、净

---

① C13为农副食品加工业，C15为酒、饮料和精制茶制造业，上述两个行业样本数量较少，因此统一归为食品制造业。

资产收益率和总资产收益率为代表的回报类指标，以流动比率、资产负债率为代表的风险类指标，以存货周转率（TOI：营业总成本/本期期末存货和上期期末存货的均值）、总资产周转率、应付账款周转率、营业总收入增长率、总资产增长率为代表的成长类指标。根据调研结果，按照百分制，零售业回报类指标所占权重为36，风险类指标所占权重为24，成长类指标所占权重为40。

电力、热力、燃气及水生产和供应业（D44，D45，D46）、房地产业（K70）和交通运输业（G53，G54，G55，G56，G57，G58）作为服务业的重要方面，均对我国经济和社会发展起着显著的前导性作用，因此，本报告进一步扩展服务业的研究范畴，将以上三个行业纳入研究体系。虽然这三个行业属于服务业，但其经营特点与制造业存在诸多类似之处，因此，本报告采用制造业会计综合评价体系对这三个行业进行综合分析。

银行业（J66）作为现代金融业的主体，对经济、社会的发展至关重要。根据会计综合评价指数的基本思想，结合银行业的基本特点，参考专家座谈、实地调研结果和财政部颁布的《金融企业绩效评价办法》等，该行业会计综合评价指数的选取主要从四个角度衡量：（1）盈利能力，包括净资产收益率、总资产收益率、成本收入比（营业费用/营业收入）、中间业务收入占比（手续费及佣金净收入/营业收入）；（2）成长能力，包括营业收入增长率、总资产增长率；（3）资产质量，包括不良贷款率（次级类贷款、可疑类贷款与损失类贷款之和/各项贷款总额）、拨备覆盖率（一般准备、专项准备与特种准备之和/次级类贷款、可疑类贷款与损失类贷款之和）、存贷比（贷款余额/存款余额）；（4）偿付能力，包括资本充足率（资本净额/风险加权资产与12.5倍的市场风险资本之和）、一级资本充足率（一级资本净额/风险加权资产与12.5倍的市场风险资本之和）。根据调研结果，按照百分制，银行业盈利能力类指标所占权重为36，成长能力类指标所占权重为24，资产质量类指标所占权重为20，偿付能力类指标所占权重为20。

根据前期调研所确定的指标、权重等，结合公司相应财务指标实际数值，本报告采用正态分布标准化的方法，对企业单个财务指标得分进行计算，以此为基础从回报（ACV_{return}）、风险（ACV_{risk}）和成长（ACV_{grow}）三个方面将企业财务指标相加，最终形成会计综合评价指数（$ACV_{comprehensive}$）：

$$ACV_{comprehensive} = ACV_{return} + ACV_{risk} + ACV_{grow}$$

为了使分析更为方便，我们对会计综合评价指数进行了一定程度的权重调整，使行业最优公司的得分为100，公司得分越低，用会计综合评价指数衡量的经营业绩越差。根据样本分布比例，当行业公司数量小于等于50家时，设定行业最优公司（得分为100）的数量为1家；当行业公司数量大于50家且小于等于100家时，设定行业最优公司（得分为 100）的数量为 2 家；当行业公司数量多于 100 家时，设定行业最优公司（得分为 100）的数量为 3 家。

现阶段，根据企业财务数据可得性和准确性的原则，会计综合评价指数的研究对象主要集中于沪深 A 股的上市公司，行业分类依据证监会《上市公司行业分类指引》（2012），财务数据主要来源于 Wind 和 CSMAR 数据库。为了保证测算结果的准确性，在具体测算过程中，我们对经营管理存在显著异常的公司进行了缩尾处理。

第 7 章　食品制造业会计综合评价指数
编制结果及分析

　　为了保证样本数据的充足性，使预测结果更准确，本章选取的食品制造业为证监会新行业分类下三类相近行业的汇总，具体包括农副食品加工业（行业代码为 C13）、食品制造业（行业代码为 C14），以及酒、饮料和精制茶制造业（行业代码为 C15）。农副食品加工业是指直接以农、林、牧、渔业产品为原料进行的谷物磨制、饲料加工、植物油和制糖加工、屠宰及肉类加工、水产品加工，以及蔬菜、水果和坚果等食品的加工业。食品制造业包括焙烤食品制造，糖果、巧克力及蜜饯制造，方便食品制造，乳制品制造，罐头食品制造，调味品、发酵制品制造和其他食品制造。酒、饮料和精制茶制造业是指酒、饮料和茶加工业。食品制造业是跨部门、多门类的综合性工业行业，其发展状况、结构和水平从一个侧面反映了经济发展的水平，与人民生活水平的改善和国民身体素质的提高具有密切的联系。食品制造业具有点多、面广、投资小、见效快的特点，对安排就业、稳定社会、回笼货币、搞活流通、提高农业产品深加工和附加值、促进经济发展具有重要的作用。在中央及各级政府的高度重视下，在市场需求的快速增长和科技进步的有力推动下，我国食品制造业已发展成为门类比较齐全，既能满足国内市场需求又具有一定出口竞争力的产业，并实现了持续、快速、健康发展的良好态势。上市公司作为行业龙头，其经营业绩和财务绩效等均对评价行业整体发展状况具有一定的示范作用。本章以上市公司为样本，从发展趋势、回报、风险和成长四个角度对食品制造业的经营状况进行分析，以期为食品制造业的健康发展提供一些有益的经验和借鉴。

7.1　食品制造业发展趋势分析

　　为了对食品制造业的发展趋势进行分析，我们以自 2007 年第 1 季度以来所有季度作为样本区间。截至 2019 年第 1 季度，我们所选样本 49 个季度的季均总资产为 5 366.33 亿元，季均营业总收入为 1 254.76 亿元，季均价值创造额为 403.67 亿元。

　　为了研究食品制造业的发展趋势，我们以样本公司的季度总资产、季度营业总收入和季度价值创造额为基础构建了食品制造业的资产指数、收入指数和价值创造额指数（见表 7-1）。三类指数的总体波动趋势如图 7-1 所示。

表 7-1　食品制造业资产指数、收入指数、价值创造额指数编制结果

季度	资产指数	收入指数	价值创造额指数
200701	100	100	100
200702	100	105	95
200703	106	120	108
200704	110	118	105
200801	115	125	128
200802	118	130	124
200803	120	137	114
200804	123	107	79
200901	127	123	148
200902	129	140	148
200903	137	151	159
200904	143	153	148
201001	150	157	189
201002	155	161	171
201003	161	190	196
201004	177	189	200
201101	188	201	260
201102	194	207	241
201103	204	241	253
201104	224	381	295
201201	230	282	349
201202	236	322	331
201203	249	322	366
201204	263	287	331
201301	276	303	390
201302	277	310	320
201303	283	343	338
201304	291	315	343
201401	301	310	362

续表

季度	资产指数	收入指数	价值创造额指数
201402	305	326	333
201403	309	347	334
201404	322	322	350
201501	338	324	409
201502	338	336	357
201503	359	353	373
201504	360	322	377
201601	373	344	469
201602	373	340	385
201603	391	368	420
201604	413	379	443
201701	433	403	544
201702	433	393	465
201703	451	450	564
201704	473	421	469
201801	504	466	686
201802	509	448	551
201803	523	483	606
201804	552	497	591
201901	572	532	789

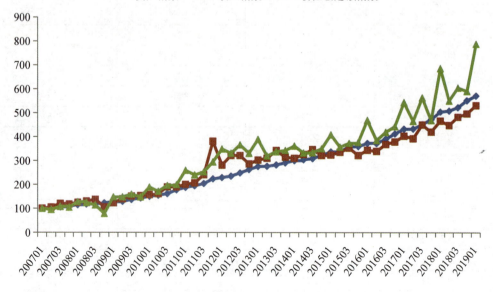

图 7-1 食品制造业三类指数总体波动趋势

由表 7-1 和图 7-1 可知，从总体运行趋势来看，食品制造业资产指数自 2007 年第 1 季度以来一直呈上升趋势，截至 2019 年第 1 季度达到 572 点，与 2007 年第 1 季度相比上升了 472%；从收入指数的变动趋势看，2011 年第 4 季度较 2011 年第 3 季度上升幅度较大，这主要是由于新希望公司完成了农牧产业整体上市的重大资产重组，2011 年第 4 季度之后，收入指数在一定时期内相对稳定，然后随着资产指数的增长而增长，具有一定的季节性特征；从价值创造额指数的变动趋势看，自 2007 年第 1 季度以来，呈现明显上升趋势，2013 年第 1 季度到 2015 年第 4 季度增速放缓，2016 年第 1 季度之后增速有所加快，自 2013 年以来具有较为明显的季度效应，每年第 1 季度的增长比较突出，这主要是由于春节是食品消费的传统旺季。

从三类指数运行趋势之间的关系来看，2011 年第 3 季度之前，该行业的资产增长速度与收入和价值创造额的增长速度保持相对稳定，但 2011 年第 3 季度之后，受新希望公司完成农牧产业整体上市的重大资产重组影响，资产增长速度开始低于收入和价值创造额的增长速度，从 2014 年第 4 季度开始，资产增长速度开始高于收入增长速度但一直低于价值创造额增长速度。从收入指数和价值创造额指数的运行趋势看，2008 年第 4 季度之前，价值创造额增速略微低于收入增速，但在 2008 年第 4 季度之后，除 2011 年第 4 季度受新希望公司重大资产重组的影响之外，价值创造额指数几乎始终在收入指数的上方，说明该行业的价值创造额增速高于收入增速。综合三类指数近几年的运行趋势可以发现，随着该行业资产规模的扩大，价值创造额波动上升，但收入提升相对缓慢，说明近年来该行业的运行效率有所下降。

7.2　食品制造业财务指标预测

7.2.1　资产负债表主要项目预测

根据会计综合评价指数的构建需要，我们分别对食品制造业 2012—2018 年的资产均值、负债均值、所有者权益均值、流动资产均值、流动负债均值和应收账款均值进行了预测。

表 7-2 列示了食品制造业的资产、负债、所有者权益、流动资产、流动负债和应收账款的行业真实均值和预测均值，分别采用 B 周期移动平均和 A 周期移动平均两种方法进行预测。表 7-3 则分别列示了资产负债表主要项目真实值与预测值的差异，从计算结果可以看出，无论是采用 B 周期移动平均还是 A 周期移动平均，均能够对资产负债表主要项目进行准确预测，模型稳定性较好。

表 7-2　资产负债表主要项目预测结果　　　　　　　　　　单位：亿元

年份	BCM/ACM	资产	负债	所有者权益	流动资产	流动负债	应收账款
2012	BCM 真实值	45.50	21.50	24.90	23.20	18.40	1.23
	BCM 预测值	45.40	21.00	25.60	23.90	18.10	1.24
	ACM 真实值	53.70	25.30	30.10	27.50	21.90	1.36
	ACM 预测值	55.50	26.10	31.30	28.80	23.10	1.48
2013	BCM 真实值	47.10	20.80	27.60	24.50	17.90	1.32
	BCM 预测值	48.40	21.90	28.20	24.80	18.60	1.26
	ACM 真实值	50.20	21.80	30.10	25.90	19.00	1.43
	ACM 预测值	52.00	23.10	30.80	26.10	20.10	1.40
2014	BCM 真实值	48.50	20.70	28.80	25.50	17.60	1.41
	BCM 预测值	49.30	21.00	29.00	25.40	18.00	1.37
	ACM 真实值	50.80	21.50	30.60	26.30	18.50	1.60
	ACM 预测值	50.80	21.40	30.30	25.80	18.60	1.45
2015	BCM 真实值	51.20	20.80	31.60	26.50	17.50	1.56
	BCM 预测值	52.70	21.90	31.70	27.30	18.50	1.48
	ACM 真实值	55.00	22.70	33.90	27.80	18.90	1.69
	ACM 预测值	55.60	23.50	33.20	28.60	19.70	1.60
2016	BCM 真实值	53.00	21.60	32.80	26.70	18.00	1.69
	BCM 预测值	53.40	21.60	33.70	26.70	18.00	1.62
	ACM 真实值	61.80	25.60	37.90	30.50	21.20	1.98
	ACM 预测值	59.90	24.50	38.00	29.70	20.20	1.85
2017	BCM 真实值	55.30	22.80	34.00	28.70	19.00	1.83
	BCM 预测值	53.90	21.70	33.70	27.60	18.00	1.75
	ACM 真实值	65.30	28.00	39.30	32.90	23.30	2.14
	ACM 真实值	65.30	27.00	40.40	32.60	22.20	2.06
2018	BCM 真实值	60.30	25.70	36.10	31.00	21.80	1.91
	BCM 预测值	59.50	24.90	36.00	30.90	20.50	1.93
	ACM 真实值	67.90	29.30	40.50	34.70	24.70	2.17
	ACM 预测值	68.30	29.20	40.80	35.00	24.20	2.22

表 7-3　资产负债表主要项目预测差异

年份	BCM/ACM	资产	负债	所有者权益	流动资产	流动负债	应收账款
2012	BCM	−0.20%	−2.52%	2.59%	2.82%	−1.83%	1.10%
	ACM	3.31%	3.33%	3.76%	4.73%	5.22%	8.83%
2013	BCM	2.73%	5.30%	2.06%	1.24%	3.69%	−4.58%
	ACM	3.55%	5.90%	2.51%	0.65%	5.97%	−1.96%
2014	BCM	1.61%	1.43%	0.78%	−0.34%	2.17%	−2.86%
	ACM	0.00%	−0.20%	−1.12%	−1.76%	0.71%	−9.37%
2015	BCM	2.97%	5.21%	0.04%	3.31%	5.77%	−4.89%
	ACM	1.06%	3.33%	−2.00%	2.65%	4.00%	−5.20%

续表

年份	BCM/ACM	资产	负债	所有者权益	流动资产	流动负债	应收账款
2016	BCM	0.71%	0.00%	2.76%	−0.08%	−0.03%	−4.04%
	ACM	−2.96%	−4.21%	0.08%	−2.73%	−4.42%	−6.58%
2017	BCM	−2.46%	−4.86%	−0.77%	−3.71%	−4.96%	−4.29%
	ACM	0.02%	−3.84%	2.76%	−0.99%	−4.82%	−3.62%
2018	BCM	−1.33%	−3.07%	−0.09%	−0.48%	−6.03%	1.24%
	ACM	0.52%	−0.10%	0.77%	0.83%	−2.05%	2.44%

7.2.2　利润表主要项目预测

根据会计综合评价指数的构建需要，我们对利润表中营业总收入、营业总成本和扣除非经常性损益后的净利润三个会计项目进行了预测。需要说明的是，由于净利润包括企业的投资收益等非经常性损益，难以准确衡量企业主营业务所产生的回报，因此在对行业回报进行计算的过程中，选取扣除非经常性损益后的净利润进行预测。根据利润表的特点，在对营业总收入、营业总成本和扣除非经常性损益后的净利润进行预测的过程中，将除数占比法和周期移动平均法结合起来使用。

表 7-4 列示了利润表中营业总收入、营业总成本和扣除非经常性损益后的净利润的真实值和预测值，其中预测值分别采用 B 周期移动平均和 A 周期移动平均两种方法进行预测。表 7-5 进一步计算了利润表主要项目真实值与预测值的差异，结果显示利润表主要项目的预测差异较小，说明采取的方法能够较好地对利润表主要项目进行预测。

表 7-4　利润表主要项目预测结果　　　　　　　单位：亿元

年份	BCM/ACM	营业总收入	营业总成本	扣除非经常性损益后的净利润
2012	BCM 真实值	52.20	44.70	4.71
	BCM 预测值	53.70	45.90	4.65
	ACM 真实值	55.30	45.20	3.75
	ACM 预测值	56.70	46.20	3.85
2013	BCM 真实值	56.20	48.70	4.31
	BCM 预测值	57.30	49.30	4.64
	ACM 真实值	50.50	43.40	3.08
	ACM 预测值	51.40	43.70	3.20
2014	BCM 真实值	56.40	49.60	4.07
	BCM 预测值	57.40	50.60	4.30
	ACM 真实值	48.20	42.10	2.78
	ACM 预测值	48.60	42.40	2.81

续表

年份	BCM/ACM	营业总收入	营业总成本	扣除非经常性损益后的净利润
2015	BCM 真实值	56.00	49.10	4.33
	BCM 预测值	56.50	49.80	4.29
	ACM 真实值	47.90	41.90	2.92
	ACM 预测值	48.50	42.60	2.86
2016	BCM 真实值	56.80	49.20	4.74
	BCM 预测值	55.50	48.10	4.58
	ACM 真实值	51.60	44.90	3.64
	ACM 预测值	49.90	43.50	3.58
2017	BCM 真实值	60.80	52.30	5.15
	BCM 预测值	60.60	51.90	5.02
	ACM 真实值	56.30	49.40	4.01
	ACM 预测值	56.40	49.20	3.99
2018	BCM 真实值	65.00	55.70	5.52
	BCM 预测值	64.80	55.40	5.49
	ACM 真实值	58.20	51.10	4.21
	ACM 预测值	58.40	51.30	4.31

表 7 - 5　利润表主要项目预测差异

年份	BCM/ACM	营业总收入	营业总成本	扣除非经常性损益后的净利润
2012	BCM	2.79%	2.73%	−1.23%
	ACM	2.53%	2.23%	2.86%
2013	BCM	1.86%	1.29%	7.80%
	ACM	1.81%	0.85%	3.60%
2014	BCM	1.66%	1.86%	5.90%
	ACM	0.81%	0.72%	0.83%
2015	BCM	0.96%	1.34%	−0.84%
	ACM	1.20%	1.74%	−1.92%
2016	BCM	−2.23%	−2.26%	−3.38%
	ACM	−3.21%	−3.18%	−1.57%
2017	BCM	−0.47%	−0.92%	−2.44%
	ACM	0.07%	−0.47%	−0.51%
2018	BCM	−0.35%	−0.54%	−0.56%
	ACM	0.33%	0.40%	2.27%

7.2.3　基于预测指标测算行业回报、风险和成长

在完成对营业总收入、营业总成本、扣除非经常性损益后的净利润、资产、负债、所有者权益、流动资产、流动负债和应收账款行业均值的预测之后，以预

测值为基准，根据行业回报、风险和成长，计算了行业的净资产收益率、总资产收益率、销售净利率、资产负债率、流动比率、总资产周转率、应收账款周转率、营业收入增长率和总资产增长率 9 个财务指标。具体预测结果列示在表 7-6 中。

表 7-6　食品制造业回报、风险和成长预测结果

年份	BCM/ACM	回报			风险		成长			
		净资产收益率	总资产收益率	销售净利率	资产负债率	流动比率	总资产周转率	应收账款周转率	营业收入增长率	总资产增长率
2012	BCM 真实值	0.199	0.108	0.090	0.47	1.26	1.20	42.81	1.20	1.09
	BCM 预测值	0.197	0.109	0.087	0.46	1.32	1.26	45.51	1.28	1.14
	ACM 真实值	0.132	0.073	0.068	0.47	1.25	1.08	38.67	1.18	1.09
	ACM 预测值	0.137	0.076	0.068	0.47	1.25	1.12	42.04	1.26	1.21
2013	BCM 真实值	0.164	0.093	0.077	0.44	1.37	1.21	44.16	1.08	1.04
	BCM 预测值	0.173	0.099	0.081	0.45	1.33	1.22	45.82	1.07	1.07
	ACM 真实值	0.102	0.059	0.061	0.43	1.36	0.97	36.24	0.91	0.94
	ACM 预测值	0.103	0.059	0.062	0.44	1.30	0.96	35.72	0.91	0.94
2014	BCM 真实值	0.144	0.085	0.072	0.43	1.45	1.18	41.36	1.00	1.03
	BCM 预测值	0.150	0.088	0.075	0.43	1.41	1.18	43.65	1.00	1.02
	ACM 真实值	0.092	0.055	0.058	0.42	1.42	0.95	31.85	0.95	1.01
	ACM 预测值	0.092	0.055	0.058	0.42	1.39	0.95	34.11	0.94	0.98
2015	BCM 真实值	0.143	0.087	0.077	0.41	1.51	1.12	37.74	0.99	1.06
	BCM 预测值	0.141	0.084	0.076	0.42	1.48	1.11	39.66	0.99	1.07
	ACM 真实值	0.090	0.055	0.061	0.41	1.47	0.91	29.13	0.99	1.08
	ACM 预测值	0.090	0.054	0.059	0.42	1.45	0.91	31.78	1.00	1.09
2016	BCM 真实值	0.147	0.091	0.083	0.41	1.49	1.09	35.00	1.01	1.04
	BCM 预测值	0.140	0.086	0.082	0.40	1.48	1.05	35.82	0.98	1.01
	ACM 真实值	0.101	0.062	0.071	0.41	1.44	0.88	28.07	1.08	1.12
	ACM 预测值	0.101	0.062	0.072	0.47	1.47	0.86	28.89	0.86	1.09
2017	BCM 真实值	0.154	0.095	0.085	0.41	1.51	1.12	34.56	1.07	1.04
	BCM 预测值	0.149	0.094	0.083	0.40	1.53	1.13	35.89	1.09	1.01
	ACM 真实值	0.104	0.063	0.071	0.43	1.41	0.89	27.34	1.09	1.06
	ACM 预测值	0.102	0.064	0.071	0.41	1.47	0.90	28.82	1.13	1.09
2018	BCM 真实值	0.157	0.095	0.085	0.43	1.43	1.13	34.78	1.07	1.09
	BCM 预测值	0.157	0.097	0.085	0.42	1.51	1.14	35.17	1.07	1.10
	ACM 真实值	0.106	0.063	0.072	0.43	1.41	0.87	27.03	1.03	1.04
	ACM 预测值	0.106	0.065	0.074	0.43	1.45	0.87	27.27	1.04	1.05

表 7-7 进一步列示了食品制造业回报、风险和成长的财务指标预测值与真实值之间的差异。对比采用 B 周期移动平均和 A 周期移动平均所预测的财务指标和该行业财务指标真实值可知，所选用预测模型的预测效果较好，预测能力比较稳定。

表 7 - 7　食品制造业回报、风险和成长预测差异

年份	BCM/ACM	回报			风险		成长			
		净资产收益率	总资产收益率	销售净利率	资产负债率	流动比率	总资产周转率	应收账款周转率	营业收入增长率	总资产增长率
2012	BCM	−1.15%	1.13%	−3.92%	−2.32%	4.74%	5.25%	6.30%	7.01%	4.68%
	ACM	3.22%	4.37%	0.33%	0.02%	−0.47%	4.03%	8.72%	6.97%	10.66%
2013	BCM	5.36%	6.43%	5.84%	2.50%	−2.36%	0.56%	3.76%	−0.91%	2.93%
	ACM	0.45%	0.17%	1.75%	2.28%	−5.03%	−1.56%	−1.45%	−0.69%	0.23%
2014	BCM	4.42%	3.66%	4.17%	−0.18%	−2.46%	−0.49%	5.56%	−0.19%	−1.09%
	ACM	0.15%	−0.91%	0.02%	−0.20%	−2.45%	−0.93%	7.10%	−0.98%	−3.43%
2015	BCM	−1.23%	−3.08%	−1.79%	2.17%	−2.33%	−1.32%	5.09%	−0.69%	1.34%
	ACM	−0.34%	−2.45%	−3.08%	2.25%	−1.30%	0.65%	9.08%	0.38%	1.07%
2016	BCM	−4.74%	−5.11%	−1.17%	−0.71%	−0.06%	−3.98%	2.33%	−3.16%	−2.20%
	ACM	−0.67%	−0.51%	1.70%	−1.29%	1.78%	−2.17%	2.91%	−4.36%	−3.98%
2017	BCM	−3.37%	−1.54%	−1.98%	−2.46%	1.31%	0.45%	3.87%	1.80%	−3.15%
	ACM	−1.92%	0.93%	−0.58%	−3.87%	4.02%	1.52%	5.39%	3.39%	3.07%
2018	BCM	−0.14%	1.33%	−0.21%	−1.76%	5.91%	1.55%	1.14%	0.11%	1.16%
	ACM	0.52%	1.99%	1.94%	−0.62%	2.95%	0.05%	0.90%	0.25%	0.50%

7.3　食品制造业运行状况分析

会计综合评价指数分别采用 B 周期移动平均和 A 周期移动平均两种方法，对行业运行状况基准值进行预测。具体来讲，B 周期移动平均的样本数量以年度最新行业样本为准，进行滚动预测，样本数量较多，更能代表行业当前发展状况；A 周期移动平均则按照样本基期进行滚动预测，样本选取比较稳定，对行业历史发展状况的讨论更为充分。

7.3.1　食品制造业回报分析

图 7 - 2、图 7 - 3 和图 7 - 4 分别为食品制造业的净资产收益率、总资产收益率和销售净利率的变动趋势图，其中，总资产收益率和净资产收益率的分母分别采用本年年末所有者权益（总资产）与上年年末所有者权益（总资产）的均值计算，因此净资产收益率和总资产收益率的基期均为 2008 年。基于对食品制造业财务指标的预测，在评价食品制造业回报的过程中，我们分别在图中画出了采用 B 周期移动平均和 A 周期移动平均所计算的 2012—2018 年净资产收益率、总资产收益率和销售净利率的预测值。

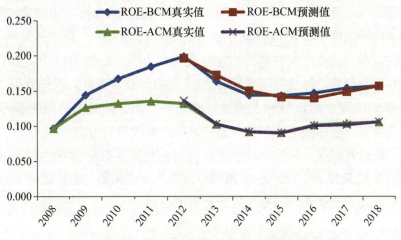

图 7 - 2　食品制造业净资产收益率

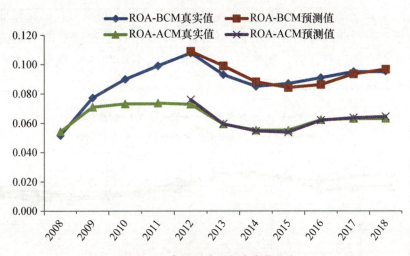

图 7 - 3　食品制造业总资产收益率

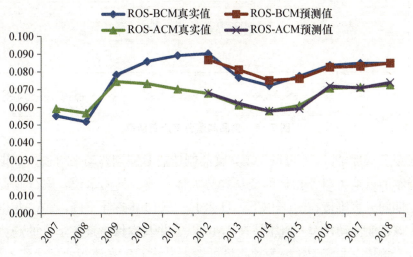

图 7 - 4　食品制造业销售净利率

观察图 7-2、图 7-3 和图 7-4 可以发现，食品制造业 B 周期移动平均和 A 周期移动平均所选样本的回报类财务指标的变动趋势大体一致。具体来说，该行业净资产收益率、总资产收益率和销售净利润在 2008—2012 年上升，2012 年开始呈现明显的下滑趋势，虽然三项指标自 2015 年以来有所上升，但仍低于 2012 年的水平，说明 2012 年之后该行业发展进入瓶颈期。综合回报的三项指标可以看出，近年来食品制造行业回报下降较快，急需采取措施改善行业回报状况。

在食品制造业回报分析中，从预测财务指标与真实财务指标的对比可以看出，无论是采用 B 周期移动平均还是 A 周期移动平均，预测值与真实值的差异均较小，说明行业发展处于瓶颈期，回报在近几年有所下滑。

7.3.2　食品制造业风险分析

图 7-5、图 7-6 分别从资产负债率和流动比率两个角度对食品制造业的风险进行了分析。与行业回报的分析类似，2007—2018 年食品制造业的风险类财务指标根据行业真实值进行计算，同时采用 B 周期移动平均和 A 周期移动平均计算了资产负债率和流动比率的预测值。

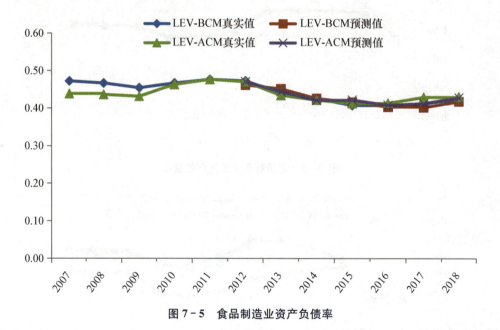

图 7-5　食品制造业资产负债率

观察图 7-5 和图 7-6 可以发现，食品制造业 B 周期移动平均和 A 周期移动平均所选样本的风险类财务指标的变动趋势大体一致。具体来说，该行业资产负债率在样本期间一直维持在 50% 以下，且 2011—2016 年逐年下降，2016 年以来有小幅回升；该行业流动比率一直维持在 1.10 以上并基本保持逐年上升的趋势。综合该行业资产负债率和流动比率变动趋势可知，尽管近年来该行业发展陷入瓶颈期，

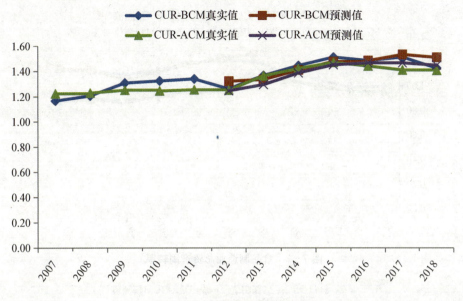

图 7-6　食品制造业流动比率

回报有所下滑,但是行业的风险在近几年比较稳定而且有所下降,财务风险相对较小。如果该行业能够深入挖掘消费者需求,通过科技创新和人才引进提高产品的质量,完善产品结构,改善行业的回报,其发展前景依然看好。

　　从食品制造业资产负债率和流动比率的预测值可以发现,采用 B 周期移动平均和 A 周期移动平均所计算的 2012—2018 年行业资产负债率和流动比率与真实值差距较小,能够较好地反映行业风险变动趋势,说明模型预测效果较好。

7.3.3　食品制造业成长分析

　　图 7-7、图 7-8、图 7-9 和图 7-10 分别从食品制造行业周转速度(总资产周转率、应收账款周转率)和成长速度(营业收入增长率、总资产增长率)两个角度衡量该行业的成长。由于行业样本区间为 2007—2018 年,而周转速度计算的分母为前一期期末和本期期末的均值,因此我们在进行周转速度分析时,将基期确定为 2008 年。同样,行业成长速度采用本年度财务指标与上一年度财务指标的比值,因此成长速度的基期也为 2008 年。

　　从周转速度看,B 周期移动平均和 A 周期移动平均所选样本的变动趋势比较一致。食品制造业 2008—2013 年总资产周转率和应收账款周转率有所上升,但2013 年以来总资产周转率和应收账款周转率呈现轻微的下滑趋势,说明近年来该行业的运营效率有所下降。

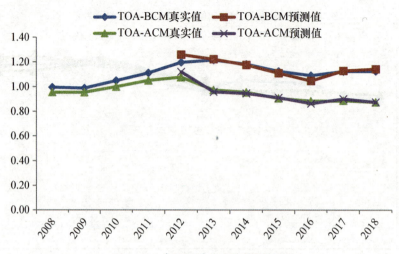

图 7-7 食品制造业总资产周转率

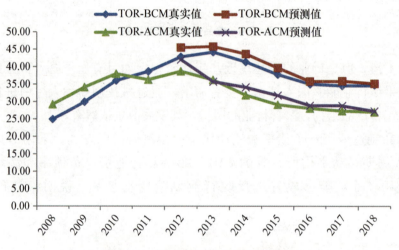

图 7-8 食品制造业应收账款周转率

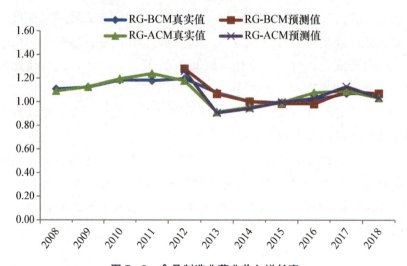

图 7-9 食品制造业营业收入增长率

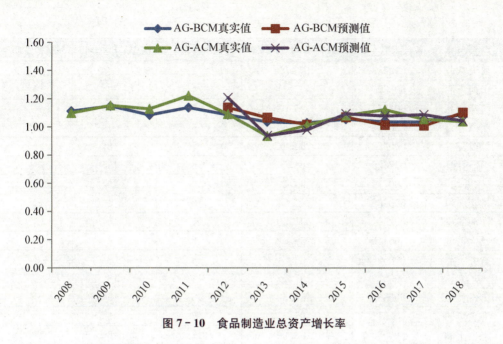

图 7 - 10　食品制造业总资产增长率

从成长速度看，B 周期移动平均所选样本和 A 周期移动平均所选样本的变动趋势比较一致。具体而言，食品制造业的营业总收入增长率在 2008—2012 年有所上升，自 2012 年以来呈现下滑趋势；从 2008 年开始，食品制造业的总资产增长率有所波动但一直在 0.80 以上，自 2011 年以来有下降趋势。整体来看，食品制造业的成长速度有待提升。

从食品制造业的周转速度（总资产周转率、应收账款周转率）和成长速度（营业收入增长率、总资产增长率）的预测值可以发现，采用 B 周期移动平均和 A 周期移动平均所计算的 2012—2018 年行业预测值与真实值的差距较小，能够较好地反映行业成长变动趋势，说明模型预测效果较好。

7.4　食品制造业会计综合评价指数公司排名分析

根据制造业会计综合评价指数的计算方法，表 7 - 8 列示了食品制造业上市公司的前 20 名。由表 7 - 8 可知，2018 年食品制造业会计综合评价指数排名前 5 的上市公司分别为涪陵榨菜（002507）、花园生物（300401）、海天味业（603288）、山西汾酒（600809）和绝味食品（603517）。

表 7 - 8　2018 年会计综合评价指数食品制造业前 20 名上市公司

股票简称	股票代码	2018 年 ACV 评分	2018 年排名	2017 年排名	排名变动
涪陵榨菜	002507	100.00	1	1	—
花园生物	300401	100.00	1	4	↑

续表

股票简称	股票代码	2018 年 ACV 评分	2018 年排名	2017 年排名	排名变动
海天味业	603288	100.00	1	—	—
山西汾酒	600809	97.71	4	30	↑
绝味食品	603517	95.03	5	—	—
泸州老窖	000568	94.85	6	1	↓
五粮液	000858	94.84	7	8	↑
金达威	002626	94.69	8	15	↑
水井坊	600779	93.17	9	23	↑
桃李面包	603866	93.04	10	1	↓
洋河股份	002304	91.50	11	10	↓
汤臣倍健	300146	90.02	12	12	—
古井贡酒	000596	88.31	13	22	↑
口子窖	603589	87.78	14	13	↓
今世缘	603369	86.39	15	19	↑
海大集团	002311	85.25	16	33	↑
老白干酒	600559	83.09	17	46	↑
龙大肉食	002726	83.05	18	14	↓
承德露露	000848	82.30	19	11	↓
煌上煌	002695	82.27	20	18	↓

注：会计综合评价指数的构建以公开财务数据真实有效为前提。

与 2017 年相比，2018 年食品制造业排名前 20 的上市公司中，排名上升较快的 3 家分别是老白干酒（600559）、山西汾酒（600809）和海大集团（002311），下降较快的是桃李面包（603866）。

老白干酒（600559）2017 年排在第 46 名，2018 年排在第 17 名，上升了 29 名，评分提高主要是由于盈利能力和成长速度提高。盈利能力方面主要体现在净资产收益率、总资产收益率和销售净利率提高，净资产收益率从 2017 年的 9.24％增长到 2018 年的 13.84％，总资产收益率从 2017 年的 5.03％增长到 2018 年的 7.39％，销售净利率从 2017 年的 6.05％增长到 2018 年的 8.63％；成长速度方面主要体现在营业收入增长率和总资产增长率提高，营业收入增长率从 2017 年的 3.96％增长到 2018 年的 41.34％，总资产增长率从 2017 年的 －9.89％增长到 2018 年的 89.74％。老白干酒综合排名上升主要是由于总资产增长较快、扣除非经常性损益后的净利润增加。据老白干酒年报所示，公司 2017 年资产为 28.87 亿元，2018 年为 54.79 亿元，比 2017 年增加 89.78％；2017 年扣除非经常性损益后的净利润为 1.53 亿元，2018 年为 3.09 亿元，比 2017 年增加 101.77％。老白干酒是一家主要从事酒类生产与销售的企业，其主要产品有衡水老白干酒、商品猪、种猪和饲料等。公司是国内白酒生产骨干企业和老白干香型中生产规模最大的企业，衡水老白干酒作为老白干香型酒的代表，拥有"衡水牌""十八酒坊"两个驰名商标，被商务部认定为第一批中华老字号，被国家文化和旅游部列为"国家级非物质文化遗产"。老白干酒 2018 年资产、扣除非经常性损益后的净利润增加主要是重大资产重组所致。报告期内，公司通过发行股份及支付现金的方式，以 13.99 亿元的价格购买丰联酒业 100% 股权，其中，以股份方式支付对价 7.8 亿元，以现金方式支付对价 6.19 亿元。2018 年 3 月 23 日，丰联酒业 100% 股权过户至公司名下，4 月 2 日公司办理完毕上述发行股份及支付现金购买资产的新增股份的登记工作。截至 2018 年 12 月 31 日，非同一控制下的企业合并产生商誉 6.32 亿元，无形资产为 5.83 亿元，固定资产 4.15 亿元，扣除非经常性损益后的净利润为 1.56 亿元。

山西汾酒（600809）2017 年排在第 30 名，2018 年排在第 4 名，上升了 26 名，评分提高主要是由于周转能力大幅改善和盈利能力提高。周转能力方面主要体现在应收账款周转率提高，从 2017 年的 164.43 增长到 2018 年的 829.42；盈利能力方面主要体现在净资产收益率和总资产收益率提高，净资产收益率从 2017 年的 18.53% 增长到 2018 年的 24.76%，总资产收益率从 2017 年的 11.53% 增长到 2018 年的 14.09%。山西汾酒综合排名上升主要是由于营业收入增加，同时扣除非经常性损益后的净利润也有所增加。据山西汾酒年报所示，公司 2017 年营业收入为 63.61 亿元，2018 年为 93.82 亿元，比 2017 年增加 47.49%；2017 年扣除非经常性损益后的净利润为 9.43 亿元，2018 年为 14.63 亿元，比 2017 年增加 55.14%。山西汾酒主要经营业务包括生产及销售汾酒、竹叶青酒及其系列酒并提供广告服务，主导产品为汾酒、竹叶青酒、玫瑰汾酒、白玉汾酒等系列。

海大集团（002311）2017 年排在第 33 名，2018 年排在第 16 名，上升了 17 名，评分提高主要是由于抗风险能力和成长能力提高。抗风险能力方面主要体现在流动比率有所提高，从 2017 年的 1.15 增长到 2018 年的 1.34；成长能力方面主要体现在营业收入增长率有所提高，从 2017 年的 19.76% 增长到 2018 年的 29.49%。海大集团综合排名上升主要是由于流动资产和营业收入增加。据海大集团年报所示，公司 2017 年流动资产为 68.87 亿元，2018 年为 92.92 亿元，比 2017 年增加 34.92%；2017 年营业收入为 325.57 亿元，2018 年为 421.57 亿元，比 2017 年增加 29.49%。海大集团是一家粮食及饲料加工企业，主要从事水产预混料、水产配合饲料和畜禽配合饲料的研发、生产和销售，主营产品为水产预混料、水产配合饲料和畜禽配合饲料。近年来公司是饲料行业尤其是水产饲料行业中发展速度最快、技术水平最高、服务能力最强的饲料企业之一。海大集团 2018 年的流动资产增加主要源于采购了大量原材料，营业收入增加源于公司实现了饲料、苗种、动保、养殖、贸易等各个板块业务规模全面稳定、可持续的增长。

桃李面包（603866）2017 年排在第 1 名，2018 年排在第 10 名，下降了 9 名，评分降低主要是由于抗风险能力和成长能力下降。抗风险能力方面主要体现为流动比率下降，从 2017 年的 5.23 下降到 2018 年的 4.18；成长能力方面主要体现在总资产增长率有所降低，从 2017 年的 49.05％下降到 2018 年的 10.89％。桃李面包综合排名下降主要是由于总资产增长率下降严重。据桃李面包年报所示，公司 2016 年总资产为 23.66 亿元，2017 年为 35.26 亿元，2018 年为 39.11 亿元，2017 年比 2016 年增加 49.03％，2018 年比 2017 年仅增加 10.92％。桃李面包是一家国内知名的"中央工厂＋批发"式烘焙食品生产企业，主要从事以面包及糕点为核心的优质烘焙类产品的生产及销售，其主要产品为"桃李"品牌面包，目前拥有软式面包、起酥面包和调理面包三大系列面包。此外，公司还生产月饼、粽子等针对传统节假日开发的节日食品。桃李面包 2018 年总资产没有发生重大变化，2017 年总资产增长率之所以如此高是由于发行股票提升了股东权益。桃李面包在 2017 年向 8 名特定对象非公开发行股票合计 2 050 万股，募集货币资金 73 800 万元，扣除与发行有关的费用 1 868.05 万元，实际募集资金净额为 71 931.95 万元。此次非公开发行股票于 2017 年 12 月 6 日在中国证券登记结算有限责任公司上海分公司办理完毕登记托管相关事宜，自此，公司总股本由 45 012.60 万股增加至 47 062.60 万股。

第8章　医药制造业会计综合评价指数
编制结果及分析

医药制造业（行业代码为 C27），是指原料经物理变化或化学变化后成为新的医药类产品的行业，包含通常所说的中西药制造、兽用药品和医药原药及卫生材料等。作为传统产业和现代产业相结合的行业，医药制造业是我国工业行业中一个重要子类，也是我国国民经济的重要组成部分。我国医药需求的特点是起点低、总量大，居民人均消费水平相比发达国家仍然较低，增长潜力大。随着社会经济发展、科技进步、政府投入加大以及居民健康意识提升，人们越来越重视防治各类疾病，居民对医药产品的需求从根本上拉动了医药制造业的快速发展。与此同时，日趋增长的卫生需求也对我国医药制造业提出了更高的技术和创新要求。本章以上市公司为样本，从发展趋势、回报、风险和成长四个角度对医药制造业的经营状况进行分析，以期为医药制造业的健康发展提供一些有益的经验和借鉴。

8.1　医药制造业发展趋势分析

为了对医药制造业的发展趋势进行分析，我们以 2007 年第 1 季度以来所有季度作为样本区间。截至 2019 年第 1 季度，我们所选样本 49 个季度的季均总资产为 5 985.31 亿元，季均营业总收入为 905.24 亿元，季均价值创造额为 307.20 亿元。

为了研究医药制造业的发展趋势，我们以样本公司的季度总资产、季度营业总收入和季度价值创造额为基础构建了医药制造业的资产指数、收入指数和价值创造额指数（见表 8-1）。三类指数的总体波动趋势如图 8-1 所示。

表 8-1　医药制造业资产指数、收入指数、价值创造额指数编制结果

季度	资产指数	收入指数	价值创造额指数
200701	100	100	100
200702	104	109	132

续表

季度	资产指数	收入指数	价值创造额指数
200703	109	116	141
200704	110	122	142
200801	111	123	145
200802	112	133	167
200803	114	116	145
200804	115	120	137
200901	120	124	152
200902	125	133	162
200903	131	134	182
200904	135	149	201
201001	142	151	196
201002	148	154	193
201003	152	162	189
201004	161	175	215
201101	172	181	220
201102	178	183	222
201103	185	182	221
201104	190	199	228
201201	199	205	245
201202	205	216	244
201203	211	216	249
201204	223	243	300
201301	234	239	288
201302	243	259	317
201303	253	253	300
201304	263	288	367
201401	275	274	338
201402	283	292	362
201403	293	287	350
201404	311	317	439
201501	327	299	398
201502	339	311	434
201503	348	308	439
201504	371	352	485
201601	388	334	484
201602	405	358	498
201603	430	352	503

续表

季度	资产指数	收入指数	价值创造额指数
201604	450	422	566
201701	468	385	531
201702	481	416	590
201703	503	421	678
201704	528	512	674
201801	545	490	690
201802	562	509	674
201803	574	536	641
201804	587	528	472
201901	595	553	726

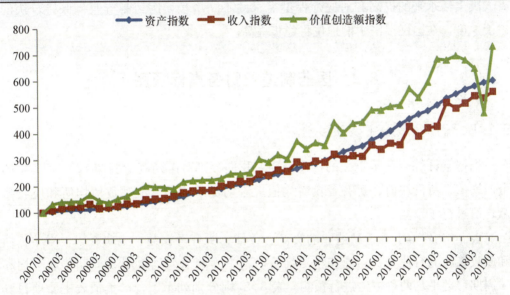

图 8-1　医药制造业三类指数总体波动趋势

　　由表 8-1 和图 8-1 可知，从总体运行趋势来看，医药制造业资产指数自 2007 年第 1 季度以来一直呈上升趋势，截至 2019 年第 1 季度达到 595 点，与 2007 年第 1 季度相比上升了 495%。从收入指数的变动趋势看，随着我国经济持续增长，人民生活水平不断提高，医疗保障制度逐渐完善，我国医药行业呈现出持续良好的发展趋势。从 2007 年第 1 季度至 2014 年第 4 季度，医药制造业的收入指数持续上升，2014 年之后延续了稳步上升的趋势，但存在一定程度的震荡调整，2019 年第 1 季度创历史最高点 553 点。从价值创造额指数的变动趋势看，自 2007 年第 1 季度以来一直在波动中保持上升趋势，显示了医药制造业的良好发展趋势，2018 年第 4 季度出现大幅下降，主要是受到医保控费、药品降价以及控制药占比等行业政策的影响。

从三类指数运行趋势之间的关系来看，2014 年第 4 季度之前，该行业的资产增长速度与行业收入增长速度相当，且二者均低于价值创造额增速，但是 2015 年第 1 季度之后，资产增长速度开始超过收入增长速度，并且增速差距呈现逐步扩大的趋势，从 2017 年第 4 季度开始，该差距略有缩小。从收入指数和价值创造额指数的运行趋势看，除 2018 年第 4 季度之外，收入指数始终在价值创造额指数下方，说明医药制造业价值创造额增速高于行业收入增速。综合三类指数的运行趋势发现，随着资产规模的扩大，该行业收入和价值创造额一直保持上升趋势，虽然近几年受到医疗改革的影响，增速有所放缓，但是总体而言，医药行业与人民群众的日常生活息息相关，是为人民防病治病、提高民族素质的特殊产业，在保证国民经济健康持续发展过程中，起到了积极的、不可替代的"保驾护航"作用。随着人民生活水平的提高和对医疗保健需求的不断增长，医药制造业将保持较快的发展速度，在国民经济中的地位将稳步提高。

8.2　医药制造业财务指标预测

8.2.1　资产负债表主要项目预测

根据会计综合评价指数的构建需要，我们分别对医药制造业 2012—2018 年的资产均值、负债均值、所有者权益均值、流动资产均值、流动负债均值和应收账款均值进行了预测。

表 8-2 列示了医药制造业的资产、负债、所有者权益、流动资产、流动负债和应收账款的行业真实均值和预测均值，其中预测值分别采用 B 周期移动平均和 A 周期移动平均两种方法进行预测。表 8-3 则分别列示了资产负债表主要项目真实值与预测值的差异，从计算结果可以看出，无论是采用 B 周期移动平均还是 A 周期移动平均，均能够对资产负债表主要项目进行准确预测，模型稳定性较好。

表 8-2　资产负债表主要项目预测结果　　　　单位：亿元

年份	BCM/ACM	资产	负债	所有者权益	流动资产	流动负债	应收账款
2012	BCM真实值	29.50	10.40	18.00	16.40	8.06	2.77
	BCM预测值	28.40	9.70	17.60	16.00	7.61	2.59
	ACM真实值	31.80	12.00	19.20	17.20	9.64	3.10
	ACM预测值	31.70	11.70	19.00	17.20	9.49	3.07
2013	BCM真实值	32.10	11.30	19.40	17.10	8.52	3.16
	BCM预测值	32.40	11.20	19.70	17.50	8.55	3.01
	ACM真实值	34.10	11.90	21.20	18.40	9.14	3.30
	ACM预测值	34.60	12.10	21.50	18.60	9.35	3.28

续表

年份	BCM/ACM	资产	负债	所有者权益	流动资产	流动负债	应收账款
2014	BCM 真实值	35.40	12.10	21.90	18.20	9.26	3.39
	BCM 预测值	34.90	12.20	21.50	18.10	9.08	3.44
	ACM 真实值	38.00	12.80	23.90	19.90	9.97	3.68
	ACM 预测值	37.20	12.70	23.50	19.40	9.63	3.59
2015	BCM 真实值	38.40	12.70	24.80	19.70	9.74	3.73
	BCM 预测值	37.20	12.30	23.90	18.90	9.44	3.68
	ACM 真实值	42.10	13.90	27.00	21.60	10.90	4.07
	ACM 预测值	41.50	13.70	26.60	21.10	10.50	4.12
2016	BCM 真实值	41.80	13.20	27.60	21.70	10.00	4.15
	BCM 预测值	42.80	13.60	28.20	21.70	10.20	4.10
	ACM 真实值	47.80	15.10	31.50	24.70	11.70	4.71
	ACM 预测值	48.80	15.30	32.10	24.90	11.90	4.60
2017	BCM 真实值	41.60	13.10	27.40	22.10	10.00	4.54
	BCM 预测值	41.90	12.90	28.00	21.80	9.80	4.16
	ACM 真实值	50.10	16.00	32.60	26.30	12.40	5.44
	ACM 预测值	50.20	15.70	33.10	25.90	12.30	5.06
2018	BCM 真实值	43.70	14.30	28.40	23.00	11.00	4.88
	BCM 预测值	44.50	14.10	29.50	23.30	10.80	4.85
	ACM 真实值	49.90	16.30	32.50	26.40	12.80	5.70
	ACM 预测值	51.10	16.40	33.60	27.20	12.70	5.83

表 8-3　资产负债表主要项目预测差异

年份	BCM/ACM	资产	负债	所有者权益	流动资产	流动负债	应收账款
2012	BCM	-3.45%	-6.69%	-2.53%	-2.27%	-5.68%	-6.53%
	ACM	-0.38%	-2.62%	-0.84%	0.04%	-1.56%	-1.15%
2013	BCM	0.97%	-0.50%	1.61%	2.03%	0.34%	-4.92%
	ACM	1.47%	1.76%	1.77%	1.35%	2.32%	-0.58%
2014	BCM	-1.35%	0.45%	-1.83%	-0.72%	-1.98%	1.40%
	ACM	-2.31%	-1.08%	-1.78%	-2.30%	-3.44%	-2.38%
2015	BCM	-3.13%	-2.62%	-3.87%	-4.27%	-3.11%	-1.40%
	ACM	-1.44%	-1.99%	-1.27%	-2.58%	-3.29%	1.22%
2016	BCM	2.37%	2.33%	2.21%	0.02%	1.63%	-1.33%
	ACM	2.04%	1.01%	1.98%	0.74%	2.09%	-2.24%
2017	BCM	0.63%	-1.76%	2.19%	-1.27%	-1.99%	-8.39%
	ACM	0.22%	-1.93%	1.38%	-1.31%	-0.83%	-6.99%
2018	BCM	1.81%	-1.50%	3.84%	1.48%	-2.32%	-0.69%
	ACM	2.45%	0.28%	3.50%	2.85%	-1.04%	2.19%

8.2.2 利润表主要项目预测

根据会计综合评价指数的构建需要，我们对利润表中营业总收入、营业总成本和扣除非经常性损益后的净利润三个会计项目进行了预测。需要说明的是，由于净利润包括企业的投资收益等非经常性损益，难以准确衡量企业主营业务所产生的回报，因此在对行业回报进行计算的过程中，选取扣除非经常性损益后的净利润进行预测。根据利润表的特点，在对营业总收入、营业总成本和扣除非经常性损益后的净利润进行预测的过程中，将除数占比法和周期移动平均法结合起来使用。

表 8-4 列示了利润表中营业总收入、营业总成本和扣除非经常性损益后的净利润的真实值和预测值，其中预测值分别采用 B 周期移动平均和 A 周期移动平均两种方法进行预测。表 8-5 进一步计算了利润表主要项目真实值与预测值的差异，结果显示利润表主要项目的预测差异较小，说明采取的方法能够较好地对利润表主要项目进行预测。

表 8-4　利润表主要项目预测结果　　　　　　　　　　　单位：亿元

年份	BCM/ACM	营业总收入	营业总成本	扣除非经常性损益后的净利润
2012	BCM 真实值	17.10	15.10	1.60
	BCM 预测值	16.80	14.80	1.58
	ACM 真实值	20.70	18.40	1.84
	ACM 预测值	20.60	18.30	1.81
2013	BCM 真实值	18.90	16.70	1.72
	BCM 预测值	18.70	16.60	1.71
	ACM 真实值	20.00	17.70	1.88
	ACM 预测值	20.10	17.90	1.89
2014	BCM 真实值	19.90	17.60	1.92
	BCM 预测值	19.80	17.60	1.88
	ACM 真实值	20.90	18.50	2.11
	ACM 预测值	20.80	18.50	2.07
2015	BCM 真实值	19.90	17.40	2.07
	BCM 预测值	20.00	17.60	2.06
	ACM 真实值	21.80	19.30	2.25
	ACM 预测值	21.90	19.30	2.26
2016	BCM 真实值	21.30	18.40	2.39
	BCM 预测值	21.20	18.20	2.40
	ACM 真实值	24.50	21.30	2.62
	ACM 预测值	24.20	21.10	2.63

续表

年份	BCM/ACM	营业总收入	营业总成本	扣除非经常性损益后的净利润
2017	BCM 真实值	21.90	18.90	2.37
	BCM 预测值	21.70	18.70	2.41
	ACM 真实值	26.10	22.80	2.63
	ACM 预测值	25.80	22.50	2.67
2018	BCM 真实值	23.90	21.10	2.35
	BCM 预测值	24.20	21.00	2.53
	ACM 真实值	27.50	24.50	2.62
	ACM 预测值	28.30	24.80	2.83

表 8 - 5　利润表主要项目预测差异

年份	BCM/ACM	营业总收入	营业总成本	扣除非经常性损益后的净利润
2012	BCM	−1.96%	−1.90%	−1.31%
	ACM	−0.31%	−0.13%	−2.11%
2013	BCM	−0.79%	−0.73%	−0.23%
	ACM	0.43%	0.76%	0.67%
2014	BCM	−0.53%	−0.26%	−2.17%
	ACM	−0.37%	0.01%	−1.52%
2015	BCM	0.62%	0.82%	−0.73%
	ACM	0.28%	−0.19%	0.42%
2016	BCM	−0.87%	−0.84%	0.10%
	ACM	−0.89%	−0.76%	0.40%
2017	BCM	−0.74%	−1.23%	1.68%
	ACM	−1.02%	−1.49%	1.73%
2018	BCM	1.42%	−0.29%	7.31%
	ACM	2.83%	1.01%	7.97%

8.2.3　基于预测指标测算行业回报、风险和成长

在完成对营业总收入、营业总成本、扣除非经常性损益后的净利润、资产、负债、所有者权益、流动资产、流动负债和应收账款行业均值的预测之后，我们以预测值为基准，根据行业回报、风险和成长，计算了行业的净资产收益率、总资产收益率、销售净利率、资产负债率、流动比率、总资产周转率、应收账款周转率、营业收入增长率和总资产增长率 9 个财务指标。具体预测结果列示在表 8 - 6 中。

表 8－6　医药制造业回报、风险和成长预测结果

年份	BCM/ACM	回报			风险		成长			
		净资产收益率	总资产收益率	销售净利率	资产负债率	流动比率	总资产周转率	应收账款周转率	营业收入增长率	总资产增长率
2012	BCM 真实值	0.092	0.057	0.093	0.35	2.03	0.61	6.59	1.06	1.10
	BCM 预测值	0.091	0.057	0.094	0.34	2.10	0.61	6.86	1.04	1.07
	ACM 真实值	0.101	0.059	0.089	0.38	1.79	0.66	6.80	1.00	1.05
	ACM 预测值	0.099	0.058	0.088	0.37	1.82	0.66	7.06	0.99	1.04
2013	BCM 真实值	0.092	0.056	0.091	0.35	2.01	0.61	6.36	1.10	1.09
	BCM 预测值	0.092	0.056	0.092	0.35	2.04	0.62	6.69	1.11	1.14
	ACM 真实值	0.093	0.057	0.094	0.35	2.01	0.61	6.24	0.97	1.07
	ACM 预测值	0.093	0.057	0.094	0.35	1.99	0.61	6.32	0.97	1.09
2014	BCM 真实值	0.093	0.057	0.096	0.34	1.96	0.59	6.08	1.06	1.10
	BCM 预测值	0.091	0.056	0.095	0.35	1.99	0.59	6.15	1.06	1.08
	ACM 真实值	0.093	0.058	0.101	0.34	1.99	0.58	6.00	1.05	1.12
	ACM 预测值	0.092	0.058	0.099	0.34	2.02	0.58	6.07	1.04	1.07
2015	BCM 真实值	0.089	0.056	0.104	0.33	2.02	0.54	5.59	1.00	1.08
	BCM 预测值	0.091	0.057	0.103	0.33	2.00	0.56	5.63	1.01	1.06
	ACM 真实值	0.088	0.056	0.103	0.33	1.99	0.54	5.63	1.04	1.11
	ACM 预测值	0.090	0.057	0.103	0.33	2.01	0.56	5.67	1.05	1.12
2016	BCM 真实值	0.091	0.060	0.112	0.32	2.17	0.53	5.41	1.07	1.09
	BCM 预测值	0.092	0.060	0.113	0.32	2.13	0.53	5.44	1.06	1.15
	ACM 真实值	0.090	0.058	0.107	0.32	2.11	0.54	5.57	1.12	1.13
	ACM 预测值	0.090	0.058	0.108	0.31	2.08	0.54	5.56	1.11	1.17
2017	BCM 真实值	0.086	0.057	0.108	0.32	2.21	0.52	5.04	1.03	0.99
	BCM 预测值	0.088	0.057	0.111	0.31	2.22	0.51	5.26	1.03	0.98
	ACM 真实值	0.082	0.054	0.101	0.32	2.12	0.53	5.14	1.07	1.05
	ACM 预测值	0.085	0.054	0.103	0.31	2.11	0.53	5.35	1.07	1.03
2018	BCM 真实值	0.084	0.055	0.099	0.33	2.09	0.56	5.07	1.09	1.05
	BCM 预测值	0.088	0.059	0.104	0.32	2.17	0.56	5.38	1.12	1.06
	ACM 真实值	0.080	0.052	0.095	0.33	2.06	0.55	4.94	1.05	1.00
	ACM 预测值	0.085	0.056	0.100	0.32	2.14	0.56	5.20	1.10	1.02

　　表 8－7 进一步列示了医药制造业回报、风险和成长类财务指标预测值与真实值之间的差异。对比医药制造业 B 周期移动平均和 A 周期移动平均所预测的财务指标和该行业财务指标真实值可知，所选用预测模型的预测效果较好，预测能力比较稳定。

表 8-7　医药制造业回报、风险和成长预测差异

年份	BCM/ACM	回报			风险		成长			
		净资产收益率	总资产收益率	销售净利率	资产负债率	流动比率	总资产周转率	应收账款周转率	营业收入增长率	总资产增长率
2012	BCM	−1.13%	0.58%	0.66%	−3.35%	3.62%	−0.08%	4.08%	−1.64%	−3.31%
	ACM	−2.13%	−2.15%	−1.80%	−2.25%	1.62%	−0.36%	3.86%	−0.80%	−0.88%
2013	BCM	0.15%	0.93%	0.56%	−1.46%	1.69%	0.37%	5.18%	1.19%	4.58%
	ACM	0.14%	0.10%	0.24%	0.29%	−0.95%	−0.14%	1.30%	0.75%	1.86%
2014	BCM	−1.96%	−1.92%	−1.65%	1.82%	1.29%	−0.28%	1.14%	0.26%	−2.30%
	ACM	−1.41%	−1.00%	−1.15%	1.25%	1.18%	0.15%	1.18%	−0.80%	−3.72%
2015	BCM	2.25%	1.58%	−1.35%	0.52%	−1.19%	2.97%	0.69%	1.16%	−1.80%
	ACM	1.96%	2.32%	0.15%	−0.56%	0.73%	2.17%	0.77%	0.65%	0.88%
2016	BCM	0.78%	0.37%	0.98%	−0.04%	−1.58%	−0.61%	0.49%	−1.49%	5.67%
	ACM	−0.08%	−0.01%	1.31%	−1.01%	−1.33%	−1.30%	−0.26%	−1.17%	3.54%
2017	BCM	−0.51%	0.18%	2.43%	−2.38%	0.73%	−2.20%	4.50%	0.14%	−1.70%
	ACM	0.05%	0.61%	2.77%	−2.14%	−0.49%	−2.11%	3.96%	−0.12%	−1.78%
2018	BCM	4.16%	6.00%	5.81%	−3.25%	3.89%	0.18%	6.09%	2.17%	1.17%
	ACM	5.39%	6.54%	4.99%	−2.12%	3.93%	1.48%	5.24%	3.89%	2.22%

8.3　医药制造业运行状况分析

会计综合评价指数分别采用 B 周期移动平均和 A 周期移动平均两种方法，对行业运行状况基准值进行预测。具体来讲，B 周期移动平均的样本数量以年度最新行业样本为准，进行滚动预测，样本数量较多，更能代表行业当前发展状况；A 周期移动平均则按照样本基期进行滚动预测，样本选取比较稳定，对行业历史发展状况的讨论更为充分。

8.3.1　医药制造业回报分析

图 8-2、图 8-3 和图 8-4 分别为 2007—2018 年医药制造业的净资产收益率、总资产收益率和销售净利率的变动趋势图，其中，总资产收益率和净资产收益率的分母分别采用本年年末所有者权益（总资产）与上年年末所有者权益（总资产）的均值计算，因此净资产收益率和总资产收益率的基期均为 2008 年。基于对医药制造业财务指标的预测，在评价医药制造业回报的过程中，我们分别在图中画出了基于 B 周期移动平均和 A 周期移动平均所计算的 2012—2018 年净资产收益率、总资产收益率和销售净利率的预测值。

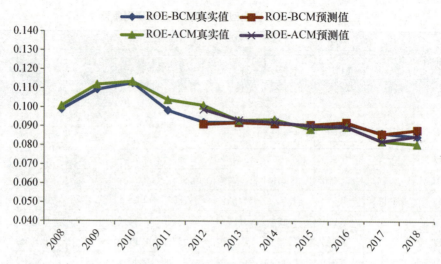

图 8 - 2　医药制造业净资产收益率

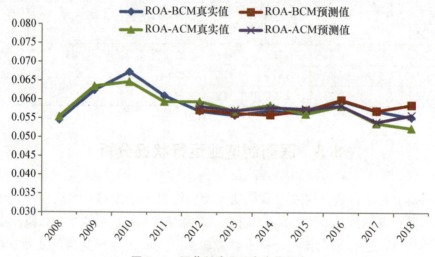

图 8 - 3　医药制造业总资产收益率

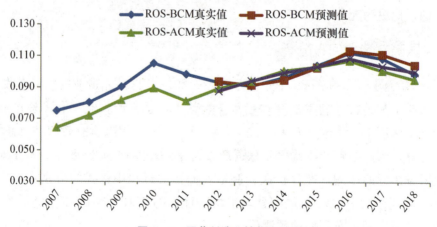

图 8 - 4　医药制造业销售净利率

观察图 8-2、图 8-3 和图 8-4 可以发现，医药制造业 B 周期移动平均和 A 周期移动平均所选样本的净资产收益率和总资产收益率的变动趋势比较一致。具体来说，该行业净资产收益率、总资产收益率和销售净利率均在 2008—2010 年上升，2010—2012 年呈现下滑趋势。自 2012 年以来，净资产收益率和总资产收益率均保持相对稳定，这种趋势一直延续至 2018 年，而销售净利率在这期间缓慢上升，2016 年之后出现反转，2017—2018 年呈现连续下降趋势。

在医药制造业回报分析中，从预测财务指标与真实财务指标的对比可以看出，无论是采用 B 周期移动平均还是 A 周期移动平均，预测值与真实值的差异均较小，确认了行业发展比较稳定的现状。

8.3.2　医药制造业风险分析

图 8-5、图 8-6 分别从资产负债率和流动比率两个角度对医药制造业的风险进行了分析。与行业回报的分析类似，2007—2018 年医药制造业的风险类财务指标根据行业真实值进行计算，同时采用 B 周期移动平均和 A 周期移动平均计算了资产负债率和流动比率的预测值。

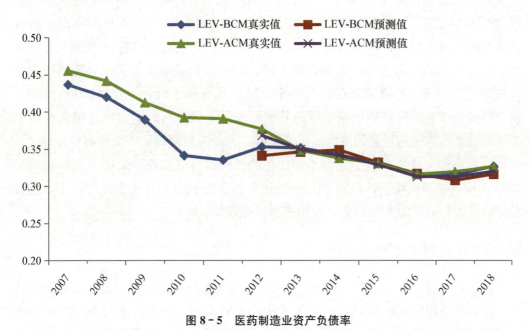

图 8-5　医药制造业资产负债率

从资产负债率来看，医药制造业 B 周期移动平均所选样本和 A 周期移动平均所选样本的变动趋势比较一致，2007 年行业资产负债率在 0.45 上下，位于近几年的高点，2007—2010 年呈现大幅下降趋势，2010—2013 年相对保持平稳，从 2013 年开始再次缓慢下降，2017—2018 年逐渐趋于平稳。从流动比率来看，医药制造

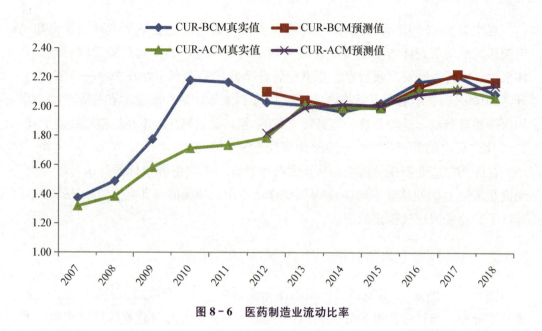

图 8-6　医药制造业流动比率

业 B 周期移动平均所选样本和 A 周期移动平均所选样本的变动趋势大体一致，2007 年行业流动比率在 1.30 上下，处于近几年的低谷，2007—2010 年进入上升阶段，2010 年之后，B 周期移动平均所选样本呈现下降趋势，而 A 周期移动平均所选样本依然缓慢上升，2014 年二者均达到 2.00 上下，随后二者同步进入上升周期，2017 年达到小高点，2018 年略有下降。综合该行业资产负债率和流动比率变动趋势可知，该行业的风险在近几年比较稳定且有所下降，运行风险相对较小。由于我国人口老龄化趋势加速使得药品的需求量上涨，同时国家推行深化医药卫生体制改革，为医药行业的发展提供了契机，因此医药制造业的发展前景看好。

从医药制造业资产负债率和流动比率的预测值可以发现，采用 B 周期移动平均和 A 周期移动平均所计算的 2012—2018 年行业预测值与真实值差距较小，能够较好地反映行业风险变动趋势，说明模型预测效果较好。

8.3.3　医药制造业成长分析

图 8-7、图 8-8、图 8-9 和图 8-10 分别从医药行业周转速度（总资产周转率、应收账款周转率）和成长速度（营业收入增长率、总资产增长率）两个角度衡量该行业的成长。由于行业样本区间为 2007—2018 年，而周转速度计算的分母为前一期期末和本期期末的均值，因此我们在进行周转速度分析时，将基期确定为 2008 年。同样，行业成长速度采用本年度财务指标与上一年度财务指标的比值，因此成长速度的基期也为 2008 年。

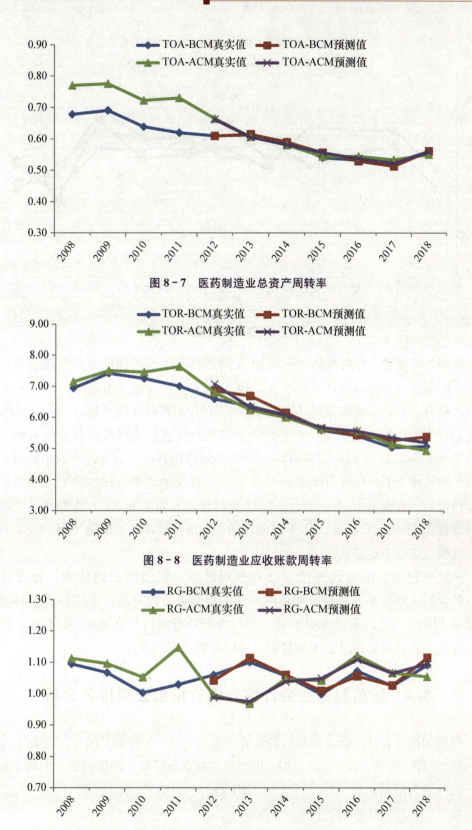

图 8-7　医药制造业总资产周转率

图 8-8　医药制造业应收账款周转率

图 8-9　医药制造业营业收入增长率

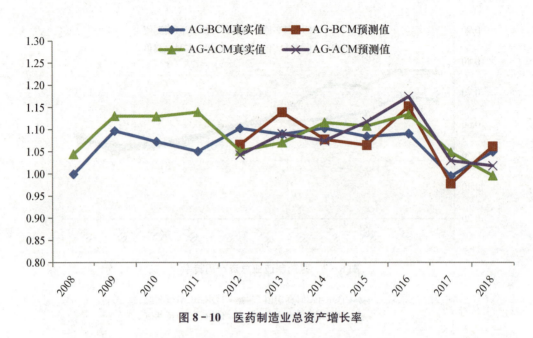

图 8 - 10　医药制造业总资产增长率

从周转速度看，B周期移动平均和A周期移动平均所选样本的变动趋势比较一致。医药制造业的总资产周转率自2008年以来呈现缓慢下滑趋势，2018年有所改善，略有上升；应收账款周转率在2008—2010年相对保持平稳，2011—2018年一直呈现下滑趋势，说明该行业运行效率较低。从成长速度看，营业收入增长率始终在0.95～1.15区间内震荡调整，2018年运行趋势较好，为近年的小高点。从总资产增长率来看，B周期移动平均和A周期移动平均所选样本的变动趋势总体比较稳定，一直在1.10上下波动。2017年出现较大幅度下降，B周期移动平均所选样本在2018年回升明显，而A周期移动平均所选样本依然略有下降，说明行业资产规模整体处于稳定状态。

从医药制造业的周转速度（总资产周转率、应收账款周转率）和成长速度（营业收入增长率、总资产增长率）的变动趋势可以发现，采用B周期移动平均和A周期移动平均所计算的2012—2018年行业预测值与真实值差距较小，能够较好地反映行业成长情况的变动趋势，说明模型预测效果较好。

8.4　医药制造业会计综合评价指数公司排名分析

根据制造业会计综合评价指数的计算方法，表8-8列示了医药制造业上市公司的前20名。由表8-8可知，2018年医药制造业会计综合评价指数排名前5的上市公司分别为恒瑞医药（600276）、天坛生物（600161）、华兰生物（002007）、我武生物（300357）和普利制药（300630）。

表 8 - 8　2018 年会计综合评价指数医药制造业前 20 名上市公司①

股票简称	股票代码	2018 年 ACV 评分	2018 年排名	2017 年排名	排名变动
恒瑞医药	600276	100.00	1	1	—
天坛生物	600161	100.00	1	17	↑
华兰生物	002007	100.00	1	9	↑
我武生物	300357	99.70	4	7	↑
普利制药	300630	97.30	5	—	—
信立泰	002294	96.95	6	5	↓
片仔癀	600436	95.69	7	11	↑
万孚生物	300482	95.41	8	12	↑
江中药业	600750	95.15	9	1	↓
智飞生物	300122	93.59	10	19	↑
赛升药业	300485	92.51	11	13	↑
双鹭药业	002038	92.06	12	46	↑
诚意药业	603811	91.64	13	—	—
九强生物	300406	90.84	14	14	—
康弘药业	002773	90.40	15	1	↓
博雅生物	300294	89.80	16	28	↑
东阿阿胶	000423	89.40	17	4	↓
仁和药业	000650	89.31	18	32	↑
奇正藏药	002287	88.94	19	6	↓
安图生物	603658	88.53	20	—	—

注：会计综合评价指数的构建以公开财务数据真实有效为前提。

　　与 2017 年相比，2018 年医药制造业排名前 20 的上市公司中，排名上升较快的 3 家分别是天坛生物（600161）、双鹭药业（002038）和仁和药业（000650），下降较快的是康弘药业（002773）。

　　天坛生物（600161）2017 年排在第 17 名，2018 年排在第 1 名，上升了 16 名，评分提高主要是由于周转速度和成长速度提高。周转速度方面主要体现在总资产周转率提高，从 2017 年的 0.37% 增长到 2018 年的 0.67%；成长速度方面主要体现在营业收入增长率和总资产增长率提高，营业收入增长率从 2017 年的 -15.77% 增长到 2018 年的 66.05%，总资产增长率从 2017 年的 -36.61% 增长到 2018 年的 38.22%。天坛生物综合排名上升主要是由于营业收入和总资产均增长较快，且营业收入的增长速度超过了资产的增长速度。据天坛生物年报所示，公司 2017 年营业收入为 17.65 亿元，2018 年为 29.31 亿元，比 2017 年增加 66.06%；2017 年资产为 36.66 亿元，2018 年为 50.67 亿元，比 2017 年增加 38.22%。天坛生物主要

　　① 德展健康（000813）原排在第 5 名，奥赛康（002755）原排在第 13 名，均由于发生重大资产重组而被剔除。

从事以健康人血浆、经特异免疫的人血浆为原材料和采用基因重组技术研发、生产血液制品，开展血液制品经营业务。报告期内，公司资产增加主要是由于2018年发生了重大资产重组。公司于2018年1月完成重大资产重组购买项目，将武汉血制、上海血制、兰州血制纳入合并报表，交易完成后，公司成为国内血液制品行业规模最大、拥有单采血浆站最多的血液制品公司。营业收入增加主要是由于报告期内，公司立足血液制品业务，通过增加采浆量、提升投浆量、加大营销力度等方面工作，进一步巩固其在血液制品行业的领先地位。

双鹭药业（002038）2017年排在第46名，2018年排在第12名，上升了34名，评分提高主要是由于成长能力大幅改善和盈利能力提高。成长能力方面主要体现在营业收入增长率提高，从2017年的23.00％增长到2018年的74.50％；盈利能力方面主要体现在净资产收益率和总资产收益率提高，净资产收益率从2017年的8.35％增长到2018年的12.57％，总资产收益率从2017年的7.93％增长到2018年的11.57％。双鹭药业综合排名上升主要是由于营业收入大幅上升，同时扣除非经常性损益后的净利润也有所增加。据双鹭药业年报所示，公司2017年营业收入为12.42亿元，2018年为21.67亿元，比2017年增加74.48％；2017年扣除非经常性损益后的净利润为3.44亿元，2018年为5.54亿元，比2017年增加61.05％。双鹭药业主要专注于基因工程及相关药物的研究开发和生产经营，紧紧围绕疾病谱的变化布局研发和生产，主要产品涉及肿瘤、肝病、心脑血管、肾病等多个领域。产品销售以国内市场为主，并逐步开拓国际市场。2018年公司主要产品基因工程产品稳步增长，确保了营业收入和净利润的稳步增长。

仁和药业（000650）2017年排在第32名，2018年排在第18名，上升了14名，评分提高主要是由于盈利能力提高。盈利能力方面主要体现在净资产收益率、总资产收益率和销售净利率均有所提高，净资产收益率从2017年的10.97％增长到2018年的13.35％，总资产收益率从2017年的9.12％增长到2018年的11.23％，销售净利率从2017年的9.53％增长到2018年的11.20％。仁和药业综合排名上升主要是由于公司扣除非经常性损益后的净利润增加。据仁和药业年报所示，公司2017年扣除非经常性损益后的净利润为3.66亿元，2018年为4.93亿元，比2017年增加34.70％。仁和药业主要从事胶囊剂、颗粒剂、丸剂、片剂、粉针剂、注射剂、栓剂、软膏剂等中西药品以及健康相关产品的生产和销售。利润增加一方面是因为自产产品销售比例提升，毛利率进入上行通道。公司有1 000个以上药品批文，品种资源非常丰富。但由于历史原因，现有部分品种还需找其他厂商代工，由仁和进行贴牌。自产产品毛利率为60％～70％，贴牌产品只有30％～40％。公司2017年开始进行自产产品的挖掘，对已有的沉睡品种恢复生产，代替贴牌产品。随着自产产品销售比例的提升，毛利率增加明显。另一方面是由于公司销售能力进一步增强。近年来公司的销售团队逐步壮大，销售人员过去六年的复合增长率为15％。公司主要采用控销的销售模式，强大的销售能力体现为高达两万人的终端推广队伍能够覆盖二十几万家终端药店，庞大的推广队伍依靠公司丰富的产品集群，为药店终端提供丰富的产品组合和营销策略，以及各种增值服务，从而提高终端黏性。

康弘药业（002773）2017年排在第1名，2018年排在第15名，下降了14名，评分降低主要是由于周转能力下降。周转能力方面主要体现在应收账款周转率有所降低，从2017年的24.00下降到2018年的13.71。康弘药业综合排名下降主要是由于应收账款较多。据康弘药业年报所示，公司2017年应收账款为1.67亿元，2018年为2.59亿元，同比增长55.09％。应收账款增加主要是由于本报告期回款催收力度减缓及回款难度增加。康弘药业主营业务为药品（包括生物制品、中成药、化学药）和医疗器械（主要是眼科医疗器械）的研发、生产与销售，2018年主要业务没有发生重大变化。

第9章 橡胶和塑料制品业会计综合评价指数编制结果及分析

橡胶和塑料制品业（行业代码为 C29）中的橡胶制品业指以天然及合成橡胶为原料生产各种橡胶制品的活动，以及利用废橡胶再生产橡胶制品的活动；塑料制品业是指以合成树脂（高分子化合物）为主要原料，经采用挤塑、注塑、吹塑、压延、层压等工艺加工成型的各种制品的生产，以及利用回收的废旧塑料加工再生产塑料制品的产业。橡胶制品业是国民经济传统的重要基础性产业之一，橡胶制品因具有良好的弹性、绝缘性和可塑性，以及隔水隔气、抗拉和耐磨等特点，广泛应用于采掘、轨道交通、建筑、机械、航空、电子、军工等工业领域，还可作为最终产品直接运用于日常生活、文体活动和医疗卫生等方面。未来，随着橡胶制品业的快速发展，其下游应用领域将会得到进一步的拓展和延伸。塑料制品应用广泛，庞大的下游行业为中国塑料制品业的发展提供了强有力的支撑。相对于金属、石材、木材，塑料制品具有成本低、可塑性强等优点，在国民经济中应用广泛。如今塑料制品业在全球占有极为重要的地位，塑料制品的生产在世界各地高速发展。上市公司作为行业龙头，其经营业绩和财务绩效等均对评价行业整体发展状况具有一定的示范作用。本章以上市公司为样本，从发展趋势、回报、风险和成长四个角度对橡胶和塑料制品业的经营状况进行分析，以期为橡胶和塑料制品业的健康发展提供一些有益的经验和借鉴。

9.1 橡胶和塑料制品业发展趋势分析

为了对橡胶和塑料制品业的发展趋势进行分析，我们以 2007 年第 1 季度以来的所有季度作为研究样本。截至 2019 年第 1 季度，我们所选样本 49 个季度的季均总资产为 1 520.53 亿元，季均营业总收入为 293.76 亿元，季均价值创造额为 59.07 亿元。

为了研究橡胶和塑料制品业的发展趋势，我们以样本公司的季度总资产额、季度营业总收入和季度价值创造额为基础构建了橡胶和塑料制品业的资产指数、收入指数和价值创造额指数（见表 9-1）。三类指数的总体波动趋势如图 9-1 所示。

表 9-1 橡胶和塑料制品业资产指数、收入指数、价值创造额指数编制结果

季度	资产指数	收入指数	价值创造额指数
200701	100	100	100
200702	103	125	145
200703	109	125	134
200704	107	117	132
200801	114	115	128
200802	118	147	157
200803	123	140	139
200804	113	97	49
200901	119	92	126
200902	122	125	210
200903	123	140	233
200904	126	133	172
201001	137	134	167
201002	142	167	200
201003	143	173	222
201004	148	170	218
201101	160	176	223
201102	164	203	233
201103	170	204	237
201104	170	195	245
201201	182	181	226
201202	183	195	260
201203	188	195	256
201204	191	199	256
201301	197	180	236
201302	201	216	310
201303	204	219	285
201304	207	224	258
201401	215	196	264
201402	224	229	337
201403	239	237	335
201404	240	243	349
201501	245	207	310

续表

季度	资产指数	收入指数	价值创造额指数
201502	255	247	416
201503	265	243	365
201504	268	255	380
201601	278	228	366
201602	282	269	439
201603	297	273	431
201604	310	311	427
201701	332	284	419
201702	336	325	455
201703	343	334	491
201704	351	357	471
201801	363	310	451
201802	379	356	513
201803	394	355	529
201804	395	348	327
201901	404	315	467

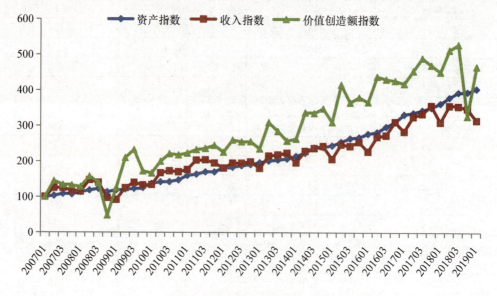

图 9-1 橡胶和塑料制品业三类指数总体波动趋势

由表 9-1 和图 9-1 可知，从总体运行趋势来看，橡胶和塑料制品业资产指数自 2007 年第 1 季度以来一直呈上升趋势，2019 年第 1 季度达到 404 点，与 2007 年第 1 季度相比上升了 304%。从收入指数的变动趋势看，自 2007 年第 1 季度以来，收入指数在波动中保持上升趋势，2008 年第 4 季度，受金融危机的影响下降较大。

收入指数呈现明显的第 4 季度效应，即第 1、2、3 季度较低，第 4 季度较高，说明橡胶和塑料制品业受季节性影响较大。从价值创造额指数的变动趋势看，2007 年第 1 季度以来呈现明显上升趋势，2008 年第 4 季度，受金融危机的影响下降幅度较大，此后基本上呈现在波动中上升的趋势，2018 年第 4 季度，环保标准的进一步提高和执行力度不断加强，使得该行业价值创造额指数下降较大。

从三类指数运行趋势之间的关系来看，除了 2008 年第 4 季度和 2018 年第 4 季度，价值创造额的增长速度一直居于资产和收入之上。从收入指数和资产指数的运行趋势看，收入的增长速度和资产的增长速度大体保持一致，但自 2015 年第 1 季度以来收入增速开始低于资产增速，说明行业运行效率有待提升。从收入指数和价值创造额指数的运行趋势看，2008 年第 4 季度之前，价值创造额增速略微高于收入增速，但是 2009 年第 1 季度之后，价值创造额指数显著高于收入指数，说明价值创造额增速高于收入增速。综合三类指数近几年的运行趋势发现，随着该行业资产规模的扩大，价值创造额在波动中上升，但收入提升相对缓慢，说明近年来该行业运行效率有所下降。

9.2　橡胶和塑料制品业财务指标预测

9.2.1　资产负债表主要项目预测

根据会计综合评价指数的构建需要，我们分别对橡胶和塑料制品业 2012—2018 年的资产均值、负债均值、所有者权益均值、流动资产均值、流动负债均值和应收账款均值进行了预测。

表 9-2 列示了橡胶和塑料制品业的资产、负债、所有者权益、流动资产、流动负债和应收账款的行业真实值和预测值，其中预测值分别采用 B 周期移动平均和 A 周期移动平均两种方法进行预测。表 9-3 则分别列示了资产负债表主要项目真实值与预测值的差异，从计算结果可以看出，无论是采用 B 周期移动平均还是 A 周期移动平均，均能够对资产负债表主要项目进行准确预测，模型稳定性较好。

表 9-2　资产负债表主要项目预测结果　　　　　　　　单位：亿元

年份	BCM/ACM	资产	负债	所有者权益	流动资产	流动负债	应收账款
2012	BCM 真实值	29.40	14.00	15.50	16.40	10.80	3.78
	BCM 预测值	27.80	13.00	15.20	15.90	10.10	3.49
	ACM 真实值	33.10	17.90	15.70	18.30	14.10	4.55
	ACM 预测值	33.40	17.90	16.10	18.80	14.00	4.22

续表

年份	BCM/ACM	资产	负债	所有者权益	流动资产	流动负债	应收账款
2013	BCM真实值	31.10	14.90	16.50	16.60	11.10	4.32
	BCM预测值	31.00	14.60	16.60	16.70	10.90	4.06
	ACM真实值	30.00	14.80	15.40	16.60	11.00	4.39
	ACM预测值	30.10	15.20	15.70	16.30	11.90	4.03
2014	BCM真实值	33.80	15.30	18.50	18.10	11.70	4.91
	BCM预测值	34.00	15.70	18.30	17.80	11.80	4.39
	ACM真实值	30.70	13.60	17.20	16.30	10.60	4.39
	ACM预测值	30.60	13.90	17.00	16.10	10.70	4.04
2015	BCM真实值	33.90	15.20	18.70	17.80	11.50	4.94
	BCM预测值	34.40	15.70	18.80	18.10	12.10	4.99
	ACM真实值	32.20	14.90	17.40	16.80	11.30	4.82
	ACM预测值	32.50	15.30	17.50	17.40	11.90	4.97
2016	BCM真实值	33.80	15.20	18.60	18.40	11.80	5.01
	BCM预测值	36.10	15.90	20.20	19.10	12.10	5.07
	ACM真实值	33.50	14.60	18.70	17.90	11.70	5.11
	ACM预测值	32.20	13.30	18.80	16.80	10.60	4.81
2017	BCM真实值	33.10	14.70	17.90	18.20	11.50	4.98
	BCM预测值	33.00	14.60	18.00	17.90	11.40	4.97
	ACM真实值	36.30	15.60	19.50	19.80	12.50	5.55
	ACM预测值	36.40	15.60	19.60	19.80	12.60	5.68
2018	BCM真实值	34.90	15.90	18.40	19.00	12.50	5.14
	BCM预测值	33.00	14.80	17.80	17.90	11.70	4.91
	ACM真实值	37.10	16.60	19.20	20.50	13.40	5.48
	ACM预测值	38.20	17.20	19.70	20.90	13.80	5.80

表 9 - 3   资产负债表主要项目预测差异

年份	BCM/ACM	资产	负债	所有者权益	流动资产	流动负债	应收账款
2012	BCM	-5.45%	-7.17%	-1.69%	-3.05%	-7.08%	-7.73%
	ACM	0.89%	-0.54%	2.25%	3.01%	-0.60%	-7.14%
2013	BCM	-0.30%	-2.01%	0.60%	0.45%	-1.87%	-6.03%
	ACM	0.46%	2.82%	1.33%	-1.84%	7.91%	-8.29%
2014	BCM	0.69%	2.66%	-1.17%	-1.16%	1.30%	-10.68%
	ACM	-0.28%	1.85%	-1.38%	-1.11%	1.42%	-7.83%
2015	BCM	1.66%	3.52%	0.67%	1.69%	4.75%	0.98%
	ACM	0.88%	2.54%	0.41%	3.48%	5.80%	3.08%
2016	BCM	6.78%	4.16%	8.79%	3.75%	2.42%	1.32%
	ACM	-3.70%	-8.57%	0.89%	-6.26%	-9.45%	-5.86%
2017	BCM	-0.35%	-0.83%	1.00%	-1.53%	-0.81%	-0.23%
	ACM	0.33%	-0.32%	0.73%	-0.25%	0.27%	2.46%

续表

年份	BCM/ACM	资产	负债	所有者权益	流动资产	流动负债	应收账款
2018	BCM	−5.34%	−7.25%	−3.40%	−5.53%	−6.91%	−4.39%
	ACM	2.98%	3.95%	2.51%	2.01%	3.22%	5.89%

9.2.2　利润表主要项目预测

根据会计综合评价指数的构建需要，我们对利润表中营业总收入、营业总成本和扣除非经常性损益后的净利润三个会计项目进行预测。需要说明的是，由于净利润包括企业的投资收益等非经常性损益，难以准确衡量企业主营业务所产生的回报，因此在对行业回报进行计算的过程中，选取扣除非经常性损益后的净利润进行预测。根据利润表的特点，在对营业总收入、营业总成本和扣除非经常性损益后的净利润进行预测的过程中，将除数占比法和周期移动平均法结合起来使用。

表 9-4 列示了利润表中营业总收入、营业总成本和扣除非经常性损益后的净利润的真实值和预测值，其中预测值分别采用 B 周期移动平均和 A 周期移动平均两种方法进行预测。表 9-5 进一步计算了利润表主要项目真实值与预测值的差异，结果显示利润表主要项目的预测差异较小，说明采取的方法能够较好地对利润表主要项目进行预测。

表 9-4　利润表主要项目预测结果　　　　　　　　　单位：亿元

年份	BCM/ACM	营业总收入	营业总成本	扣除非经常性损益后的净利润
2012	BCM 真实值	23.90	22.70	1.06
	BCM 预测值	23.50	22.40	1.00
	ACM 真实值	27.20	26.20	0.96
	ACM 预测值	27.10	26.10	0.90
2013	BCM 真实值	24.50	23.40	1.07
	BCM 预测值	23.90	22.70	1.06
	ACM 真实值	23.10	22.50	0.84
	ACM 预测值	22.60	21.70	0.81
2014	BCM 真实值	25.00	23.60	1.07
	BCM 预测值	24.90	23.60	1.09
	ACM 真实值	23.40	22.30	0.86
	ACM 预测值	23.50	22.70	0.90
2015	BCM 真实值	25.00	23.40	1.09
	BCM 预测值	24.90	23.30	1.06
	ACM 真实值	23.60	22.30	0.91
	ACM 预测值	23.60	22.30	0.89

续表

年份	BCM/ACM	营业总收入	营业总成本	扣除非经常性损益后的净利润
2016	BCM 真实值	26.00	24.50	1.23
	BCM 预测值	26.10	24.60	1.21
	ACM 真实值	23.30	22.10	0.91
	ACM 预测值	22.90	21.70	0.89
2017	BCM 真实值	25.60	24.40	1.05
	BCM 预测值	25.60	24.50	1.02
	ACM 真实值	26.10	25.00	0.78
	ACM 预测值	26.10	24.90	0.78
2018	BCM 真实值	25.10	24.30	1.02
	BCM 预测值	25.10	24.00	1.08
	ACM 真实值	27.50	26.80	0.82
	ACM 预测值	27.80	26.50	0.90

表 9-5　利润表主要项目预测差异

年份	BCM/ACM	营业总收入	营业总成本	扣除非经常性损益后的净利润
2012	BCM	−1.40%	−1.18%	−5.32%
	ACM	−0.24%	−0.39%	−6.10%
2013	BCM	−2.22%	−3.14%	−1.15%
	ACM	−2.37%	−3.73%	−4.29%
2014	BCM	−0.50%	−0.05%	1.55%
	ACM	0.58%	1.70%	4.84%
2015	BCM	−0.11%	−0.47%	−2.61%
	ACM	−0.03%	−0.27%	−3.08%
2016	BCM	0.20%	0.62%	−1.30%
	ACM	−1.70%	−1.92%	−1.55%
2017	BCM	0.11%	0.47%	−2.53%
	ACM	−0.30%	−0.04%	0.62%
2018	BCM	−0.12%	−1.37%	6.04%
	ACM	1.06%	−0.92%	9.60%

9.2.3　基于预测指标测算行业回报、风险和成长

在完成对营业总收入、营业总成本、扣除非经常性损益后的净利润、资产、负债、所有者权益、流动资产、流动负债和应收账款行业均值的预测之后，我们以预测值为基准，根据行业回报、风险和成长，计算了行业的净资产收益率、总资产收益率、销售净利率、资产负债率、流动比率、总资产周转率、应收账款

周转率、营业收入增长率和总资产增长率 9 个财务指标。具体预测结果列示在表 9-6 中。

表 9-6　橡胶和塑料制品业回报、风险和成长预测结果

年份	BCM/ACM	回报			风险		成长			
		净资产收益率	总资产收益率	销售净利率	资产负债率	流动比率	总资产周转率	应收账款周转率	营业收入增长率	总资产增长率
2012	BCM 真实值	0.069	0.036	0.044	0.48	1.52	0.81	6.53	0.92	1.00
	BCM 预测值	0.067	0.036	0.043	0.47	1.58	0.84	6.85	0.93	0.99
	ACM 真实值	0.064	0.030	0.035	0.54	1.30	0.83	6.58	1.02	1.03
	ACM 预测值	0.059	0.027	0.033	0.54	1.35	0.82	6.69	1.00	1.01
2013	BCM 真实值	0.067	0.035	0.044	0.48	1.50	0.81	6.04	1.03	1.06
	BCM 预测值	0.067	0.036	0.044	0.47	1.54	0.81	6.34	1.02	1.12
	ACM 真实值	0.054	0.027	0.036	0.49	1.51	0.73	5.18	0.85	0.91
	ACM 预测值	0.051	0.025	0.036	0.51	1.37	0.71	5.47	0.83	0.90
2014	BCM 真实值	0.062	0.033	0.043	0.46	1.55	0.77	5.43	1.02	1.09
	BCM 预测值	0.063	0.034	0.044	0.46	1.51	0.77	5.90	1.04	1.10
	ACM 真实值	0.053	0.028	0.037	0.44	1.54	0.77	5.33	1.01	1.03
	ACM 预测值	0.055	0.030	0.038	0.45	1.50	0.78	5.83	1.04	1.02
2015	BCM 真实值	0.059	0.032	0.044	0.45	1.55	0.74	5.07	1.00	1.00
	BCM 预测值	0.057	0.031	0.043	0.46	1.50	0.73	5.32	1.00	1.01
	ACM 真实值	0.053	0.029	0.039	0.46	1.49	0.75	5.12	1.01	1.05
	ACM 预测值	0.051	0.028	0.038	0.47	1.46	0.75	5.23	1.00	1.06
2016	BCM 真实值	0.066	0.036	0.047	0.45	1.55	0.77	5.24	1.04	1.00
	BCM 预测值	0.062	0.034	0.046	0.44	1.57	0.74	5.19	1.05	1.05
	ACM 真实值	0.050	0.028	0.039	0.44	1.52	0.71	4.68	0.99	1.04
	ACM 预测值	0.049	0.028	0.039	0.41	1.58	0.71	4.67	0.97	0.99
2017	BCM 真实值	0.058	0.031	0.041	0.44	1.55	0.76	5.12	0.98	0.98
	BCM 预测值	0.054	0.030	0.040	0.44	1.57	0.74	5.10	0.98	0.91
	ACM 真实值	0.041	0.022	0.030	0.43	1.58	0.76	4.90	1.12	1.09
	ACM 预测值	0.041	0.023	0.030	0.43	1.57	0.76	4.97	1.14	1.13
2018	BCM 真实值	0.056	0.030	0.041	0.45	1.51	0.74	4.97	0.98	1.05
	BCM 预测值	0.061	0.033	0.043	0.45	1.53	0.76	5.08	0.98	1.00
	ACM 真实值	0.042	0.022	0.030	0.45	1.53	0.75	4.99	1.05	1.02
	ACM 预测值	0.046	0.024	0.032	0.45	1.52	0.75	4.84	1.07	1.05

表 9-7 进一步列示了橡胶和塑料制品业回报、风险和成长类财务指标预测值与真实值之间的差异。对比橡胶和塑料制品业 B 周期移动平均和 A 周期移动平均所预测的财务指标和该行业财务指标的真实值可知，所选用预测模型的预测效果较好，预测能力比较稳定。

表9-7 橡胶和塑料制品业回报、风险和成长预测差异

年份	BCM/ACM	回报			风险		成长			
		净资产收益率	总资产收益率	销售净利率	资产负债率	流动比率	总资产周转率	应收账款周转率	营业收入增长率	总资产增长率
2012	BCM	−2.51%	−0.51%	−3.98%	−1.82%	4.34%	3.62%	4.96%	1.52%	−1.28%
	ACM	−8.32%	−7.73%	−5.88%	−1.42%	3.63%	−1.98%	1.63%	−1.80%	−1.74%
2013	BCM	−0.64%	1.70%	1.09%	−1.71%	2.36%	0.61%	4.94%	−0.83%	5.45%
	ACM	−5.98%	−4.94%	−1.96%	2.35%	−9.04%	−3.04%	5.78%	−2.13%	−0.42%
2014	BCM	1.90%	1.33%	2.06%	1.96%	−2.43%	−0.72%	8.75%	1.75%	0.99%
	ACM	4.94%	4.75%	4.24%	2.13%	−2.49%	0.49%	9.40%	3.02%	−0.74%
2015	BCM	−2.38%	−3.75%	−2.51%	1.82%	−2.93%	−1.27%	4.96%	0.40%	0.96%
	ACM	−2.62%	−3.39%	−3.05%	1.64%	−2.20%	−0.35%	2.12%	−0.61%	1.16%
2016	BCM	−5.75%	−5.29%	−1.49%	−2.45%	1.30%	−3.86%	−0.94%	0.31%	5.03%
	ACM	−2.19%	−0.10%	0.15%	−5.05%	3.52%	−0.26%	−0.18%	−1.67%	−4.55%
2017	BCM	−7.15%	−5.60%	−2.64%	−0.48%	−0.72%	−3.04%	−0.43%	−0.08%	−6.68%
	ACM	−0.18%	2.26%	0.92%	−0.65%	−0.52%	1.33%	1.25%	1.43%	4.18%
2018	BCM	7.36%	9.22%	6.17%	−2.02%	1.48%	2.87%	2.27%	−0.24%	−5.01%
	ACM	7.86%	7.80%	8.44%	0.95%	−1.18%	−0.59%	−2.98%	1.37%	2.64%

9.3 橡胶和塑料制品业运行状况分析

会计综合评价指数分别采用 B 周期移动平均和 A 周期移动平均两种方法，对行业运行状况基准值进行预测。具体来讲，B 周期移动平均的样本数量以年度最新行业样本为准，进行滚动预测，样本数量较多，更能代表行业当前发展状况；A 周期移动平均则按照样本基期进行滚动预测，样本选取比较稳定，对行业历史发展状况的讨论更为充分。

9.3.1 橡胶和塑料制品业回报分析

图 9-2、图 9-3 和图 9-4 分别为 2007—2018 年橡胶和塑料制品业的净资产收益率、总资产收益率和销售净利率的变动趋势图，其中，净资产收益率和总资产收益率的分母分别采用本年年末所有者权益（总资产）与上年年末所有者权益（总资产）的均值计算，因此净资产收益率和总资产收益率的基期均为 2008 年。基于对橡胶和塑料制品业财务指标的预测，在评价橡胶和塑料制品业回报的过程中，我们分别在图中画出了基于 B 周期移动平均和 A 周期移动平均所计算的 2012—2018 年净资产收益率、总资产收益率和销售净利率的预测值。

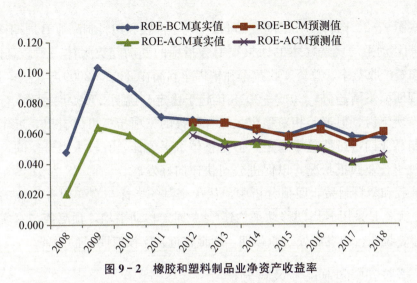

图 9 - 2　橡胶和塑料制品业净资产收益率

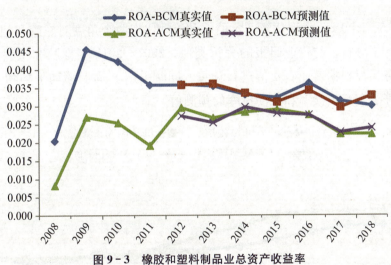

图 9 - 3　橡胶和塑料制品业总资产收益率

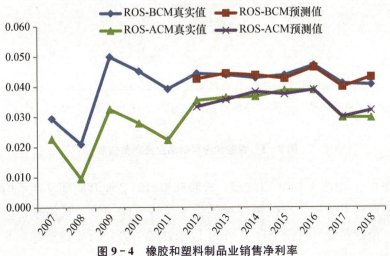

图 9 - 4　橡胶和塑料制品业销售净利率

观察图9-2、图9-3和图9-4可以发现，橡胶和塑料制品业B周期移动平均和A周期移动平均所选样本的回报类财务指标的变动趋势大体一致。具体来说，该行业净资产收益率、总资产收益率和销售净利润在2008—2009年上升，2009年开始呈现明显下滑趋势，2012—2018年趋于稳定，说明2009年之后该行业的盈利能力有所下滑，但近年相对稳定。综合回报的三项指标可以看出，近年来橡胶和塑料制品业回报虽然趋于稳定，但是整体水平欠佳，有较大提升空间，急需采取措施改善行业回报状况，以促进公司快速向好发展。

在橡胶和塑料制品业回报分析中，从预测财务指标与真实财务指标的对比可以看出，无论是采用B周期移动平均还是A周期移动平均，预测值与真实值的差异均较小，说明行业发展处于瓶颈期，回报在近几年没有明显的改善。

9.3.2　橡胶和塑料制品业风险分析

图9-5、图9-6分别从资产负债率和流动比率两个角度对橡胶和塑料制品业的风险进行了分析。与行业回报的分析类似，2007—2018年橡胶和塑料制品业的风险类财务指标根据行业真实值进行计算，同时采用B周期移动平均和A周期移动平均计算了资产负债率和流动比率的预测值。

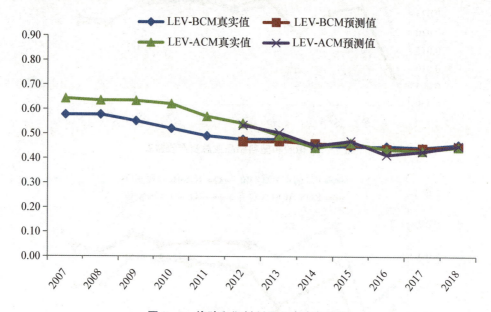

图9-5　橡胶和塑料制品业资产负债率

观察图9-5和图9-6可以发现，橡胶和塑料制品业B周期移动平均和A周期移动平均所选样本的风险类财务指标的变动趋势大体一致。具体来说，从资产负债率来看，该行业资产负债率自2007年以来逐年下降，近年走势相对平稳；从流动比率看，该行业流动比率自 2007 年以来逐年上升，从 2013 年开始，与资产负债率类似，进入稳定周期。综合该行业资产负债率和流动比率变动趋势可知，尽管近年来该行业回报有所下滑，但是行业的风险也在下降，一旦行业提高产品质量，完善产品结构，改善行业回报，橡胶和塑料制品业的发展前景依然看好。

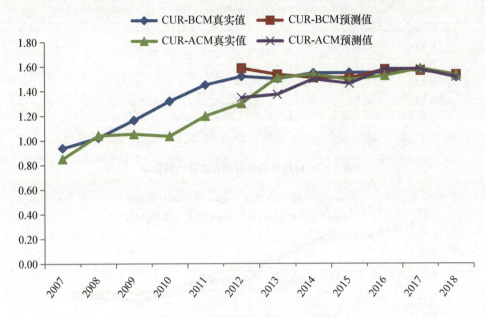

图 9 - 6　橡胶和塑料制品业流动比率

从橡胶和塑料制品业资产负债率和流动比率的预测值可以发现，采用 B 周期移动平均和 A 周期移动平均所计算的 2012—2018 年行业预测值与真实值差距较小，能够较好地反映行业风险变动趋势，说明模型预测效果较好。

9.3.3　橡胶和塑料制品业成长分析

图 9 - 7、图 9 - 8、图 9 - 9 和图 9 - 10 分别从橡胶和塑料制品业周转速度（总资产周转率、应收账款周转率）和成长速度（营业收入增长率、总资产增长率）两个角度衡量该行业的成长。由于行业样本区间为 2007—2018 年，而周转速度计算的分母为前一期期末和本期期末的均值，因此我们在进行周转速度分析时，将基期确定为 2008 年。同样，行业成长速度采用本年度财务指标与上一年度财务指标的比值，因此成长速度的基期也为 2008 年。

无论是从周转速度看还是从成长速度看，B 周期移动平均所选样本和 A 周期移动平均所选样本的变动趋势均比较一致。具体而言，从周转速度来看，2008—2018 年总资产周转率和应收账款周转率一直呈现下滑趋势，其中，应收账款周转率的下降趋势尤其明显，说明近年来该行业的运营效率下降。整体来看，橡胶和塑

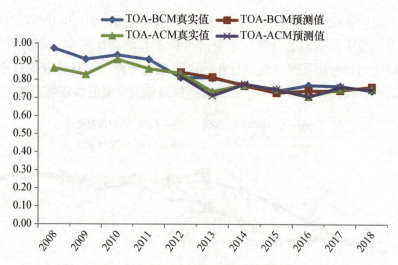

图 9-7　橡胶和塑料制品业总资产周转率

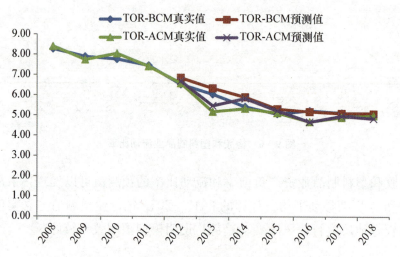

图 9-8　橡胶和塑料制品业应收账款周转率

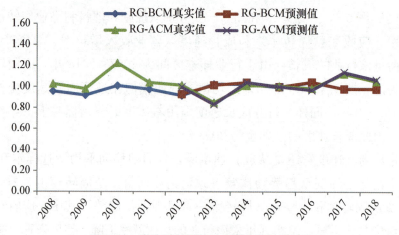

图 9-9　橡胶和塑料制品业营业收入增长率

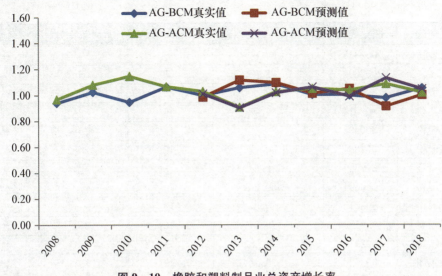

图 9 - 10　橡胶和塑料制品业总资产增长率

料制品业的周转速度较低。从成长速度来看，2008—2018 年营业总收入增长率和总资产增长率始终保持相对平稳，在 1.00 上下徘徊。整体来看，橡胶和塑料制品业的成长速度比较稳定。

从橡胶和塑料制品业的周转速度（总资产周转率、应收账款周转率）和成长速度（营业收入增长率、总资产增长率）的预测值可以发现，采用 B 周期移动平均和 A 周期移动平均所计算的 2012—2018 年行业预测值与真实值的差距较小，能够较好地反映行业成长变动趋势，说明模型预测效果较好。

9.4　橡胶和塑料制品业会计综合评价指数公司排名分析

根据制造业会计综合评价指数的计算方法，表 9 - 8 列示了橡胶和塑料制品业上市公司的前 20 名。由表 9 - 8 所知，2018 年橡胶和塑料制品业会计综合评价指数排名前 5 的上市公司分别为伟星新材（002372）、雄塑科技（300599）、国恩股份（002768）、安奈儿（002875）和瑞尔特（002790）。

表 9 - 8　2018 年会计综合评价指数橡胶和塑料制品业前 20 名上市公司

股票简称	股票代码	2018 年 ACV 评分	2018 年排名	2017 年排名	排名变动
伟星新材	002372	100.00	1	1	——
雄塑科技	300599	100.00	1	——	——
国恩股份	002768	96.73	3	11	↑
安奈儿	002825	88.27	4	——	——
瑞尔特	002790	85.91	5	4	↓
三力士	002224	85.47	6	3	↓

续表

股票简称	股票代码	2018 年 ACV 评分	2018 年排名	2017 年排名	排名变动
道恩股份	002838	84.00	7	—	—
福斯特	603806	82.24	8	5	↓
海达股份	300320	82.05	9	10	↑
永新股份	002014	81.76	10	9	↓
裕兴股份	300305	80.97	11	16	↑
双箭股份	002381	80.73	12	24	↑
川环科技	300547	80.61	13	—	—
同大股份	300321	80.20	14	17	↑
茶花股份	603615	80.07	15	—	—
双星新材	002585	79.71	16	21	↑
王子新材	002735	78.51	17	18	↑
朗迪集团	603726	76.14	18	12	↓
天龙股份	603266	76.07	19	—	—
天铁股份	300587	74.93	20	—	—

注：会计综合评价指数的构建以公开财务数据真实有效为前提。

与 2017 年相比，2018 年橡胶和塑料制品业排名前 20 的上市公司中，排名上升较快的 3 家分别是双箭股份（002381）、国恩股份（002768）和裕兴股份（300305），下降较快的是朗迪集团（603726）。

双箭股份（002381）2017 年排在第 24 名，2018 年排在第 12 名，上升了 12 名，评分提高主要是由于盈利能力提高。盈利能力方面主要体现在净资产收益率、总资产收益率和销售净利率均有所提高，净资产收益率从 2017 年的 1.78% 增长到 2018 年的 7.66%，总资产收益率从 2017 年的 1.37% 增长到 2018 年的 6.20%，销售净利率从 2017 年的 2.71% 增长到 2018 年的 9.60%。双箭股份综合排名上升主要是由于扣除非经常性损益后的净利润增长较快。据双箭股份年报所示，公司 2017 年扣除非经常性损益后的净利润为 0.31 亿元，2018 年为 1.30 亿元，比 2017 年增加 319.35%。双箭股份是一家专业生产输送带、平胶带及胶管系列产品的管带行业骨干企业，主要产品是各种类型的输送带以及输送带胶片。"双箭"品牌被评为浙江名牌、浙江省驰名商标，公司在同行中享有较高声誉。报告期内，公司扣除非经常性损益后的净利润大幅增长主要是由于公司经营得当。公司对国内外市场需求变化进行了认真分析，根据不同时期的市场销售变化情况，制定切实可行的营销模式，通过多渠道开发新客户，不断提高产品在国内外市场上的占有率。同时，公司以市场需求为导向，不断寻求和开发适合市场需求的新产品，优化生产结构，助推企业转型升级。报告期内，公司生产各类输送带 4 226.65 万平方米，同比增长 12.29%，销售各类输送带 4 165.38 万平方米，同比增长 13.51%。在全体员工的共同努力下，公司业绩实现了大幅增长。

国恩股份（002768）2017 年排在第 11 名，2018 年排在第 3 名，上升了 8 名，评分提高主要是由于周转能力大幅改善和成长能力提高。周转能力方面主要体现在应收账款周转率提高，从 2017 年的 6.82 增长到 2018 年的 9.90；成长能力方面主要体现在营业收入增长率和总资产增长率提高，营业收入增长率从 2017 年的 59.57％增长到 2018 年的 81.94％，总资产增长率从 2017 年的 33.23％增长到 2018 年的 67.43％。国恩股份综合排名上升主要是由于营业收入大幅上升，同时扣除非经常性损益后的净利润也有所增加。据国恩股份年报所示，公司 2017 年营业收入为 20.47 亿元，2018 年为 37.24 亿元，比 2017 年增加 81.92％；2017 年扣除非经常性损益后的净利润为 2.00 亿元，2018 年为 2.97 亿元，比 2017 年增加 48.50％。国恩股份是高新技术企业，主营业务是改性塑料粒子和改性塑料制品的研发、生产和销售，主要产品为改性塑料粒子、改性塑料制品两大类。报告期内，营业收入和扣除非经常性损益后的净利润增长较快的主要原因是公司原有业务板块发展良好，与原有大客户保持稳定合作的同时，持续拓展新客户，主要产品市场需求旺盛。同时，新板块、新业务陆续启动上量，各分、子公司陆续投产，带动销量及收入显著增长。

裕兴股份（300305）2017 年排在第 16 名，2018 年排在第 11 名，上升了 5 名，评分提高主要是由于周转能力和成长能力提高。周转能力方面主要体现在总资产周转率提高，从 2017 年的 0.39 增长到 2018 年的 0.46；成长能力方面主要体现在营业收入增长率提高，从 2017 年的 13.49％增长到 2018 年的 25.06％。裕兴股份综合排名上升主要是由于营业收入增加。据裕兴股份年报所示，公司 2017 年营业收入为 5.91 亿元，2018 年为 7.38 亿元，比 2017 年增加 24.87％。裕兴股份的主营业务为中厚型特种功能性聚酯薄膜的研发、生产和销售，主要产品为中厚型特种功能性聚酯薄膜。报告期内，公司积极开拓市场，提高生产运营效率，充分发挥产能，产销量均有所增长，实现聚酯薄膜销量 60 374 吨，同比增长 24.55％，实现营业收入 7.38 亿元，同比增长 25.06％。

朗迪集团（603726）2017 年排在第 12 名，2018 年排在第 18 名，下降了 6 名，评分降低主要是由于盈利能力和成长能力下降。盈利能力方面主要体现在销售净利率有所降低，从 2017 年的 7.40％降到 2018 年的 6.48％；成长能力方面主要体现在营业收入增长率有所降低，从 2017 年的 68.57％降到 2018 年的 20.04％。朗迪集团综合排名下降主要是由于营业收入增速放缓。据朗迪集团年报所示，公司 2016 年营业收入为 7.76 亿元，2017 年为 13.08 亿元，2018 年为 17.70 亿元，2017 年比 2016 年增加 68.56％，而 2018 年比 2017 年增加 35.32％，增长放缓。朗迪集团的主营业务为空调风叶、风机产品的研发、生产和销售。受贸易摩擦的影响，公司 2018 年营业收入增速放缓是正常现象，而 2017 年营业收入增速如此之高主要系当期客户订单增加，公司生产基地布局优势及产能发挥所致。产业在线数据显示，2017 年中国家用空调生产 14 349.97 万台，同比增长 28.7%，销售 14 170.16 万台，同比增长 31%。公司管理层紧紧抓住了市场发展机遇，坚持空调风叶风机专业化发展之路，加快新品开发，优化产品结构，加大营销力度，实施挖潜增效，积极引进人才，发挥生产布局优势，努力增加新的利润增长点，最终实现了营业收入大幅增长。

第 10 章　非金属矿物制品业会计综合评价 指数编制结果及分析

非金属矿物制品业（行业代码为 C30），是指以水泥为主，包括玻璃、陶瓷、石膏等产品在内的制造业。非金属矿，即非金属矿物材料，是指以非金属矿物和岩石为基本或主要原料，通过深加工或精加工制备的具有一定功能的现代新材料。非金属矿物制品则是这些非金属矿物材料经过进一步加工形成的产品。非金属矿物制品业广泛应用于化工、机械、汽车、轻工、食品加工、冶金、建材等传统产业以及航空、电子信息、新材料等高新技术产业和环境保护生态建设等领域，因此非金属矿物制品业是现代社会的朝阳工业之一。

随着科学技术的进步、生活水平的提高和环保意识的增强，人类迎来了应用非金属矿物制品的新时代。中国是全球非金属矿产资源品种较多、储量较为丰富的国家之一，许多非金属矿种的储量和年产量都位居世界前列，因此非金属矿物制品业具有非常广阔的发展前景。上市公司作为行业龙头，其经营业绩和财务绩效等均对评价行业整体发展状况具有一定的示范作用。本章以上市公司为样本，从发展趋势、回报、风险和成长四个角度对非金属矿物制品业的经营状况进行分析，以期为非金属矿物制品业的健康发展提供一些有益的经验和借鉴。

10.1　非金属矿物制品业发展趋势分析

为了对非金属矿物制品业的发展趋势进行分析，我们以 2007 年第 1 季度以来的所有季度作为样本区间。截至 2019 年第 1 季度，我们所选样本 49 个季度的季均总资产为 5 376.94 亿元，季均营业总收入为 652.37 亿元，季均价值创造额为213.10 亿元。

为了研究非金属矿物制品业的发展趋势，我们以样本公司的季度总资产额、季度营业总收入和季度价值创造额为基础构建了非金属矿物制品业的资产指数、收入指数和价值创造额指数（见表 10 - 1）。三类指数的总体波动趋势如图 10 - 1 所示。

表 10 - 1　非金属矿物制品业资产指数、收入指数、价值创造额指数编制结果

季度	资产指数	收入指数	价值创造额指数
200701	100	100	100
200702	106	142	181
200703	113	148	189
200704	119	161	214
200801	125	125	151
200802	140	178	233
200803	146	183	212
200804	149	173	179
200901	155	129	144
200902	164	191	248
200903	173	207	274
200904	180	209	252
201001	192	169	198
201002	202	254	307
201003	212	274	299
201004	224	310	451
201101	238	231	300
201102	258	348	535
201103	269	341	504
201104	279	336	409
201201	283	226	254
201202	293	344	361
201203	301	344	391
201204	309	346	432
201301	318	256	269
201302	330	415	503
201303	342	399	503
201304	351	467	621
201401	357	314	378
201402	364	445	600
201403	373	417	505
201404	385	457	558
201501	394	291	314
201502	405	400	553

续表

季度	资产指数	收入指数	价值创造额指数
201503	412	390	405
201504	418	430	474
201601	421	298	319
201602	434	474	596
201603	448	430	591
201604	501	544	712
201701	509	403	484
201702	530	592	826
201703	549	624	858
201704	563	748	1006
201801	571	517	730
201802	596	807	1228
201803	625	807	1149
201804	637	982	1088
201901	655	662	831

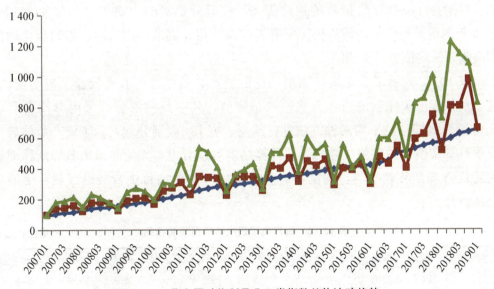

图 10-1　非金属矿物制品业三类指数总体波动趋势

由表 10-1 和图 10-1 可知，从总体运行趋势来看，非金属矿物制品业资产指数自 2007 年第 1 季度以来一直呈稳步上升趋势，2019 年第 1 季度达到 655 点，与 2007 年第 1 季度相比上升了 555%。从收入指数的变动趋势看，2008 年并未出现明显的降幅，说明非金属矿物制品业的需求没有受到 2008 年金融危机的影响。非金属矿物制品业的收入指数缓慢上升且呈现季度效应，表现为第 1 季度较低，第 2、3、4 季度较高，说明该行业受季节影响。从价值创造额指数的变动趋势看，其走势与收入指数基本相似，整体呈现上升趋势，并略高于收入指数。

从三类指数运行趋势之间的关系来看，自 2007 年第 1 季度以来，非金属矿物制品业的资产指数、收入指数与价值创造额指数的趋势整体上基本保持一致；收入指数与价值创造额指数的运行趋势高度相似，且呈现第 4 季度效应；对比资产指数与收入指数可以发现，2015 年之前，收入指数在大部分季度均高于资产指数，2015 年和 2016 年收入指数下降至资产指数以下，2017 年以来收入指数回升至资产指数之上，说明该行业收入增速有所提升。综合三类指数的运行趋势发现，近十年来非金属矿物制品业整体的资产规模逐渐扩大，同时行业收入及价值创造额也不断提升，说明该行业的发展前景较好。

10.2　非金属矿物制品业财务指标预测

10.2.1　资产负债表主要项目预测

根据会计综合评价指数的构建需要，我们分别对非金属矿物制品业 2012—2018 年的资产均值、负债均值、所有者权益均值、流动资产均值、流动负债均值和应收账款均值进行了预测。

表 10-2 列示了非金属矿物制品业的资产、负债、所有者权益、流动资产、流动负债和应收账款的行业真实值和预测值，其中预测值分别采用 B 周期移动平均和 A 周期移动平均两种方法进行预测。表 10-3 则分别列示了资产负债表主要项目真实值与预测值的差异，从计算结果可以看出，无论是采用 B 周期移动平均还是 A 周期移动平均，均能够对资产负债表主要项目进行准确预测，模型稳定性较好。

表 10-2　资产负债表主要项目预测结果　　　　　　单位：亿元

年份	BCM/ACM	资产	负债	所有者权益	流动资产	流动负债	应收账款
2012	BCM 真实值	52.60	27.80	25.40	20.30	19.30	3.82
	BCM 预测值	53.10	28.20	26.00	20.80	19.70	3.69
	ACM 真实值	59.00	30.90	26.80	21.30	22.20	3.60
	ACM 预测值	56.20	29.20	26.00	20.80	21.60	3.54
2013	BCM 真实值	57.60	30.10	28.30	22.10	21.30	4.54
	BCM 预测值	57.80	30.50	28.00	22.40	21.80	4.36
	ACM 真实值	58.10	29.20	27.60	21.30	21.60	4.37
	ACM 预测值	57.90	29.40	27.40	21.80	21.80	4.11

续表

年份	BCM/ACM	资产	负债	所有者权益	流动资产	流动负债	应收账款
2014	BCM 真实值	56.70	29.30	28.10	21.90	21.00	4.74
	BCM 预测值	61.00	31.10	30.60	22.90	21.90	4.82
	ACM 真实值	60.60	30.30	29.20	22.80	22.50	4.79
	ACM 预测值	60.80	30.20	29.10	22.10	21.30	4.65
2015	BCM 真实值	56.80	29.10	28.40	21.70	21.20	5.13
	BCM 预测值	56.50	29.00	28.10	21.70	20.90	4.92
	ACM 真实值	62.50	30.90	31.10	22.60	21.60	5.25
	ACM 预测值	63.00	31.20	31.10	23.30	23.00	5.20
2016	BCM 真实值	61.60	31.50	31.00	23.50	22.50	5.31
	BCM 预测值	59.80	30.60	30.20	22.30	21.70	5.12
	ACM 真实值	67.10	31.90	34.20	25.50	23.50	5.47
	ACM 预测值	65.50	31.30	33.30	24.20	22.90	5.24
2017	BCM 真实值	61.00	30.60	31.00	24.20	21.70	5.06
	BCM 预测值	60.90	30.70	31.00	23.80	21.80	5.03
	ACM 真实值	65.80	31.30	33.10	25.60	22.80	5.44
	ACM 预测值	66.00	31.50	33.40	25.40	23.00	5.37
2018	BCM 真实值	63.90	31.10	32.60	25.40	22.60	5.43
	BCM 预测值	63.30	30.50	32.80	25.30	22.30	5.49
	ACM 真实值	65.20	29.90	33.30	26.00	22.70	5.50
	ACM 预测值	65.90	30.10	34.10	26.60	22.60	5.67

表 10 - 3　资产负债表主要项目预测差异

年份	BCM/ACM	资产	负债	所有者权益	流动资产	流动负债	应收账款
2012	BCM	1.01%	1.25%	2.64%	2.46%	1.91%	−3.37%
	ACM	−4.75%	−5.62%	−2.94%	−2.35%	−2.84%	−1.81%
2013	BCM	0.24%	1.47%	−0.84%	1.41%	2.11%	−3.96%
	ACM	−0.45%	0.56%	−0.72%	2.03%	0.91%	−5.80%
2014	BCM	7.57%	5.90%	8.86%	4.54%	4.39%	1.65%
	ACM	0.27%	−0.38%	−0.57%	−2.97%	−5.12%	−2.96%
2015	BCM	−0.60%	−0.42%	−1.25%	0.14%	−1.52%	−4.11%
	ACM	0.76%	0.95%	0.17%	3.17%	6.52%	−0.84%
2016	BCM	−2.90%	−2.92%	−2.43%	−5.31%	−3.84%	−3.57%
	ACM	−2.32%	−1.94%	−2.58%	−5.16%	−2.53%	−4.16%
2017	BCM	−0.11%	0.43%	0.09%	−1.87%	0.60%	−0.54%
	ACM	0.28%	0.76%	0.88%	−1.03%	0.72%	−1.22%
2018	BCM	−1.02%	−1.94%	0.72%	−0.71%	−1.16%	1.05%
	ACM	1.05%	0.43%	2.40%	2.27%	−0.40%	3.14%

10.2.2 利润表主要项目预测

根据会计综合评价指数的构建需要，我们对利润表中营业总收入、营业总成本和扣除非经常性损益后的净利润三个会计项目进行了预测。需要说明的是，由于净利润包括企业的投资收益等非经常性损益，难以准确衡量企业主营业务所产生的回报，因此在对行业回报进行计算的过程中，选取扣除非经常性损益后的净利润进行预测。根据利润表的特点，在对营业总收入、营业总成本和扣除非经常性损益后的净利润进行预测的过程中，将除数占比法和周期移动平均法结合起来使用。

表 10-4 列示了利润表中营业总收入、营业总成本和扣除非经常性损益后的净利润的真实值和预测值，其中预测值分别采用 B 周期移动平均和 A 周期移动平均两种方法进行预测。表 10-5 进一步计算了利润表主要项目真实值与预测值的差异，结果显示利润表主要项目的预测差异较小，说明采取的方法能够较好地对利润表主要项目进行预测。

表 10-4 利润表主要项目预测结果 　　　　　　　　　单位：亿元

年份	BCM/ACM	营业总收入	营业总成本	扣除非经常性损益后的净利润
2012	BCM 真实值	24.90	23.40	1.30
	BCM 预测值	25.10	23.80	1.32
	ACM 真实值	28.10	26.60	1.14
	ACM 预测值	28.00	26.70	1.20
2013	BCM 真实值	28.20	26.10	1.70
	BCM 预测值	27.50	25.60	1.60
	ACM 真实值	29.80	27.60	1.47
	ACM 预测值	28.90	27.00	1.32
2014	BCM 真实值	29.40	27.20	1.81
	BCM 预测值	29.90	27.60	1.91
	ACM 真实值	30.40	28.10	1.56
	ACM 预测值	30.30	27.90	1.62
2015	BCM 真实值	26.00	24.90	1.11
	BCM 预测值	25.80	24.70	1.04
	ACM 真实值	28.60	27.10	1.08
	ACM 预测值	28.50	27.10	1.05
2016	BCM 真实值	28.30	26.00	1.65
	BCM 预测值	27.80	25.60	1.59
	ACM 真实值	30.90	28.10	1.59
	ACM 预测值	30.10	27.50	1.50

续表

年份	BCM/ACM	营业总收入	营业总成本	扣除非经常性损益后的净利润
2017	BCM 真实值	30.40	27.40	2.18
	BCM 预测值	30.00	27.20	2.21
	ACM 真实值	33.80	30.10	2.16
	ACM 预测值	33.60	30.10	2.28
2018	BCM 真实值	33.50	29.40	2.55
	BCM 预测值	33.80	29.30	2.67
	ACM 真实值	35.10	30.70	2.42
	ACM 预测值	35.80	30.90	2.50

表 10 - 5　利润表主要项目预测差异

年份	BCM/ACM	营业总收入	营业总成本	扣除非经常性损益后的净利润
2012	BCM	0.81%	1.50%	2.00%
	ACM	−0.24%	0.61%	4.43%
2013	BCM	−2.40%	−1.84%	−5.76%
	ACM	−3.03%	−2.20%	−10.25%
2014	BCM	1.79%	1.49%	5.43%
	ACM	−0.20%	−0.49%	3.64%
2015	BCM	−0.77%	−0.75%	−6.34%
	ACM	−0.11%	−0.01%	−2.38%
2016	BCM	−1.65%	−1.53%	−3.40%
	ACM	−2.52%	−2.26%	−5.73%
2017	BCM	−1.50%	−0.98%	1.52%
	ACM	−0.42%	0.07%	5.58%
2018	BCM	1.04%	−0.01%	4.68%
	ACM	1.95%	0.91%	3.16%

10.2.3　基于预测指标测算行业回报、风险和成长

在完成对营业总收入、营业总成本、扣除非经常性损益后的净利润、资产、负债、所有者权益、流动资产、流动负债和应收账款行业均值的预测之后，我们以预测值为基准，根据行业回报、风险和成长，计算了行业的净资产收益率、总资产收益率、销售净利率、资产负债率、流动比率、总资产周转率、应收账款周转率、营业收入增长率和总资产增长率 9 个财务指标。具体预测结果列示在表 10 - 6 中。

表 10 - 6　非金属矿物制品业回报、风险和成长预测结果

年份	BCM/ACM	回报			风险		成长			
		净资产收益率	总资产收益率	销售净利率	资产负债率	流动比率	总资产周转率	应收账款周转率	营业收入增长率	总资产增长率
2012	BCM 真实值	0.053	0.025	0.052	0.53	1.05	0.49	7.16	0.96	1.05
	BCM 预测值	0.052	0.026	0.053	0.53	1.06	0.49	7.33	0.94	1.05
	ACM 真实值	0.046	0.021	0.041	0.52	0.96	0.52	8.83	1.07	1.21
	ACM 预测值	0.048	0.023	0.043	0.52	0.96	0.53	8.81	1.02	1.14
2013	BCM 真实值	0.063	0.031	0.060	0.52	1.03	0.51	6.74	1.13	1.10
	BCM 预测值	0.059	0.029	0.058	0.53	1.03	0.50	6.83	1.09	1.09
	ACM 真实值	0.054	0.025	0.049	0.50	0.99	0.51	7.47	1.06	0.98
	ACM 预测值	0.049	0.023	0.046	0.51	1.00	0.51	7.55	1.03	1.03
2014	BCM 真实值	0.064	0.032	0.061	0.52	1.05	0.51	6.33	1.04	0.98
	BCM 预测值	0.065	0.032	0.064	0.51	1.05	0.50	6.52	1.09	1.06
	ACM 真实值	0.055	0.026	0.052	0.50	1.02	0.51	6.64	1.02	1.04
	ACM 预测值	0.057	0.027	0.053	0.50	1.04	0.51	6.92	1.05	1.05
2015	BCM 真实值	0.039	0.020	0.043	0.51	1.02	0.46	5.27	0.89	1.00
	BCM 预测值	0.035	0.018	0.040	0.51	1.04	0.44	5.31	0.86	0.93
	ACM 真实值	0.036	0.018	0.038	0.49	1.05	0.46	5.69	0.94	1.03
	ACM 预测值	0.035	0.017	0.037	0.51	1.01	0.46	5.79	0.94	1.04
2016	BCM 真实值	0.056	0.028	0.058	0.51	1.05	0.48	5.42	1.09	1.08
	BCM 预测值	0.055	0.027	0.057	0.51	1.03	0.48	5.54	1.08	1.06
	ACM 真实值	0.049	0.024	0.051	0.48	1.09	0.48	5.77	1.08	1.07
	ACM 预测值	0.046	0.023	0.050	0.48	1.06	0.47	5.77	1.06	1.04
2017	BCM 真实值	0.070	0.036	0.072	0.50	1.12	0.50	5.87	1.08	0.99
	BCM 预测值	0.072	0.037	0.074	0.50	1.09	0.50	5.90	1.08	1.02
	ACM 真实值	0.064	0.032	0.064	0.48	1.12	0.51	6.19	1.09	0.98
	ACM 预测值	0.068	0.035	0.068	0.48	1.10	0.51	6.34	1.12	1.01
2018	BCM 真实值	0.080	0.041	0.076	0.49	1.13	0.54	6.38	1.10	1.05
	BCM 预测值	0.084	0.043	0.079	0.48	1.13	0.54	6.43	1.13	1.04
	ACM 真实值	0.073	0.037	0.069	0.46	1.15	0.54	6.43	1.04	0.99
	ACM 预测值	0.074	0.038	0.070	0.46	1.18	0.54	6.49	1.07	1.00

　　表 10 - 7 进一步列示了非金属矿物制品业回报、风险和成长类财务指标预测值与真实值之间的差异。对比非金属矿物制品业采用 B 周期移动平均和 A 周期移动平均所预测的财务指标和该行业财务指标的真实值可知，所选用预测模型的预测效果较好，预测能力比较稳定。

表 10 - 7　非金属矿物制品业回报、风险和成长预测差异

年份	BCM/ACM	回报			风险			成长			
		净资产收益率	总资产收益率	销售净利率	资产负债率	流动比率	总资产周转率	应收账款周转率	营业收入增长率	总资产增长率
2012	BCM	−0.04%	1.07%	1.18%	0.23%	0.54%	−0.11%	2.40%	−1.69%	0.19%
	ACM	4.70%	6.65%	4.67%	−0.91%	0.50%	1.89%	−0.28%	−4.74%	−5.84%
2013	BCM	−6.51%	−6.33%	−3.43%	1.23%	−0.69%	−3.00%	1.34%	−3.19%	−0.77%
	ACM	−8.59%	−7.84%	−7.45%	1.02%	1.11%	−0.42%	1.01%	−2.80%	4.52%
2014	BCM	1.38%	1.49%	3.58%	−1.56%	0.15%	−2.01%	2.91%	4.29%	7.32%
	ACM	4.31%	3.73%	3.85%	−0.64%	2.26%	−0.12%	4.30%	2.92%	0.72%
2015	BCM	−9.74%	−9.49%	−5.61%	0.18%	1.69%	−4.10%	0.58%	−2.51%	−7.60%
	ACM	−2.20%	−2.88%	−2.27%	0.19%	−3.15%	−0.62%	1.78%	0.10%	0.50%
2016	BCM	−1.56%	−1.63%	−1.78%	−0.02%	−1.53%	0.15%	2.27%	−0.89%	−2.31%
	ACM	−4.52%	−4.94%	−3.30%	0.39%	−2.70%	−1.70%	0.02%	−2.41%	−3.06%
2017	BCM	2.72%	3.08%	3.07%	0.55%	−2.45%	0.01%	0.60%	0.15%	2.87%
	ACM	6.51%	6.68%	6.02%	0.48%	−1.74%	0.62%	2.33%	2.15%	2.66%
2018	BCM	4.25%	5.29%	3.60%	−0.92%	0.45%	1.63%	0.75%	2.58%	−0.91%
	ACM	1.49%	2.48%	1.19%	−0.62%	2.67%	1.28%	0.97%	2.38%	0.78%

10.3　非金属矿物制品业运行状况分析

　　会计综合评价指数分别采用 B 周期移动平均和 A 周期移动平均两种方法,对行业运行状况基准值进行预测。具体来讲,B 周期移动平均的样本数量以年度最新行业样本为准,进行滚动预测,样本数量较多,更能代表行业当前发展状况;A 周期移动平均则按照样本基期进行滚动预测,样本选取比较稳定,对行业历史发展状况的讨论更为充分。

10.3.1　非金属矿物制品业回报分析

　　图 10 - 2、图 10 - 3 和图 10 - 4 分别为 2007—2018 年非金属矿物制品业的净资产收益率、总资产收益率和销售净利率的变动趋势图,其中,总资产收益率和净资产收益率的分母分别采用本年年末所有者权益(总资产)与上年年末所有者权益(总资产)的均值计算,因此净资产收益率和总资产收益率的基期均为 2008 年。基于对非金属矿物制品业财务指标的预测,在评价非金属矿物制品业回报的过程中,我们分别在图中画出了基于 B 周期移动平均和 A 周期移动平均所计算的2012—2018 年净资产收益率、总资产收益率和销售净利率的预测值。

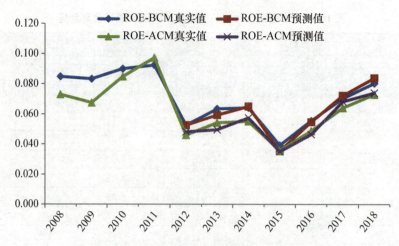

图 10 - 2　非金属矿物制品业净资产收益率

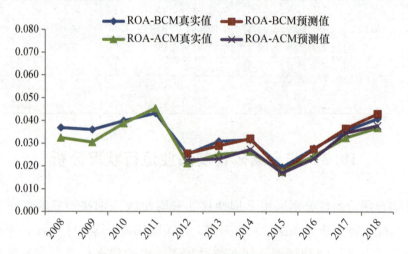

图 10 - 3　非金属矿物制品业总资产收益率

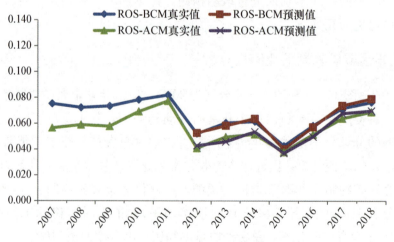

图 10 - 4　非金属矿物制品业销售净利率

观察图 10-2、图 10-3 和图 10-4 可以发现，非金属矿物制品业 B 周期移动平均和 A 周期移动平均所选样本的回报类财务指标的变动趋势大体一致。具体来说，该行业的净资产收益率和总资产收益率在 2008—2009 年有所下降，2009—2011 年上升至历史最高点，2012 年出现大幅下降，2013 年有所回升，2015 年又出现大幅下降，2015—2018 年呈现逐渐上升的趋势。该行业的销售净利率在 2007—2011 年整体上保持较为稳定的状态，2011 年达到历史最高点，2011 年之后，其变化趋势与净资产收益率和总资产收益率相似。总体来说，近年来非金属矿物制品业的回报有所下滑。

在非金属矿物制品业回报分析中，从预测财务指标与真实财务指标的对比可以看出，无论是采用 B 周期移动平均还是 A 周期移动平均，预测值与真实值的差异均较小，表明模型预测效果较好。

10.3.2　非金属矿物制品业风险分析

图 10-5、图 10-6 分别从资产负债率和流动比率两个角度对非金属矿物制品业的风险进行了分析。与行业回报的分析类似，2007—2018 年非金属矿物制品业的风险类财务指标根据行业真实值进行计算，同时采用 B 周期移动平均和 A 周期移动平均计算了资产负债率和流动比率的预测值。

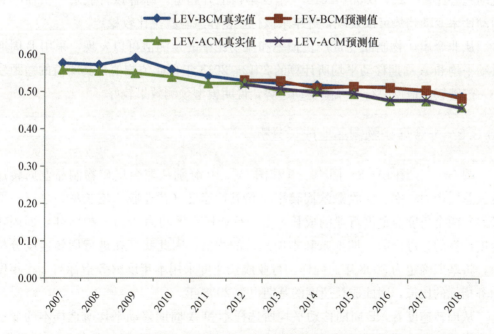

图 10-5　非金属矿物制品业资产负债率

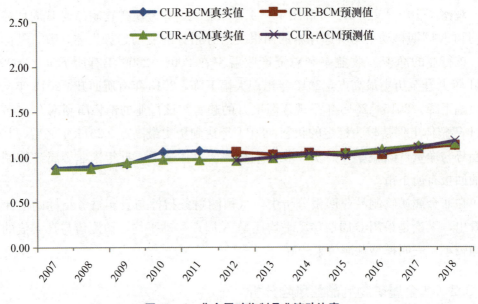

图 10 - 6　非金属矿物制品业流动比率

　　从资产负债率来看，无论是 B 周期移动平均所选样本还是 A 周期移动平均所选样本，在样本期间均呈小幅下滑趋势，说明非金属矿物制品业近年来风险有所降低。从流动比率来看，B 周期移动平均所选样本和 A 周期移动平均所选样本的变动趋势比较一致，2008—2018 年呈现小幅上升趋势。综合该行业资产负债率和流动比率变动趋势可以发现，近年来该行业整体风险状况比较稳定。

　　从非金属矿物制品业资产负债率和流动比率的预测值可以发现，采用 B 周期移动平均和 A 周期移动平均所计算的 2012—2018 年行业预测值与真实值的差距较小，能够较好地反映行业风险变动趋势，说明模型预测效果较好。

10.3.3　非金属矿物制品业成长分析

　　图 10 - 7、图 10 - 8、图 10 - 9 和图 10 - 10 分别从非金属矿物制品业周转速度（总资产周转率、应收账款周转率）和成长速度（营业收入增长率、总资产增长率）两个角度衡量该行业的成长。由于行业样本区间为 2007—2018 年，而周转速度计算的分母为前一期期末和本期期末的均值，因此我们在进行周转速度分析时，将基期确定为 2008 年。同样，行业成长速度采用本年度财务指标与上一年度财务指标的比值，因此成长速度的基期也为 2008 年。

　　从周转速度看，B 周期移动平均所选样本和 A 周期移动平均所选样本的变动趋势比较一致。自 2008 年开始，非金属矿物制品业总资产周转率相对比较稳定，出现小幅下滑，2015—2018 年有所回升，应收账款周转率从 2008 年开始呈现大幅

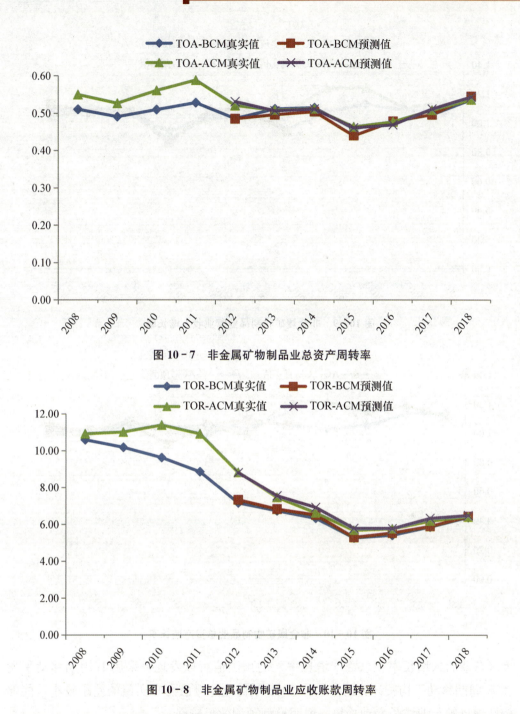

图 10 - 7　非金属矿物制品业总资产周转率

图 10 - 8　非金属矿物制品业应收账款周转率

下滑趋势，2015—2018 年有轻微回升，说明该行业的运营效率逐渐降低。从成长速度看，营业收入增长率与总资产增长率整体上在波动中保持稳定，维持在 0.90～1.20。综合分析非金属矿物制品业的周转速度和成长速度可以发现，该行业的成长性有待提高，可以通过加强运营管理、提高运营效率等方式提升行业成长性。

从非金属矿物制品业的周转速度（总资产周转率、应收账款周转率）和成长速

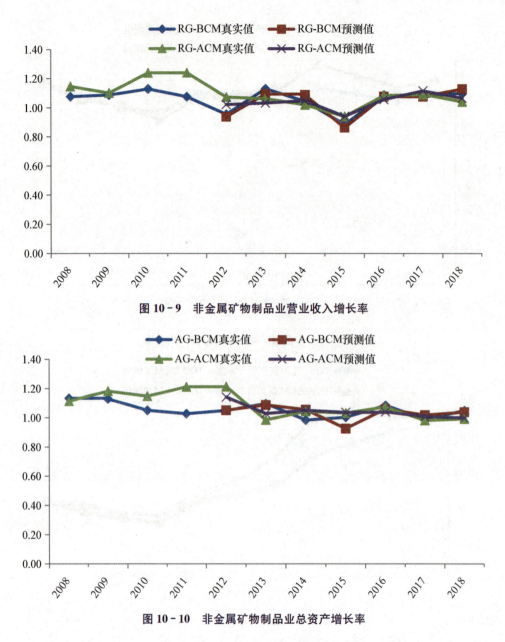

图 10 - 9　非金属矿物制品业营业收入增长率

图 10 - 10　非金属矿物制品业总资产增长率

度（营业收入增长率、总资产增长率）的预测值可以发现，采用 B 周期移动平均和 A 周期移动平均所计算的 2012—2018 年行业预测值与真实值的差距较小，能够较好地反映行业成长变动趋势，说明模型预测效果较好。

10.4　非金属矿物制品业会计综合评价指数公司排名分析

根据制造业会计综合评价指数的计算方法，表 10 - 8 列示了非金属矿物制品业上市公司的前 20 名。由表 10 - 8 可知，2018 年非金属矿物制品业会计综合评价指数排名前 5 的上市公司分别为海螺水泥（600585）、方大炭素（600516）、塔牌集团（002233）、北新建材（000786）和当升科技（300073）。

表 10 - 8　2018 年会计综合评价指数非金属矿物制品业前 20 名上市公司

股票简称	股票代码	2018 年 ACV 评分	2018 年排名	2017 年排名	排名变动
海螺水泥	600585	100.00	1	3	↑
方大炭素	600516	100.00	1	1	—
塔牌集团	002233	92.55	3	4	↑
北新建材	000786	89.08	4	1	↓
当升科技	300073	88.25	5	13	↑
三祥新材	603663	85.64	6	—	—
万年青	000789	85.19	7	31	↑
菲利华	300395	84.27	8	9	↑
坤彩科技	603826	82.50	9	—	—
华新水泥	600801	82.35	10	22	↑
尖峰集团	600668	81.75	11	19	↑
鲁阳节能	002088	80.36	12	6	↓
上峰水泥	000672	79.62	13	10	↓
金太阳	300606	78.14	14	—	—
石英股份	603688	77.43	15	14	↓
福建水泥	600802	76.46	16	68	↑
三星新材	603578	73.48	17	—	—
四川金顶	600678	73.41	18	20	↑
东方雨虹	002271	73.03	19	5	↓
道氏技术	300409	70.09	20	12	↓

注：会计综合评价指数的构建以公开财务数据真实有效为前提。

与 2017 年相比，2018 年非金属矿物制品业排名前 20 的上市公司中，排名上升较快的 3 家分别是福建水泥（600802）、万年青（000789）和华新水泥（600801），下降较快的是东方雨虹（002071）。

福建水泥（600802）2017 年排在第 68 名，2018 年排在第 16 名，上升了 52 名，评分提高主要是由于盈利能力和周转速度提高。盈利能力方面主要体现在净资产收益率、总资产收益率和销售净利率提高，净资产收益率从 2017 年的－12.86％增长到 2018 年的 27.11％，总资产收益率从 2017 年的－3.54％增长到 2018 年的 8.18％，销售净利率从 2017 年的－8.22％增长到 2018 年的 11.21％；周转速度方面主要体现在应收账款周转率提高，从 2017 年的 738.67 增长到 2018 年的 2 633.56。福建水泥综合排名上升主要是由于营业收入和扣除非经常性损益后的净利润增长较快。据福建水泥年报所示，公司 2017 年营业收入为 18.34 亿元，

2018 年为 29.47 亿元，比 2017 年增加 60.69%；2017 年扣除非经常性损益后的净利润为－1.51 亿元，2018 年为 3.30 亿元，比 2017 年增加 318.54%。福建水泥是福建省最大的水泥生产企业，国家 520 家重点扶持企业之一，建材工业重点扶持的十大水泥集团之一，福建省水泥行业的传统龙头企业，是福建地区产能规模最大的水泥制造企业，也是福建省水泥行业唯一一家上市公司。报告期内，营业收入和扣除非经常性损益后的净利润较上年同期增长较快，主要是因为核心市场供需关系改善，商品平均售价提升，同时，运营管理、市场营销管理有所提升；公司生产熟料 749.93 万吨，生产水泥 891.46 万吨，同比分别增长 29.70% 和 33.10%，实现商品销售 930.23 万吨，同比增长 23.33%。

万年青（000789）2017 年排在第 31 名，2018 年排在第 7 名，上升了 24 名，评分提高主要是由于盈利能力提高。盈利能力方面主要体现在净资产收益率、总资产收益率和销售净利率提高，净资产收益率从 2017 年的 10.85% 增长到 2018 年的 22.68%，总资产收益率从 2017 年的 5.81% 增长到 2018 年的 13.20%，销售净利率从 2017 年的 6.90% 增长到 2018 年的 11.92%。万年青综合排名上升主要是由于扣除非经常性损益后的净利润增加。据万年青年报所示，公司 2017 年扣除非经常性损益后的净利润为 4.90 亿元，2018 年为 12.17 亿元，比 2017 年增加 148.37%。万年青是一家从事水泥产品生产与销售的企业，主要产品为水泥和熟料，是全国最大工业企业经济效益 500 家之一、全国 300 家重点联系企业之一，是初具规模的生产自动化、管理现代化、环境园林化、生活城市化的国家大型一档企业，是我国重点水泥生产企业、江西省最大的水泥生产厂家。2018 年，万年青扣除非经常性损益后的净利润快速增长主要是源于公司的良好经营。公司在董事会的决策引导下，抓住行业供给侧结构性改革带来的有利形势，持续深化渠道建设，加密经销网络，填补空白区域；创新营销思路，积极应对民用市场下滑局面，帮助经销商规范公司化运作，强化各类工程承接，主动对接精准扶贫、秀美乡村建设工程，工程销量同比增长 13%；突出抓好拌站及水泥制品市场保供，双供拌站份额稳步提升；核心市场销量同比增长 7.6%，创造了公司历史最好业绩。

华新水泥（600801）2017 年排在第 22 名，2018 年排在第 10 名，上升了 12 名，评分提高主要是由于盈利能力提高。盈利能力方面主要体现在净资产收益率、总资产收益率和销售净利率均有所提高，净资产收益率从 2017 年的 14.71% 增长到 2018 年的 32.58%，总资产收益率从 2017 年的 6.23% 增长到 2018 年的 16.11%，销售净利率从 2017 年的 8.63% 增长到 2018 年的 18.67%。华新水泥综合排名上升主要是由于公司扣除非经常性损益后的净利润增加。据华新水泥年报所示，公司 2017 年扣除非经常性损益后的净利润为 207.76 万元，2018 年为 518.14 万元，比 2017 年增加 149.39%。华新水泥是一家具有百年历史的水泥行业龙头企业，主要经营水泥、水泥设备、水泥包装制品的制造与销售，公司拥有的品牌"华新""堡垒"是全国及湖北省著名商标。华新水泥 2018 年盈利能力增强主要是源于公司实现了高质量、高速度、高效益的发展。报告期内，公司准确把握大势，抢抓机遇，坚持以安全生产、环保合规为生命线，加强对合规性风险的管控，着力加强成本控制、危废业务及骨料业务项目的开发，深化实施"环保转型、海外发展、传统工业＋数字化和高新建筑材料拓展"的发展战略，公司业务规模进一步扩大，经营业绩再创历史新高。2018 年，公司实现水泥和熟料销售总量 7 072 万吨，较上年增长 3％；骨料销售 1 450 万吨，同比增长 26％；环保业务处置总量 214 万吨，同比增长 18％；商品混凝土实现销量 356 万方，同比增长 11％，从而实现了扣除非经常性损益后的净利润 518.14 万元，比 2017 年增加 149.39％。

东方雨虹（002271）2017 年排在第 5 名，2018 年排在第 19 名，下降了 14 名，评分降低主要是由于盈利能力和成长能力下降。盈利能力方面主要体现在总资产收益率和销售净利率下降，总资产收益率从 2017 年的 10.29％下降到 2018 年的 8.03％，销售净利率从 2017 年的 11.09％下降到 2018 年的 9.42％；成长能力方面主要体现在营业收入增长率下降，从 2017 年的 47.04％下降到 2018 年的 36.46％。东方雨虹综合排名下降主要是由于营业收入增速放缓。据东方雨虹年报所示，公司 2016 年营业收入为 70.00 亿元，2017 年为 102.93 亿元，2018 年为 140.46 亿元，2017 年比 2016 年增加 47.04％，2018 年比 2017 年增加仅 36.46％，增速放缓。东方雨虹是一家集研发、生产、销售、技术咨询和施工服务为一体的企业，主要从事新型建筑防水材料的研发、生产、销售及防水工程施工业务，2018 年营业收入增速放缓系受贸易摩擦影响。

第 11 章 金属制品业会计综合评价指数编制结果及分析

金属制品业（行业代码为 C33）是制造业下属行业，包括结构性金属制品制造、金属工具制造、集装箱及金属包装容器制造、不锈钢及类似日用金属制品制造等。金属制品业是一种基础材料工业，产品属工业消费品，广泛用于建筑、交通、汽车、铁路、水利、能源、电力、机械、家具、橡胶轮胎等国民经济及国防军工各领域。随着社会的进步和科技的发展，金属制品在工业、农业以及人们生活中的运用越来越广泛，给社会创造了越来越大的价值。金属制品业是劳动密集、附加值较高的产业。

改革开放以来，我国金属制品业得到极大的发展，有了长足的进步，产量迅速增长，跃居世界首位，工艺技术装备水平不断提高，品种结构不断变化，部分产品执行国际先进标准，质量接近世界先进水平。行业内出现了一批具备一定生产规模、工艺装备先进、技术实力强、人员素质高、产品质量好、生产效率高、生产成本低、管理机制先进、经济效益好的企业，但在工艺技术、装备状况、产品质量方面与发达国家仍存在一定差距。上市公司作为行业龙头，其经营业绩和财务绩效等均对评价行业整体发展状况具有一定的示范作用。本章以上市公司为样本，从发展趋势、回报、风险和成长四个角度对金属制品业的经营状况进行分析，以期为金属制品业的健康发展提供一些有益的经验和借鉴。

11.1 金属制品业发展趋势分析

为了对金属制品业的发展趋势进行分析，我们以 2007 年第 1 季度以来的所有季度作为样本区间。截至 2019 年第 1 季度，我们所选样本 49 个季度的季均总资产为 2 241.57 亿元，季均营业总收入为 433.65 亿元，季均价值创造额为 77.49 亿元。

为了研究金属制品业的发展趋势，我们以样本公司的季度总资产额、季度营业总收入和季度价值创造额为基础构建了金属制品业的资产指数、收入指数和价值创造额指数（见表 11-1）。三类指数的总体波动趋势如图 11-1 所示。

表 11-1　金属制品业资产指数、收入指数、价值创造额指数编制结果

季度	资产指数	收入指数	价值创造额指数
200701	100	100	100
200702	110	123	124
200703	119	123	115
200704	136	127	156
200801	150	128	118
200802	149	176	149
200803	146	141	145
200804	134	80	114
200901	135	83	111
200902	133	98	133
200903	138	105	100
200904	150	106	142
201001	178	129	129
201002	189	174	169
201003	200	195	211
201004	202	180	211
201101	229	213	222
201102	236	234	256
201103	244	205	194
201104	242	205	184
201201	250	195	177
201202	257	210	197
201203	265	210	201
201204	261	212	199
201301	275	203	185
201302	287	251	212
201303	295	221	204
201304	305	241	309
201401	321	214	201
201402	331	265	270
201403	347	247	251
201404	351	250	297
201501	359	214	243
201502	365	241	275
201503	377	205	247

续表

季度	资产指数	收入指数	价值创造额指数
201504	389	220	286
201601	406	193	233
201602	422	240	227
201603	446	246	268
201604	471	264	350
201701	485	238	280
201702	493	282	330
201703	510	291	359
201704	506	279	427
201801	519	275	337
201802	529	325	395
201803	556	334	457
201804	579	341	555
201901	593	308	413

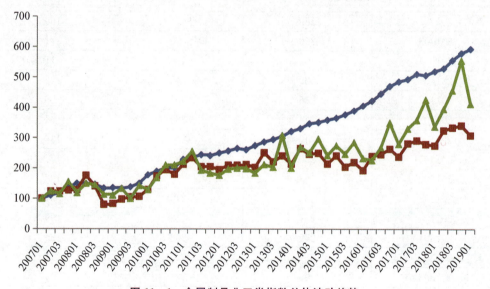

图 11－1　金属制品业三类指数总体波动趋势

　　由表 11－1 和图 11－1 可知，从总体运行趋势来看，金属制品业资产指数自 2007 年第 1 季度以来基本呈稳步上升趋势，2019 年第 1 季度上升至 593 点，与 2007 年第 1 季度相比上升了 493％；收入指数在 2008 年第 2 季度有较大幅度的快速上升，之后保持震荡调整的状态，且存在明显的季度效应，表现为第 1 季度较低，第 2、3、4 季度较高。价值创造额指数的变动趋势与收入指数类似，同样存在明显的季度效应。

从三类指数运行趋势之间的关系来看，2008 年第 3 季度之前，该行业的资产增长速度与收入和价值创造额的增长速度基本保持一致，2008 年第 4 季度之后，资产增长速度开始超过收入和价值创造额的增长速度，并且差距呈现逐步扩大的趋势。从收入指数和价值创造额指数的运行趋势看，二者变动趋势类似，但自 2014 年第 3 季度开始价值创造额指数增速高于收入指数增速，且差异逐年扩大。综合三类指数的运行趋势发现，虽然该行业资产规模扩大，但收入及价值创造额并没有显著提升，说明该行业运行效率较低。

11.2　金属制品业财务指标预测

11.2.1　资产负债表主要项目预测

根据会计综合评价指数的构建需要，我们分别对金属制品业 2012—2018 年的资产均值、负债均值、所有者权益均值、流动资产均值、流动负债均值和应收账款均值进行了预测。

表 11-2 列示了金属制品业的资产、负债、所有者权益、流动资产、流动负债和应收账款的行业真实值和预测值，其中预测值分别采用 B 周期移动平均和 A 周期移动平均两种方法进行预测。表 11-3 则分别列示了资产负债表主要项目真实值与预测值的差异，从计算结果可以看出，无论是采用 B 周期移动平均还是 A 周期移动平均，均能够对资产负债表主要项目进行准确预测，模型稳定性较好。

表 11-2　资产负债表主要项目预测结果　　　　单位：亿元

年份	BCM/ACM	资产	负债	所有者权益	流动资产	流动负债	应收账款
2012	BCM 真实值	28.80	11.60	17.40	18.40	10.00	4.52
	BCM 预测值	27.20	11.30	16.20	17.70	9.63	4.20
	ACM 真实值	27.70	12.70	14.80	16.10	11.40	4.04
	ACM 预测值	27.70	12.70	14.60	15.80	11.30	3.96
2013	BCM 真实值	30.60	12.80	18.10	19.10	11.00	4.96
	BCM 预测值	30.80	13.00	18.00	19.30	11.40	5.02
	ACM 真实值	30.10	13.20	16.70	19.10	12.00	5.09
	ACM 预测值	29.30	12.60	16.40	18.00	11.60	4.85
2014	BCM 真实值	33.30	14.00	19.30	20.50	12.00	5.30
	BCM 预测值	33.20	13.70	19.50	20.10	11.50	5.20
	ACM 真实值	33.80	14.60	18.90	20.50	12.90	5.25
	ACM 预测值	33.20	14.20	18.60	19.90	12.60	5.13

续表

年份	BCM/ACM	资产	负债	所有者权益	流动资产	流动负债	应收账款
2015	BCM真实值	33.50	14.20	19.50	19.60	12.20	5.38
	BCM预测值	33.40	13.80	19.60	19.50	11.90	5.26
	ACM真实值	38.70	16.30	21.80	21.50	14.10	5.65
	ACM预测值	38.40	15.80	22.20	21.70	13.70	5.59
2016	BCM真实值	36.50	15.60	20.20	21.60	12.80	5.36
	BCM预测值	37.50	15.60	21.10	21.90	13.10	5.50
	ACM真实值	50.80	22.00	25.90	28.00	18.80	6.56
	ACM预测值	47.80	20.40	24.70	25.90	17.70	6.27
2017	BCM真实值	36.60	15.70	20.10	21.30	12.70	5.18
	BCM预测值	36.90	16.00	20.10	21.60	13.10	5.40
	ACM真实值	52.20	23.00	26.30	28.90	19.20	6.60
	ACM预测值	52.60	23.50	26.10	29.30	19.50	6.68
2018	BCM真实值	38.40	16.80	21.10	22.30	13.60	5.55
	BCM预测值	37.60	16.70	20.60	21.60	13.30	5.11
	ACM真实值	48.40	21.70	24.30	26.70	18.20	6.22
	ACM预测值	48.80	21.90	24.60	26.60	18.00	5.96

表 11 - 3　资产负债表主要项目预测差异

年份	BCM/ACM	资产	负债	所有者权益	流动资产	流动负债	应收账款
2012	BCM	−5.30%	−3.02%	−6.88%	−4.09%	−4.06%	−7.10%
	ACM	−0.16%	0.24%	−0.81%	−1.73%	−0.89%	−1.77%
2013	BCM	0.71%	1.90%	−0.46%	1.03%	2.91%	1.30%
	ACM	−2.75%	−4.22%	−1.46%	−5.36%	−3.93%	−4.62%
2014	BCM	−0.28%	−1.80%	0.76%	−1.69%	−3.72%	−2.01%
	ACM	−1.80%	−2.17%	−1.59%	−2.72%	−2.82%	−2.24%
2015	BCM	−0.49%	−2.64%	0.51%	−0.78%	−2.51%	−2.14%
	ACM	−0.66%	−3.11%	1.70%	1.15%	−2.71%	−1.06%
2016	BCM	2.69%	0.20%	4.13%	1.35%	2.18%	2.71%
	ACM	−5.80%	−7.52%	−4.47%	−7.46%	−5.68%	−4.38%
2017	BCM	0.76%	2.18%	−0.42%	1.17%	3.26%	4.35%
	ACM	0.92%	1.89%	−0.75%	1.31%	1.74%	1.09%
2018	BCM	−2.05%	−1.02%	−2.19%	−3.33%	−2.31%	−8.00%
	ACM	0.95%	1.04%	1.06%	−0.09%	−1.31%	−4.08%

11.2.2　利润表主要项目预测

根据会计综合评价指数的构建需要，我们对利润表中营业总收入、营业总成本和扣除非经常性损益后的净利润三个会计项目进行了预测。需要说明的是，由于净利润包括企业的投资收益等非经常性损益，难以准确衡量企业主营业务所产生的回报，因此在对行业回报进行计算的过程中，选取扣除非经常性损益后的净利润进行预测。根据利润表的特点，在对营业总收入、营业总成本和扣除非经常性损益后的净利润进行预测的过程中，将除数占比法和周期移动平均法结合起来使用。

表 11-4 列示了利润表中营业总收入、营业总成本和扣除非经常性损益后的净利润的真实值和预测值，其中预测值分别采用 B 周期移动平均和 A 周期移动平均两种方法进行预测。表 11-5 进一步计算了利润表主要项目真实值与预测值的差异，结果显示利润表主要项目的预测差异较小，说明采取的方法能够较好地对利润表主要项目进行预测。

表 11-4　利润表主要项目预测结果　　　　　　　　单位：亿元

年份	BCM/ACM	营业总收入	营业总成本	扣除非经常性损益后的净利润
2012	BCM 真实值	21.30	20.00	0.98
	BCM 预测值	21.20	19.80	1.02
	ACM 真实值	20.80	19.70	0.74
	ACM 预测值	20.70	19.60	0.72
2013	BCM 真实值	22.60	21.00	1.01
	BCM 预测值	22.90	21.30	1.06
	ACM 真实值	21.30	20.00	0.82
	ACM 预测值	20.90	19.80	0.78
2014	BCM 真实值	22.40	20.90	0.95
	BCM 预测值	22.50	20.90	0.97
	ACM 真实值	21.00	19.90	0.76
	ACM 预测值	21.10	19.80	0.79
2015	BCM 真实值	21.00	19.60	0.96
	BCM 预测值	21.00	19.60	0.91
	ACM 真实值	22.60	21.10	0.95
	ACM 预测值	22.60	21.00	0.94
2016	BCM 真实值	21.90	20.60	1.03
	BCM 预测值	21.80	20.40	0.98
	ACM 真实值	25.80	24.20	1.10
	ACM 预测值	25.00	23.50	1.01

续表

年份	BCM/ACM	营业总收入	营业总成本	扣除非经常性损益后的净利润
2017	BCM 真实值	22.10	20.80	1.00
	BCM 预测值	21.90	20.50	1.07
	ACM 真实值	29.20	27.40	1.19
	ACM 预测值	29.20	27.40	1.26
2018	BCM 真实值	24.00	22.60	1.12
	BCM 预测值	23.90	22.50	1.11
	ACM 真实值	28.80	27.20	1.18
	ACM 预测值	29.20	27.60	1.20

表 11－5　利润表主要项目预测差异

年份	BCM/ACM	营业总收入	营业总成本	扣除非经常性损益后的净利润
2012	BCM	－0.42%	－0.80%	4.05%
	ACM	－0.39%	－0.50%	－1.58%
2013	BCM	1.27%	1.57%	4.76%
	ACM	－1.86%	－1.03%	－5.29%
2014	BCM	0.66%	0.01%	2.16%
	ACM	0.47%	－0.26%	4.01%
2015	BCM	0.28%	0.39%	－0.80%
	ACM	－0.21%	－0.27%	－0.90%
2016	BCM	－0.39%	－0.97%	－4.62%
	ACM	－2.86%	－3.02%	－7.68%
2017	BCM	－0.95%	－1.24%	7.13%
	ACM	0.00%	－0.26%	6.12%
2018	BCM	－0.53%	－0.61%	－0.65%
	ACM	1.33%	1.36%	1.33%

11.2.3　基于预测指标测算行业回报、风险和成长

在完成对营业总收入、营业总成本、扣除非经常性损益后的净利润、资产、负债、所有者权益、流动资产、流动负债和应收账款行业均值的预测之后，我们以预测值为基准，根据行业回报、风险和成长，计算了行业的净资产收益率、总资产收益率、销售净利率、资产负债率、流动比率、总资产周转率、应收账款周

转率、营业收入增长率和总资产增长率 9 个财务指标。具体预测结果列示在表 11-6 中。

表 11-6 金属制品业回报、风险和成长预测结果

年份	BCM/ACM	回报			风险		成长			
		净资产收益率	总资产收益率	销售净利率	资产负债率	流动比率	总资产周转率	应收账款周转率	营业收入增长率	总资产增长率
2012	BCM 真实值	0.057	0.035	0.046	0.40	1.83	0.76	4.98	0.96	1.05
	BCM 预测值	0.063	0.038	0.048	0.41	1.83	0.78	5.17	0.96	1.00
	ACM 真实值	0.046	0.024	0.035	0.46	1.41	0.67	4.82	0.79	0.82
	ACM 预测值	0.045	0.023	0.035	0.46	1.40	0.67	4.85	0.78	0.81
2013	BCM 真实值	0.057	0.034	0.045	0.42	1.73	0.76	4.77	1.06	1.06
	BCM 预测值	0.062	0.036	0.046	0.42	1.70	0.79	4.97	1.08	1.13
	ACM 真实值	0.052	0.028	0.038	0.44	1.58	0.74	4.67	1.03	1.09
	ACM 预测值	0.050	0.027	0.037	0.43	1.56	0.74	4.75	1.01	1.06
2014	BCM 真实值	0.050	0.030	0.042	0.42	1.71	0.70	4.36	0.99	1.09
	BCM 预测值	0.052	0.030	0.043	0.41	1.74	0.70	4.41	0.98	1.08
	ACM 真实值	0.043	0.024	0.036	0.43	1.58	0.66	4.07	0.99	1.12
	ACM 预测值	0.045	0.025	0.037	0.43	1.59	0.68	4.23	1.01	1.13
2015	BCM 真实值	0.049	0.029	0.046	0.42	1.61	0.63	3.93	0.94	1.01
	BCM 预测值	0.049	0.028	0.045	0.42	1.64	0.63	4.02	0.93	1.01
	ACM 真实值	0.047	0.026	0.042	0.42	1.52	0.62	4.15	1.08	1.15
	ACM 预测值	0.046	0.026	0.042	0.41	1.58	0.63	4.21	1.07	1.16
2016	BCM 真实值	0.052	0.029	0.047	0.43	1.68	0.63	4.08	1.04	1.09
	BCM 预测值	0.048	0.028	0.045	0.42	1.67	0.62	4.05	1.04	1.12
	ACM 真实值	0.046	0.024	0.043	0.43	1.49	0.58	4.22	1.14	1.31
	ACM 预测值	0.043	0.023	0.040	0.43	1.46	0.58	4.22	1.11	1.24
2017	BCM 真实值	0.049	0.027	0.045	0.43	1.68	0.60	4.19	1.01	1.00
	BCM 预测值	0.052	0.029	0.049	0.43	1.65	0.59	4.01	1.00	0.98
	ACM 真实值	0.047	0.024	0.041	0.44	1.51	0.57	4.44	1.13	1.03
	ACM 预测值	0.050	0.025	0.043	0.45	1.50	0.58	4.51	1.17	1.10
2018	BCM 真实值	0.054	0.030	0.047	0.44	1.63	0.64	4.48	1.09	1.05
	BCM 预测值	0.055	0.030	0.047	0.44	1.62	0.64	4.55	1.09	1.02
	ACM 真实值	0.047	0.024	0.041	0.45	1.46	0.57	4.49	0.99	0.93
	ACM 预测值	0.047	0.024	0.041	0.45	1.48	0.58	4.62	1.00	0.93

表 11-7 进一步列示了金属制品业回报、风险和成长类财务指标预测值与真实值之间的差异。对比金属制品业采用 B 周期移动平均和 A 周期移动平均所预测的财务指标与该行业财务指标真实值可知，所选用预测模型的预测效果较好，预测能力比较稳定。

表 11 - 7　金属制品业回报、风险和成长预测差异

年份	BCM/ACM	回报			风险		成长			
		净资产收益率	总资产收益率	销售净利率	资产负债率	流动比率	总资产周转率	应收账款周转率	营业收入增长率	总资产增长率
2012	BCM	9.47%	7.50%	4.49%	2.42%	−0.03%	2.88%	3.85%	0.72%	−4.32%
	ACM	−1.43%	−1.60%	−1.19%	0.40%	−0.85%	−0.41%	0.56%	−1.76%	−0.32%
2013	BCM	8.68%	7.12%	3.45%	1.18%	−1.83%	3.55%	4.09%	1.70%	6.36%
	ACM	−4.18%	−3.84%	−3.49%	−1.51%	−1.48%	−0.36%	1.55%	−1.48%	−2.60%
2014	BCM	1.99%	1.96%	1.49%	−1.52%	2.10%	0.46%	1.07%	−0.61%	−0.99%
	ACM	5.63%	6.40%	3.53%	−0.37%	0.11%	2.78%	4.01%	2.37%	0.97%
2015	BCM	−1.42%	−0.41%	−1.07%	−2.16%	1.77%	0.66%	2.40%	−0.38%	−0.20%
	ACM	−1.07%	0.30%	−0.69%	−2.46%	3.97%	1.00%	1.44%	−0.67%	1.16%
2016	BCM	−6.82%	−5.72%	−4.25%	−2.42%	−0.81%	−1.54%	−0.67%	−0.66%	3.19%
	ACM	−6.13%	−4.25%	−4.96%	−1.83%	−1.89%	0.74%	−0.02%	−2.66%	−5.17%
2017	BCM	5.17%	5.32%	8.16%	1.41%	−2.02%	−2.63%	−4.31%	−0.56%	−1.88%
	ACM	8.95%	8.73%	6.12%	0.96%	−0.42%	2.46%	1.66%	2.95%	7.13%
2018	BCM	0.68%	0.03%	−0.12%	1.05%	−1.04%	0.15%	1.55%	0.43%	−2.79%
	ACM	1.21%	0.39%	0.00%	0.09%	1.23%	0.39%	2.78%	1.33%	0.04%

11.3　金属制品业运行状况分析

会计综合评价指数分别采用 B 周期移动平均和 A 周期移动平均两种方法，对行业运行状况基准值进行预测。具体来讲，B 周期移动平均的样本数量以年度最新行业样本为准，进行滚动预测，样本数量较多，更能代表行业当前发展状况；A 周期移动平均则按照样本基期进行滚动预测，样本选取比较稳定，对行业历史发展状况的讨论更为充分。

11.3.1　金属制品业回报分析

图 11 - 2、图 11 - 3 和图 11 - 4 分别为 2007—2018 年金属制品业的净资产收益率、总资产收益率和销售净利率的变动趋势图，其中，总资产收益率和净资产收益率的分母分别采用本年年末所有者权益（总资产）与上年年末所有者权益（总资产）的均值计算，因此净资产收益率和总资产收益率的基期均为 2008 年。基于对金属制品业财务指标的预测，在评价金属制品业回报的过程中，我们分别在图

中画出了基于 B 周期移动平均和 A 周期移动平均所计算的 2012—2018 年净资产收益率、总资产收益率和销售净利率的预测值。

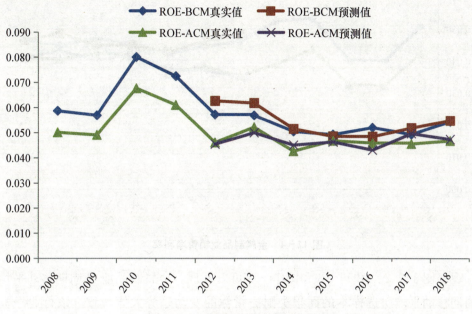

图 11－2　金属制品业净资产收益率

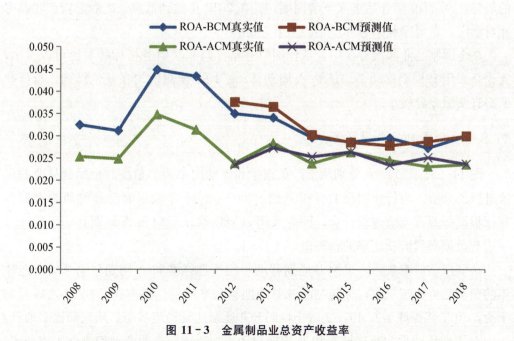

图 11－3　金属制品业总资产收益率

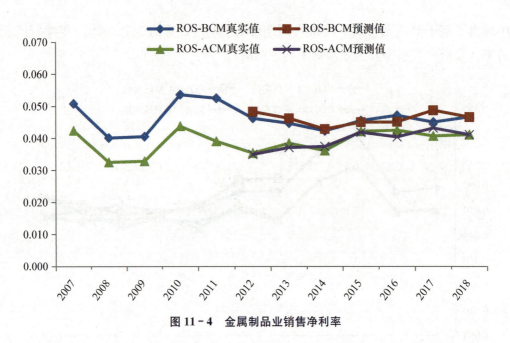

图 11-4　金属制品业销售净利率

　　观察图 11-2、图 11-3 和图 11-4 可以发现，金属制品业 B 周期移动平均和 A 周期移动平均所选样本的回报类财务指标的变动趋势大体一致。该行业净资产收益率在 2009 年有所下降，2010 年较 2009 年有大幅提高，随后再次下降，从 2012 年开始趋于稳定，保持在 0.045 上下。总资产收益率和销售净利率也有相同的趋势，从 2010 年开始进入下滑周期，并在 2012 年达到低点，之后总资产收益率相对稳定，销售净利率总体呈小幅上升趋势。

　　在金属制品业回报分析中，从预测财务指标与真实财务指标的对比可以看出，无论是采用 B 周期移动平均还是 A 周期移动平均，预测值均在低位徘徊，与行业回报真实值差异较小。

11.3.2　金属制品业风险分析

　　图 11-5、图 11-6 分别从资产负债率和流动比率两个角度对金属制品业的风险进行了分析。与行业回报的分析类似，2007—2018 年金属制品业的风险类财务指标根据行业真实值进行计算，同时采用 B 周期移动平均和 A 周期移动平均计算了资产负债率和流动比率的预测值。

　　从资产负债率来看，采用 B 周期移动平均所选样本和 A 周期移动平均所选样本的变动趋势比较一致；金属制品业 B 周期移动平均所选样本在 2008 年之后开始下滑，2011 年探底至 0.40，之后小幅回升并逐渐达到稳定状态。从流动比率来看，采用 B 周期移动平均所选样本和 A 周期移动平均所选样本的变动趋势也比较一致；金属制品业 B 周期移动平均所选样本在 2007—2011 年不断上升，达到峰值之后不

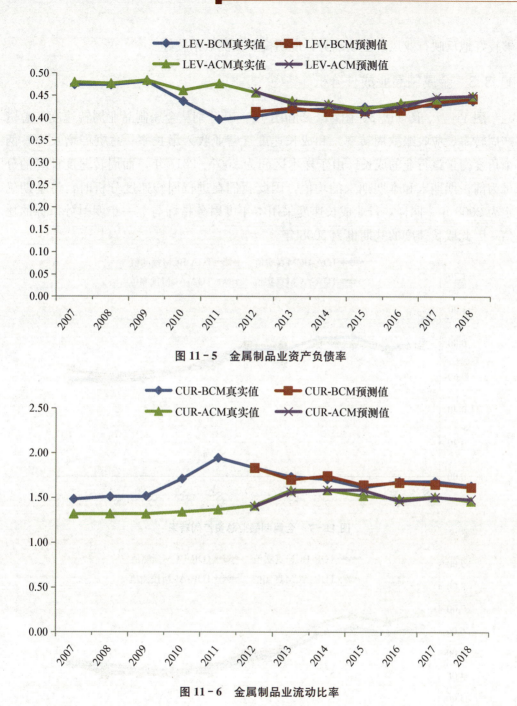

图 11－5　金属制品业资产负债率

图 11－6　金属制品业流动比率

断下降，近年来达到稳定状态。综合该行业资产负债率和流动比率变动趋势可知，该行业运行风险在 2011 年最低，之后有所回升，但总体保持稳定，具有改善空间。

从金属制品业资产负债率和流动比率的预测值可以发现，采用 B 周期移动平均和 A 周期移动平均所计算的 2012—2018 年行业预测值与真实值的差距较小，能够较好地反映行业风险变动趋势，说明模型预测效果较好。

11.3.3 金属制品业成长分析

图 11 - 7、图 11 - 8、图 11 - 9 和图 11 - 10 分别从金属制品业周转速度（总资产周转率、应收账款周转率）和成长速度（营业收入增长率、总资产增长率）两个角度衡量该行业的成长。由于样本区间为 2007—2018 年，而周转速度计算的分母为前一期期末和本期期末的均值，因此我们在进行周转速度分析时，将基期确定为 2008 年。同样，行业成长速度采用本年度财务指标与上一年度财务指标的比值，因此成长速度的基期也为 2008 年。

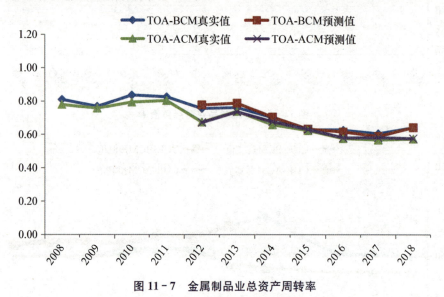

图 11 - 7 金属制品业总资产周转率

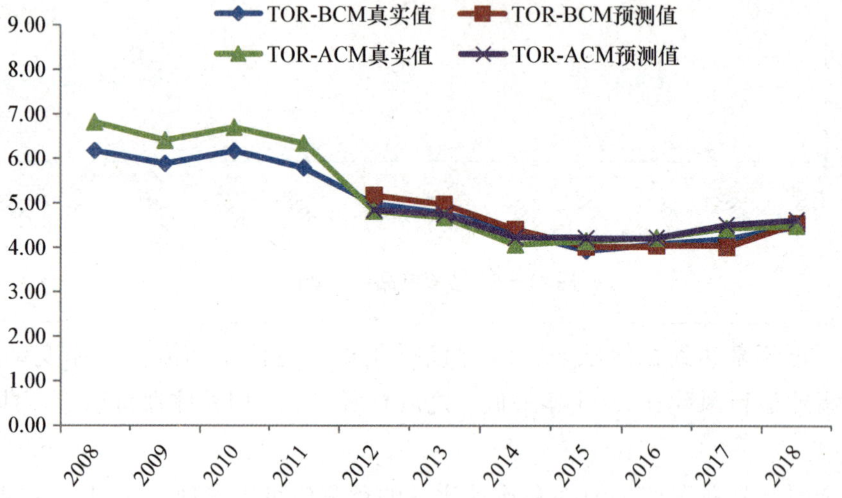

图 11 - 8 金属制品业应收账款周转率

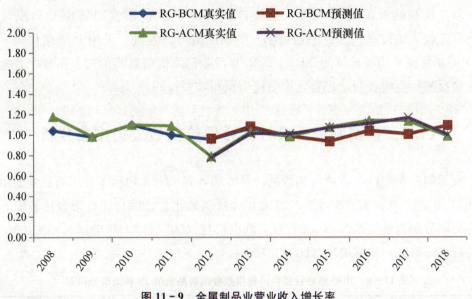

图 11 - 9　金属制品业营业收入增长率

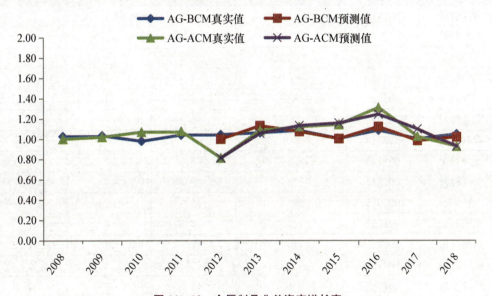

图 11 - 10　金属制品业总资产增长率

　　从周转速度看，B 周期移动平均所选样本和 A 周期移动平均所选样本的变动趋势比较一致；2008—2010 年，金属制品业的总资产周转率和应收账款周转率均呈现稳定状态，随后不断下降，2016 年开始有所回升，说明该行业的运营效率较差，但有回转迹象。从成长速度看，无论是采用 B 周期移动平均还是 A 周期移动平均，所选样本的变动趋势均比较稳定，金属制品业的营业收入增长率和总资产增长率常年在 1.00 上下徘徊，说明该行业资产规模整体处于稳定状态，收入状况存在一定的改善空间。

从金属制品业的周转速度（总资产周转率、应收账款周转率）和成长速度（营业收入增长率、总资产增长率）的预测值可以发现，采用 B 周期移动平均和 A 周期移动平均所计算的 2012—2018 年行业预测值与真实值的差距较小，能够较好地反映行业成长变动趋势，说明模型预测效果较好。

11.4　金属制品业会计综合评价指数公司排名分析

根据制造业会计综合评价指数的计算方法，表 11 - 8 列示了金属制品业上市公司的前 20 名。由表 11 - 8 可知，2018 年金属制品业会计综合评价指数排名前 5 的上市公司分别为常宝股份（002478）、巨星科技（002444）、新坐标（603040）、通润装备（002150）和苏泊尔（002032）。

表 11 - 8　2018 年会计综合评价指数金属制品业前 20 名上市公司①

股票简称	股票代码	2018 年 ACV 评分	2018 年排名	2017 年排名	排名变动
常宝股份	002478	100.00	1	9	↑
巨星科技	002444	100.00	1	4	↑
新坐标	603040	97.15	3	—	—
通润装备	002150	95.62	4	8	↑
苏泊尔	002032	94.57	5	3	↓
久立特材	002318	91.77	6	19	↑
泰嘉股份	002843	89.03	7		
金洲管道	002443	84.22	8	10	↑
英联股份	002846	82.76	9		
哈尔斯	002615	82.18	10	12	↑
坚朗五金	002791	81.20	11	7	↓
东睦股份	600114	78.15	12	5	↓
银龙股份	603969	77.19	13	2	↓
华源控股	002787	75.75	14	6	↓
大西洋	600558	75.05	15	18	↑
山东威达	002026	74.13	16	15	↓
恒锋工具	300488	73.60	17	1	↓
金轮股份	002722	72.81	18	16	↓
宝馨科技	002514	70.87	19	44	↑
宜安科技	300328	69.66	20	20	—

注：会计综合评价指数的构建以公开财务数据真实有效为前提。

---

①　世嘉科技（002796）原排在第 7 名，由于发生重大资产重组而被剔除。

与 2017 年相比，2018 年金属制品业排名前 20 的上市公司中，排名上升较快的两家分别是宝馨科技（002514）和久立特材（002318），下降较快的两家是恒锋工具（300488）和银龙股份（603969）。

宝馨科技（002514）2017 年排在第 44 名，2018 年排在第 19 名，上升了 25 名，评分提高主要是由于盈利能力和成长速度提高。盈利能力方面主要体现在净资产收益率、总资产收益率和销售净利率提高，净资产收益率从 2017 年的－9.50％增长到 2018 年的 10.02％，总资产收益率从 2017 年的－5.55％增长到 2018 年的 5.22％，销售净利率从 2017 年的－15.43％增长到 2018 年的 11.21％；成长速度方面主要体现在营业收入增长率提高，营业收入增长率从 2017 年的 0.08％增长到 2018 年的 47.20％。宝馨科技综合排名上升主要是由于营业收入和扣除非经常性损益后的净利润增长较快。据宝馨科技年报所示，公司 2017 年营业收入为 5.48 亿元，2018 年为 8.07 亿元，比 2017 年增加 47.26％；2017 年扣除非经常性损益后的净利润为－0.85 亿元，2018 年为 0.90 亿元，比 2017 年增加 205.88％。宝馨科技是一家运用数控钣金技术，研发、设计、生产、销售工业级数控钣金结构产品的公司，主要供应电力、通信、医疗、金融及新能源等领域的终端产品生产企业。报告期内，公司营业收入和扣除非经常性损益后的净利润增长较快，主要原因是公司投资建设的灵活性调峰项目已投入运营并实现收入，湿化学设备业务上年度末以及本期交付设备通过验收并确认收入，以及本年度电锅炉销售实现收入。

久立特材（002318）2017 年排在第 19 名，2018 年排在第 6 名，上升了 13 名，评分提高主要是由于成长能力大幅改善和盈利能力提高。成长能力方面主要体现在营业收入增长率提高，从 2017 年的 5.00％增长到 2018 年的 43.42％；盈利能力方面主要体现在净资产收益率、总资产收益率和销售净利率提高，净资产收益率从 2017 年的 3.94％增长到 2018 年的 8.58％，总资产收益率从 2017 年的 2.53％增长到 2018 年的 5.32％，销售净利率从 2017 年的 3.94％增长到 2018 年的 6.63％。久立特材综合排名上升主要是由于营业收入大幅上升，同时扣除非经常性损益后的净利润也有所增加。据久立特材年报所示，公司 2017 年营业收入为 28.33 亿元，2018 年为 40.63 亿元，比 2017 年增加 43.42％；2017 年扣除非经常性损益后的净利润为 1.12 亿元，2018 年为 2.70 亿元，比 2017 年增加 141.07％。久立特材是一家不锈钢管材制造企业，主营业务为工业用不锈钢管及特种合金管材、管件的研发、生产和销售，主要产品是工业用不锈钢无缝管和不锈钢焊接管两大类，产品主要用于石油、化工、天然气、电力（包括核电）设备制造等行业。公司营业收入及扣除非经常性损益后的净利润增加主要系公司抓住下游项目投入机会，努力开拓国内外市场，本期产品销售实现量价齐升所致。

　　恒锋工具（300488）2017 年排在第 1 名，2018 年排在第 17 名，下降了 16 名，评分降低主要是由于盈利能力和成长速度下降。盈利能力方面主要体现在净资产收益率、总资产收益率和销售净利率有所降低，净资产收益率从 2017 年的 11.08％下降到 2018 年的 5.80％，总资产收益率从 2017 年的 9.74％下降到 2018 年的 4.87％，销售净利率从 2017 年的 26.31％下降到 2018 年的 14.51％；成长速度方面主要体现在营业收入增长率和总资产增长率有所降低，营业收入增长率从 2017 年的 54.95％下降到 2018 年的 11.87％，总资产增长率从 2017 年的 49.90％下降到 2018 年的 5.86％。恒锋工具综合排名下降主要是由于扣除非经常性损益后的净利润减少。据恒锋工具年报所示，公司 2017 年扣除非经常性损益后的净利润为 0.85 亿元，2018 年为 0.53 亿元，比 2017 年下降 37.65％。恒锋工具自设立以来，一直从事机床用工具的研发、生产与销售，产品为现代高效工具，主要包括精密复杂刀具、花键量具（两者合称精密复杂刀量具）、精密高效刀具等高速切削刀具及高精度测量仪器，同时为客户提供刀具精磨改制。2018 年，受中美贸易摩擦等因素影响，公司下游主要用户业绩出现下滑。2019 年 1 月 14 日，中国汽车工业协会发布了 2018 年度汽车产销数据，数据显示，2018 年汽车工业总体运行平稳，受政策和宏观经济的影响，产销量低于年初预期，全年汽车产销分别完成 2 780.9 万辆和 2 808.1 万辆，同比下降 4.16％和 2.76％。2018 年，由于子公司上优刀具未完成 2018 年度业绩承诺，存在商誉减值，导致公司扣除非经常性损益后的净利润出现下滑。

　　银龙股份（603969）2017 年排在第 2 名，2018 年排在第 13 名，下降了 11 名，评分降低主要是由于成长速度下降。成长速度方面主要体现在营业收入增长率有所降低，从 2017 年的 46.79％下降到 2018 年的 7.30％。银龙股份综合排名下降主要是由于营业收入增速放缓。数据显示，银龙股份 2016 年营业收入为 14.84 亿元，2017 年为 21.78 亿元，2018 年为 23.38 亿元，2017 年比 2016 年增加 46.77％，而 2018 年比 2017 年增加 7.35％。银龙股份专业从事预应力钢材拉拔模具和预应力混凝土钢材的研发和生产，主要产品有螺旋肋钢绞线、刻痕钢绞线、钢绞线、预应力混凝土用钢丝、预应力混凝土用钢棒及预应力混凝土用无黏结钢绞线。报告期内，公司营业收入增速放缓主要源于预应力钢材产业收入下降，2018 年，预应力钢材产业销售收入为 19.87 亿元，比 2017 年减少 0.3％，主要是公司调整结构、控制销量导致的。分品种来看，预应力混凝土用钢绞线下降较多，主要是由于公司 2018 年根据国家基础设施投资进度及去杠杆政策，为控制风险，采取保障自有产能，减少委外加工，转而进一步开拓高附加值轨道板用钢材的销售市场等措施。

第 12 章　通用设备制造业会计综合评价指数编制结果及分析

通用设备制造业（行业代码为 C34），是指可以应用于一个行业以上的设备制造的行业。作为各类工业的基础，通用设备制造业为各类工业生产提供传送、动力、加工、包装等基础设备制造，产品覆盖领域较广。借中国经济快速发展的东风，通用设备制造业在近几年获得了长足发展，企业规模逐步壮大，产品技术含量显著提升。但是，由于中国通用设备制造业起步相对较晚，存在行业集中度较低、产业链发展不平衡、高端产品市场竞争力较弱等问题。2015 年 5 月 8 日，国务院发布《中国制造 2025》，部署实施制造强国战略，力图提升中国基础工业的创新能力，实现通用设备制造业的产业升级。上市公司作为行业龙头，其经营业绩和财务绩效等均对评价行业整体发展状况具有一定的示范作用。本章以上市公司为样本，从发展趋势、回报、风险和成长四个角度对通用设备制造业的经营状况进行分析，以期为通用设备制造业的健康发展提供一些有益的经验和借鉴。

12.1　通用设备制造业发展趋势分析

为了对通用设备制造业的发展趋势进行分析，我们以 2007 年第 1 季度以来的所有季度作为样本区间。截至 2019 年第 1 季度，我们所选样本 49 个季度的季均总资产为 5 282.49 亿元，季均营业总收入为 693.63 亿元，季均价值创造额为 152.50 亿元。

为了研究通用设备制造业的发展趋势，我们以样本公司的季度总资产额、季度营业总收入和季度价值创造额为基础构建了通用设备制造业的资产指数、收入指数和价值创造额指数（见表 12-1）。三类指数的总体波动趋势如图 12-1 所示。

表 12 - 1　通用设备制造业资产指数、收入指数、价值创造额指数编制结果①

季度	资产指数	收入指数	价值创造额指数
200701	100	100	100
200702	105	121	180
200703	107	113	154
200704	156	275	350
200801	162	159	167
200802	176	179	201
200803	186	171	154
200804	195	198	188
200901	203	163	130
200902	212	200	193
200903	224	201	185
200904	232	224	237
201001	238	194	182
201002	250	257	262
201003	264	235	234
201004	276	272	297
201101	290	248	193
201102	302	293	266
201103	307	273	235
201104	310	270	264
201201	310	240	205
201202	316	253	260
201203	325	253	236
201204	329	289	301
201301	331	233	205
201302	341	300	288
201303	350	267	239
201304	353	334	303
201401	357	239	218
201402	372	304	301
201403	387	283	268

① ＊ST 济柴（000617）由于在 2016 年发生重大资产重组，在指数化样本中被剔除。

续表

季度	资产指数	收入指数	价值创造额指数
201404	394	324	398
201501	403	236	230
201502	413	313	305
201503	424	284	331
201504	439	343	305
201601	440	249	231
201602	457	314	314
201603	475	276	277
201604	491	393	363
201701	497	262	267
201702	508	370	399
201703	541	351	377
201704	562	427	436
201801	560	345	332
201802	579	475	371
201803	584	361	347
201804	585	455	242
201901	603	360	364

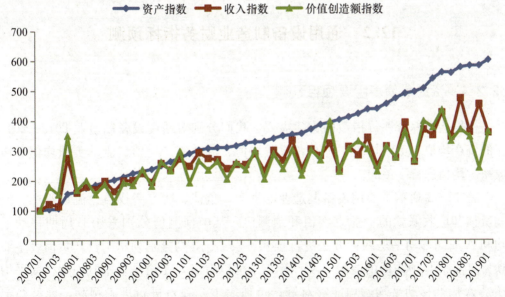

图 12-1 通用设备制造业三类指数总体波动趋势

　　由表 12-1 和图 12-1 可知，从通用设备制造业资产指数的变动趋势看，自 2007 年第 1 季度以来一直呈稳步上升趋势。从收入指数的变动趋势看，2007 年第 4 季度较前一季度上升幅度较大，这主要是东方电气重新整合上市造成的，从 2008 年第 1 季度开始，持续震荡调整，并保持微弱上升态势，2012 年之后达到稳定状态，2017 年又出现小幅波动上升趋势。从价值创造额指数的变动趋势看，东方电气在 2007 年重新整合上市，因此价值创造额指数在 2007 年第 4 季度有显著提升。与收入指数类似，其他时段价值创造额指数缓慢上升，2012 年之后在波动中保持稳定，2017 年再次呈现一定的上涨态势，虽然 2018 年小幅下滑，但是 2019 年第 1 季度再次反弹。《2018 年政府工作报告》中明确提出"实施'中国制造 2025'，推进工业强基、智能制造、绿色制造等重大工程，先进制造业加快发展"，工业强基位居首位，充分体现了国家对制造业的高度重视。2016 年以来，国家相继出台了一系列环保政策，重点推进绿色、清洁生产产业的发展，强调未来对通用设备的需求将由量转质，通用设备制造业将迎来崛起良机。

　　从三类指数运行趋势之间的关系来看，2008 年第 2 季度之前，资产增长速度低于收入和价值创造额的增长速度，2008 年第 2 季度之后，资产增长速度开始超过收入和价值创造额的增长速度，并且差距呈现逐步扩大的趋势。从收入指数和价值创造额指数的运行趋势看，二者变动趋势基本相同，只有 2018 年第 4 季度价值创造额指数与收入指数呈反向变化。综合三类指数的运行趋势发现，虽然该行业资产规模扩大，但是收入及价值创造额的提升速度较为缓慢，说明该行业运行效率有待提升。

12.2　通用设备制造业财务指标预测

12.2.1　资产负债表主要项目预测

　　根据会计综合评价指数的构建需要，我们分别对通用设备制造业 2012—2018 年的资产均值、负债均值、所有者权益均值、流动资产均值、流动负债均值和应收账款均值进行了预测。

　　表 12-2 列示了通用设备制造业的资产、负债、所有者权益、流动资产、流动负债和应收账款的行业真实值和预测值，其中预测值分别采用 B 周期移动平均和 A 周期移动平均两种方法进行预测。表 12-3 则分别列示了资产负债表主要项目真实值与预测值的差异，从计算结果可以看出，无论是采用 B 周期移动平均还是 A 周期移动平均，均能够对资产负债表主要项目进行准确预测，模型稳定性较好。

表 12 – 2　资产负债表主要项目预测结果　　　　　　　　　单位：亿元

年份	BCM/ACM	资产	负债	所有者权益	流动资产	流动负债	应收账款
2012	BCM 真实值	32.70	16.00	16.20	20.30	13.50	4.73
	BCM 预测值	32.00	15.50	16.10	20.20	13.00	4.60
	ACM 真实值	33.20	16.30	14.90	18.30	13.60	4.34
	ACM 预测值	33.60	15.90	15.60	18.80	13.40	4.38
2013	BCM 真实值	35.10	17.30	17.50	21.80	14.40	5.37
	BCM 预测值	34.80	17.10	17.30	21.60	14.30	5.25
	ACM 真实值	32.60	16.10	15.50	18.60	12.90	4.68
	ACM 预测值	32.80	16.40	15.40	18.80	13.10	4.56
2014	BCM 真实值	36.10	17.30	18.40	22.20	14.40	5.61
	BCM 预测值	37.50	18.10	19.00	22.90	15.20	5.68
	ACM 真实值	34.00	15.90	16.80	19.10	12.70	4.91
	ACM 预测值	33.80	16.10	16.50	18.70	12.80	4.83
2015	BCM 真实值	39.50	18.40	20.30	24.20	15.10	5.91
	BCM 预测值	37.20	17.60	19.10	22.50	14.50	5.89
	ACM 真实值	41.50	18.30	21.30	24.10	15.20	6.04
	ACM 预测值	39.60	18.00	20.30	23.00	14.80	6.08
2016	BCM 真实值	39.10	17.60	20.10	24.10	14.50	5.75
	BCM 预测值	40.30	18.00	21.00	24.30	14.60	5.92
	ACM 真实值	47.50	21.00	23.40	27.80	17.30	6.50
	ACM 预测值	46.10	20.00	23.50	26.70	16.40	6.53
2017	BCM 真实值	40.80	18.80	20.60	25.10	15.50	6.02
	BCM 预测值	39.30	17.60	20.10	24.30	14.50	5.73
	ACM 真实值	48.50	22.40	23.60	28.40	18.30	7.17
	ACM 预测值	48.40	21.80	23.30	28.20	17.80	6.92
2018	BCM 真实值	41.50	19.90	20.00	25.20	16.40	6.35
	BCM 预测值	42.80	20.10	21.20	26.00	16.60	6.54
	ACM 真实值	48.30	23.10	22.40	28.00	18.90	7.28
	ACM 预测值	50.20	23.80	23.80	29.10	19.60	7.63

表 12 - 3　资产负债表主要项目预测差异

年份	BCM/ACM	资产	负债	所有者权益	流动资产	流动负债	应收账款
2012	BCM	−2.07%	−3.33%	−0.41%	−0.63%	−3.58%	−2.85%
	ACM	1.28%	−2.65%	4.33%	2.64%	−1.56%	0.77%
2013	BCM	−0.74%	−1.29%	−1.00%	−0.76%	−0.73%	−2.24%
	ACM	0.79%	2.22%	−0.30%	1.08%	1.61%	−2.56%
2014	BCM	3.95%	5.05%	3.17%	3.12%	5.31%	1.20%
	ACM	−0.58%	1.37%	−2.16%	−2.26%	1.32%	−1.70%
2015	BCM	−5.90%	−4.61%	−6.10%	−6.92%	−4.04%	−0.42%
	ACM	−4.51%	−1.85%	−4.71%	−4.89%	−2.56%	0.64%
2016	BCM	3.09%	1.86%	4.46%	0.91%	0.43%	2.99%
	ACM	−2.94%	−4.92%	0.30%	−4.09%	−5.32%	0.44%
2017	BCM	−3.68%	−6.47%	−2.38%	−3.30%	−6.84%	−4.96%
	ACM	−0.33%	−2.84%	−0.97%	−0.73%	−2.64%	−3.43%
2018	BCM	3.27%	1.30%	6.01%	3.52%	1.51%	3.14%
	ACM	3.91%	2.91%	6.44%	4.06%	3.74%	4.88%

12.2.2　利润表主要项目预测

根据会计综合评价指数的构建需要，我们对利润表中营业总收入、营业总成本和扣除非经常性损益后的净利润三个会计项目进行了预测。需要说明的是，由于净利润包括企业的投资收益等非经常性损益，难以准确衡量企业主营业务所产生的回报，因此在对行业回报进行计算的过程中，选取扣除非经常性损益后的净利润进行预测。根据利润表的特点，在对营业总收入、营业总成本和扣除非经常性损益后的净利润进行预测的过程中，将除数占比法和周期移动平均法结合起来使用。

表 12 - 4 列示了利润表中营业总收入、营业总成本和扣除非经常性损益后的净利润的真实值和预测值，其中预测值分别采用 B 周期移动平均和 A 周期移动平均两种方法进行预测。表 12 - 5 进一步计算了利润表主要项目真实值与预测值的差异，结果显示利润表主要项目的预测差异较小，说明采取的方法能够较好地对利润表主要项目进行预测。

表 12 - 4　利润表主要项目预测结果　　　　　　　　单位：亿元

年份	BCM/ACM	营业总收入	营业总成本	扣除非经常性损益后的净利润
2012	BCM 真实值	18.30	17.80	0.71
	BCM 预测值	18.10	17.60	0.70
	ACM 真实值	18.30	17.90	0.40
	ACM 预测值	18.30	18.00	0.43
2013	BCM 真实值	19.40	18.90	0.70
	BCM 预测值	18.60	18.20	0.66
	ACM 真实值	17.50	17.10	0.40
	ACM 预测值	16.90	16.60	0.38
2014	BCM 真实值	19.50	18.90	0.75
	BCM 预测值	19.50	18.90	0.75
	ACM 真实值	16.30	15.90	0.42
	ACM 预测值	16.10	15.70	0.42
2015	BCM 真实值	18.30	18.10	0.62
	BCM 预测值	18.10	17.80	0.64
	ACM 真实值	18.50	18.30	0.55
	ACM 预测值	18.50	18.20	0.57
2016	BCM 真实值	17.80	17.20	0.73
	BCM 预测值	17.40	16.90	0.68
	ACM 真实值	19.90	19.30	0.66
	ACM 预测值	19.20	18.60	0.61
2017	BCM 真实值	18.40	18.00	0.80
	BCM 预测值	18.30	17.70	0.82
	ACM 真实值	21.00	20.50	0.76
	ACM 预测值	20.90	20.30	0.77
2018	BCM 真实值	19.40	19.60	0.73
	BCM 预测值	19.70	19.20	0.80
	ACM 真实值	20.80	21.00	0.65
	ACM 预测值	21.20	20.80	0.71

表 12-5　利润表主要项目预测差异

年份	BCM/ACM	营业总收入	营业总成本	扣除非经常性损益后的净利润
2012	BCM	−1.12%	−1.37%	−1.31%
	ACM	−0.14%	0.28%	6.45%
2013	BCM	−4.01%	−3.52%	−5.35%
	ACM	−3.59%	−3.06%	−5.81%
2014	BCM	0.02%	−0.13%	0.33%
	ACM	−1.16%	−1.50%	−1.25%
2015	BCM	−1.05%	−1.99%	4.29%
	ACM	−0.30%	−0.85%	4.87%
2016	BCM	−1.76%	−1.85%	−6.46%
	ACM	−3.47%	−3.22%	−8.38%
2017	BCM	−0.61%	−1.59%	2.57%
	ACM	−0.36%	−1.39%	2.01%
2018	BCM	1.15%	−2.13%	9.70%
	ACM	1.50%	−0.96%	9.30%

12.2.3　基于预测指标测算行业回报、风险和成长

在完成对营业总收入、营业总成本、扣除非经常性损益后的净利润、资产、负债、所有者权益、流动资产、流动负债和应收账款行业均值的预测之后，我们以预测值为基准，根据行业回报、风险和成长，计算了行业的净资产收益率、总资产收益率、销售净利率、资产负债率、流动比率、总资产周转率、应收账款周转率、营业收入增长率和总资产增长率 9 个财务指标。具体预测结果列示在表 12-6 中。

表 12-6　通用设备制造业回报、风险和成长预测结果

年份	BCM/ACM	回报			风险		成长			
		净资产收益率	总资产收益率	销售净利率	资产负债率	流动比率	总资产周转率	应收账款周转率	营业收入增长率	总资产增长率
2012	BCM 真实值	0.045	0.022	0.039	0.49	1.51	0.57	4.03	0.91	1.05
	BCM 预测值	0.044	0.022	0.039	0.48	1.55	0.57	4.04	0.89	1.01
	ACM 真实值	0.027	0.012	0.022	0.49	1.35	0.55	4.18	0.92	1.01
	ACM 预测值	0.028	0.013	0.023	0.47	1.40	0.56	4.22	0.90	1.04

续表

年份	BCM/ACM	回报			风险		成长			
		净资产收益率	总资产收益率	销售净利率	资产负债率	流动比率	总资产周转率	应收账款周转率	营业收入增长率	总资产增长率
2013	BCM 真实值	0.042	0.021	0.036	0.49	1.51	0.57	3.84	1.06	1.07
	BCM 预测值	0.040	0.020	0.036	0.49	1.51	0.56	3.78	1.03	1.09
	ACM 真实值	0.027	0.012	0.023	0.49	1.44	0.53	3.88	0.95	0.98
	ACM 预测值	0.025	0.011	0.023	0.50	1.43	0.51	3.78	0.92	0.98
2014	BCM 真实值	0.042	0.021	0.038	0.48	1.54	0.55	3.56	1.01	1.03
	BCM 预测值	0.041	0.021	0.039	0.48	1.50	0.54	3.58	1.05	1.08
	ACM 真实值	0.026	0.013	0.026	0.47	1.51	0.49	3.40	0.93	1.04
	ACM 预测值	0.026	0.013	0.026	0.48	1.46	0.48	3.43	0.95	1.03
2015	BCM 真实值	0.032	0.016	0.034	0.47	1.60	0.48	3.17	0.94	1.09
	BCM 预测值	0.034	0.017	0.035	0.47	1.56	0.48	3.13	0.93	0.99
	ACM 真实值	0.029	0.015	0.030	0.44	1.59	0.49	3.38	1.14	1.22
	ACM 预测值	0.031	0.016	0.031	0.45	1.55	0.50	3.39	1.15	1.17
2016	BCM 真实值	0.036	0.019	0.041	0.45	1.66	0.45	3.05	0.97	0.99
	BCM 预测值	0.034	0.018	0.039	0.45	1.66	0.45	2.95	0.96	1.09
	ACM 真实值	0.030	0.015	0.033	0.44	1.61	0.45	3.17	1.07	1.14
	ACM 预测值	0.028	0.014	0.032	0.43	1.63	0.45	3.04	1.04	1.16
2017	BCM 真实值	0.039	0.020	0.043	0.46	1.62	0.46	3.13	1.04	1.04
	BCM 预测值	0.040	0.021	0.045	0.45	1.68	0.46	3.14	1.05	0.98
	ACM 真实值	0.032	0.016	0.036	0.46	1.55	0.44	3.07	1.06	1.02
	ACM 预测值	0.033	0.016	0.037	0.45	1.58	0.44	3.11	1.09	1.05
2018	BCM 真实值	0.036	0.018	0.038	0.48	1.54	0.47	3.14	1.06	1.02
	BCM 预测值	0.039	0.020	0.041	0.47	1.57	0.48	3.20	1.07	1.09
	ACM 真实值	0.028	0.013	0.031	0.48	1.48	0.43	2.89	0.99	1.00
	ACM 预测值	0.030	0.014	0.033	0.47	1.49	0.43	2.91	1.01	1.04

　　表 12-7 进一步列示了通用设备制造业回报、风险和成长类财务指标预测值与真实值之间的差异。对比通用设备制造业采用 B 周期移动平均和 A 周期移动平均所预测的财务指标和该行业财务指标真实值可知，所选用预测模型的预测效果较好，预测能力比较稳定。

表 12-7　通用设备制造业回报、风险和成长预测差异

年份	BCM/ACM	回报			风险		成长			
		净资产收益率	总资产收益率	销售净利率	资产负债率	流动比率	总资产周转率	应收账款周转率	营业收入增长率	总资产增长率
2012	BCM	-2.46%	-1.24%	-0.19%	-1.28%	3.06%	-1.06%	0.27%	-2.37%	-4.03%
	ACM	4.99%	6.86%	6.60%	-3.88%	4.27%	0.24%	0.91%	-2.20%	3.41%
2013	BCM	-4.66%	-4.02%	-1.39%	-0.56%	-0.02%	-2.67%	-1.52%	-2.92%	1.37%
	ACM	-7.64%	-6.78%	-2.30%	1.42%	-0.52%	-4.59%	-2.66%	-3.46%	-0.48%
2014	BCM	-0.80%	-1.29%	0.31%	1.06%	-2.08%	-1.59%	0.50%	4.20%	4.72%
	ACM	0.02%	-1.34%	-0.09%	1.96%	-3.53%	-1.25%	0.98%	2.53%	-1.36%
2015	BCM	6.08%	5.55%	5.39%	1.38%	-2.99%	0.15%	-1.41%	-1.07%	-9.48%
	ACM	8.76%	7.82%	5.18%	2.78%	-2.40%	2.51%	0.11%	0.87%	-3.95%
2016	BCM	-5.66%	-5.11%	-4.79%	-1.20%	0.48%	-0.34%	-2.98%	-0.72%	9.56%
	ACM	-6.43%	-4.89%	-5.09%	-2.05%	1.29%	0.21%	-3.98%	-3.18%	1.65%
2017	BCM	1.56%	2.95%	3.20%	-2.89%	3.79%	-0.24%	0.47%	1.17%	-6.57%
	ACM	2.35%	3.69%	2.38%	-2.52%	1.96%	1.28%	1.25%	3.22%	2.69%
2018	BCM	7.81%	9.90%	8.46%	-1.91%	1.98%	1.33%	1.97%	1.77%	7.22%
	ACM	6.50%	7.39%	7.69%	-0.96%	0.31%	-0.28%	0.73%	1.86%	4.25%

12.3　通用设备制造业运行状况分析

会计综合评价指数分别采用 B 周期移动平均和 A 周期移动平均两种方法，对行业运行状况基准值进行预测。具体来讲，B 周期移动平均的样本数量以年度最新行业样本为准，进行滚动预测，样本数量较多，更能代表行业当前发展状况；A 周期移动平均则按照样本基期进行滚动预测，样本选取比较稳定，对行业历史发展状况的讨论更为充分。

12.3.1　通用设备制造业回报分析

图 12-2、图 12-3 和图 12-4 分别为 2007—2018 年通用设备制造业的净资产收益率、总资产收益率和销售净利率的变动趋势图，其中，净资产收益率和总资产收益率的分母分别采用本年年末所有者权益（总资产）与上年年末所有者权

益（总资产）的均值计算，因此净资产收益率和总资产收益率的基期均为 2008 年。基于对通用设备制造业财务指标的预测，在评价通用设备制造业回报的过程中，我们分别在图中画出了基于 B 周期移动平均和 A 周期移动平均所计算的 2012—2018 年净资产收益率、总资产收益率和销售净利率的预测值。

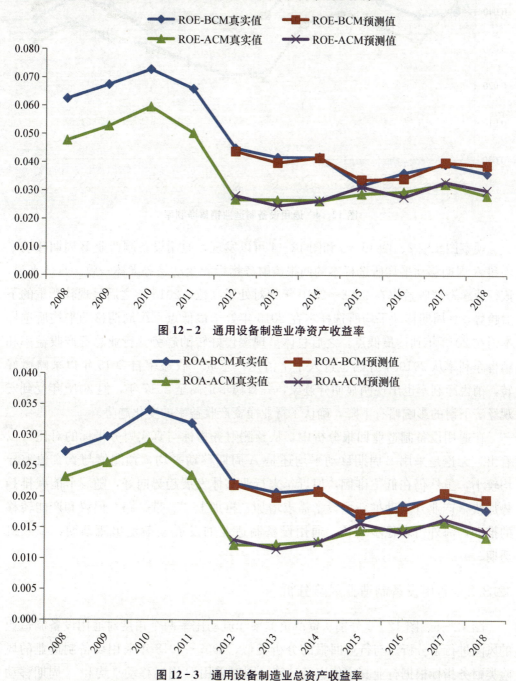

图 12 - 2　通用设备制造业净资产收益率

图 12 - 3　通用设备制造业总资产收益率

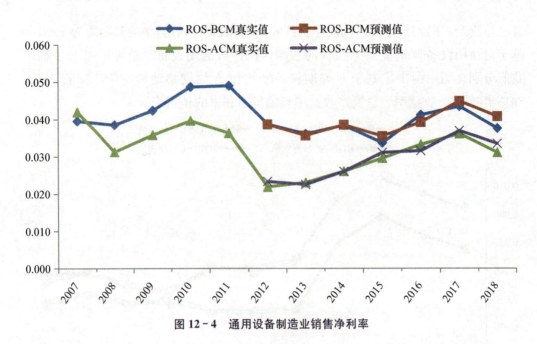

图 12 - 4　通用设备制造业销售净利率

观察图 12 - 2、图 12 - 3 和图 12 - 4 可以发现，通用设备制造业 B 周期移动平均和 A 周期移动平均所选样本的回报类财务指标的变动趋势大体一致。具体来说，该行业净资产收益率在 2008—2010 年相对处于高位，2010 年之后呈现较严重的下滑趋势，B 周期移动平均所选样本在 2015 年处于最低点，A 周期移动平均所选样本则在 2013 年到达最低点，之后总体呈现缓慢好转的趋势。行业总资产收益率和销售净利率从 2010 年开始也进入了下滑期，总资产收益率自 2015 年以来略微好转，销售净利率也出现明显回升迹象，一直稳步走高至 2017 年，但 2018 年受到宏观经济下滑的影响略有下降，确认了行业净资产收益率的变化趋势。

在通用设备制造业回报分析中，从预测财务指标与真实财务指标的对比可以看出，无论是采用 B 周期移动平均还是 A 周期移动平均，预测值与真实值差异均较小，虽然仍在低位徘徊，但近年来行业整体发展趋势向好，随着节能减排趋势加快，产业升级助推新增设备需求增加，再加上"一带一路"倡议和产能转移的推动，海外需求稳步增长，通用设备制造业的发展逐渐走出瓶颈期，步入机遇期。

12.3.2　通用设备制造业风险分析

图 12 - 5、图 12 - 6 分别从资产负债率和流动比率两个角度对通用设备制造业的风险进行了分析。与行业回报的分析类似，2007—2018 年通用设备制造业的风险类财务指标根据行业真实值进行计算，同时采用 B 周期移动平均和 A 周期移动平均计算了资产负债率和流动比率的预测值。

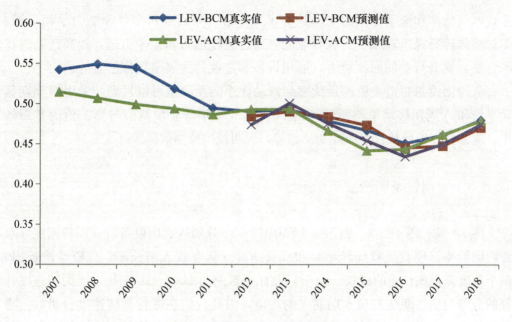

图 12-5　通用设备制造业资产负债率

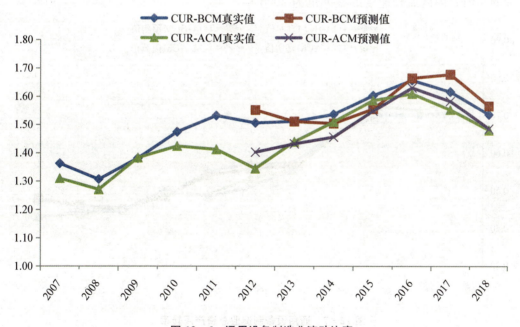

图 12-6　通用设备制造业流动比率

　　从资产负债率来看，通用设备制造业 B 周期移动平均所选样本与 A 周期移动平均所选样本的变化趋势较为一致，2008 年之后呈现一定的下滑趋势，2016 年下降至 0.44，之后触底反弹。从流动比率看，与资产负债率相对应，该行业短期偿债能力在 2008—2016 年呈现一定的上升趋势，2016 年之后有所下降。综合该行业资产负债率和流动比率的变动趋势可知，近一年行业短期偿债能力小幅下滑，不过整体运行风险较小，一旦行业能够通过科技创新和人才引进，提高产品的技术含量，提升行业的回报能力，通用设备制造业的发展前景依然看好。

从通用设备制造业资产负债率和流动比率的预测值可以发现，采用 B 周期移动平均和 A 周期移动平均所计算的 2012—2018 年行业预测值与真实值的差距较小，能够较好地反映行业风险变动趋势，说明模型预测效果较好。

12.3.3 通用设备制造业成长分析

图 12 - 7、图 12 - 8、图 12 - 9 和图 12 - 10 分别从通用设备行业周转速度（总资产周转率、应收账款周转率）和成长速度（营业收入增长率、总资产增长率）两个角度衡量该行业的成长。由于行业样本区间为 2007—2018 年，而周转速度计算的分母为前一期期末和本期期末的均值，因此我们在进行周转速度分析时，将基期确定为 2008 年。同样，行业成长速度采用本年度财务指标与上一年度财务指标的比值，因此成长速度的基期也为 2008 年。

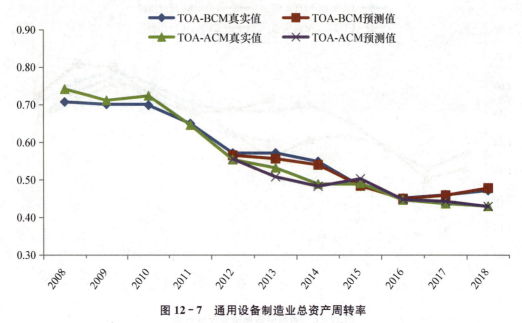

图 12 - 7　通用设备制造业总资产周转率

从周转速度看，B 周期移动平均所选样本和 A 周期移动平均所选样本的变动趋势比较一致。自 2008 年开始，通用设备制造业的总资产周转率和应收账款周转率均呈现一定的下滑趋势，2015 年之后下降趋势减弱，趋于平稳，说明该行业的运营效率较差，印证了该行业发展陷入瓶颈但近年来走势逐渐向好的假设。从成长速度看，B 周期移动平均和 A 周期移动平均所选样本具有一定的差异，就营业

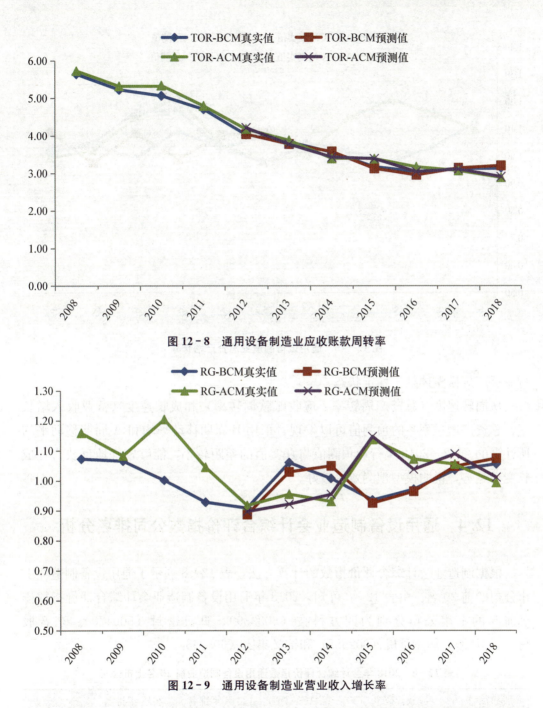

图 12-8　通用设备制造业应收账款周转率

图 12-9　通用设备制造业营业收入增长率

收入增长率来说，B 周期移动平均所选样本在 2008—2016 年呈现下降趋势，2016 年之后有轻微回升趋势，说明该行业整体陷入低迷，近年来有所好转；A 周期移动平均所选样本 2008—2012 年有所下滑，这一趋势在 2015 年之后有所改善，但是 2016 年以后再次走低，并于 2018 年下降至 1.00 以下。从总资产增长率来看，B 周期移动平均和 A 周期移动平均所选样本的变动较小，常年在 1.10 上下徘徊，说明

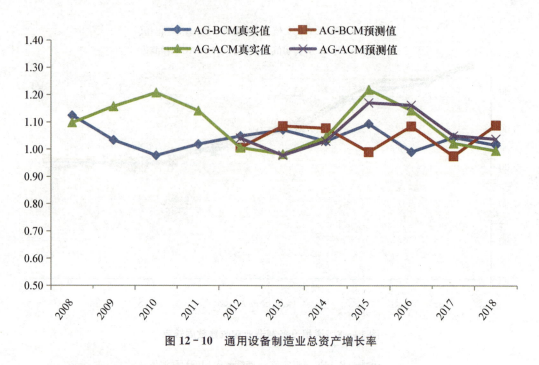

图 12 – 10　通用设备制造业总资产增长率

行业资产规模整体处于稳定状态。

　　从周转速度（总资产周转率、应收账款周转率）和成长速度（营业收入增长率、总资产增长率）的预测值可以发现，采用 B 周期移动平均和 A 周期移动平均所计算的 2012—2018 年行业预测值与真实值的差距较小，能够较好地反映行业成长变动趋势，说明模型预测效果较好。

12.4　通用设备制造业会计综合评价指数公司排名分析

　　根据制造业会计综合评价指数的计算方法，表 12 – 8 列示了通用设备制造业上市公司的前 20 名。由表 12 – 8 可知，2018 年通用设备制造业会计综合评价指数排名前 5 的上市公司分别为四方科技（603339）、日机密封（300470）、东音股份（002793）、华东重机（002685）和杭叉集团（603298）。

表 12 – 8　**2018 年会计综合评价指数通用设备制造业前 20 名上市公司**

股票简称	股票代码	2018 年 ACV 评分	2018 年排名	2017 年排名	排名变动
四方科技	603339	100.00	1	—	—
日机密封	300470	100.00	1	5	↑
东音股份	002793	100.00	1	—	—
华东重机	002685	99.09	4	1	↓
杭叉集团	603298	98.39	5	—	—

续表

股票简称	股票代码	2018 年 ACV 评分	2018 年排名	2017 年排名	排名变动
永和智控	002795	97.46	6	1	↓
上海沪工	603131	95.38	7	—	—
拓斯达	300607	95.20	8	—	—
三花智控	002050	90.31	9	3	↓
山东章鼓	002598	89.42	10	8	↓
日月股份	603218	87.73	11	—	—
佳士科技	300193	86.42	12	11	↓
恒久科技	002808	84.35	13	—	—
晋亿实业	601002	83.07	14	18	↑
博深工具	002282	82.46	15	35	↑
新界泵业	002532	81.61	16	7	↓
快意电梯	002774	80.67	17	—	—
瑞凌股份	300154	80.64	18	6	↓
南方轴承	002553	80.63	19	4	↓
宏盛股份	603090	80.16	20	—	—

注：会计综合评价指数的构建以公开财务数据真实有效为前提。

　　与 2017 年相比，2018 年通用设备制造业排名前 20 的上市公司中，排名上升较快的是博深工具（002282），下降较快的 2 家分别是瑞凌股份（300154）和南方轴承（002553）。

　　博深工具（002282）2017 年排在第 35 名，2018 年排在第 15 名，上升了 20 名，评分提高主要是由于盈利能力改善和周转速度提高。盈利能力方面主要体现在总资产收益率和净资产收益率提高，总资产收益率从 2017 年的 0.84％增长到 2018 年的 3.16％，净资产收益率从 2017 年的 1.12％增长到 4.06％；周转速度方面主要体现在应收账款周转率提高，从 2017 年的 2.24 增长到 2018 年的 3.29。博深工具综合排名上升主要是由于营业收入和扣除非经常性损益后的净利润增长明显。据博深工具年报所示，公司 2018 年合并口径营业收入为 10.54 亿元，同比增长 78.04％；营业利润为 1.02 亿元，同比增长 87.83％；利润总额为 1.02 亿元，同比增长 81.57％；净利润为 0.86 亿元，同比增长 68.70％。公司营业收入及利润水平较 2017 年均有大幅增长，主要是公司与金牛研磨重组后，涂附磨具业务的销售和利润贡献所致。公司原主营业务是金刚石工具、电动工具、合金工具的研发、生产和销售，在 2017 年 11 月 15 日完成与金牛研磨的重组后，增加了涂附磨具产品的研发、生产和销售业务。按照重大资产重组的相关规定和会计披露准则要求，博深工具 2017 年年报仅合并金牛研磨 2017 年 11 月、12 月的营业收入和净利润，而 2018 年年报是合并金牛研磨之后编制的首个完整会计年度财务报表，因此与营业收入和利润直接相关的财务指标增长幅度较大。此外，博深工具是中国金刚石工具行业的龙头企业之一，金牛研磨业务规模也位居涂附磨具行业前列，与金牛研磨重组后，规模优势更为明显。同时，公司与金牛研磨均属磨料磨具制品行业，存在共性客户，具有较强的销售渠道优势。总之，从 2018 年业务结构来看，资产重组后金牛研磨的涂附磨具业务成为公司第一大核心业务，其营业收入占比超过公司营业收入的一半，是公司主要的利润增长来源。

瑞凌股份（300154）2017 年排在第 6 名，2018 年排在第 18 名，下降了 12 名，评分降低主要是由于周转速度和成长速度下降。周转速度方面主要体现在总资产周转率有所降低，从 2017 年的 0.36 下降到 2018 年的 0.31；成长速度方面主要体现在营业收入增长率有所降低，从 2017 年的 18.85% 下降到 2018 年的－10.88%。瑞凌股份综合排名下降主要是由于营业收入明显减少。据瑞凌股份年报所示，公司 2017 年营业收入为 6.48 亿元，2018 年为 5.78 亿元，比 2017 年下降了 10.88%。在公司资产规模保持相对稳定的情况下，营业收入下滑直接导致总资产周转率和营业收入增长率明显降低，进而导致综合排名下降。在资产变动方面，2018 年报告期末长期股权资产较期初上升 100%，主要原因是公司新增向深圳哈工大科技创新产业发展有限公司的投资，除此之外，其他主要资产如固定资产、无形资产和在建工程都无重大变化，并且从期末总资产规模来看，2018 年年末资产总额较 2017 年年末仅增长 2.17%，低于 2017 年年末较 2016 年年末 4.67% 的增长幅度，总资产规模基本保持稳定。瑞凌股份主营业务包括逆变焊割设备、焊接自动化系列产品和焊接配件类产品的研发、生产、销售和服务，2018 年主营业务没有发生重大变化。在营业收入变动方面，按照行业划分，工业收入比上年同期下降了 10.90%，其他业务收入比上年同期下降了 7.06%；按照产品划分，收入同比下降幅度最大的两种产品为焊接自动化系列产品和焊接配件类产品，下降幅度分别为 18.53% 和 18.02%；按照地区划分，国内销售收入同比下降 13.55%，国外销售收入比上年同期下降 5.72%。2018 年营业收入大幅下降主要是受宏观经济等影响。我国面临严峻挑战，新老矛盾交织，周期性、结构性问题叠加，经济全球化遭遇波折，多边主义受到冲击，公司所处行业竞争加剧。公司要正确审视市场竞争加剧的风险，顺应行业发展的积极趋势，谋求长远可持续发展。

南方轴承（002553）2017 年排在第 4 名，2018 年排在第 19 名，下降了 15 名，评分降低主要是由于盈利能力和成长速度下降。盈利能力方面主要体现在总资产收益率、净资产收益率和销售净利率大幅下滑，总资产收益率从 2017 年的 9.04% 下降到 2018 年的 3.57%，净资产收益率从 2017 年的 9.95% 下降到 2018 年的

3.97％，销售净利率从 2017 年的 17.83％下降到 2018 年的 7.20％；成长速度方面主要体现在营业收入增长率有所降低，从 2017 年的 21.66％下降到 2018 年的 0.95％。南方轴承综合排名下降主要是由于营业收入增长幅度太小，扣除非经常性损益后的净利润下滑明显。据南方轴承年报所示，公司 2017 年营业收入为 3.89 亿元，2018 年为 3.93 亿元，同比只增长了 1.03％，远低于 2017 年比 2016 年同期增长的幅度 21.66％；2017 年扣除非经常性损益后的净利润为 0.69 亿元，2018 年为 0.28 亿元，比 2017 年下降了 59.42％。在资产规模保持相对稳定的情况下，扣除非经常性损益后的净利润骤减直接导致反映公司回报水平的盈利指标下降。在资产变动方面，南方轴承 2018 年年末归属于上市公司股东的净资产相比 2017 年年末仅增长了 2.93％，表明公司净资产规模基本保持稳定增长。在净利润变动方面，2018 年第 4 季度实现的净利润和扣除非经常性损益后的净利润为负，后者亏损较大。南方轴承主营业务是开发、制造和销售滚针轴承、单向滑轮总成和摩托车单向离合器等，产品应用领域包括汽车、摩托车和工业，产品以直销为主。2018 年公司主营业务没有发生重大变化，但是 2018 年我国汽车产业面临较大的压力，产销增速低于年初预计，为 1990 年以来首次年度下降，这对公司业务和盈利造成了一定影响。

第 13 章　专用设备制造业会计综合评价指数编制结果及分析

专用设备制造业（行业代码为 C35），是指专门生产针对某一种或一类对象，实现一项或几项功能的设备的企业。专用设备针对性强、效率高，如机加工的专用设备，往往只完成某一种或有限几种零件的特定一道或几道工序的加工，适用于单品种大批量加工。作为国民经济增长和技术升级的支撑条件，专用设备制造业将伴随高新技术和新兴产业的发展而进步，并体现出智能化、柔性化、网络化、精密化、绿色化和全球化发展的总趋势和时代特征。

我国非常重视专用设备制造业的发展，多次研究部署加快装备业发展的政策和措施。党的十六大决议中首次明确提出要大力发展设备制造业，先后颁布了《国务院出台加快振兴装备制造业若干意见》《国务院关于印发实施〈国家中长期科学和技术发展规划纲要（2006—2020 年）〉若干配套政策的通知》等重要纲领性文件，且不排除在今后政府机构设置中增设装备业部级机构的可能。上市公司作为行业龙头，其经营业绩和财务绩效等均对评价行业整体发展状况具有一定的示范作用。专用设备制造业为新技术、新产品的开发和生产提供重要的物质基础，是经济高级化不可或缺的战略性产业。本章以上市公司为样本，从发展趋势、回报、风险和成长四个角度对专用设备制造业的经营状况进行分析，以期为专用设备制造业的健康发展提供一些有益的经验和借鉴。

13.1　专用设备制造业发展趋势分析

为了对专用设备制造业的发展趋势进行分析，我们以 2007 年第 1 季度以来的所有季度作为样本区间。截至 2019 年第 1 季度，我们所选样本 49 个季度的季均总资产为 7 002.24 亿元，季均营业总收入为 952.10 亿元，季均价值创造额为 227.93 亿元。

为了研究专用设备制造业的发展趋势，我们以样本公司的季度总资产额、季度营业总收入和季度价值创造额为基础构建了专用设备制造业的资产指数、收入指数和价值创造额指数（见表13-1）。三类指数的总体波动趋势如图13-1所示。

表 13-1 专用设备制造业资产指数、收入指数、价值创造额指数编制结果

季度	资产指数	收入指数	价值创造额指数
200701	100	100	100
200702	110	131	129
200703	120	124	128
200704	129	136	176
200801	143	131	139
200802	161	168	151
200803	179	139	150
200804	188	166	121
200901	195	136	157
200902	203	202	200
200903	218	203	233
200904	222	236	237
201001	247	213	203
201002	263	308	308
201003	278	273	231
201004	299	335	309
201101	325	324	311
201102	347	377	369
201103	357	315	273
201104	372	403	376
201201	394	304	299
201202	417	319	303
201203	423	319	259
201204	423	341	264
201301	438	284	250
201302	449	371	310
201303	452	319	245
201304	451	396	302
201401	465	283	248
201402	481	341	277

续表

季度	资产指数	收入指数	价值创造额指数
201403	483	298	248
201404	497	362	359
201501	500	244	225
201502	517	302	275
201503	527	268	242
201504	536	346	304
201601	539	233	230
201602	548	283	268
201603	562	288	236
201604	584	365	277
201701	584	280	292
201702	601	373	407
201703	629	349	363
201704	640	450	437
201801	657	362	376
201802	679	478	475
201803	695	416	425
201804	718	541	438
201901	767	478	524

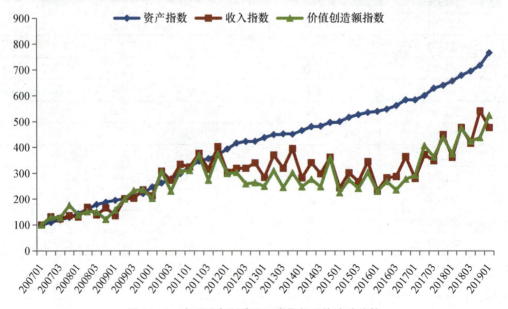

图 13－1　专用设备制造业三类指数总体波动趋势

由表 13-1 和图 13-1 可知,从总体运行趋势来看,专用设备制造业资产指数自 2007 年第 1 季度以来一直呈上升趋势,2019 年第 1 季度达到 767 点,与 2007 年第 1 季度相比上升了 667%;从收入指数的变动趋势看,2007 年第 1 季度到 2011 年第 4 季度持续上升,自 2011 年第 4 季度以来在波动中震荡调整,2017 年有所上升。从价值创造额指数的变动趋势看,由于 2008 年金融危机造成行业需求下行,在 2008 年第 1 季度至第 4 季度较收入指数有一个明显的降幅,从 2009 年第 1 季度开始持续上升,2011 年第 4 季度至 2016 年第 3 季度处于波动调整状态,表明该行业发展受限。自 2017 年以来,价值创造额指数与收入指数变动趋势类似,呈现波动中上升的势头,表明该行业发展形势有所改善。专用设备制造业是《中国制造 2025》战略规划的重要内容,具有良好的行业发展政策环境,特别是节能、环保、创新、实业等都将成为下一阶段发展的核心动力,因此环保设备、医疗设备等细分领域前景较好。

从三类指数运行趋势之间的关系来看,自 2007 年第 1 季度以来,专用设备制造业的收入指数与价值创造额指数的趋势基本保持一致;对比资产指数与收入指数可以发现,自 2012 年以来收入指数一直位于资产指数之下,且 2017 年之前二者差距有逐渐扩大的趋势,说明该行业收入增速有待提升,2017 年后二者差距逐渐缩小,但仍然比较明显。综合三类指数的运行趋势可以发现,近年来随着该行业资产规模的扩大,行业收入及价值创造额也有相应的提升,虽然增速相对较低,但是较 2017 年之前涨势明显,说明该行业运行效率有待进一步提升。

13.2　专用设备制造业财务指标预测

13.2.1　资产负债表主要项目预测

根据会计综合评价指数的构建需要,我们分别对专用设备制造业 2012—2018 年的资产均值、负债均值、所有者权益均值、流动资产均值、流动负债均值和应收账款均值进行了预测。

表 13-2 列示了专用设备制造业的资产、负债、所有者权益、流动资产、流动负债和应收账款的行业真实值和预测值,其中预测值分别采用 B 周期移动平均和 A 周期移动平均两种方法进行预测。表 13-3 则分别列示了资产负债表主要项目真实值与预测值的差异,从计算结果可以看出,无论是采用 B 周期移动平均还是 A 周期移动平均,均能够对资产负债表主要项目进行准确预测,模型稳定性较好。

表 13-2 资产负债表主要项目预测结果　　　　　　单位：亿元

年份	BCM/ACM	资产	负债	所有者权益	流动资产	流动负债	应收账款
2012	BCM 真实值	48.80	25.90	22.30	33.80	20.60	8.61
	BCM 预测值	48.00	25.70	21.80	33.50	20.30	8.35
	ACM 真实值	63.50	37.90	26.50	43.90	29.00	11.00
	ACM 预测值	65.50	39.30	26.90	45.40	30.10	10.90
2013	BCM 真实值	50.80	26.70	23.10	34.50	21.10	9.15
	BCM 预测值	51.20	27.00	23.70	35.00	21.20	9.17
	ACM 真实值	51.90	29.50	22.40	35.50	23.00	9.07
	ACM 预测值	51.60	29.40	22.90	35.00	22.80	8.89
2014	BCM 真实值	50.50	26.30	23.00	33.80	21.10	9.16
	BCM 预测值	51.40	26.70	23.50	34.50	21.30	9.33
	ACM 真实值	47.70	25.80	21.80	32.30	20.60	8.23
	ACM 预测值	47.20	25.30	21.40	31.60	20.00	8.29
2015	BCM 真实值	48.40	24.10	23.20	31.70	19.50	8.72
	BCM 预测值	47.70	23.90	22.40	31.20	19.20	8.52
	ACM 真实值	55.80	28.70	27.30	36.60	22.90	9.51
	ACM 预测值	55.40	28.80	25.90	36.60	22.90	9.35
2016	BCM 真实值	47.20	23.80	22.50	30.60	18.90	8.15
	BCM 预测值	48.30	23.90	23.50	30.90	19.10	8.52
	ACM 真实值	62.30	33.20	29.10	40.50	25.80	10.20
	ACM 预测值	59.00	30.20	29.30	37.70	23.70	9.76
2017	BCM 真实值	49.50	25.10	23.60	32.10	20.00	8.40
	BCM 预测值	48.60	24.70	23.20	31.50	19.80	7.95
	ACM 真实值	62.80	32.80	29.70	40.30	26.00	10.30
	ACM 预测值	63.40	33.70	29.90	40.80	26.80	9.99
2018	BCM 真实值	53.80	28.00	24.80	34.50	22.30	8.98
	BCM 预测值	52.70	27.20	24.70	33.50	21.60	8.81
	ACM 真实值	60.30	33.00	27.50	38.50	26.20	9.96
	ACM 预测值	61.10	32.70	28.30	38.90	25.90	10.10

表 13 - 3　资产负债表主要项目预测差异

年份	BCM/ACM	资产	负债	所有者权益	流动资产	流动负债	应收账款
2012	BCM	−1.64%	−0.61%	−2.45%	−0.80%	−1.08%	−3.00%
	ACM	3.18%	3.60%	1.47%	3.57%	3.88%	−1.07%
2013	BCM	0.87%	1.13%	2.80%	1.32%	0.40%	0.22%
	ACM	−0.48%	−0.48%	2.08%	−1.27%	−0.79%	−1.97%
2014	BCM	1.76%	1.51%	2.31%	2.10%	0.88%	1.87%
	ACM	−1.06%	−1.87%	−1.71%	−2.21%	−2.49%	0.78%
2015	BCM	−1.51%	−0.97%	−3.40%	−1.73%	−1.53%	−2.20%
	ACM	−0.75%	0.27%	−5.25%	0.20%	−0.12%	−1.62%
2016	BCM	2.20%	0.45%	4.14%	0.95%	0.75%	4.54%
	ACM	−5.30%	−8.92%	0.86%	−7.01%	−8.05%	−4.58%
2017	BCM	−1.89%	−1.53%	−2.03%	−1.69%	−0.83%	−5.28%
	ACM	0.95%	2.60%	0.74%	1.16%	2.98%	−2.69%
2018	BCM	−1.96%	−2.73%	−0.18%	−2.90%	−2.84%	−1.80%
	ACM	1.25%	−0.86%	2.72%	0.89%	−1.21%	1.23%

13.2.2　利润表主要项目预测

根据会计综合评价指数的构建需要，我们对利润表中营业总收入、营业总成本和扣除非经常性损益后的净利润三个会计项目进行了预测。需要说明的是，由于净利润包括企业的投资收益等非经常性损益，难以准确衡量企业主营业务所产生的回报，因此在对行业回报进行计算的过程中，选取扣除非经常性损益后的净利润进行预测。根据利润表的特点，在对营业总收入、营业总成本和扣除非经常性损益后的净利润进行预测的过程中，将除数占比法和周期移动平均法结合起来使用。

表 13-4 列示了利润表中营业总收入、营业总成本和扣除非经常性损益后的净利润的真实值与预测值，其中预测值分别采用 B 周期移动平均和 A 周期移动平均两种方法进行预测。表 13-5 进一步计算了利润表主要项目真实值与预测值的差异，结果显示利润表主要项目的预测差异较小，说明采取的方法能够较好地对利润表主要项目进行预测。

表 13－4　利润表主要项目预测结果　　　　　　　单位：亿元

年份	BCM/ACM	营业总收入	营业总成本	扣除非经常性损益后的净利润
2012	BCM 真实值	24.60	22.90	1.07
	BCM 预测值	24.10	22.30	1.13
	ACM 真实值	23.30	22.60	0.73
	ACM 预测值	23.50	22.60	0.79
2013	BCM 真实值	25.40	23.90	1.08
	BCM 预测值	24.90	23.20	1.13
	ACM 真实值	19.40	18.80	0.68
	ACM 预测值	19.10	18.50	0.67
2014	BCM 真实值	24.00	22.50	0.93
	BCM 预测值	24.10	22.60	0.95
	ACM 真实值	17.10	16.50	0.65
	ACM 预测值	17.20	16.70	0.63
2015	BCM 真实值	20.60	19.70	0.60
	BCM 预测值	20.50	19.40	0.62
	ACM 真实值	18.60	18.50	0.61
	ACM 预测值	18.50	18.20	0.61
2016	BCM 真实值	19.90	19.50	0.61
	BCM 预测值	19.40	18.80	0.59
	ACM 真实值	19.40	19.30	0.61
	ACM 预测值	18.60	18.60	0.61
2017	BCM 真实值	22.50	21.00	1.08
	BCM 预测值	22.10	20.80	1.03
	ACM 真实值	22.10	21.20	0.93
	ACM 预测值	21.80	21.00	0.91
2018	BCM 真实值	24.60	23.30	1.23
	BCM 预测值	24.50	22.90	1.28
	ACM 真实值	21.70	21.40	0.92
	ACM 预测值	22.10	21.10	0.96

表 13 – 5　利润表主要项目预测差异

年份	BCM/ACM	营业总收入	营业总成本	扣除非经常性损益后的净利润
2012	BCM	−2.03％	−2.47％	5.62％
	ACM	0.46％	0.05％	7.50％
2013	BCM	−2.28％	−3.04％	4.18％
	ACM	−1.41％	−1.87％	−1.24％
2014	BCM	0.28％	0.68％	2.08％
	ACM	0.40％	0.87％	−3.62％
2015	BCM	−0.62％	−1.76％	2.72％
	ACM	−0.77％	−1.56％	0.43％
2016	BCM	−2.41％	−3.67％	−3.32％
	ACM	−3.77％	−3.73％	−0.42％
2017	BCM	−1.92％	−0.82％	−4.57％
	ACM	−1.31％	−0.81％	−1.76％
2018	BCM	−0.21％	−1.98％	4.26％
	ACM	1.77％	−1.12％	4.27％

13.2.3　基于预测指标测算行业回报、风险和成长

在完成对营业总收入、营业总成本、扣除非经常性损益后的净利润、资产、负债、所有者权益、流动资产、流动负债和应收账款行业均值的预测之后，我们以预测值为基准，根据行业回报、风险和成长，计算了行业的净资产收益率、总资产收益率、销售净利率、资产负债率、流动比率、总资产周转率、应收账款周转率、营业收入增长率和总资产增长率 9 个财务指标。具体预测结果列示在表 13 – 6 中。

表 13 – 6　专用设备制造业回报、风险和成长预测结果

年份	BCM/ACM	回报			风险		成长			
		净资产收益率	总资产收益率	销售净利率	资产负债率	流动比率	总资产周转率	应收账款周转率	营业收入增长率	总资产增长率
2012	BCM 真实值	0.049	0.022	0.044	0.53	1.64	0.51	2.89	0.90	1.02
	BCM 预测值	0.052	0.024	0.047	0.54	1.65	0.50	2.92	0.89	1.00
	ACM 真实值	0.028	0.012	0.031	0.60	1.51	0.38	2.25	0.93	1.08
	ACM 预测值	0.030	0.012	0.034	0.60	1.51	0.37	2.29	0.93	1.09

续表

年份	BCM/ACM	回报			风险		成长			
		净资产收益率	总资产收益率	销售净利率	资产负债率	流动比率	总资产周转率	应收账款周转率	营业收入增长率	总资产增长率
2013	BCM 真实值	0.048	0.022	0.043	0.53	1.63	0.51	2.86	1.03	1.04
	BCM 预测值	0.049	0.023	0.045	0.53	1.65	0.50	2.84	1.03	1.07
	ACM 真实值	0.028	0.012	0.035	0.57	1.54	0.34	1.93	0.83	0.82
	ACM 预测值	0.027	0.011	0.035	0.57	1.54	0.33	1.93	0.82	0.79
2014	BCM 真实值	0.040	0.018	0.039	0.52	1.60	0.47	2.62	0.94	1.00
	BCM 预测值	0.040	0.019	0.039	0.52	1.62	0.47	2.60	0.97	1.00
	ACM 真实值	0.029	0.013	0.038	0.54	1.57	0.34	1.98	0.88	0.92
	ACM 预测值	0.028	0.013	0.037	0.54	1.58	0.35	2.00	0.90	0.91
2015	BCM 真实值	0.026	0.012	0.029	0.50	1.63	0.42	2.30	0.86	0.96
	BCM 预测值	0.027	0.013	0.030	0.50	1.62	0.41	2.29	0.85	0.93
	ACM 真实值	0.025	0.012	0.033	0.51	1.60	0.36	2.10	1.09	1.17
	ACM 预测值	0.026	0.012	0.033	0.52	1.60	0.36	2.10	1.08	1.17
2016	BCM 真实值	0.027	0.013	0.031	0.50	1.62	0.42	2.36	0.97	0.98
	BCM 预测值	0.026	0.012	0.030	0.50	1.62	0.41	2.28	0.95	1.01
	ACM 真实值	0.022	0.010	0.032	0.53	1.57	0.33	1.96	1.04	1.12
	ACM 预测值	0.022	0.011	0.033	0.51	1.59	0.33	1.95	1.01	1.07
2017	BCM 真实值	0.047	0.022	0.048	0.51	1.60	0.47	2.72	1.13	1.05
	BCM 预测值	0.044	0.021	0.047	0.51	1.59	0.46	2.68	1.14	1.01
	ACM 真实值	0.032	0.015	0.042	0.52	1.55	0.35	2.16	1.14	1.01
	ACM 预测值	0.031	0.015	0.042	0.53	1.52	0.36	2.21	1.17	1.07
2018	BCM 真实值	0.051	0.024	0.050	0.52	1.55	0.48	2.83	1.09	1.09
	BCM 预测值	0.054	0.025	0.052	0.52	1.55	0.48	2.93	1.11	1.09
	ACM 真实值	0.032	0.015	0.042	0.55	1.47	0.35	2.14	0.98	0.96
	ACM 预测值	0.033	0.015	0.044	0.54	1.50	0.35	2.20	1.01	0.96

表 13-7 进一步列示了专用设备制造业回报、风险和成长类财务指标预测值与真实值之间的差异。对比专用设备制造业采用 B 周期移动平均和 A 周期移动平均所预测的财务指标与该行业财务指标的真实值可知，所选用预测模型的预测效果较好，预测能力比较稳定。

表 13 – 7　专用设备制造业回报、风险和成长预测差异

年份	BCM/ACM	回报			风险		成长			
		净资产收益率	总资产收益率	销售净利率	资产负债率	流动比率	总资产周转率	应收账款周转率	营业收入增长率	总资产增长率
2012	BCM	6.32%	6.63%	7.80%	1.05%	0.28%	−1.09%	0.88%	−1.76%	−1.39%
	ACM	4.39%	4.42%	7.01%	0.41%	−0.29%	−2.42%	1.75%	−0.83%	0.46%
2013	BCM	3.95%	4.55%	6.61%	0.26%	0.91%	−1.93%	−0.95%	−0.26%	2.55%
	ACM	−2.94%	−2.73%	0.17%	0.00%	−0.49%	−2.90%	0.07%	−1.86%	−3.54%
2014	BCM	−0.46%	0.76%	1.79%	−0.24%	1.21%	−1.02%	−0.75%	2.63%	0.88%
	ACM	−3.83%	−2.89%	−4.01%	−0.82%	0.29%	1.17%	1.07%	1.84%	−0.59%
2015	BCM	3.30%	2.56%	3.37%	0.54%	−0.21%	−0.78%	−0.51%	−0.90%	−3.21%
	ACM	4.27%	1.34%	1.21%	1.03%	0.32%	0.13%	−0.26%	−1.17%	0.32%
2016	BCM	−3.63%	−3.63%	−0.93%	−1.71%	0.19%	−2.73%	−3.44%	−1.80%	3.76%
	ACM	1.71%	2.81%	3.49%	−3.82%	1.13%	−0.65%	−0.64%	−3.03%	−4.58%
2017	BCM	−5.50%	−4.68%	−2.71%	0.36%	−0.86%	−2.02%	−1.48%	0.51%	−4.00%
	ACM	−2.54%	0.40%	−0.46%	1.63%	−1.76%	0.86%	2.40%	2.56%	6.60%
2018	BCM	5.40%	6.31%	4.48%	−0.79%	−0.06%	1.75%	3.39%	1.74%	−0.08%
	ACM	2.54%	3.14%	2.46%	−2.09%	2.13%	0.66%	2.54%	3.12%	0.29%

13.3　专用设备制造业运行状况分析

会计综合评价指数分别采用 B 周期移动平均和 A 周期移动平均两种方法，对行业运行状况基准值进行预测。具体来讲，B 周期移动平均的样本数量以年度最新行业样本为准，进行滚动预测，样本数量较多，更能代表行业当前发展状况；A 周期移动平均则按照样本基期进行滚动预测，样本选取比较稳定，对行业历史发展状况的讨论更为充分。

13.3.1　专用设备制造业回报分析

图 13 – 2、图 13 – 3 和图 13 – 4 分别为 2007—2018 年专用设备制造业的净资产收益率、总资产收益率和销售净利率的变动趋势图，其中，净资产收益率和总资产收益率的分母分别采用本年年末所有者权益（总资产）与上年年末所有者权

益（总资产）的均值计算，因此净资产收益率和总资产收益率的基期均为 2008 年。
基于对专用设备制造业财务指标的预测，在评价专用设备制造业回报的过程中，
我们分别在图中画出了基于 B 周期移动平均和 A 周期移动平均所计算的 2012—
2018 年净资产收益率、总资产收益率和销售净利率的预测值。

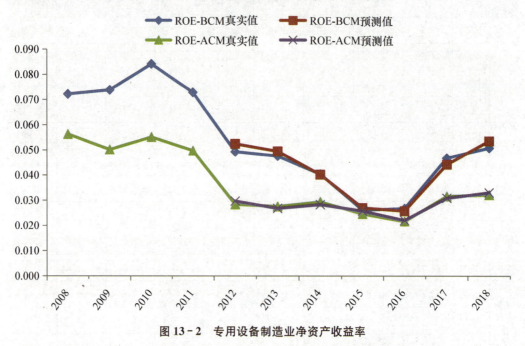

图 13 - 2　专用设备制造业净资产收益率

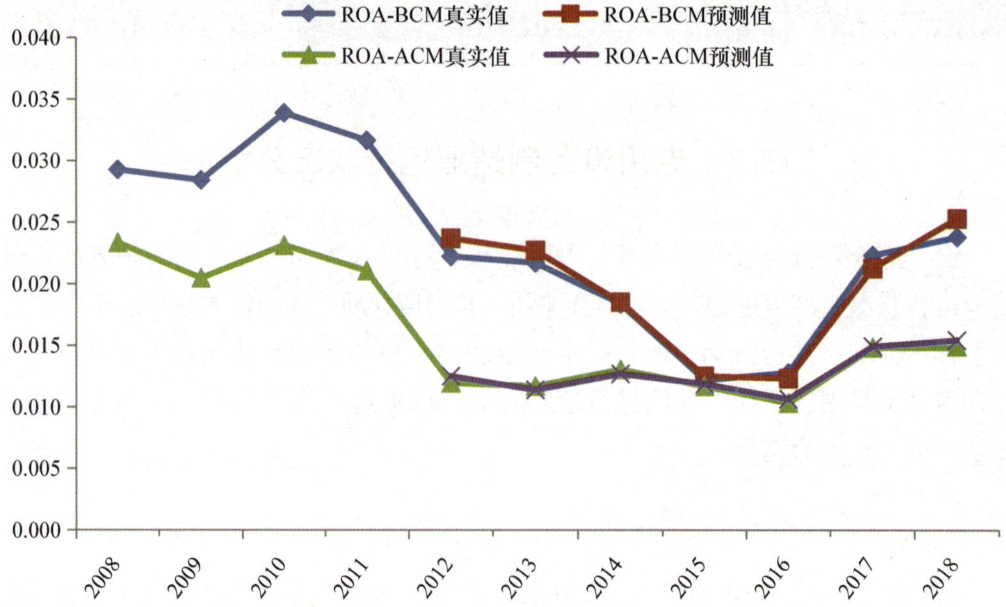

图 13 - 3　专用设备制造业总资产收益率

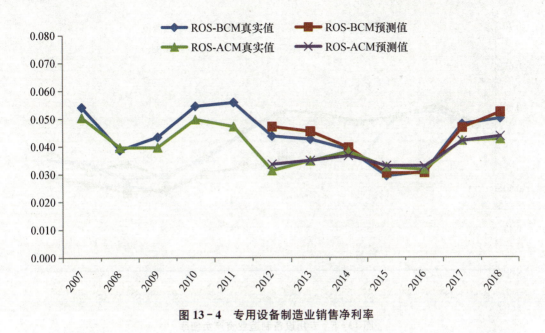

图 13 - 4　专用设备制造业销售净利率

观察图 13 - 2、图 13 - 3 和图 13 - 4 可以发现，专用设备制造业 B 周期移动平均和 A 周期移动平均所选样本的回报类财务指标的变动趋势大体一致。具体来说，净资产收益率和总资产收益率在 2008—2010 年先降后升，这与 2008 年爆发的金融危机以及随后的四万亿元投资计划密切相关，2010—2016 年出现大幅下降，2016—2018 年再次回升。销售净利率自 2008 年以来呈现先上升后下降再上升的趋势，表明该行业回报经历了一段时间的持续下滑后，逐渐改善。总体来说，近年来专用设备制造业的回报有待提升。

在专用设备制造业回报分析中，从预测财务指标与真实财务指标的对比可以看出，无论是采用 B 周期移动平均还是 A 周期移动平均，预测值与真实值的差异均较小，表明模型预测效果较好。

13.3.2　专用设备制造业风险分析

图 13 - 5、图 13 - 6 分别从资产负债率和流动比率两个角度对专用设备制造业的风险进行了分析。与行业回报的分析类似，2007—2018 年专用设备制造业的风险类财务指标根据行业真实值进行计算，同时采用 B 周期移动平均和 A 周期移动平均计算了资产负债率和流动比率的预测值。

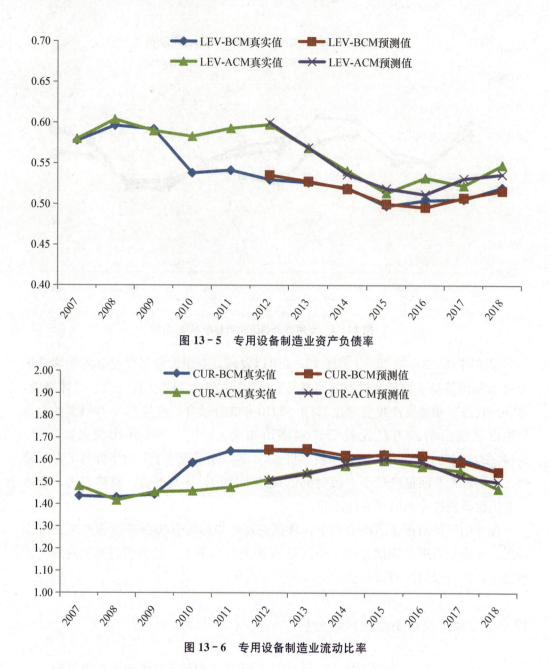

图 13－5　专用设备制造业资产负债率

图 13－6　专用设备制造业流动比率

　　无论是 B 周期移动平均所选样本还是 A 周期移动平均所选样本，专用设备制造业的资产负债率和流动比率变动趋势均较为一致。其中，资产负债率在 2007—2009 年处于高位，随后缓慢下降，2015—2017 年基本稳定在 0.50 上下，2018 年略有上升。流动比率在 2007—2018 年一直保持在 1.40 以上，具体来看，2009—2011 年存在明显的上升趋势，之后逐渐保持平稳，基本在 1.60 上下浮动，近两年来又呈现缓慢下降的趋势。综合该行业资产负债率和流动比率变动趋势，可以发现近年来该行业的整体风险比较稳定。

从专用设备制造业资产负债率和流动比率的预测值可以发现，采用 B 周期移动平均和 A 周期移动平均所计算的 2012—2018 年行业预测值与真实值的差距较小，能够较好地反映行业风险变动趋势，说明模型预测效果较好。

13.3.3　专用设备制造业成长分析

图 13 - 7、图 13 - 8、图 13 - 9 和图 13 - 10 分别从专用设备制造业周转速度（总资产周转率、应收账款周转率）和成长速度（营业收入增长率、总资产增长率）两个角度衡量该行业的成长。由于行业样本区间为 2007—2018 年，而周转速度计算的分母为前一期期末和本期期末的均值，因此我们在进行周转速度分析时，将基期确定为 2008 年。同样，行业成长速度采用本年度财务指标与上一年度财务指标的比值，因此成长速度的基期也为 2008 年。

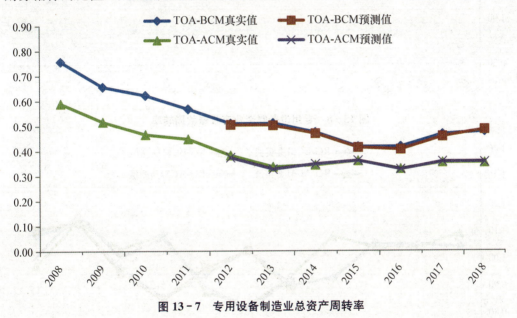

图 13 - 7　专用设备制造业总资产周转率

从周转速度看，B 周期移动平均所选样本和 A 周期移动平均所选样本的变动趋势比较一致。自 2008 年开始，专用设备制造业总资产周转率和应收账款周转率均呈现大幅下滑趋势，一直持续到 2015 年，之后基本保持平稳，说明该行业的运营效率越来越差，近年来也没有明显的改善；从成长速度看，营业收入增长率在样本期间整体上比较稳定，虽然 2011 年以来表现为小幅上下浮动，但是总体维持在 1.00 上下，总资产增长率在样本期间有轻微下滑。综合分析专用设备制造业的周转速度和成长速度可以发现，该行业的成长性亟待提高，可以通过加强运营管理、提高运营效率、完善产品及改善销售模式等方式提升行业成长性。

从专用设备制造业的周转速度（总资产周转率、应收账款周转率）和成长速度（营业收入增长率、总资产增长率）的预测值可以发现，采用 B 周期移动平均和 A 周期移动平均所计算的 2012—2018 年行业预测值与真实值差距较小，能够较好地反映行业成长变动趋势，说明模型预测效果较好。

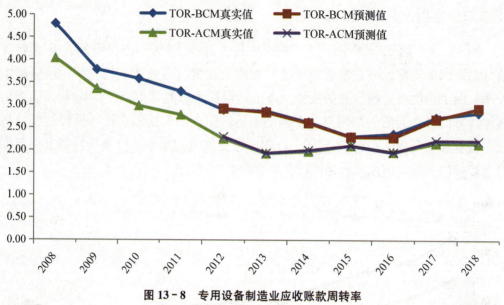

图 13 - 8　专用设备制造业应收账款周转率

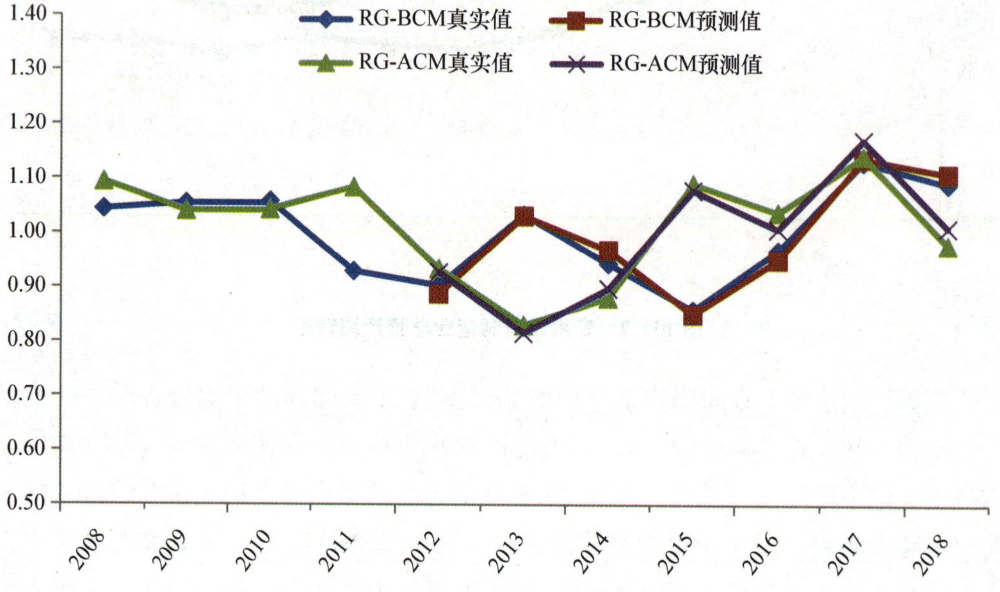

图 13 - 9　专用设备制造业营业收入增长率

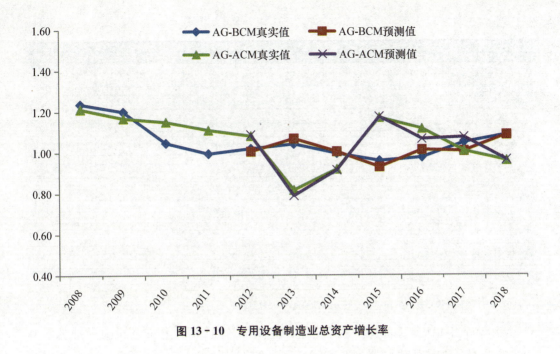

图 13 - 10　专用设备制造业总资产增长率

13.4　专用设备制造业会计综合评价指数公司排名分析

根据制造业会计综合评价指数的计算方法，表 13 - 8 列示了专用设备制造业上市公司的前 20 名。由表 13 - 8 所知，2018 年专用设备制造业会计综合评价指数排名前 5 的上市公司分别为弘亚数控（002833）、三诺生物（300298）、南兴装备（002757）、健帆生物（300529）和欧普康视（300595）。

表 13 - 8　2018 年会计综合评价指数专用设备制造业前 20 名上市公司

股票简称	股票代码	2018 年 ACV 评分	2018 年排名	2017 年排名	排名变动
弘亚数控	002833	100.00	1	—	—
三诺生物	300298	100.00	1	1	—
南兴装备	002757	100.00	1	5	↑
健帆生物	300529	98.09	4	—	—
欧普康视	300595	96.05	5	—	—
快克股份	603203	92.54	6	—	—
美亚光电	002690	89.09	7	4	↓
荣泰健康	603579	89.05	8	—	—
理邦仪器	300206	88.36	9	33	↑
艾迪精密	603638	88.25	10	—	—

续表

股票简称	股票代码	2018年ACV评分	2018年排名	2017年排名	排名变动
鱼跃医疗	002223	87.34	11	6	↓
杰克股份	603337	87.08	12	—	—
康德莱	603987	86.92	13	—	—
豪迈科技	002595	86.81	14	1	↓
开立医疗	300633	86.36	15	—	—
昌红科技	300151	85.41	16	30	↑
恒立液压	601100	85.33	17	17	—
浙江鼎力	603338	85.08	18	1	↓
华宏科技	002645	84.10	19	14	↓
安徽合力	600761	82.86	20	22	↑

注：会计综合评价指数的构建以公开财务数据真实有效为前提。

与2017年相比，2018年专用设备制造业排名前20的上市公司中，排名上升较快的2家分别是理邦仪器（300206）和昌红科技（300151），下降较快的2家分别是豪迈科技（002595）和浙江鼎力（603338）。

理邦仪器（300206）2017年排在第33名，2018年排在第9名，上升了24名，评分提高主要是由于盈利能力和周转速度提升。盈利能力方面主要体现在总资产收益率和净资产收益率提高，总资产收益率从2017年的0.57%增长到2018年的2.68%，净资产收益率从2017年的0.66%增长到3.07%；周转速度方面主要体现在总资产周转率提高，从2017年的0.58增长到2018年的0.69。理邦仪器综合排名上升主要是由于营业收入和扣除非经常性损益后的净利润显著增长，后者增幅尤其显著。据理邦仪器年报所示，公司2017年营业收入为8.43亿元，2018年为9.93亿元，同比增长17.79%；2017年扣除非经常性损益后的净利润为822.48万元，2018年为3 848.48万元，同比增长367.91%。在公司总资产和净资产均保持相对稳定的情况下，扣除非经常性损益后的净利润猛增直接导致总资产收益率和净资产收益率提高，营业收入增多导致总资产周转率提高。理邦仪器主要从事医疗电子设备产品和体外诊断产品的研发、生产、销售、服务，主要涵盖妇幼保健产品及系统、多参数监护产品及系统、心电产品及系统、数字超声诊断系统、体外诊断、智慧健康六大领域，2018年主营业务没有发生重大变化。收入和利润增加的主要驱动因素有三个方面：一是，报告期内公司继续加大对国内外市场的开拓力度和新产品的投入，持续挖掘各细分市场潜力，使得各产品线业务均保持稳定增长，其中体外诊断产品线、心电产品线增长最为迅速，按照产品划分营业收入，体外诊断产品线收入同比增加42.99%，心电产品线收入同比增加 25.72%；二是，公司全面实施了精细化管理，同时优化营销管理，使得报告期内营业利润较上年同期显著增加；三是，国家释放多方面行业政策红利，推动医疗器械国产化，遴选优秀产品建立标杆，打造国产品牌化，医疗器械审批制度改革中对国产创新型医疗器械开辟了快速通道，部分省市也在招标制度上对国产医疗器械表现出明显倾斜，下游医院对国产设备的信任度逐渐提高，二级以上医院对国产设备需求放量，实现进口替代，使得公司的产品销量进一步提升。

昌红科技（300151）2017 年排在第 30 名，2018 年排在第 16 名，上升了 14 名，评分提高主要是由于盈利能力和成长速度有所提高。盈利能力方面主要体现在总资产收益率有所提高，从 2017 年的 2.70% 增长到 2018 年的 4.37%；成长速度方面主要体现在营业收入增长率提高，从 2017 年的 1.78% 增长到 2018 年的 15.84%。昌红科技综合排名上升主要是由于营业收入有所增加，同时扣除非经常性损益后的净利润大幅增加。据昌红科技年报所示，公司 2017 年营业收入为 5.99 亿元，2018 年为 6.94 亿元，比 2017 年增加 15.86%；2017 年实现扣除非经常性损益后的净利润 0.35 亿元，2018 年为 0.57 亿元，比 2017 年增加 62.86%。虽然公司 2018 年总资产比上年增加了 6.30%，但是从上述净利润数据对比来看，利润增长幅度远超资产增长幅度，使得总资产收益率有所提高，盈利能力有所改善，收入增长速度也较为乐观。昌红科技一直致力于推动模具的开发研制及其制品的注塑成型工艺等创新技术在各行业的应用，主要产品包括医疗器械以及精密模具与注塑，公司系列产品和技术已广泛应用在医疗器械、OA 设备、汽车制造、家电、消费电子等众多行业，2018 年公司主营业务及产品没有发生重大变化。从营业收入整体情况来看，昌红科技从 2017 年开始推行聚焦医疗行业的战略目标，逐渐放弃光电行业相关的业务，同年转让其持有的控股子公司昌红光电 80% 的股权，并于 2018 年彻底结束光电行业的产品销售，2018 年医疗行业营业收入达到 9 122.72 万元，比上年增加了 11.07%，这一增长在分产品收入中也得到了印证，由此可见公司以做大做强医疗大健康行业为战略发展方向，实现了营业收入的增长。公司利润增长的主要原因，一方面是行业前景较好，公司主营业务主要对应两个行业，分别是模具行业和医疗器械行业，近年来随着汽车工业、机械行业、电子信息等的高速发展，我国模具行业实现了快速增长，国际国内市场需求持续增长，受国家医疗器械行业支持政策的影响，国内医疗器械行业也步入高速增长阶段，发展潜力巨大；另一方面是公司制定符合行业发展前景的经营计划，加大医疗大健康行业的投入及资源嫁接，逐步提高医疗产品在公司总体发展中的份额和地位。

豪迈科技（002595）2017 年排在第 1 名，2018 年排在第 14 名，下降了 13 名，评分降低主要是由于偿债能力下降导致风险增加以及盈利能力降低。风险方面主要体现在资产负债率上升和流动比率下降，资产负债率从 2017 年的 15.22% 增长到 2018 年的 21.92%，流动比率从 2017 年的 3.85 下降到 2018 年的 2.47；盈利能力方面主要体现在销售净利率下降，从 2017 年的 21.73% 下降到 2018 年的 19.10%。豪迈科技综合排名下降主要是由于负债规模增加，同时利润增幅较小且小于营业收入增幅。据豪迈科技年报所示，公司 2017 年总负债为 7.00 亿元，2018 年为 12.15 亿元，比 2017 年增加 73.57%；2017 年公司营业收入为 29.95 亿元，2018 年为 37.24 亿元，比 2017 年增加 24.34%；2017 年公司扣除非经常性损益后的净利润为 6.51 亿元，2018 年为 7.12 亿元，比 2017 年增加 9.31%，远低于营业收入的增长幅度。从偿债能力方面看，豪迈科技 2018 年总资产比上年同期增长了 20.92%，流动资产增长了 13.07%，但是总负债和流动负债增幅更大，分别增长了 73.47% 和 74.89%。负债规模增加主要是由于流动负债中短期借款和非流动负债中预计负债的增加，短期借款增加主要是银行借款增加所致，预计负债项目为产品售后维修费，以报告期主营业务收入的千分之四计提，因此 2018 年年末公司预计负债增加主要是主营业务收入增长所致。豪迈科技主营业务有轮胎模具业务、铸造业务和大型零部件制造业务，主要产品包括模具、铸造产品、大型零部件、机械产品等，2018 年公司生产经营状况良好，各项业务保持较好的发展态势。从盈利能力方面看，公司营业收入增长势头良好，但是负债增加导致需要支付的税费增加，使净利润增速明显低于营业收入和总资产的增速，进而导致回报率相关财务指标有所下降。

浙江鼎力（603338）2017 年排在第 1 名，2018 年排在第 18 名，下降了 17 名，评分降低主要是由于偿债能力下降导致风险增加以及成长速度放缓。风险方面主要体现在资产负债率上升和流动比率下降，资产负债率从 2017 年的 20.73% 增长到 2018 年的 28.41%，流动比率从 2017 年的 4.44 下降到 2018 年的 2.96；成长速度方面主要体现在总资产增长率下降，从 2017 年的 2.03 下降到 2018 年的 1.31，同比降低 35.47%。浙江鼎力综合排名下降主要是由于负债规模增加且资产扩张速度降低。据浙江鼎力年报所示，公司 2017 年总负债为 5.76 亿元，2018 年为 10.32 亿元，比 2017 年增加 79.17%；2017 年流动负债为 4.78 亿元，2018 年为 8.82 亿元，比 2017 年增加 84.52%；2017 年总资产为 27.79 亿元，2018 年为 36.34 亿元，比 2017 年增加 30.77%；2017 年流动资产为 21.23 亿元，2018 年为 26.07 亿元，比 2017 年增加 22.80%，可以看出资产增长速度远低于负债增长速度，这直接导致公司偿债能力下降。2018 年年末公司其他流动资产和可供出售金融资产较期初有明显下降，前者主要系购买银行理财产品到期收回所致，后者系依据会计准则要求子公司调整核算方式所致，这两项资产的下降拉低了公司总体资产增长速度，同时影响了成长能力和偿债能力。此外，2018 年年末公司一年内到期的非流动负债和预计负债较期初有明显增加，前者主要系本期提高售后服务费计提比例所致，后者主要系子公司一年内到期的长期借款增加所致，这两项负债增加显著提高了流动负债和总负债的规模，明显提高了财务杠杆，使得公司面临的财务风险增加。

第 14 章　汽车制造业会计综合评价指数编制结果及分析

汽车制造业（行业代码为 C36）在《国民经济行业分类》中属于交通运输设备制造业。汽车制造业包括汽车整车制造业，改装汽车制造业，电车制造业，汽车车身、挂车制造业，汽车零部件及配件制造业，汽车修理业等 6 个小类行业。汽车制造业是国民经济重要的支柱产业，产业链长、关联度高、消费拉动大，汽车制造业的上下游产业链延伸至实体经济的诸多方面，是国民经济发展的中流砥柱。过去的十年中汽车工业总产值占 GDP 中工业总产值的比重稳步提升，对经济平稳运行有较强的带动作用。

中国汽车制造业起步相对较晚，技术水平落后，存在品牌优势不强、高端产品市场竞争力较弱等问题。上市公司作为行业龙头，其经营业绩和财务绩效等均对评价行业整体发展状况具有一定的示范作用。本章以上市公司为样本，从发展趋势、回报、风险和成长四个角度对汽车制造业的经营状况进行分析，以期为汽车制造业的健康发展提供一些有益的经验和借鉴。

14.1　汽车制造业发展趋势分析

为了对汽车制造业的发展趋势进行分析，我们以 2007 年第 1 季度以来的所有季度作为样本区间。截至 2019 年第 1 季度，我们所选样本 49 个季度的季均总资产为 11 571.84 亿元，季均营业总收入为 3 017.51 亿元，季均价值创造额为 546.38 亿元。

为了研究汽车制造业的发展趋势，我们以样本公司的季度总资产额、季度营业总收入和季度价值创造额为基础构建了汽车制造业的资产指数、收入指数和价值创造额指数（见表 14-1）。三类指数的总体波动趋势如图 14-1 所示。

表 14 - 1　汽车制造业资产指数、收入指数、价值创造额指数编制结果

季度	资产指数	收入指数	价值创造额指数
200701	100	100	100
200702	105	113	133
200703	108	102	94
200704	115	110	116
200801	121	116	126
200802	127	135	122
200803	125	102	78
200804	122	84	49
200901	127	102	106
200902	144	147	156
200903	152	153	169
200904	160	166	190
201001	185	211	297
201002	190	258	298
201003	199	230	276
201004	226	256	336
201101	239	276	333
201102	236	268	322
201103	246	253	277
201104	275	334	423
201201	287	293	339
201202	284	272	302
201203	283	272	268
201204	296	314	332
201301	317	327	355
201302	320	340	353
201303	332	326	340
201304	344	361	407
201401	359	374	411
201402	374	369	425
201403	383	361	366
201404	407	414	483

续表

季度	资产指数	收入指数	价值创造额指数
201501	426	398	447
201502	437	387	429
201503	446	376	437
201504	479	503	603
201601	497	449	520
201602	509	445	529
201603	533	473	541
201604	586	611	793
201701	607	521	596
201702	625	535	628
201703	642	564	606
201704	689	702	806
201801	703	599	664
201802	706	610	664
201803	703	557	598
201804	726	639	616
201901	728	559	594

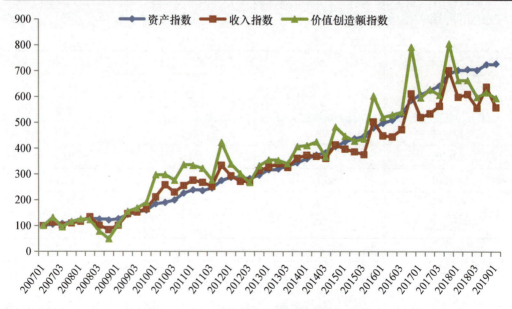

图 14-1　汽车制造业三类指数总体波动趋势

由表 14-1 和图 14-1 可知，从总体运行趋势来看，汽车制造业资产指数自 2007 年第 1 季度以来一直呈上升趋势，2019 年第 1 季度达到 728 点，与 2007 年第 1 季度相比上升了 628％；从收入指数变动趋势看，2008 年出现了明显的降幅，这主要是由于 2008 年金融危机造成行业需求下行，2008 年第 4 季度之后缓慢上升且呈现出第 4 季度效应，即第 1、2、3 季度收入指数水平较低，第 4 季度收入指数增长突出，说明该行业受季节影响，夏季 7、8、9 月为淡季，而冬季是旺季。从价值创造额指数的变动趋势看，由于 2008 年金融危机造成行业需求下行，价值创造额指数在 2008 年有一个明显的降幅，从 2009 年第 1 季度开始缓慢上升且同样呈现出第 4 季度效应，再次印证了该行业受季节影响的特征，2016 年上升势头最为猛烈，2018 年之后呈现下滑趋势，表明近年来汽车制造业的运行效率欠佳。中国汽车工业协会发布的数据显示，2018 年汽车产销量分别为 2 780.9 万辆和 2 808.1 万辆，同比分别下降 4.2％和 2.8％，其中乘用车全年产销量分别为 2 352.9 万辆和 2 371 万辆，比上年同期分别下降 5.2％和 4.1％，商用车产销量分别为 428 万辆和 437.1 万辆，比上年同期分别增长 1.7％和 5.1％，表明受到宏观经济环境的影响，我国汽车产销增速回落，不及预期，印证了上述 2018 年收入指数和价值创造额指数的变化趋势。

从三类指数运行趋势之间的关系来看，自 2007 年第 1 季度以来，汽车制造业的资产指数、收入指数与价值创造额指数的趋势整体上基本保持一致。收入指数与价值创造额指数的运行趋势高度相似，呈现明显的第 4 季度效应，并且自 2018 年以来一致表现出在波动中下降的趋势。对比资产指数与收入指数可以发现，近年来收入指数基本在资产指数之下，说明该行业收入增速还有待提升。综合三类指数的运行趋势发现，近年来随着该行业资产规模的扩大，行业收入及价值创造额也随之提升，但行业收入增长速度相对较低，说明该行业运行效率有待提升。

14.2　汽车制造业财务指标预测

14.2.1　资产负债表主要项目预测

根据会计综合评价指数的构建需要，我们分别对汽车制造业 2012—2018 年的资产均值、负债均值、所有者权益均值、流动资产均值、流动负债均值和应收账款均值进行了预测。

表 14-2 列示了汽车制造业的资产、负债、所有者权益、流动资产、流动负债和应收账款的行业真实值和预测值，其中预测值分别采用 B 周期移动平均和 A 周

期移动平均两种方法进行预测。表14-3则分别列示了资产负债表主要项目真实值与预测值的差异，从计算结果可以看出，无论是采用 B 周期移动平均还是 A 周期移动平均，均能够对资产负债表主要项目进行准确预测，模型稳定性较好。

表14-2 资产负债表主要项目预测结果　　　　单位：亿元

年份	BCM/ACM	资产	负债	所有者权益	流动资产	流动负债	应收账款
2012	BCM 真实值	70.80	41.30	31.50	43.40	33.80	6.10
	BCM 预测值	68.70	39.70	31.10	42.30	32.60	5.74
	ACM 真实值	86.50	52.10	36.50	52.80	44.90	8.29
	ACM 预测值	86.30	52.10	36.80	52.80	45.30	7.84
2013	BCM 真实值	75.80	44.40	33.00	45.30	37.40	6.69
	BCM 预测值	76.60	45.30	33.30	46.20	37.70	6.82
	ACM 真实值	83.00	49.30	35.20	49.10	42.90	8.26
	ACM 预测值	82.80	49.20	34.90	49.20	41.90	8.10
2014	BCM 真实值	76.30	44.80	32.50	44.70	38.00	6.94
	BCM 预测值	74.80	43.70	32.60	43.70	36.40	6.82
	ACM 真实值	91.60	55.30	38.20	54.00	48.40	8.67
	ACM 预测值	88.30	53.00	37.50	51.70	45.90	8.55
2015	BCM 真实值	79.10	45.80	34.40	46.80	37.50	8.05
	BCM 预测值	77.60	44.50	34.10	45.00	37.50	7.32
	ACM 真实值	93.00	53.80	41.10	55.20	45.60	9.62
	ACM 预测值	91.80	52.40	41.40	53.40	45.20	8.80
2016	BCM 真实值	83.60	48.80	35.90	49.80	40.40	9.04
	BCM 预测值	86.60	50.50	36.20	50.10	41.20	8.81
	ACM 真实值	98.30	57.80	42.20	58.40	48.90	11.10
	ACM 预测值	98.70	58.00	41.30	57.30	48.50	10.80
2017	BCM 真实值	79.80	44.50	36.20	47.70	37.00	9.03
	BCM 预测值	78.60	44.20	35.50	46.90	36.20	8.40
	ACM 真实值	101.00	57.30	45.20	60.00	48.40	11.70
	ACM 预测值	101.00	57.10	45.70	60.30	47.70	11.60
2018	BCM 真实值	81.80	45.50	37.00	47.90	37.70	9.55
	BCM 预测值	80.50	44.00	37.30	47.20	36.60	9.52
	ACM 真实值	100.00	55.90	45.30	58.40	47.30	12.20
	ACM 预测值	102.00	56.10	47.40	59.50	47.60	12.40

表 14 - 3　资产负债表主要项目预测差异

年份	BCM/ACM	资产	负债	所有者权益	流动资产	流动负债	应收账款
2012	BCM	−3.04%	−3.70%	−1.21%	−2.45%	−3.47%	−5.97%
	ACM	−0.18%	−0.11%	0.79%	−0.05%	0.82%	−5.45%
2013	BCM	1.13%	2.03%	1.06%	2.17%	0.88%	1.93%
	ACM	−0.26%	−0.27%	−0.83%	0.16%	−2.39%	−2.00%
2014	BCM	−1.93%	−2.53%	0.11%	−2.13%	−4.02%	−1.80%
	ACM	−3.67%	−4.29%	−1.93%	−4.25%	−5.15%	−1.33%
2015	BCM	−1.90%	−2.91%	−1.05%	−3.86%	0.03%	−9.07%
	ACM	−1.25%	−2.52%	0.79%	−3.26%	−0.69%	−8.53%
2016	BCM	3.59%	3.53%	1.02%	0.57%	1.93%	−2.55%
	ACM	0.37%	0.29%	−2.17%	−1.88%	−0.79%	−2.71%
2017	BCM	−1.50%	−0.67%	−1.89%	−1.69%	−2.12%	−7.01%
	ACM	−0.45%	−0.34%	1.03%	0.48%	−1.45%	−0.71%
2018	BCM	−1.60%	−3.20%	0.80%	−1.33%	−2.84%	−0.31%
	ACM	1.87%	0.38%	4.46%	1.85%	0.65%	2.07%

14.2.2　利润表主要项目预测

根据会计综合评价指数的构建需要，我们对利润表中营业总收入、营业总成本和扣除非经常性损益后的净利润三个会计项目进行预测。需要说明的是，由于净利润包括企业的投资收益等非经常性损益，难以准确衡量企业主营业务所产生的回报，因此在对行业回报进行计算的过程中，选取扣除非经常性损益后的净利润进行预测。根据利润表的特点，在对营业总收入、营业总成本和扣除非经常性损益后的净利润进行预测的过程中，将除数占比法和周期移动平均法结合起来使用。

表 14 - 4 列示了利润表中营业总收入、营业总成本和扣除非经常性损益后的净利润的真实值和预测值，其中预测值分别采用 B 周期移动平均和 A 周期移动平均两种方法进行预测。表 14 - 5 进一步计算了利润表主要项目真实值与预测值的差异，结果显示利润表主要项目的预测差异较小，说明采取的方法能够较好地对利润表主要项目进行预测。

表 14 - 4　利润表主要项目预测结果　　　　　　　　单位：亿元

年份	BCM/ACM	营业总收入	营业总成本	扣除非经常性损益后的净利润
2012	BCM 真实值	66.50	65.30	1.82
	BCM 预测值	64.80	63.70	1.76
	ACM 真实值	92.10	90.50	1.90
	ACM 预测值	90.00	88.90	1.78

续表

年份	BCM/ACM	营业总收入	营业总成本	扣除非经常性损益后的净利润
2013	BCM 真实值	71.00	69.60	2.34
	BCM 预测值	70.50	69.10	2.29
	ACM 真实值	84.40	82.60	2.25
	ACM 预测值	82.90	80.90	2.16
2014	BCM 真实值	70.80	69.40	2.32
	BCM 预测值	71.20	69.80	2.30
	ACM 真实值	87.40	85.80	2.48
	ACM 预测值	87.20	85.50	2.48
2015	BCM 真实值	67.30	65.90	2.25
	BCM 预测值	65.20	63.90	2.17
	ACM 真实值	81.70	79.60	2.56
	ACM 预测值	79.80	77.90	2.46
2016	BCM 真实值	71.30	69.80	2.60
	BCM 预测值	70.30	68.80	2.55
	ACM 真实值	84.10	82.30	2.74
	ACM 预测值	83.10	81.20	2.71
2017	BCM 真实值	67.00	65.10	2.52
	BCM 预测值	67.00	65.00	2.59
	ACM 真实值	85.00	82.50	2.88
	ACM 预测值	84.70	82.10	2.99
2018	BCM 真实值	63.90	63.50	1.98
	BCM 预测值	64.60	63.00	2.13
	ACM 真实值	84.10	83.30	2.38
	ACM 预测值	86.70	84.60	2.51

表 14-5　利润表主要项目预测差异

年份	BCM/ACM	营业总收入	营业总成本	扣除非经常性损益后的净利润
2012	BCM	-2.69%	-2.37%	-3.26%
	ACM	-2.28%	-1.78%	-6.41%
2013	BCM	-0.67%	-0.75%	-2.20%
	ACM	-1.81%	-1.95%	-4.08%

续表

年份	BCM/ACM	营业总收入	营业总成本	扣除非经常性损益后的净利润
2014	BCM	0.52%	0.53%	−0.59%
	ACM	−0.26%	−0.37%	0.28%
2015	BCM	−3.07%	−2.97%	−3.52%
	ACM	−2.26%	−2.12%	−3.73%
2016	BCM	−1.49%	−1.42%	−1.94%
	ACM	−1.26%	−1.40%	−1.19%
2017	BCM	0.06%	−0.14%	2.82%
	ACM	−0.36%	−0.52%	3.71%
2018	BCM	1.02%	−0.74%	7.23%
	ACM	3.14%	1.51%	5.43%

14.2.3　基于预测指标测算行业回报、风险和成长

在完成对营业总收入、营业总成本、扣除非经常性损益后的净利润、资产、负债、所有者权益、流动资产、流动负债和应收账款行业均值的预测之后，我们以预测值为基准，根据行业回报、风险和成长，计算了行业的净资产收益率、总资产收益率、销售净利率、资产负债率、流动比率、总资产周转率、应收账款周转率、营业收入增长率和总资产增长率 9 个财务指标。具体预测结果列示在表 14-6 中。

表 14-6　汽车制造业回报、风险和成长预测结果

年份	BCM/ACM	回报			风险		成长			
		净资产收益率	总资产收益率	销售净利率	资产负债率	流动比率	总资产周转率	应收账款周转率	营业收入增长率	总资产增长率
2012	BCM 真实值	0.059	0.026	0.027	0.58	1.28	0.96	11.26	0.95	1.04
	BCM 预测值	0.058	0.026	0.027	0.58	1.30	0.95	11.31	0.94	1.02
	ACM 真实值	0.055	0.023	0.021	0.60	1.18	1.09	11.74	0.98	1.05
	ACM 预测值	0.050	0.021	0.020	0.60	1.17	1.06	11.21	0.93	1.03
2013	BCM 真实值	0.073	0.032	0.033	0.59	1.21	0.97	11.09	1.07	1.07
	BCM 预测值	0.071	0.032	0.032	0.59	1.23	0.97	11.22	1.09	1.12
	ACM 真实值	0.063	0.027	0.027	0.59	1.14	1.00	10.20	0.92	0.96
	ACM 预测值	0.060	0.026	0.026	0.59	1.17	0.98	10.40	0.92	0.96

续表

年份	BCM/ACM	回报			风险		成长			
		净资产收益率	总资产收益率	销售净利率	资产负债率	流动比率	总资产周转率	应收账款周转率	营业收入增长率	总资产增长率
2014	BCM真实值	0.071	0.030	0.033	0.59	1.18	0.93	10.39	1.00	1.01
	BCM预测值	0.070	0.030	0.032	0.58	1.20	0.94	10.44	1.01	0.98
	ACM真实值	0.067	0.028	0.028	0.60	1.12	1.00	10.33	1.04	1.10
	ACM预测值	0.069	0.029	0.028	0.60	1.13	1.02	10.48	1.05	1.07
2015	BCM真实值	0.067	0.029	0.033	0.58	1.25	0.87	8.97	0.95	1.04
	BCM预测值	0.065	0.028	0.033	0.57	1.20	0.86	9.22	0.92	1.04
	ACM真实值	0.064	0.028	0.031	0.58	1.21	0.88	8.93	0.93	1.01
	ACM预测值	0.062	0.027	0.031	0.57	1.18	0.89	9.20	0.92	1.04
2016	BCM真实值	0.074	0.032	0.036	0.58	1.23	0.88	8.35	1.06	1.06
	BCM预测值	0.072	0.031	0.036	0.58	1.22	0.86	8.71	1.08	1.12
	ACM真实值	0.066	0.029	0.033	0.59	1.19	0.88	8.12	1.03	1.06
	ACM预测值	0.065	0.028	0.033	0.59	1.18	0.87	8.48	1.04	1.07
2017	BCM真实值	0.070	0.031	0.038	0.56	1.29	0.82	7.41	0.94	0.95
	BCM预测值	0.072	0.031	0.039	0.56	1.30	0.81	7.79	0.95	0.91
	ACM真实值	0.066	0.029	0.034	0.56	1.24	0.85	7.47	1.01	1.03
	ACM预测值	0.069	0.030	0.035	0.57	1.26	0.85	7.57	1.02	1.02
2018	BCM真实值	0.054	0.025	0.031	0.56	1.27	0.79	6.88	0.95	1.02
	BCM预测值	0.058	0.027	0.033	0.55	1.29	0.81	7.21	0.96	1.02
	ACM真实值	0.053	0.024	0.028	0.56	1.23	0.83	7.05	0.99	0.99
	ACM预测值	0.054	0.025	0.029	0.55	1.25	0.85	7.22	1.02	1.01

表14-7进一步列示了汽车制造业回报、风险和成长类财务指标预测值与真实值之间的差异。对比汽车制造业采用B周期移动平均和A周期移动平均所预测的财务指标和该行业财务指标真实值可知，所选用预测模型的预测效果较好，预测能力比较稳定。

表 14 - 7　汽车制造业回报、风险和成长预测差异

年份	BCM/ACM	回报			风险		成长			
		净资产收益率	总资产收益率	销售净利率	资产负债率	流动比率	总资产周转率	应收账款周转率	营业收入增长率	总资产增长率
2012	BCM	−2.76%	−1.58%	−0.59%	−0.67%	1.06%	−1.00%	0.44%	−0.39%	−2.75%
	ACM	−7.61%	−7.34%	−4.23%	0.07%	−0.86%	−3.25%	−4.53%	−4.73%	−2.37%
2013	BCM	−2.16%	−1.33%	−1.54%	0.89%	1.28%	0.21%	1.18%	2.07%	4.31%
	ACM	−4.07%	−3.87%	−2.31%	−0.01%	2.61%	−1.60%	1.99%	0.47%	−0.08%
2014	BCM	−1.18%	−0.19%	−1.10%	−0.61%	1.97%	0.92%	0.48%	1.20%	−3.03%
	ACM	1.71%	2.38%	0.54%	−0.65%	0.95%	1.82%	1.42%	1.58%	−3.42%
2015	BCM	−3.05%	−1.64%	−0.46%	−1.03%	−3.89%	−1.18%	2.79%	−3.57%	0.03%
	ACM	−3.22%	−1.31%	−1.50%	−1.28%	−2.59%	0.19%	3.00%	−2.01%	2.51%
2016	BCM	−1.94%	−2.83%	−0.46%	−0.06%	−1.33%	−2.39%	4.38%	1.63%	5.59%
	ACM	−0.48%	−0.78%	0.07%	−0.07%	−1.10%	−0.85%	4.38%	1.02%	1.64%
2017	BCM	3.28%	1.70%	2.75%	0.84%	0.43%	−1.03%	5.08%	1.58%	−4.91%
	ACM	4.25%	3.76%	4.09%	0.11%	1.96%	−0.31%	1.35%	0.91%	−0.82%
2018	BCM	7.80%	8.91%	6.14%	−1.63%	1.55%	2.61%	4.76%	0.96%	−0.10%
	ACM	2.61%	4.69%	2.22%	−1.47%	1.19%	2.41%	2.41%	3.51%	2.34%

14.3　汽车制造业运行状况分析

　　会计综合评价指数分别采用 B 周期移动平均和 A 周期移动平均两种方法，对行业运行状况基准值进行预测。具体来讲，B 周期移动平均的样本数量以年度最新行业样本为准，进行滚动预测，样本数量较多，更能代表行业当前发展状况；A 周期移动平均则按照样本基期进行滚动预测，样本选取比较稳定，对行业历史发展状况的讨论更为充分。

14.3.1　汽车制造业回报分析

　　图 14 - 2、图 14 - 3 和图 14 - 4 分别为 2007—2018 年汽车制造业的净资产收益率、总资产收益率和销售净利率的变动趋势图，其中，净资产收益率和总资产收

益率的分母分别采用本年年末所有者权益（总资产）与上年年末所有者权益（总资产）的均值计算，因此净资产收益率和总资产收益率的基期均为 2008 年。基于对汽车制造业财务指标的预测，在评价汽车制造业回报的过程中，我们分别在图中画出了基于 B 周期移动平均和 A 周期移动平均所计算的 2012—2018 年净资产收益率、总资产收益率和销售净利率的预测值。

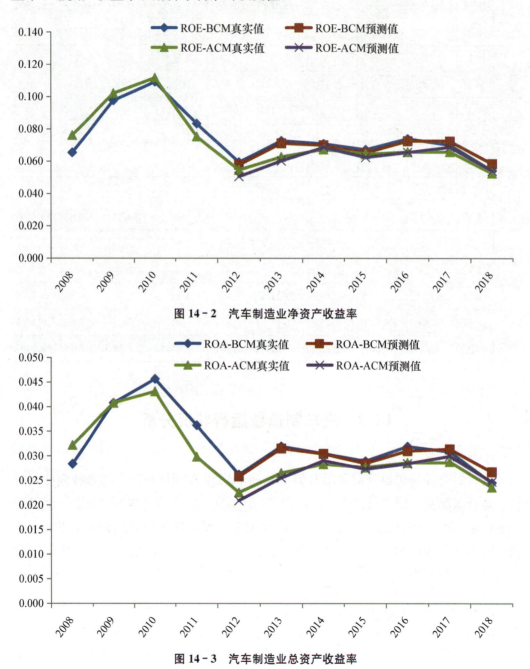

图 14 - 2 汽车制造业净资产收益率

图 14 - 3 汽车制造业总资产收益率

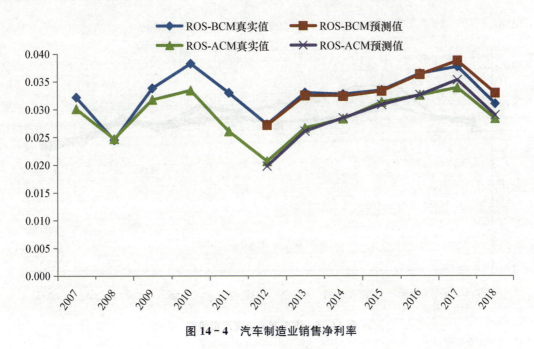

图 14-4　汽车制造业销售净利率

观察图 14-2、图 14-3 和图 14-4 可以发现，汽车制造业 B 周期移动平均和 A 周期移动平均所选样本的回报类财务指标的变动趋势大体一致。具体来说，净资产收益率和总资产收益率在 2008—2010 年快速上升，这与 2008 年爆发的金融危机以及随后的四万亿元投资计划密切相关，2010 年之后下滑，2012 年趋于稳定且有所回升，2018 年受到经济环境的影响小幅下滑。销售净利率自 2008 年以来呈现先上升后下降，然后又上升再下降的趋势。总体来说，近年来汽车制造业的回报情况相对比较稳定，只有 2018 年出现明显的下降，对此，该行业的上市公司应当积极应对 2018 年经济环境不佳带来的挑战，提升行业经营回报。

在汽车制造业回报分析中，从预测财务指标与真实财务指标的对比可以看出，无论是采用 B 周期移动平均还是 A 周期移动平均，预测值与真实值的差异均较小，表明模型预测效果较好。

14.3.2　汽车制造业风险分析

图 14-5、图 14-6 分别从资产负债率和流动比率两个角度对汽车制造业的风险进行了分析。与行业回报的分析类似，2007—2018 年汽车制造业的风险类财务指标根据行业真实值进行计算，同时采用 B 周期移动平均和 A 周期移动平均计算了资产负债率和流动比率的预测值。

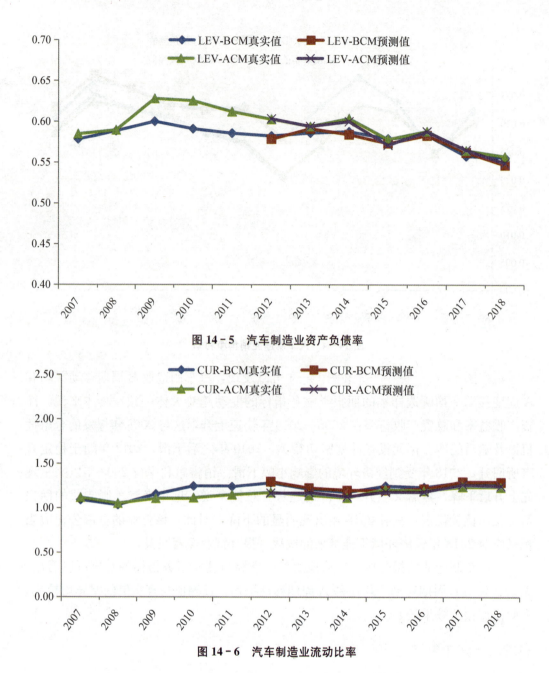

图 14－5　汽车制造业资产负债率

图 14－6　汽车制造业流动比率

从资产负债率来看，B 周期移动平均所选样本和 A 周期移动平均所选样本在样本期间的变动趋势相似，整体趋势相对平稳，大体在 0.58 上下波动，2014 年以来呈现小幅下降的势头。从流动比率来看，B 周期移动平均所选样本和 A 周期移动平均所选样本的变动趋势也比较一致，流动比率在 2009—2018 年一直保持在 1.00 以上且呈现小幅缓慢上升的趋势。综合该行业资产负债率和流动比率变动趋势，可以发现近年来该行业整体风险有所降低。

从汽车制造业资产负债率和流动比率的预测值可以发现，采用 B 周期移动平均和 A 周期移动平均所计算的 2012—2018 年行业预测值与真实值的差距较小，能够较好地反映行业风险变动趋势，说明模型预测效果较好。

14.3.3　汽车制造业成长分析

图 14-7、图 14-8、图 14-9 和图 14-10 分别从汽车制造业周转速度（总资产周转率、应收账款周转率）和成长速度（营业收入增长率、总资产增长率）两个角度衡量该行业的成长。由于行业样本区间为 2007—2018 年，而周转速度计算的分母为前一期期末和本期期末的均值，因此我们在进行周转速度分析时，将基期确定为 2008 年。同样，行业成长速度采用本年度财务指标与上一年度财务指标的比值，因此成长速度的基期也为 2008 年。

从周转速度看，B 周期移动平均所选样本和 A 周期移动平均所选样本的变动趋势比较一致。自 2010 年开始，汽车制造业总资产周转率和应收账款周转率均呈现大幅下滑趋势，总资产周转率从 1.20 上下降至 0.80 上下，应收账款周转率从 16.00 上下降至 7.00 上下，说明该行业的运营效率越来越差；从成长速度看，营业收入增长率与总资产增长率在样本期间基本上保持稳定，维持在 1.00 上下，A 周期移动平均所选样本 2010 年营业收入增长率和总资产增长率较 B 周期移动平均所选样本增长更为明显。综合分析汽车制造业的周转速度和成长速度，可以发现该行业的成长性有待提高，可以通过加强运营管理、提高运营效率来提升行业成长性。

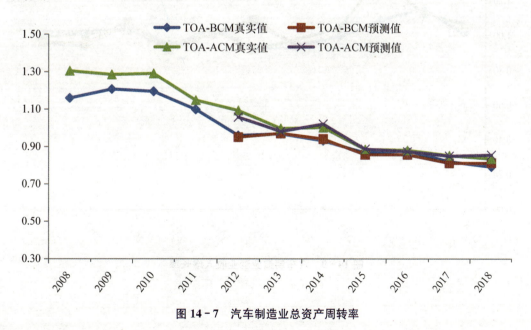

图 14-7　汽车制造业总资产周转率

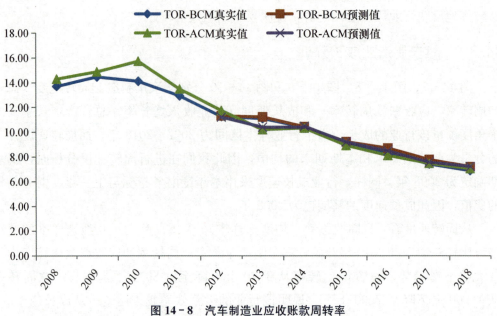

图 14-8 汽车制造业应收账款周转率

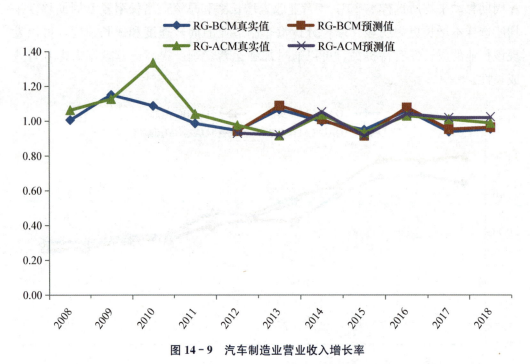

图 14-9 汽车制造业营业收入增长率

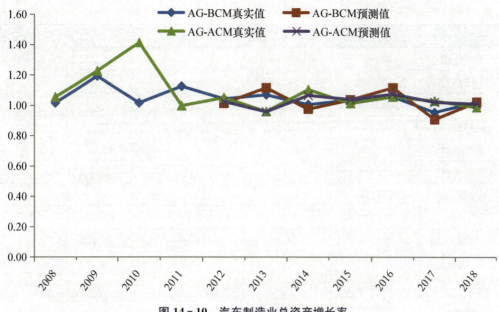

图 14 - 10　汽车制造业总资产增长率

从汽车制造业的周转速度（总资产周转率、应收账款周转率）和成长速度（营业收入增长率、总资产增长率）的预测值可以发现，采用 B 周期移动平均和 A 周期移动平均所计算的 2012—2018 年行业预测值与真实值差距较小，能够较好地反映行业成长变动趋势，说明模型预测效果较好。

14.4　汽车制造业会计综合评价指数公司排名分析

根据制造业会计综合评价指数的计算方法，表 14 - 8 列示了汽车制造业上市公司的前 20 名。由表 14 - 8 可知，2018 年汽车制造业会计综合评价指数排名前 5 的上市公司分别为世纪华通（002602）、凯众股份（603037）、继峰股份（603997）、远东传动（002406）和苏奥传感（300507）。

表 14 - 8　2018 年会计综合评价指数汽车制造业前 20 名上市公司①

股票简称	股票代码	2018 年 ACV 评分	2018 年排名	2017 年排名	排名变动
世纪华通	002602	100.00	1	26	↑
凯众股份	603037	100.00	1	—	—
继峰股份	603997	100.00	1	1	—
远东传动	002406	95.08	4	8	↑

---

① 四通新材（300428）原排在第 7 名，由于发生重大资产重组，在 2018 年新列入汽车制造业而被剔除。

续表

股票简称	股票代码	2018 年 ACV 评分	2018 年排名	2017 年排名	排名变动
苏奥传感	300507	93.42	5	—	—
宁波高发	603788	92.74	6	1	↓
新朋股份	002328	92.24	7	30	↑
跃岭股份	002725	91.97	8	35	↑
浙江仙通	603239	91.45	9	—	—
华懋科技	603306	90.57	10	3	↓
中国汽研	601965	89.47	11	9	↓
星宇股份	601799	89.05	12	19	↑
贝斯特	300580	87.30	13	—	—
华达科技	603358	87.01	14	—	—
正裕工业	603089	86.43	15	—	—
长鹰信质	002664	86.16	16	15	↓
威孚高科	000581	86.00	17	5	↓
派生科技	300176	85.91	18	7	↓
均胜电子	600699	85.67	19	70	↑
一汽富维	600742	85.59	20	24	↑

注：会计综合评价指数的构建以公开财务数据真实有效为前提。

与 2017 年相比，2018 年汽车制造业排名前 20 的上市公司中，排名上升较快的 3 家分别是世纪华通（002602）、跃岭股份（002725）和均胜电子（600699），下降较快的是威孚高科（000581）。

世纪华通（002602）2017 年排在第 26 名，2018 年排在第 1 名，上升了 25 名，评分提高主要是由于偿债能力提升，周转速度和成长速度上升。偿债能力方面主要体现在流动比率上升，从 2017 年的 1.79 增长到 2018 年的 3.38；周转速度方面主要体现在应收账款周转率上升，从 2017 年的 5.04 增长到 2018 年的 8.16；成长速度方面主要体现在营业收入增长率和总资产增长率有所上升，营业收入增长率从 2017 年的 1.01% 增长到 2018 年的 132.72%，总资产增长率从 2017 年的 16.53% 增长到 2018 年的 161.10%。世纪华通综合排名上升主要是由于营业收入提高和资产规模扩大。据世纪华通年报所示，公司 2017 年营业收入为 34.91 亿元，2018 年为 81.24 亿元，比上年同期上浮 132.71%；公司 2017 年总资产为 64.14 亿元，其中流动资产为 22.86 亿元，2018 年总资产为 167.46 亿元，其中流动资产为 59.45 亿元，据此总资产同比上涨 161.09%，流动资产同比上涨 160.06%。世纪华通及其子公司主要经营汽车零配件和其他配件生产及销售、游戏开发及运营，例如，汽车配件、摩托车配件、精密金属模具制造、加工、销售，金属冲压件、注塑件设计、生产、销售，计算机软硬件的技术开发、技术咨询、技术服务及销售，互联网游戏出版等，2018 年公司主营业务未发生重大变化。2018 年 1 月 31 日在投资者交流会上，世纪华通宣布完成了对老牌出海企业点点互动的并购重组，这一举措使其跻身 A 股网游前 3，也是直接导致公司 2018 年营业收入和资产成绩优异的原因。具体来看，在营业收入方面，按照行业划分，软件服务业营业收入为 54.03 亿元，同比增加 563.64%；按照产品划分，游戏运营收入为 53.46 亿元，占营业总收入的 65.81%，比上年同期增长 673.34%；按照地区划分，外销实现收入 45.15 亿元，占营业总收入一半以上，比上年同期增长 7 329.49%。世纪华通旗下共有三家游戏子公司，分别是点点互动、天游软件和七酷网络，三家游戏公司2017 年的营业收入分别为 44.7 亿元、4.72 亿元和 4.02 亿元，从数据上来看，与点点互动的合并显然是世纪华通 2018 年业绩上升的主要原因。在资产变动方面，世纪华通合并重组点点互动直接影响合并报表中的货币资金、应收账款、其他流动资产、商誉等项目，使得公司流动资产和总资产规模均显著扩大，不仅直接提高了总资产增长率，而且使应收账款周转率和流动比率明显提升。

　　跃岭股份（002725）2017 年排在第 35 名，2018 年排在第 8 名，上升了 27 名，评分提高主要是由于盈利能力改善和周转速度提升。盈利能力方面主要体现在总资产收益率和净资产收益率均有所上升，总资产收益率从 2017 年的 1.18% 增长到2018 年的 5.13%，净资产收益率从 2017 年的 1.40% 增长到 2018 年的 6.39%；周转速度方面主要体现在总资产周转率提高，从 2017 年的 0.73 增长到 2018 年的0.83。跃岭股份综合排名上升主要是由于营业收入和扣除非经常性损益后的净利润大幅增长。据跃岭股份年报所示，公司 2017 年营业收入为 7.83 亿元，2018 年为 9.67 亿元，创公司业务收入历史之最，较上年同期增长 23.50%；2017 年扣除非经常性损益后的净利润为 0.13 亿元，2018 年为 0.60 亿元，较上年同期增长361.54%。在公司总资产和净资产均保持相对稳定增长的情况下，扣除非经常性损益后的净利润猛增导致总资产收益率和净资产收益率上升，营业收入增加导致总资产周转率上升。跃岭股份自成立以来一直从事铝合金车轮的研发、设计、制造与销售，其生产的铝合金车轮能完全满足各类车型的需要，2018 年公司的主营业务及经营模式均未发生重大变化。在营业收入方面，按照行业划分，交通运输设备制造业贡献了 99.85% 的营业收入，较上年同期增长 23.64%，稳中有进；按照产品划分，摩轮涂装轮产品收入增长幅度最大，比 2017 年上涨了 136.97%，汽轮涂装轮产品收入在营业总收入中占比最大，高达 72.18%，较上年同期增长21.61%；按照地区划分，公司营业收入来源主要是外销，共实现收入 8.79 亿元，较上年同期增长 29.69%，表明公司保证了充足的业务订单，开拓了国际市场，创造了良好的销售业绩。公司利润增长同样得益于高水平的营业收入，表现出高利润回报率。

均胜电子（600699）2017年排在第70名，2018年排在第19名，上升了51名，评分提高主要是由于盈利能力有所改善，周转速度和成长速度明显上升。盈利能力方面主要体现在总资产收益率上升，从2017年的－0.12％增长到2018年的1.92％；周转速度方面主要体现在总资产周转率上升，从2017年的0.73增长到2018年的1.19；成长速度方面主要体现在营业收入增长率和总资产增长率提升，营业收入增长率从2017年的43.41％增长到2018年的111.16％，总资产增长率从2017年的－5.04％增长到2018年的67.78％。均胜电子综合排名上升主要是由于营业收入和总资产大幅上升，同时扣除非经常性损益后的净利润扭亏为盈。据均胜电子年报所示，公司2017年营业收入为266.06亿元，2018年为561.81亿元，比2017年增加111.16％；2017年扣除非经常性损益后的净利润为－0.45亿元，2018年为9.11亿元，比2017年增加2 124.44％；2017年总资产为353.55亿元，2018年为593.20亿元，比上年同期增加67.78％。均胜电子是一家全球领先的零部件供应商，主要拥有以下三种业务：电子业务（包括人机交互产HMI业务、智能车联业务和新能源汽车电子业务）、安全业务以及功能件业务，2018年公司主营业务未发生重大变化。均胜电子营业收入和资产的大幅增加主要系公司完成对高田公司优质资产的收购所致，2017年11月公司发布公告，宣布将以不超过15.88亿美元的价格收购日本高田除PSAN业务以外的主要资产，以及与生产经营活动相关的资产包；2018年4月，公司完成购买高田公司除PSAN业务以外主要资产的交割后，成为全球第二大汽车安全产品生产厂商。在营业收入和利润方面，受益于公司业务持续发展和公司收购的高田公司优质资产所产生的效益，营业收入和净利润有较大幅度的增长。按照业务产品划分，汽车安全系统对公司营业收入贡献最大，总额高达428.80亿元，比上年同期增长210.84％，毛利率比上年增加2.05个百分点，其余业务的毛利率基本上均有明显改善。在总资产方面，增长幅度最大的资产类项目依次为应收账款及应收票据、固定资产、存货和货币资金，均由收购高田优质资产所致。由此可见，均胜电子的盈利能力、成长能力与营运能力提升明显。

威孚高科（000581）2017年排在第5名，2018年排在第17名，下降了12名，评分降低主要是由于盈利能力减弱，周转速度和成长速度有所降低。盈利能力方面主要体现在总资产收益率和净资产收益率下降，总资产收益率从2017年的12.39％下降到2018年的9.80％，净资产收益率从2017年的16.15％下降到2018年的12.67％；周转速度方面主要体现在应收账款周转率有所下降，从2017年的5.43下降到2018年的4.46；成长速度方面主要体现在营业收入增长率降低，从

2017 年的 40.40％下降到 2018 年的－3.28％。威孚高科综合排名下降主要是由于营业收入和扣除非经常性损益后的净利润均有所下滑。据威孚高科年报所示，公司 2017 年营业收入为 90.17 亿元，2018 年为 87.22 亿元，同比下降 3.27％；2017 年扣除非经常性损益后的净利润为 23.22 亿元，2018 年为 20.15 亿元，同比降低 13.22％。在公司总资产和净资产保持正常稳定增长的情况下，净利润下滑直接影响公司的盈利能力和收入增长水平；应收账款受销售的影响略有减少，但基本保持稳定，营业收入下降幅度更大，使得应收账款周转率下降。威孚高科的主营业务产品为柴油燃油喷射系统产品、汽车尾气后处理系统产品和进气系统产品，2018 年公司主营业务和经营模式均未发生重大变化。公司营业收入和利润下滑主要是受到宏观经济增速回落和汽车行业下行压力的影响。我国汽车产销增速不及预期，总量出现自 1991 年以来的首次负增长。按照地区划分公司营业收入，占营业总收入 95.60％的国内销售收入比 2017 年同期降低 4.15％，表明公司营业状况不佳。

第 15 章　电子器械及器材制造业会计综合评价指数编制结果及分析

电子器械及器材制造业（行业代码为 C38），主要为各类电子通信产品提供设计、工程开发、原材料采购、生产制造、物流、测试及售后服务等整体供应链解决方案。该行业的产生是全球工业制造产业链专业化分工的结果。在全球电子通信产品行业走向垂直整合和水平分工的过程中，品牌商逐渐把设计、营销和品牌管理作为其核心竞争力，外包制造部分。由此，电子器械及器材制造业应运而生并成为国际工业制造产业链中的重要环节。

自 2013 年起，"工业 4.0"成为全球制造业的重要发展趋势，各国开始着重将现有工业技术、销售及产品相结合，发展智能工业。在上述发展趋势下，中国也开始聚焦智能化工业并发布了《中国制造 2025》行动纲领。该行动纲领提出深化互联网在制造领域的应用，加快开展物联网技术研发和应用示范，培育智能监测、远程诊断管理、全产业链追溯等工业互联网新应用。实施工业云及工业大数据创新应用试点，建设一批高质量的工业云服务和工业大数据平台，推动软件与服务、设计与制造资源、关键技术与标准的开放共享。在"工业 4.0"下，工业互联网通过连接各生产环节，采用集成、控制、侦测、识别等多种技术，将生产中的供应、制造、销售等信息数据化、智能化，从而建设更具适应性、实现高效配置资源的智能工厂。未来，工业互联网的发展将有力助推我国电子制造行业向智能制造的跨越式发展。

15.1　电子器械及器材制造业发展趋势分析

为了对电子器械及器材制造业的发展趋势进行分析，我们以 2007 年第 1 季度以来的所有季度作为研究样本。截至 2019 年第 1 季度，我们所选样本 49 个季度的季均总资产为 8 929.39 亿元，季均营业总收入为 1 810.65 亿元，季均价值创造额为 380.90 亿元。

为了研究电子器械及器材制造业的发展趋势，我们以样本公司的季度总资产额、季度营业总收入和季度价值创造额为基础构建了电子器械及器材制造业的资产指数、收入指数和价值创造额指数（见表 15 - 1）。三类指数的总体波动趋势如图 15 - 1 所示。

表 15 - 1　电子器械及器材制造业资产指数、收入指数、价值创造额指数编制结果

季度	资产指数	收入指数	价值创造额指数
200701	100	100	100
200702	107	160	183
200703	112	124	158
200704	118	122	176
200801	129	139	182
200802	135	180	252
200803	139	142	216
200804	136	121	166
200901	143	118	186
200902	155	169	283
200903	172	157	247
200904	175	163	270
201001	193	166	258
201002	205	232	331
201003	226	225	339
201004	233	242	339
201101	251	244	292
201102	267	301	383
201103	288	267	366
201104	291	255	328
201201	298	233	328
201202	306	276	426
201203	324	276	436
201204	334	293	495
201301	344	248	363
201302	347	318	495
201303	370	318	493
201304	381	334	498
201401	398	295	453
201402	406	361	579

续表

季度	资产指数	收入指数	价值创造额指数
201403	432	352	577
201404	448	376	623
201501	466	314	520
201502	484	354	588
201503	497	341	522
201504	519	387	664
201601	549	339	593
201602	602	393	684
201603	628	421	669
201604	672	505	822
201701	720	445	739
201702	754	563	932
201703	797	563	906
201704	818	597	894
201801	831	533	829
201802	848	644	990
201803	885	625	947
201804	897	671	659
201901	922	581	902

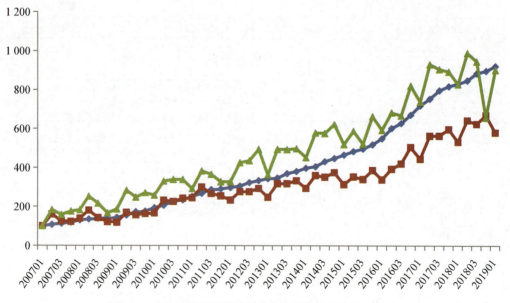

图 15-1　电子器械及器材制造业三类指数总体波动趋势

　　由表 15-1 和图 15-1 可知，电子器械及器材制造业的资产指数自 2007 年第 1季度以来一直呈现快速上升的走势。收入指数在 2007 年第 1 季度至 2009 年第 4 季度处于震荡调整阶段，从 2010 年第 1 季度开始出现小幅上升态势，2016 年以来增长速度有所提升。受季节性因素的影响，电子器械及器材在第 1 季度通常销量较低，主要是由于第 1 季度为春节期间，一般企业已完成当年计划，集中进行年末盘点与清算，由此导致收入指数表现出第 1 季度走低，第 2、3、4 季度走高的季度效应。价值创造额指数与资产指数走势类似，波动性更大，从 2007 年开始，一直在波动中上升，同时也表现出与收入指数类似的季度效应。但是近期该行业价值创造额指数的发展趋势有些反常，具体表现为 2018 年第 4 季度出现明显滑坡，2019年第 1 季度又重新回升到 2018 年平均水平，主要是受到 2018 年国内外经济环境不确定性及经济增长下行压力的影响。不过新能源领域的突破为该行业提供了利好的发展前景，价值创造额指数有望继续回升。

　　从三类指数运行趋势之间的关系来看，2007—2009 年，三类指数均增长较慢，之后呈现快速增长趋势。与此同时，截至 2018 年第 3 季度，该行业价值创造额指数的增长速度始终高于资产指数和收入指数，收入指数的增长速度最慢，与价值创造额指数和资产指数长期存在一定差距。综合三类指数的运行趋势可以发现，除了 2018 年第 4 季度价值创造额指数有明显下滑以外，整体上，随着该行业资产规模的扩大，收入和价值创造额也显著提升，说明该行业运行效率较高，发展态势良好。

15.2　电子器械及器材制造业财务指标预测

15.2.1　资产负债表主要项目预测

　　根据会计综合评价指数的构建需要，我们分别对电子器械及器材制造业2012—2018 年的资产均值、负债均值、所有者权益均值、流动资产均值、流动负债均值和应收账款均值进行了预测。

　　表 15-2 列示了电子器械及器材制造业的资产、负债、所有者权益、流动资产、流动负债和应收账款的行业真实值和预测值，其中预测值分别采用 B 周期移动平均和 A 周期移动平均两种方法进行预测。表 15-3 则分别列示了资产负债表主要项目真实值与预测值的差异，从计算结果可以看出，无论是采用 B 周期移动平均还是 A 周期移动平均，均能够对资产负债表主要项目进行准确预测，模型稳定性较好。

表 15－2　资产负债表主要项目预测结果　　　　　　　　单位：亿元

年份	BCM/ACM	资产	负债	所有者权益	流动资产	流动负债	应收账款
2012	BCM 真实值	30.70	14.70	16.20	20.70	12.40	6.00
	BCM 预测值	29.10	13.40	15.90	19.70	11.50	5.53
	ACM 真实值	37.70	19.40	18.50	25.50	16.10	7.60
	ACM 预测值	37.60	19.20	18.60	25.20	16.10	7.41
2013	BCM 真实值	33.30	16.20	16.90	21.90	13.70	6.85
	BCM 预测值	33.40	16.00	17.40	22.00	13.30	6.66
	ACM 真实值	36.70	17.90	18.40	25.10	15.00	7.89
	ACM 预测值	36.90	17.80	18.70	25.00	14.70	7.67
2014	BCM 真实值	36.20	17.50	18.70	23.50	14.80	7.47
	BCM 预测值	36.10	17.50	18.50	23.60	14.70	7.54
	ACM 真实值	36.90	17.50	19.40	24.90	14.80	7.95
	ACM 预测值	36.40	17.40	18.90	24.70	14.50	8.20
2015	BCM 真实值	38.90	18.90	20.10	25.30	16.40	8.09
	BCM 预测值	38.30	18.50	19.80	24.50	15.90	8.08
	ACM 真实值	44.30	21.40	22.80	28.50	18.30	9.28
	ACM 预测值	43.10	20.70	22.10	27.60	17.70	9.21
2016	BCM 真实值	44.20	21.20	23.40	28.70	18.00	8.83
	BCM 预测值	44.00	21.00	23.20	28.50	17.90	8.88
	ACM 真实值	53.10	26.10	27.20	33.90	21.80	10.50
	ACM 预测值	53.40	25.80	27.40	34.10	21.90	10.60
2017	BCM 真实值	46.10	22.30	23.80	29.80	19.10	9.30
	BCM 预测值	47.10	22.70	24.50	30.30	19.50	9.20
	ACM 真实值	56.70	28.70	28.20	36.00	24.10	11.50
	ACM 预测值	58.70	29.90	29.20	37.40	25.00	11.40
2018	BCM 真实值	47.40	23.80	23.50	30.20	20.40	9.70
	BCM 预测值	48.80	24.20	24.70	31.00	20.90	9.89
	ACM 真实值	55.60	28.90	26.80	34.90	24.50	11.40
	ACM 预测值	58.10	29.80	28.60	36.30	25.40	11.90

表 15 - 3　资产负债表主要项目预测差异

年份	BCM/ACM	资产	负债	所有者权益	流动资产	流动负债	应收账款
2012	BCM	−5.03%	−8.72%	−1.96%	−5.02%	−7.88%	−7.83%
	ACM	−0.25%	−0.80%	0.29%	−1.24%	−0.46%	−2.52%
2013	BCM	0.17%	−1.45%	2.96%	0.33%	−2.95%	−2.68%
	ACM	0.34%	−0.72%	1.76%	−0.38%	−1.80%	−2.80%
2014	BCM	−0.20%	−0.01%	−0.88%	0.23%	−0.62%	0.92%
	ACM	−1.32%	−0.55%	−2.90%	−0.58%	−1.99%	3.07%
2015	BCM	−1.33%	−2.11%	−1.53%	−3.05%	−2.96%	−0.21%
	ACM	−2.67%	−3.15%	−2.87%	−3.22%	−2.97%	−0.72%
2016	BCM	−0.55%	−0.93%	−0.58%	−0.42%	−0.59%	0.65%
	ACM	0.53%	−1.16%	0.75%	0.52%	0.43%	0.74%
2017	BCM	2.25%	2.13%	2.67%	1.86%	2.05%	−1.05%
	ACM	3.51%	4.30%	3.52%	3.78%	3.66%	−0.76%
2018	BCM	3.04%	1.46%	5.13%	2.82%	2.43%	1.91%
	ACM	4.33%	3.02%	6.62%	3.98%	3.78%	3.59%

15.2.2　利润表主要项目预测

　　根据会计综合评价指数的构建需要，我们对利润表中营业总收入、营业总成本和扣除非经常性损益后的净利润三个会计项目进行了预测。需要说明的是，由于净利润包括企业的投资收益等非经常性损益，难以准确衡量企业主营业务所产生的回报，因此在对行业回报进行计算的过程中，选取扣除非经常性损益后的净利润进行预测。根据利润表的特点，在对营业总收入、营业总成本和扣除非经常性损益后的净利润进行预测的过程中，将除数占比法和周期移动平均法结合起来使用。

　　表 15 - 4 列示了利润表中营业总收入、营业总成本和扣除非经常性损益后的净利润的真实值和预测值，其中预测值分别采用 B 周期移动平均和 A 周期移动平均两种方法进行预测。表 15 - 5 进一步计算了利润表主要项目真实值与预测值的差异，结果显示利润表主要项目的预测差异较小，说明采取的方法能够较好地对利润表主要项目进行预测。

表 15－4　利润表主要项目预测结果　　　　　　　　　单位：亿元

年份	BCM/ACM	营业总收入	营业总成本	扣除非经常性损益后的净利润
2012	BCM 真实值	20.50	19.40	0.95
	BCM 预测值	19.90	18.90	0.91
	ACM 真实值	26.60	25.50	1.18
	ACM 预测值	26.10	25.10	1.18
2013	BCM 真实值	22.70	21.70	1.09
	BCM 预测值	22.40	21.40	1.06
	ACM 真实值	26.30	25.40	1.26
	ACM 预测值	26.10	25.30	1.22
2014	BCM 真实值	24.50	23.10	1.22
	BCM 预测值	24.50	23.20	1.25
	ACM 真实值	26.30	25.00	1.33
	ACM 预测值	26.50	25.10	1.34
2015	BCM 真实值	24.90	23.50	1.28
	BCM 预测值	24.70	23.40	1.23
	ACM 真实值	27.80	26.60	1.38
	ACM 预测值	27.30	26.00	1.32
2016	BCM 真实值	27.00	25.30	1.46
	BCM 预测值	26.80	25.10	1.47
	ACM 真实值	31.80	30.00	1.69
	ACM 预测值	31.80	30.00	1.69
2017	BCM 真实值	28.90	27.40	1.43
	BCM 预测值	29.30	27.70	1.49
	ACM 真实值	34.60	33.30	1.60
	ACM 预测值	35.30	33.80	1.68
2018	BCM 真实值	29.40	29.00	1.32
	BCM 预测值	29.90	28.70	1.42
	ACM 真实值	34.10	33.90	1.49
	ACM 预测值	34.90	33.70	1.58

表 15-5　利润表主要项目预测差异

年份	BCM/ACM	营业总收入	营业总成本	扣除非经常性损益后的净利润
2012	BCM	−2.61%	−2.53%	−4.09%
	ACM	−1.71%	−1.63%	−0.10%
2013	BCM	−1.34%	−1.23%	−2.83%
	ACM	−0.71%	−0.43%	−3.40%
2014	BCM	0.38%	0.34%	2.20%
	ACM	0.63%	0.40%	0.38%
2015	BCM	−0.61%	−0.62%	−3.33%
	ACM	−1.84%	−2.17%	−3.88%
2016	BCM	−0.71%	−0.89%	0.70%
	ACM	0.03%	−0.01%	0.44%
2017	BCM	1.52%	1.06%	4.14%
	ACM	1.80%	1.56%	4.93%
2018	BCM	1.50%	−1.09%	7.16%
	ACM	2.21%	−0.56%	6.04%

15.2.3　基于预测指标测算行业回报、风险和成长

在完成对营业总收入、营业总成本、扣除非经常性损益后的净利润、资产、负债、所有者权益、流动资产、流动负债和应收账款行业均值的预测之后，我们以预测值为基准，根据行业回报、风险和成长，计算了行业的净资产收益率、总资产收益率、销售净利率、资产负债率、流动比率、总资产周转率、应收账款周转率、营业收入增长率和总资产增长率 9 个财务指标。具体预测结果列示在表 15-6 中。

表 15-6　电子器械及器材制造业回报、风险和成长预测结果

年份	BCM/ACM	回报			风险		成长		
		净资产收益率	总资产收益率	销售净利率	资产负债率	流动比率	总资产周转率	应收账款周转率	营业收入增长率	总资产增长率
2012	BCM 真实值	0.060	0.032	0.046	0.48	1.66	0.69	3.62	1.00	1.08
	BCM 预测值	0.058	0.032	0.046	0.46	1.72	0.70	3.74	0.97	1.05
	ACM 真实值	0.059	0.028	0.044	0.51	1.58	0.63	3.30	0.74	0.80
	ACM 预测值	0.058	0.027	0.045	0.51	1.57	0.61	3.25	0.71	0.78

续表

年份	BCM/ACM	回报			风险		成长			
		净资产收益率	总资产收益率	销售净利率	资产负债率	流动比率	总资产周转率	应收账款周转率	营业收入增长率	总资产增长率
2013	BCM 真实值	0.066	0.034	0.048	0.49	1.60	0.71	3.54	1.11	1.09
	BCM 预测值	0.064	0.034	0.047	0.48	1.65	0.72	3.68	1.13	1.14
	ACM 真实值	0.068	0.034	0.048	0.49	1.67	0.71	3.39	0.99	0.98
	ACM 预测值	0.065	0.033	0.047	0.48	1.70	0.70	3.46	1.00	0.98
2014	BCM 真实值	0.068	0.035	0.050	0.48	1.59	0.70	3.42	1.08	1.09
	BCM 预测值	0.069	0.036	0.051	0.48	1.60	0.71	3.46	1.09	1.08
	ACM 真实值	0.070	0.036	0.051	0.47	1.68	0.72	3.32	1.00	1.00
	ACM 预测值	0.071	0.037	0.051	0.48	1.70	0.72	3.34	1.01	0.99
2015	BCM 真实值	0.066	0.034	0.051	0.49	1.54	0.66	3.20	1.02	1.07
	BCM 预测值	0.064	0.033	0.050	0.48	1.54	0.66	3.17	1.01	1.06
	ACM 真实值	0.065	0.034	0.050	0.48	1.56	0.69	3.23	1.06	1.20
	ACM 预测值	0.065	0.033	0.048	0.48	1.56	0.69	3.14	1.03	1.18
2016	BCM 真实值	0.067	0.035	0.054	0.48	1.59	0.65	3.19	1.09	1.14
	BCM 预测值	0.068	0.036	0.055	0.48	1.59	0.65	3.16	1.08	1.15
	ACM 真实值	0.067	0.035	0.053	0.49	1.56	0.65	3.22	1.14	1.20
	ACM 预测值	0.068	0.035	0.053	0.48	1.56	0.66	3.22	1.16	1.24
2017	BCM 真实值	0.060	0.032	0.049	0.48	1.56	0.64	3.19	1.07	1.04
	BCM 预测值	0.062	0.033	0.051	0.48	1.56	0.64	3.24	1.09	1.07
	ACM 真实值	0.058	0.029	0.046	0.51	1.49	0.63	3.15	1.09	1.07
	ACM 预测值	0.060	0.030	0.048	0.51	1.49	0.63	3.21	1.11	1.10
2018	BCM 真实值	0.056	0.028	0.045	0.50	1.48	0.63	3.10	1.02	1.03
	BCM 预测值	0.058	0.030	0.047	0.50	1.48	0.62	3.13	1.02	1.04
	ACM 真实值	0.054	0.027	0.044	0.52	1.43	0.61	2.98	0.98	0.98
	ACM 预测值	0.055	0.027	0.045	0.51	1.43	0.60	3.00	0.99	0.99

　　表15-7进一步列示了电子器械及器材制造业回报、风险和成长类财务指标预测值与真实值之间的差异。对比电子器械及器材制造业采用B周期移动平均和A周期移动平均所预测的财务指标与该行业财务指标的真实值可知，所选用预测模型的预测效果较好，预测能力比较稳定。

表 15 - 7　电子器械及器材制造业回报、风险和成长预测差异

年份	BCM/ACM	回报			风险		成长			
		净资产收益率	总资产收益率	销售净利率	资产负债率	流动比率	总资产周转率	应收账款周转率	营业收入增长率	总资产增长率
2012	BCM	−3.10%	−0.25%	−1.51%	−3.89%	3.11%	1.28%	3.49%	−2.38%	−2.53%
	ACM	−2.26%	−1.62%	1.63%	−0.55%	−0.78%	−3.20%	−1.58%	−3.98%	−3.14%
2013	BCM	−3.36%	−0.52%	−1.51%	−1.62%	3.38%	1.01%	3.95%	1.31%	5.48%
	ACM	−4.38%	−3.44%	−2.71%	−1.06%	1.45%	−0.75%	2.01%	1.02%	0.60%
2014	BCM	1.25%	2.23%	1.82%	0.19%	0.86%	0.40%	1.19%	1.74%	−0.37%
	ACM	1.02%	0.88%	−0.25%	0.78%	1.43%	1.13%	0.49%	1.35%	−1.66%
2015	BCM	−2.14%	−2.57%	−2.74%	−0.79%	−0.09%	0.18%	−0.94%	−0.98%	−1.13%
	ACM	−1.03%	−1.86%	−2.07%	−0.50%	−0.26%	0.22%	−2.85%	−2.46%	−1.36%
2016	BCM	1.74%	1.63%	1.43%	−0.38%	0.17%	0.20%	−0.95%	−0.10%	0.79%
	ACM	1.36%	1.38%	0.41%	−1.68%	0.09%	0.96%	−0.02%	1.91%	3.29%
2017	BCM	3.05%	3.23%	2.58%	−0.12%	−0.19%	0.64%	1.75%	2.25%	2.82%
	ACM	2.71%	2.80%	3.07%	0.76%	0.11%	−0.27%	1.85%	1.77%	2.96%
2018	BCM	3.14%	4.39%	5.58%	−1.53%	0.38%	−1.12%	1.04%	−0.03%	0.77%
	ACM	0.96%	2.05%	3.75%	−1.26%	0.19%	−1.64%	0.79%	0.40%	0.79%

15.3　电子器械及器材制造业运行状况分析

　　会计综合评价指数分别采用 B 周期移动平均和 A 周期移动平均两种方法，对行业运行状况基准值进行预测。具体来讲，B 周期移动平均的样本数量以年度最新行业样本为准，进行滚动预测，样本数量较多，更能代表行业当前发展状况；A 周期移动平均则按照样本基期进行滚动预测，样本选取比较稳定，对行业历史发展状况的讨论更为充分。

15.3.1　电子器械及器材制造业回报分析

　　图 15 - 2、图 15 - 3 和图 15 - 4 分别为 2007—2018 年电子器械及器材制造业的净资产收益率、总资产收益率和销售净利率的变动趋势图，其中，净资产收益

率和总资产收益率的分母分别采用本年年末所有者权益（总资产）与上年年末所有者权益（总资产）的均值计算，因此净资产收益率和总资产收益率的基期均为 2008 年。基于对电子器械及器材制造业财务指标的预测，在评价电子器械及器材制造业回报的过程中，我们分别在图中画出了基于 B 周期移动平均和 A 周期移动平均所计算的 2012—2018 年净资产收益率、总资产收益率和销售净利率的预测值。

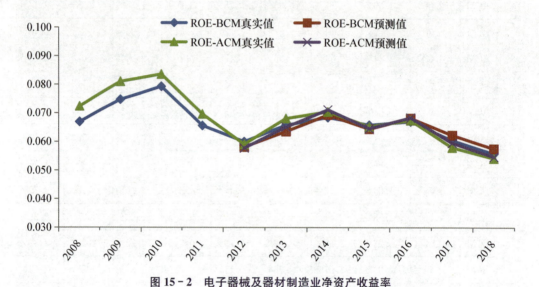

图 15-2　电子器械及器材制造业净资产收益率

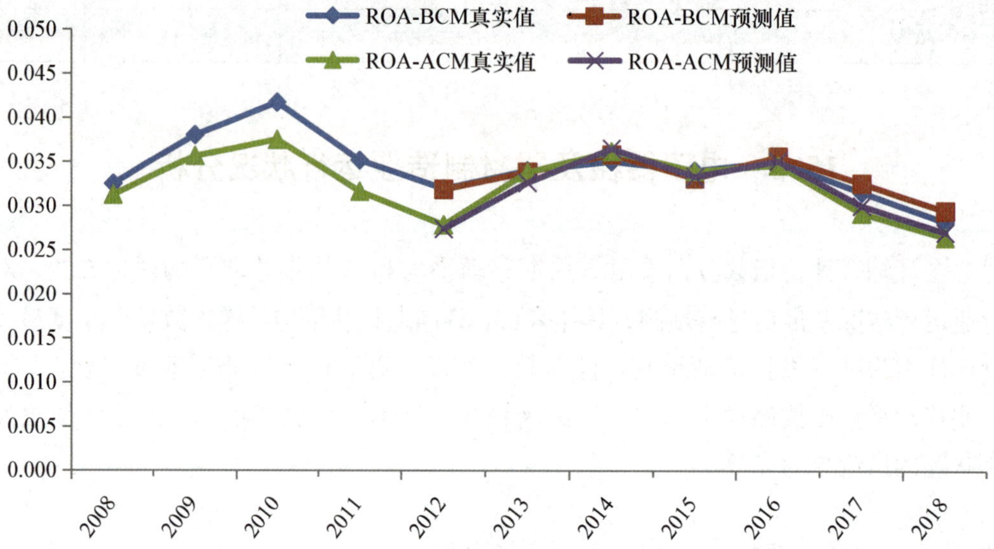

图 15-3　电子器械及器材制造业总资产收益率

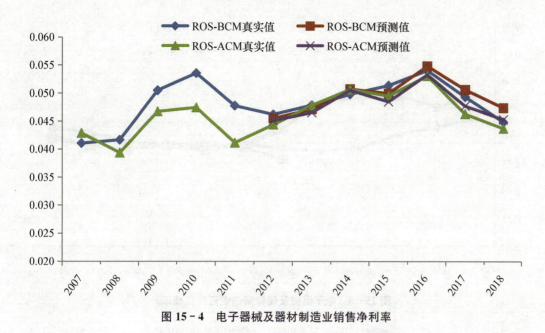

图 15 - 4　电子器械及器材制造业销售净利率

观察图 15 - 2、图 15 - 3 和图 15 - 4 可以发现，电子器械及器材制造业 B 周期移动平均和 A 周期移动平均所选样本的回报类财务指标的变动趋势基本一致。具体而言，净资产收益率在 2008—2010 年小幅上升，之后快速下降，2012 年达到最低点，之后进入稳定周期，在 0.065 上下调整，2016 年之后又连续三年小幅下降。总资产收益率与净资产收益率变动趋势类似，2008—2010 年呈现上升趋势，2010—2012 年小幅下降，之后进入稳定期，在 0.035 上下波动。销售净利率在 2008 年之后连续两年明显上升，2010 年下降，之后上升至 2016 年，2017 年出现小幅下降。总体来说，电子器械及器材制造业整体回报相对稳定，虽然近两年有略微下滑的趋势，但是行业未来发展前景看好。

在电子器械及器材制造业回报分析中，从预测财务指标与真实财务指标的对比可以看出，无论是采用 B 周期移动平均还是 A 周期移动平均，预测值与真实值的差异均较小，虽然真实值仍在低位徘徊，但近年来行业逐渐走出瓶颈期，整体发展趋势向好。

15.3.2　电子器械及器材制造业风险分析

图 15 - 5、图 15 - 6 分别从资产负债率和流动比率两个角度对电子器械及器材制造业的风险进行了分析。与行业回报的分析类似，2007—2018 年电子器械及器材制造业的风险类财务指标根据行业真实值进行计算，同时采用 B 周期移动平均和 A 周期移动平均计算了资产负债率和流动比率的预测值。

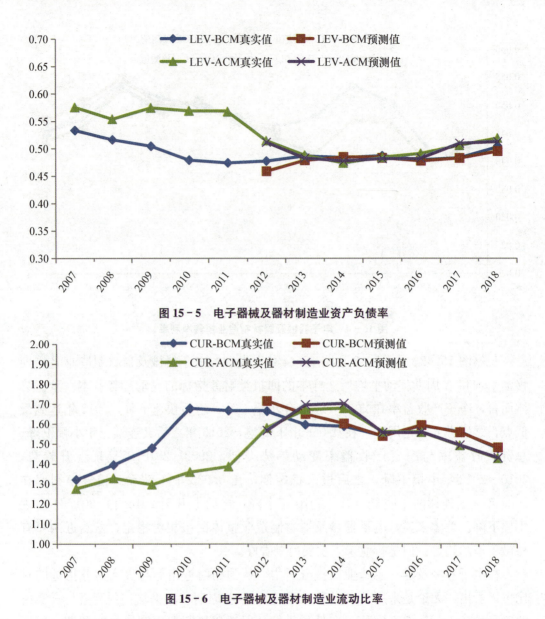

图 15－5　电子器械及器材制造业资产负债率

图 15－6　电子器械及器材制造业流动比率

从资产负债率来看，电子器械及器材制造业 B 周期移动平均所选样本在2007—2010 年呈现下降趋势，2011 年趋于平稳，A 周期移动平均所选样本则在2007—2011 年保持稳定，之后连续两年下降，2013 年以来与 B 周期移动平均所选样本的变动趋势类似，基本保持平稳。从流动比率来看，短期偿债能力从 2007 年开始呈现一定的上升趋势，B 周期移动平均所选样本从 2011 年开始震荡调整，近年来略有下降，A 周期移动平均所选样本则从 2014 年开始进入调整周期。综合资产负债率和流动比率的变动趋势可知，该行业发展稳定，运行风险较小，配合行业较强的回报能力，具有较大的发展潜力。

从电子器械及器材制造业资产负债率和流动比率的预测值可以发现，采用 B

周期移动平均和 A 周期移动平均所计算的 2012—2018 年行业预测值与真实值的差距较小，能够较好地反映行业风险变动趋势，说明模型预测效果较好。

15.3.3　电子器械及器材制造业成长分析

图 15-7、图 15-8、图 15-9 和图 15-10 分别从电子器械及器材制造业周转速度（总资产周转率、应收账款周转率）和成长速度（营业收入增长率、总资产增长率）两个角度衡量该行业的成长。由于行业样本区间为 2007—2018 年，而周转速度计算的分母为前一期期末和本期期末的均值，因此我们在进行周转速度分析时，将基期确定为 2008 年。同样，行业成长速度采用本年度财务指标与上一年度财务指标的比值，因此成长速度的基期也为 2008 年。

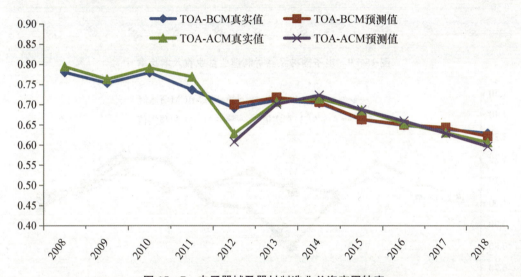

图 15-7　电子器械及器材制造业总资产周转率

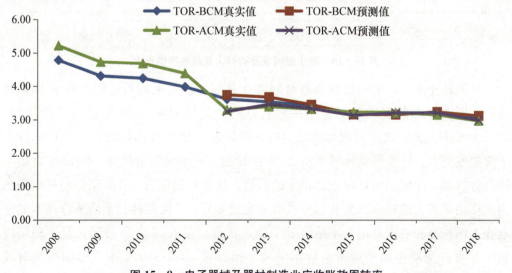

图 15-8　电子器械及器材制造业应收账款周转率

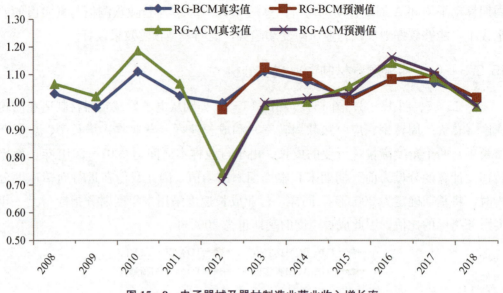

图 15-9　电子器械及器材制造业营业收入增长率

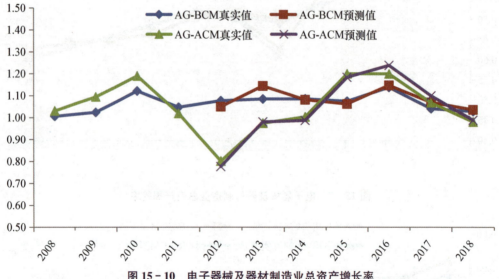

图 15-10　电子器械及器材制造业总资产增长率

　　从周转速度看，电子器械及器材制造业 B 周期移动平均所选样本和 A 周期移动平均所选样本的变动趋势基本一致。总资产周转率从 2010 年进入下滑周期，2013 年略有上升，之后再次延续之前的下降趋势，并且 A 周期移动平均所选样本下滑幅度更大。应收账款周转率从 2008 年开始一直呈现下滑趋势，2012 年之后下降趋势减缓，印证了该行业发展稳定的假设。从成长速度看，B 周期移动平均和 A 周期移动平均所选样本的变化趋势具有一定的差异，B 周期移动平均所选样本的营业收入增长率和总资产增长率始终处于稳定状态，在 1.05 上下波动，且波动幅度较小，而 A 周期移动平均所选样本的两个指标在 2010—2012 年下滑幅度相对较大，但整体变动趋势相对平稳，进一步验证了行业发展进入稳定周期的假设。

从电子器械及器材制造业的周转速度（总资产周转率、应收账款周转率）和成长速度（营业收入增长率、总资产增长率）的预测值可以发现，采用 B 周期移动平均和 A 周期移动平均所计算的 2012—2018 年行业预测值与真实值的差距较小，能够较好地反映行业成长变动趋势，说明模型预测效果较好。

15.4　电子器械及器材制造业会计综合评价指数公司排名分析

根据制造业会计综合评价指数的计算方法，表 15-8 列示了电子器械及器材制造业上市公司的前 20 名。由表 15-8 可知，2018 年电子器械及器材制造业会计综合评价指数排名前 5 的上市公司分别为浙江美大（002677）、飞科电器（603868）、老板电器（002508）、良信电器（002706）和立霸股份（603519）。

表 15-8　2018 年会计综合评价指数电子器械及器材制造业前 20 名上市公司

股票简称	股票代码	2018 年 ACV 评分	2018 年排名	2017 年排名	排名变动
浙江美大	002677	100.00	1	1	——
飞科电器	603868	100.00	1	1	——
老板电器	002508	100.00	1	1	——
良信电器	002706	99.76	4	6	↑
立霸股份	603519	97.33	5	5	——
星帅尔	002860	94.00	6	——	
麦克奥迪	300341	93.55	7	9	↑
鲁亿通	300423	93.46	8	85	↑
欧普照明	603515	92.28	9	——	
九阳股份	002242	91.69	10	22	↑
三雄极光	300625	90.63	11	——	
海洋王	002724	90.08	12	19	↑
微光股份	002801	89.93	13	——	
华帝股份	002035	89.86	14	13	↓
横店东磁	002056	89.38	15	14	↓
通达动力	002576	89.31	16	12	↓
汉宇集团	300403	88.60	17	16	↓
神力股份	603819	87.29	18	——	
汉缆股份	002498	86.82	19	56	↑
汇川技术	300124	86.72	20	30	↑

注：会计综合评价指数的构建以公开财务数据真实有效为前提。

与 2017 年相比，2018 年电子器械及器材制造业排名前 20 的上市公司中，排名上升较快的 2 家分别是鲁亿通（300423）和汉缆股份（002498），下降较快的是通达动力（002576）。

鲁亿通（300423）2017 年排在第 85 名，2018 年排在第 8 名，上升了 77 名，评分提高主要是由于盈利能力、成长能力和周转速度均有明显提升。盈利能力方面主要体现在总资产收益率和净资产收益率上升，总资产收益率从 2017 年的 4.14％增长到 2018 年的 11.91％，净资产收益率从 2017 年的 5.91％增长到 2018 年的 26.79％；成长能力方面主要体现在营业收入增长率和总资产增长率均明显上升，营业收入增长率从 2017 年的 13.15％增长到 2018 年的 1 048.13％，总资产增长率从 2017 年的 17.35％增长到 2018 年的 843.55％；周转速度方面主要体现在应收账款周转率有所提升，从 2017 年的 1.05 增长到 2018 年的 3.55。鲁亿通综合排名上升主要是由于营业收入、扣除非经常性损益后的净利润和总资产均有大幅增长，并且营业收入和净利润的同比增长速度明显高于资产扩张速度。据鲁亿通年报所示，公司 2017 年营业收入为 2.64 亿元，2018 年为 30.31 亿元，比 2017 年增加 1 048.11％；2017 年扣除非经常性损益后的净利润为 0.28 亿元，2018 年为 4.51 亿元，比 2017 年增加 1 510.71％；2017 年公司总资产为 7.26 亿元，2018 年为 68.52 亿元，比上年同期增长 843.80％。公司 2018 年营业收入、扣除非经常性损益后的净利润以及总资产的大规模增长主要系对昇辉电子并购重组，并将其纳入本期合并财务报表范围所致。鲁亿通主要业务包括电气成套设备、LED 照明及智慧社区产品的研发、生产与销售，并专门提供电气成套设备、LED 亮化照明、智能化、EMC 节能改造等系统的个性化服务。2018 年公司成功并购昇辉电子，在电气成套设备的基础上增加了 LED 照明及智慧社区业务，产品结构更加丰富，产品链条更加完善。具体来看，鲁亿通综合排名提升的驱动因素有两个：一是昇辉电子在被收购后依旧保持良好的业务增长，实现了各项业绩指标的良性发展；二是公司并购重组后协同效应明显，二者之间存在生产互补、技术互补、区位互补、客户互补的优势。

汉缆股份（002498）2017 年排在第 56 名，2018 年排在第 19 名，上升了 37 名，评分提高主要是由于盈利能力改善以及周转速度提升。盈利能力方面主要体现在总资产收益率、净资产收益率和销售净利率均有所上升，总资产收益率从 2017 年的 1.74％增长到 2018 年的 4.46％，净资产收益率从 2017 年的 2.43％增长到 2018 年的 6.14％，销售净利率从 2017 年的 2.33％增长到 2018 年的 5.15％，同比增幅均达到 100％及以上；周转速度方面主要体现在总资产周转率和应收账款周转率上升，总资产周转率从 2017 年的 0.75 增长到 2018 年的 0.87，应收账款周转率从 2017 年的 2.33 增长到 2018 年的 2.65。汉缆股份综合排名上升主要是由于营业收入持续增长以及扣除非经常性损益后的净利润大幅提升。据汉缆股份年报所示，公司 2017 年营业收入为 47.45 亿元，2018 年为 55.68 亿元，比 2017 年同期增加 17.34％；2017 年扣除非经常性损益后的净利润为 1.10 亿元，2018 年为 2.87 亿元，比 2017 年同期增加 160.91％，公司利润大幅提升一方面与营业收入提升密切相关；另一方面得益于产品毛利率的改善，无论营业收入按照何种标准划分，产品或业务对应的毛利率均较上年同期有小幅增加。在公司总资产规模保持稳定增速且应收账款略有下滑的情况下，收入和利润大规模提升可以明显提高盈利能力和周转效率。汉缆股份作为集电缆及附件系统、状态检测系统、输变电工程总包三个板块于一体的高新技术企业，主要产品有电力电缆、装备用电缆、特种电缆、数据电缆、架空线等，主要应用于电力、石油、化工、交通、通信、煤炭、冶金、水电、船舶、建筑等国民经济的多个领域。在营业收入方面，按照产品划分，作为营业收入中占比最高的电力电缆实现营业收入 42.36 亿元，比上年同期增加 24.22％，特种电缆收入增长最多，比上年同期增长 112.37％，表明海缆、特高压导线等重点产品的市场占有率进一步提高，保证了公司主营业务的稳固发展；按照地区划分，国内市场除西北地区外营业收入均大幅增长，境外市场的营业收入比 2017 年增加 25.21％，印证了公司在稳固国内市场的同时加大国际市场的开拓，特别是"一带一路"沿线新市场的开发。

　　通达动力（002576）2017 年排在第 12 名，2018 年排在第 16 名，下降了 4 名，评分降低主要是由于周转速度和成长速度有所下降。周转速度方面主要体现在应收账款周转率降低，从 2017 年的 6.20 下降到 2018 年的 5.81；成长速度方面主要体现在营业收入增长率有所下降，从 2017 年的 32.46％下降到 2018 年的 6.50％。通达动力综合排名下降主要是由于营业收入增速放缓。据通达动力年报所示，公司 2016 年营业收入为 8.19 亿元，2017 年为 10.85 亿元，比 2016 年同期增加 32.48％；2018 年为 11.55 亿元，比 2017 年同期增加 6.45％，明显低于 2017 年的增幅。2018 年公司应收账款基本保持稳定，应收账款周转率小幅下滑，这表明收入增长和周转能力两方面拉低了公司的综合实力。通达动力主要从事电动机、发电机、新能源汽车定转子铁芯的研发、生产、销售，电机广泛用于机械、钢铁、电力、化工、水泥、造纸、冶金、石化等行业以及重大基础设施工程项目等，主要产品包括国标普通电机、新能源汽车驱动电机、高效电机、风力发电机、牵引电机等，其中大型电机主要用于国家环保行业，2018 年公司主营业务和经营模式未发生重大变动。2018 年国内外经济环境复杂多变，国内经济增长下行压力和挑战较大，市场竞争依旧激烈，2018 年下半年整个电机行业发展较差，不利的行业宏观环境也是导致通达动力综合排名略有下滑的原因，但新领域如伺服电机、新能源汽车电机仍具有很好的发展前景，公司应抓住行业发展机遇，谋求新的利润增长点。

第 16 章　计算机等电子设备制造业会计综合评价指数编制结果及分析

　　计算机、通信和其他电子设备制造业（行业代码为 C39），包括计算机制造、通信设备制造、广播电视设备制造、雷达及配套设备制造、非专业试听设备制造、智能消费设备制造、电子器件制造、电子元件及电子专用材料制造和其他电子设备制造等 9 个小行业。该行业作为国民经济的支柱产业，对我国经济的飞速发展贡献巨大。在过去十年中，计算机、通信和其他电子设备制造业产值年均增长率维持在 17% 左右，在工业产值排名中位居前列。近年来，面临经济转型、产业结构调整的压力，计算机、通信和其他电子设备制造业总体运行较为平稳，保持了相对较高的景气程度。同时，近几年国家相继出台了各种支持人工智能、大数据、信息安全等发展的政策，新兴技术的涌现在很大程度上刺激了产业创新。2015 年 5 月 8 日，国务院发布的《中国制造 2025》明确提出要大力推动信息通信设备、集成电路及专用装备、操作系统及工业软件等领域的发展；2018 年 6 月，工信部出台的《工业互联网发展行动计划（2018—2020 年）》，高度重视包括云计算、人工智能、大数据在内的新兴技术的发展，从政策规划、财政落实到资源对接等各个方面进行大力扶持，为计算机、通信和其他电子设备制造业的再一次腾飞注入了强劲动力。除政策支持外，国家还通过建设智慧城市、加大信息化投入、提升电子政务渗透率等方式加大政府购买力度，也在一定程度上支持了产业发展。上市公司作为行业龙头，其经营业绩和财务绩效等均对评价行业整体发展状况具有一定的示范作用。本章以上市公司为样本，从发展趋势、回报、风险和成长四个角度对计算机、通信和其他电子设备制造业的经营状况进行分析，以期为计算机、通信和其他电子设备制造业的健康发展提供一些有益的经验和借鉴。

16.1　计算机等电子设备制造业发展趋势分析

为了对计算机、通信和其他电子设备制造业的发展趋势进行分析，我们以 2007 年第 1 季度以来的所有季度作为样本区间。截至 2019 年第 1 季度，我们所选样本 49 个季度的季均总资产为 12 013.88 亿元，季均营业总收入为 2 240.06 亿元，季均价值创造额为 462.23 亿元。

为了研究计算机、通信和其他电子设备制造业的发展趋势，我们以样本公司的季度总资产额、季度营业总收入和季度价值创造额为基础构建了计算机、通信和其他电子设备制造业的资产指数、收入指数和价值创造额指数（见表 16-1）。三类指数的总体波动趋势如图 16-1 所示。

表 16-1　计算机、通信和其他电子设备制造业资产指数、收入指数、价值创造额指数编制结果

季度	资产指数	收入指数	价值创造额指数
200701	100	100	100
200702	104	114	155
200703	111	118	138
200704	116	141	184
200801	116	112	157
200802	121	119	165
200803	124	124	160
200804	123	124	181
200901	124	95	137
200902	137	121	172
200903	143	141	174
200904	163	192	261
201001	171	162	183
201002	184	190	263
201003	199	196	215
201004	214	235	338
201101	220	181	215
201102	236	213	302
201103	245	227	300

续表

季度	资产指数	收入指数	价值创造额指数
201104	259	263	443
201201	258	191	235
201202	266	244	327
201203	276	244	340
201204	283	286	362
201301	284	221	339
201302	298	256	401
201303	309	264	396
201304	318	311	466
201401	337	244	379
201402	346	285	428
201403	371	308	492
201404	386	382	697
201501	404	280	460
201502	419	328	558
201503	443	355	577
201504	472	437	726
201601	484	327	622
201602	516	396	643
201603	553	430	689
201604	608	530	898
201701	614	398	691
201702	634	475	850
201703	671	505	912
201704	701	600	930
201801	718	459	809
201802	740	529	1 004
201803	778	614	1 067
201804	786	690	902
201901	786	500	928

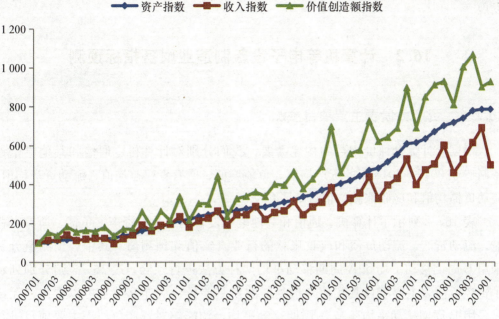

图 16 - 1　计算机、通信和其他电子设备制造业三类指数总体波动趋势

　　由表 16 - 1 和图 16 - 1 可知，从总体运行趋势来看，计算机、通信和其他电子设备制造业资产指数自 2007 年第 1 季度以来一直呈上升趋势，2019 年第 1 季度达到 786 点，与 2007 年第 1 季度相比上升了 686%。从收入指数的变动趋势看，2008年第 1 季度受金融危机影响出现短暂的小幅下滑，2009 年第 1 季度降到历史最低点，此后很快反弹，截至 2018 年一直保持持续增长的态势，并存在明显的第 4 季度效应。从价值创造额指数的变动趋势看，金融危机之后，自 2009 年第 4 季度开始震荡上升，存在第 4 季度效应，2018 年随着中美贸易摩擦持续升级，第 4 季度出现异常下跌。

　　从三类指数的运行趋势来看，行业价值创造额指数与收入指数整体上一直保持着增长势头，且趋势高度相似，说明计算机、通信和其他电子设备制造业的价值创造能力较强，并随着收入的增长稳定提升。收入指数与资产指数在 2011 年以前的变动趋势大体一致，之后资产指数的增速快于收入指数，且差距呈现逐步扩大的趋势。总体而言，近年来计算机、通信和其他电子设备制造业的价值创造能力较好，以人工智能为代表的新技术的发展与应用持续地推动着产业变革，取得了较好的成绩，加之中央及地方政府的重磅激励政策层出不穷，进一步提高了计算机等电子设备制造业的景气程度。但在一些技术层面，人工智能等的发展还不是很成熟，整个行业还有很大的发展空间。此外，2018 年中美贸易摩擦对我国科技类产业加速发展形成了强大的压力，将激励我国大力扶持计算机、通信和其他电子设备制造业，因此该行业未来有很大概率将出现自力更生式的加速发展。

16.2 计算机等电子设备制造业财务指标预测

16.2.1 资产负债表主要项目预测

根据会计综合评价指数的构建需要，我们分别对计算机、通信和其他电子设备制造业 2012—2018 年的资产均值、负债均值、所有者权益均值、流动资产均值、流动负债均值和应收账款均值进行了预测。

表 16-2 列示了计算机、通信和其他电子设备制造业的资产、负债、所有者权益、流动资产、流动负债和应收账款的行业真实值和预测值。其中，预测值分别采用 B 周期移动平均和 A 周期移动平均两种方法进行预测。表 16-3 则分别列示了资产负债表主要项目真实值与预测值的预测差异，从计算结果可以看出，无论是采用 B 周期移动平均还是 A 周期移动平均，均能够对资产负债表主要项目进行准确预测，模型稳定性较好。

表 16-2　资产负债表主要项目预测结果　　　　单位：亿元

年份	BCM/ACM	资产	负债	所有者权益	流动资产	流动负债	应收账款
2012	BCM 真实值	40.90	20.80	19.70	25.70	16.20	6.27
	BCM 预测值	41.70	21.30	19.90	26.50	16.70	6.34
	ACM 真实值	56.40	30.80	24.80	35.60	23.50	8.48
	ACM 预测值	58.10	32.10	25.20	36.50	24.30	8.54
2013	BCM 真实值	44.80	23.90	21.50	28.50	18.80	7.27
	BCM 预测值	45.20	23.80	21.40	28.70	18.80	7.27
	ACM 真实值	52.30	27.80	25.10	34.20	22.10	8.78
	ACM 预测值	51.80	27.10	24.70	33.40	21.30	8.34
2014	BCM 真实值	51.00	26.70	25.00	33.50	20.90	8.51
	BCM 预测值	50.70	26.60	24.80	32.80	20.50	8.46
	ACM 真实值	54.30	28.00	27.10	36.70	22.00	9.46
	ACM 预测值	53.30	27.60	26.70	35.40	21.30	9.17
2015	BCM 真实值	59.10	29.70	30.10	36.70	23.30	9.86
	BCM 预测值	57.10	29.10	28.70	35.90	22.60	9.96
	ACM 真实值	65.70	33.20	33.10	40.70	25.90	10.90
	ACM 预测值	63.00	32.60	31.20	39.80	25.10	11.10

续表

年份	BCM/ACM	资产	负债	所有者权益	流动资产	流动负债	应收账款
2016	BCM 真实值	67.20	34.30	33.40	41.60	26.40	10.70
	BCM 预测值	67.50	33.00	35.20	41.40	26.40	11.30
	ACM 真实值	78.20	39.30	39.50	49.00	30.90	12.50
	ACM 预测值	78.00	38.20	40.40	47.40	30.40	12.90
2017	BCM 真实值	67.60	34.30	33.50	41.40	27.20	11.20
	BCM 预测值	67.70	34.90	33.20	41.20	27.40	10.80
	ACM 真实值	89.70	45.80	43.90	53.90	35.70	14.50
	ACM 预测值	92.10	48.50	44.10	54.80	37.30	13.90
2018	BCM 真实值	76.40	40.60	36.10	45.20	32.10	13.00
	BCM 预测值	79.10	41.40	37.80	46.70	32.10	12.50
	ACM 真实值	93.50	50.20	43.40	54.40	39.20	15.80
	ACM 预测值	99.20	52.50	46.40	57.60	39.90	15.30

表 16 - 3　资产负债表主要项目预测差异

年份	BCM/ACM	资产	负债	所有者权益	流动资产	流动负债	应收账款
2012	BCM	2.05%	2.45%	1.07%	3.15%	2.85%	1.08%
	ACM	3.04%	3.97%	1.52%	2.62%	3.04%	0.65%
2013	BCM	0.85%	−0.33%	−0.22%	0.69%	−0.04%	0.10%
	ACM	−1.06%	−2.68%	−1.55%	−2.12%	−3.32%	−5.04%
2014	BCM	−0.70%	−0.15%	−1.03%	−2.04%	−1.98%	−0.59%
	ACM	−1.86%	−1.35%	−1.45%	−3.35%	−3.14%	−3.02%
2015	BCM	−3.39%	−1.90%	−4.61%	−1.97%	−2.89%	1.03%
	ACM	−4.04%	−1.90%	−5.69%	−2.31%	−3.17%	1.39%
2016	BCM	0.44%	−3.77%	5.16%	−0.62%	−0.25%	5.05%
	ACM	−0.20%	−2.67%	2.26%	−3.20%	−1.41%	3.13%
2017	BCM	0.14%	1.74%	−0.82%	−0.44%	0.95%	−4.15%
	ACM	2.65%	5.92%	0.32%	1.59%	4.51%	−3.81%
2018	BCM	3.52%	1.92%	4.81%	3.45%	0.21%	−3.98%
	ACM	6.02%	4.74%	6.73%	6.01%	1.84%	−3.00%

16.2.2　利润表主要项目预测

　　根据会计综合评价指数的构建需要，我们对利润表中营业总收入、营业总成本和扣除非经常性损益后的净利润三个会计项目进行了预测。需要说明的是，由于净利润包括企业的投资收益等非经常性损益，难以准确衡量企业主营业务所产生的回报，因此在对行业回报进行计算的过程中，选取扣除非经常性损益后的净利润进行预测。根据利润表的特点，在对营业总收入、营业总成本和扣除非经常性损益后的净利润进行预测的过程中，将除数占比法和周期移动平均法结合起来使用。

　　表16－4列示了利润表中营业总收入、营业总成本和扣除非经常性损益后的净利润的真实值和预测值，其中预测值分别采用 B 周期移动平均和 A 周期移动平均两种方法进行预测。表16－5进一步计算了利润表主要项目真实值与预测值的差异，结果显示利润表主要项目的预测差异较小，说明采取的方法能够较好地对利润表主要项目进行预测。

表 16－4　利润表主要项目预测结果　　　　　　　　　　　　单位：亿元

年份	BCM/ACM	营业总收入	营业总成本	扣除非经常性损益后的净利润
2012	BCM 真实值	16.70	16.20	0.66
	BCM 预测值	16.60	15.80	0.69
	ACM 真实值	20.30	19.60	0.63
	ACM 预测值	19.90	19.10	0.62
2013	BCM 真实值	18.20	17.60	0.69
	BCM 预测值	17.90	17.30	0.68
	ACM 真实值	20.00	19.30	0.80
	ACM 预测值	19.60	19.00	0.76
2014	BCM 真实值	20.60	19.80	0.81
	BCM 预测值	20.20	19.70	0.77
	ACM 真实值	21.20	20.20	0.87
	ACM 预测值	20.80	20.20	0.84
2015	BCM 真实值	22.80	21.80	0.94
	BCM 预测值	22.50	21.50	0.92
	ACM 真实值	23.60	22.60	0.90
	ACM 预测值	23.30	22.20	0.87

续表

年份	BCM/ACM	营业总收入	营业总成本	扣除非经常性损益后的净利润
2016	BCM 真实值	25.70	24.40	1.13
	BCM 预测值	26.10	24.80	1.14
	ACM 真实值	26.70	25.50	1.07
	ACM 预测值	27.10	25.70	1.11
2017	BCM 真实值	25.80	24.80	1.15
	BCM 预测值	26.40	25.20	1.22
	ACM 真实值	30.00	28.90	1.19
	ACM 预测值	30.50	29.30	1.28
2018	BCM 真实值	26.60	26.20	1.06
	BCM 预测值	26.90	26.00	1.16
	ACM 真实值	30.40	30.10	1.08
	ACM 预测值	30.80	29.90	1.18

表 16-5　利润表主要项目预测差异

年份	BCM/ACM	营业总收入	营业总成本	扣除非经常性损益后的净利润
2012	BCM	-0.97%	-2.47%	4.44%
	ACM	-1.98%	-2.66%	-1.38%
2013	BCM	-1.38%	-1.52%	-1.08%
	ACM	-2.04%	-1.49%	-4.96%
2014	BCM	-1.92%	-0.46%	-4.89%
	ACM	-1.85%	0.09%	-3.07%
2015	BCM	-1.38%	-1.39%	-2.72%
	ACM	-1.31%	-1.75%	-3.62%
2016	BCM	1.62%	1.62%	0.75%
	ACM	1.43%	0.79%	3.15%
2017	BCM	2.33%	1.62%	6.01%
	ACM	1.76%	1.36%	7.76%
2018	BCM	1.22%	-0.83%	9.24%
	ACM	1.22%	-0.54%	8.76%

16.2.3　基于预测指标测算行业回报、风险和成长

在完成对营业总收入、营业总成本、扣除非经常性损益后的净利润、资产、负债、所有者权益、流动资产、流动负债和应收账款行业均值的预测之后，我们

以预测值为基准，根据行业回报、风险和成长，计算了行业的净资产收益率、总资产收益率、销售净利率、资产负债率、流动比率、总资产周转率、应收账款周转率、营业收入增长率和总资产增长率 9 个财务指标，具体预测结果列示在表 16-6 中。

表 16-6　计算机、通信和其他电子设备制造业回报、风险和成长预测结果

年份	BCM/ACM	回报			风险		成长			
		净资产收益率	总资产收益率	销售净利率	资产负债率	流动比率	总资产周转率	应收账款周转率	营业收入增长率	总资产增长率
2012	BCM 真实值	0.034	0.016	0.039	0.51	1.59	0.41	2.83	1.01	1.03
	BCM 预测值	0.035	0.017	0.041	0.51	1.59	0.40	2.80	1.00	1.04
	ACM 真实值	0.026	0.011	0.031	0.55	1.51	0.36	2.57	0.96	1.03
	ACM 预测值	0.025	0.011	0.031	0.55	1.51	0.34	2.40	0.93	1.00
2013	BCM 真实值	0.034	0.016	0.038	0.53	1.51	0.42	2.68	1.09	1.10
	BCM 预测值	0.033	0.016	0.038	0.53	1.53	0.41	2.63	1.08	1.08
	ACM 真实值	0.032	0.015	0.040	0.53	1.55	0.37	2.32	0.99	0.93
	ACM 预测值	0.030	0.014	0.039	0.52	1.57	0.36	2.32	0.99	0.89
2014	BCM 真实值	0.035	0.017	0.040	0.52	1.60	0.43	2.61	1.13	1.14
	BCM 预测值	0.033	0.016	0.038	0.53	1.60	0.42	2.57	1.13	1.12
	ACM 真实值	0.033	0.016	0.041	0.52	1.67	0.40	2.32	1.06	1.04
	ACM 预测值	0.033	0.016	0.040	0.52	1.67	0.40	2.37	1.06	1.03
2015	BCM 真实值	0.034	0.017	0.041	0.50	1.57	0.41	2.48	1.11	1.16
	BCM 预测值	0.034	0.017	0.041	0.51	1.59	0.42	2.44	1.11	1.13
	ACM 真实值	0.030	0.015	0.038	0.51	1.57	0.39	2.32	1.12	1.21
	ACM 预测值	0.030	0.015	0.037	0.52	1.57	0.40	2.31	1.12	1.18
2016	BCM 真实值	0.036	0.018	0.044	0.51	1.57	0.41	2.50	1.13	1.14
	BCM 预测值	0.036	0.018	0.044	0.49	1.57	0.42	2.46	1.16	1.18
	ACM 真实值	0.030	0.015	0.040	0.50	1.59	0.37	2.28	1.13	1.19
	ACM 预测值	0.031	0.016	0.041	0.49	1.56	0.38	2.26	1.16	1.24
2017	BCM 真实值	0.034	0.017	0.045	0.51	1.52	0.38	2.35	1.00	1.01
	BCM 预测值	0.036	0.018	0.046	0.52	1.50	0.39	2.39	1.01	1.00
	ACM 真实值	0.028	0.014	0.040	0.51	1.51	0.36	2.23	1.12	1.15
	ACM 预测值	0.030	0.015	0.042	0.53	1.47	0.36	2.28	1.13	1.18

续表

年份	BCM/ACM	回报			风险		成长			
		净资产收益率	总资产收益率	销售净利率	资产负债率	流动比率	总资产周转率	应收账款周转率	营业收入增长率	总资产增长率
2018	BCM 真实值	0.031	0.015	0.040	0.53	1.41	0.37	2.19	1.03	1.13
	BCM 预测值	0.033	0.016	0.043	0.52	1.45	0.37	2.31	1.02	1.17
	ACM 真实值	0.025	0.012	0.036	0.54	1.39	0.33	2.01	1.01	1.04
	ACM 预测值	0.026	0.012	0.038	0.53	1.44	0.32	2.11	1.01	1.08

表 16-7 进一步列示了计算机、通信和其他电子设备制造业回报、风险和成长的财务指标预测值与真实值之间的差异。对比计算机、通信和其他电子设备制造业采用 B 周期移动平均和 A 周期移动平均所预测的财务指标和该行业财务指标的真实值的差异可知，所选用预测模型的预测效果较好，预测能力比较稳定。

表 16-7　计算机、通信和其他电子设备制造业回报、风险和成长预测差异

年份	BCM/ACM	回报			风险		成长			
		净资产收益率	总资产收益率	销售净利率	资产负债率	流动比率	总资产周转率	应收账款周转率	营业收入增长率	总资产增长率
2012	BCM	3.15%	3.03%	5.47%	0.39%	0.29%	−2.31%	−1.06%	−0.55%	1.36%
	ACM	−3.92%	−5.57%	0.61%	0.90%	−0.42%	−6.14%	−6.50%	−3.57%	−2.69%
2013	BCM	−1.47%	−2.47%	0.30%	−1.16%	0.73%	−2.76%	−1.92%	−0.41%	−1.18%
	ACM	−4.94%	−5.96%	−2.98%	−1.64%	1.25%	−3.07%	0.21%	−0.06%	−3.98%
2014	BCM	−4.26%	−4.91%	−3.02%	0.56%	−0.06%	−1.94%	−1.65%	−0.55%	−1.54%
	ACM	−1.60%	−1.63%	−1.25%	0.51%	−0.22%	−0.39%	2.24%	0.19%	−0.80%
2015	BCM	0.27%	−0.58%	−1.36%	1.54%	0.94%	0.78%	−1.65%	0.55%	−2.70%
	ACM	0.17%	−0.58%	−2.34%	2.23%	0.89%	1.80%	−0.65%	0.55%	−2.23%
2016	BCM	0.21%	2.13%	−0.86%	−4.20%	−0.37%	3.01%	−1.46%	3.04%	3.96%
	ACM	4.58%	5.21%	1.70%	−2.47%	−1.81%	3.45%	−0.87%	2.77%	4.00%
2017	BCM	3.76%	5.70%	3.59%	1.60%	−1.37%	2.04%	1.98%	0.70%	−0.30%
	ACM	6.44%	6.36%	5.89%	3.18%	−2.80%	0.43%	2.37%	0.33%	2.86%
2018	BCM	6.99%	7.17%	7.92%	−1.55%	3.24%	−0.70%	5.50%	−1.09%	3.38%
	ACM	5.07%	4.20%	7.44%	−1.21%	4.09%	−3.02%	4.77%	−0.53%	3.29%

16.3 计算机等电子设备制造业运行状况分析

会计综合评价指数分别采用 B 周期移动平均和 A 周期移动平均两种方法，对行业运行状况基准值进行预测。具体来讲，B 周期移动平均的样本数量以年度最新行业样本为准，进行滚动预测，样本数量较多，更能代表行业当前发展状况；A 周期移动平均则按照样本基期进行滚动预测，样本选取比较稳定，对行业历史发展状况的讨论更为充分。

16.3.1 计算机等电子设备制造业回报分析

图 16 - 2、图 16 - 3 和图 16 - 4 分别为 2007—2018 年计算机、通信和其他电子设备制造业的净资产收益率、总资产收益率和销售净利率的变动趋势图。其中，净资产收益率和总资产收益率的分母分别采用本年年末所有者权益（总资产）与上年年末所有者权益（总资产）的均值计算，因此净资产收益率和总资产收益率的基期均为 2008 年。基于对计算机、通信和其他电子设备制造业财务指标的预测，在评价计算机、通信和其他电子设备制造业回报的过程中，我们分别在图中画出了基于 B 周期移动平均和 A 周期移动平均所计算的 2012—2018 年净资产收益率、总资产收益率和销售净利率的预测值。

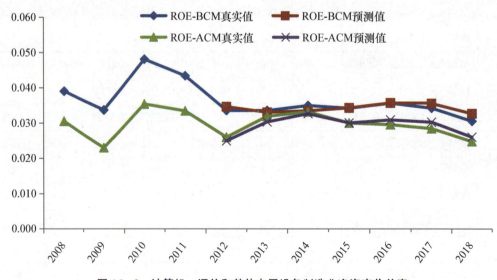

图 16 - 2 计算机、通信和其他电子设备制造业净资产收益率

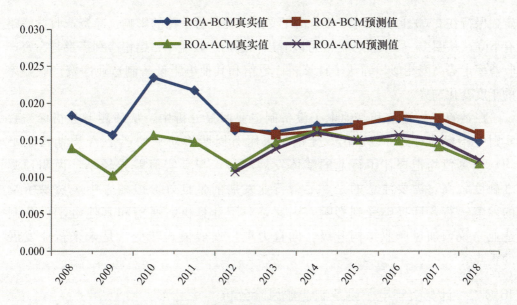

图 16 - 3　计算机、通信和其他电子设备制造业总资产收益率

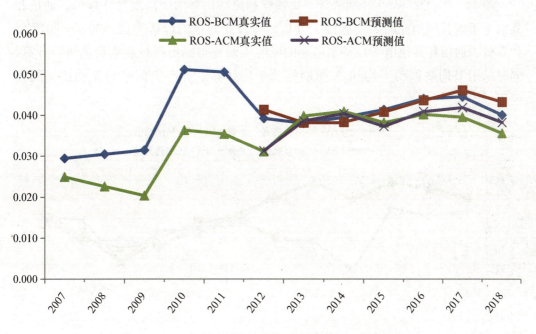

图 16 - 4　计算机、通信和其他电子设备制造业销售净利率

　　观察图 16 - 2、图 16 - 3 和图 16 - 4 可以发现，计算机、通信和其他电子设备制造业 B 周期移动平均和 A 周期移动平均所选样本的回报类财务指标的变动趋势大体一致。具体来说，从图 16 - 2 可以看到，受金融危机的影响，净资产收益率在 2009 年出现了较大幅度的下降，达到历史最低位。随后由于国家的四万亿元投资计划，2010 年大幅上升，到达最高点。此后两年有所下滑，但近几年总体相对稳定，保持在 0.03 上下。2018 年，由于受到中美贸易摩擦的影响，净资产收益率略有下降。从图 16 - 3 和图 16 - 4 可以看出，总资产收益率、销售净利率都与净资产收益率走势高度相似，确认了计算机、通信和其他电子设备制造业净资产收益率的年度变化趋势。

在计算机、通信和其他电子设备制造业回报分析中，从预测财务指标与真实财务指标的对比可以看出，无论是采用 B 周期移动平均还是 A 周期移动平均，预测值均把握住了行业的整体发展趋势，与真实值差异较小，说明预测准确度较高。需要注意的是，尽管行业发展前景良好，但随着中美贸易争端的发酵，行业回报已受到影响，因此，对于计算机、通信和其他电子设备制造业来说，加速产业结构升级，向自力更生发展模式转变，是未来行业发展的重点。

16.3.2 计算机等电子设备制造业风险分析

图 16 - 5、图 16 - 6 分别从资产负债率和流动比率两个角度对计算机、通信和其他电子设备制造业的风险进行了分析。与行业回报的分析类似，2007—2018 年计算机、通信和其他电子设备制造业的风险类财务指标根据行业真实值进行计算，同时采用 B 周期移动平均和 A 周期移动平均计算了资产负债率和流动比率的预测值。

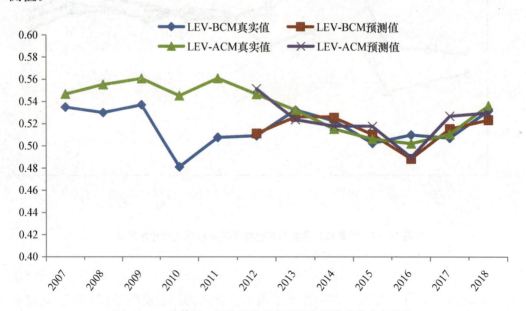

图 16 - 5　计算机、通信和其他电子设备制造业资产负债率

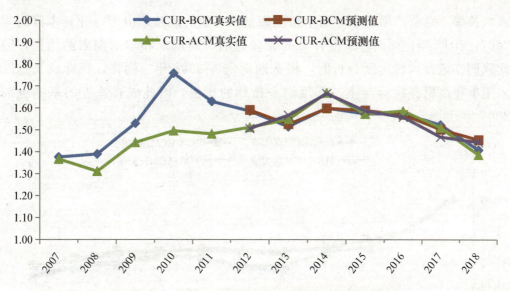

图 16－6　计算机、通信和其他电子设备制造业流动比率

从资产负债率来看，计算机、通信和其他电子设备制造业 B 周期移动平均和 A 周期移动平均所选样本的变动趋势基本一致，均在 2010 年有较大幅度的下降，2011 年回升。对比来看，A 周期移动平均所选样本在 2012—2016 年始终呈现下降趋势，B 周期移动平均所选样本在 2012—2013 年保持了上升的趋势，2013 年之后才与 A 周期移动平均所选样本走势类似，开始缓慢下降。无论是 A 周期移动平均还是 B 周期移动平均，2018 年行业的资产负债率均有一定程度的提高。从流动比率看，B 周期移动平均和 A 周期移动平均所选样本均在 2009 年之后有大幅上升，并分别在 2010 年、2014 年达到最高点，2015—2016 年，流动比率持续下滑，与资产负债率的情况一致。根据资产负债率和流动比率的变动趋势，并结合回报率情况可以看出，虽然该行业发展速度放缓，回报有所下滑，风险相对提升，但近年来各指标仍比较稳定，一旦能够实现产业结构升级，提高行业回报，其发展前景依然看好。

从计算机、通信和其他电子设备制造业资产负债率和流动比率的预测值可以发现，采用 B 周期移动平均和 A 周期移动平均所计算的 2012—2018 年行业预测值与真实值的差距较小，能够较好地反映行业风险变动趋势，说明模型预测效果较好。

16.3.3　计算机等电子设备制造业成长分析

图 16－7、图 16－8、图 16－9 和图 16－10 分别从计算机、通信和其他电子设备制造业周转速度（总资产周转率、应收账款周转率）和成长速度（营业收

入增长率、总资产增长率）两个角度衡量该行业的成长。由于行业样本区间为
2007—2018 年，而周转速度计算的分母为前一期期末和本期期末的均值，因
此我们在进行周转速度分析时，将基期确定为 2008 年。同样，行业成长速度
采用本年度财务指标与上一年度财务指标的比值，因此成长速度的基期也为
2008 年。

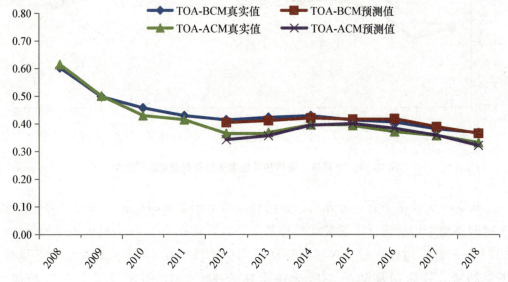

图 16-7　计算机、通信和其他电子设备制造业总资产周转率

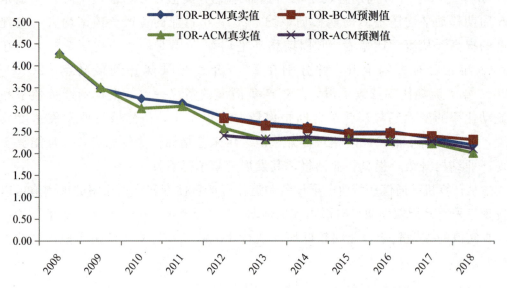

图 16-8　计算机、通信和其他电子设备制造业应收账款周转率

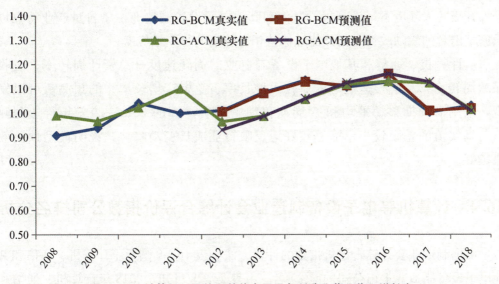

图 16 - 9　计算机、通信和其他电子设备制造业营业收入增长率

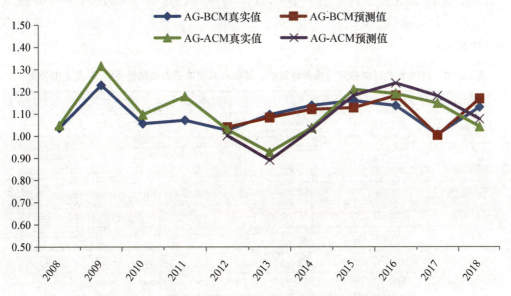

图 16 - 10　计算机、通信和其他电子设备制造业总资产增长率

从周转速度来看，B 周期移动平均所选样本和 A 周期移动平均所选样本的变动趋势比较一致。总体来看，计算机、通信和其他电子设备制造业的总资产周转率和应收账款周转率在 2007—2012 年呈现出一定的下滑趋势，说明该行业的运营效率有所降低。2013—2018 年，总资产周转率和应收账款周转率均保持相对稳定。从成长速度来看，B 周期移动平均所选样本和 A 周期移动平均所选样本的变动趋势较为相近，营业收入增长率和总资产增长率自 2008 年以来大多为 1.00～1.20，总体保持稳定。综合行业周转指标和成长指标可以看出，在近年经济下行、贸易摩擦升级的大环境下，计算机、通信和其他电子设备制造业由于自身产业特点以及密集出台的激励政策，仍然能够保持相对较高的行业景气度。

从计算机、通信和其他电子设备制造业的周转速度（总资产周转率、应收账款周转率）和成长速度（营业收入增长率、总资产增长率）的预测值可以发现，采用 B 周期移动平均和 A 周期移动平均所计算的 2012—2018 年行业预测值与真实值的差距较小，能够较好地反映行业成长变动趋势，说明模型预测效果较好。

16.4　计算机等电子设备制造业会计综合评价指数公司排名分析

根据制造业会计综合评价指数的计算方法，表 16 - 8 列示了计算机、通信和其他电子设备制造业上市公司的前 20 名。由表 16 - 8 可知，2018 年计算机、通信和其他电子设备制造业会计综合评价指数排名前 5 的上市公司分别为视源股份（002841）、亿联网络（300628）、优博讯（300531）、天孚通信（300394）和苏州科达（603660）。

表 16 - 8　2018 年会计综合评价指数计算机、通信和其他电子设备制造业前 20 名上市公司

股票简称	股票代码	2018 年 ACV 评分	2018 年排名	2017 年排名	排名变动
视源股份	002841	100.00	1	—	—
亿联网络	300628	100.00	1	—	—
优博讯	300531	100.00	1	—	—
天孚通信	300394	98.95	4	18	↑
苏州科达	603660	97.69	5	—	—
中颖电子	300327	96.74	6	1	↓
太辰光	300570	96.70	7	—	—
朗科科技	300042	96.45	8	1	↓
广和通	300638	95.98	9	—	—
洁美科技	002859	95.33	10	—	—
光莆股份	300632	93.94	11	—	—
福晶科技	002222	93.60	12	4	↓
兆易创新	603986	93.56	13	—	—
信维通信	300136	92.62	14	17	↑
海康威视	002415	92.58	15	13	↓
景嘉微	300474	92.39	16	49	↑
三环集团	300408	92.31	17	12	↓

续表

股票简称	股票代码	2018 年 ACV 评分	2018 年排名	2017 年排名	排名变动
汇顶科技	603160	91.49	18	—	—
移为通信	300590	91.21	19	—	—
艾华集团	603989	90.75	20	31	↑

注：会计综合评价指数的构建以公开财务数据真实有效为前提。

随着科技的高速发展，计算机等电子设备制造业存在明显的后进者优势，该行业企业的新生性和变动性较明显，因而 2018 年进入前 20 的企业，有很大比例是近两年的新上市企业。比较突出的是，2018 年排名并列第一的 3 家公司：视源股份（002841）、亿联网络（300628）和优博讯（300531）。除了优博讯（300531）在 2016 年下半年上市之外，其余 2 家都是 2017 年新上市的企业。我们无法得到这 3 家公司 2017 年的排名情况，但从 2018 年会计综合评价指数的表现来看，3 家新上市企业皆表现出强劲的势头，这体现了计算机等电子设备制造业具有后进者优势的特点，市场竞争将会不断加剧。

对于其余上市时间较长的企业，与 2017 年相比，排名上升较快的企业中，最有代表性的是天孚通信（300394）和景嘉微（300474），而排名下降较快的企业有大豪科技（603025）和三安光电（600703）。

天孚通信（300394）2017 年排在第 18 名，2018 年提升到第 4 名，仅次于 3 家新上市的企业，上升了 14 名，评分提高主要是由于企业成长速度的提升。具体来看，营业收入增长率和总资产增长率都有显著提高，相比 2017 年，2018 年营业收入增长率从 9.01% 上升到 31.04%，总资产增长率从 9.00% 上升到 34.36%。据天孚通信年报所示，公司 2018 年营业收入为 4.43 亿元，相比 2017 年的 3.38 亿元增长了 31.07%；2018 年总资产为 11.95 亿元，相比 2017 年的 8.89 亿元增长了 34.42%。天孚通信主营产品为光通信，一直以中高端市场为发展目标，目前已成为全球光器件核心部件领域的领先企业。2018 年天孚通信营业收入的增长来源于两个方面：一方面在于公司新增了多个产品线（隔离器、线缆连接器以及 LENSARRAY 等），实现了规模量产，大大增加了产能和收入，使得其光无源器件的年度营业收入增长 26.46%，光有源器件营业收入增长 84.62%；另一方面在于拓展海外市场销售，公司 2018 年在美国设立了子公司，进一步加大了海外优质客户的开发力度，外销营业收入增长了 41.19%。两个方面的因素共同助推了天孚通信营业收入的高速增长。同时，随着新产品线的发力和海外市场的扩张，企业销售收入规模也快速增长，应收账款大幅增加。除此之外，天孚通信在 2018 年还对江西天孚产业园的土地建设投入了 1 448.54 万元，因而其在建工程上升 143.63%，总资产增长率也有进一步提升。

景嘉微（300474）2017 年尚在第 49 名，2018 年跻身前 20，排名第 16，评分提高主要是由于风险降低和成长速度提升。在风险方面，流动比率从 2017 年的 5.97 增长到 2018 年的 12.02；在成长速度方面，营业收入增长率和总资产增长率都有提高，其中营业收入增长率从 2017 年的 10.16％增长到 2018 年的 29.71％，总资产增长率从 2017 年的 22.59％增长到 2018 年的 107.62％，超过营业收入的增长速度。据景嘉微年报所示，公司 2018 年营业收入为 3.97 亿元，同比增长 29.71％；应收账款为 2.55 亿元，同比增长 31.33％；总资产为 24.09 亿元，同比增长 107.62％。景嘉微是目前国内唯一能够量产国产化 GPU 的厂商，在军用和民用市场上都有很大的发展空间。企业营业收入的大幅增加主要是由于产品对军机市场的迅速占领。2018 年，公司的小型专业化雷达获得了定型批产，同年 9 月，公司自主研发的第一代芯片 JM7200 完成了流片、封装和功能测试工作，相关产品的收入和市场竞争力大幅提升，营业收入增速得以进一步加快。同时，随着业务规模的扩大，公司的销售和采购相应增加，应收账款和存货明显增多，资产流动比率也大幅提高。而在总资产方面，除了业务增长所带来的流动资产增多，2018 年景嘉微的科研生产基地（一期）主体工程投入使用，使得固定资产剧增 997.66％，因此其总资产比营业收入增长更快。

大豪科技（603025）2017 年居于排名首位，2018 年跌出前 20，落至 22 名，评分降低主要是由于周转速度和成长速度下滑。在周转速度方面，应收账款周转率从 2017 年的 10.84 下降到 2018 年的 8.32。据大豪科技年报所示，公司 2018 年应收账款为 1.47 亿元，同比增长 32.43％，导致应收账款周转率下降。在成长速度方面，2018 年营业总收入为 10.75 亿元，较 2017 年的 10.57 亿元增长了 1.70％，但营业收入的增长速度却从 2017 年的 1.53 下降到 2018 年的 1.02。大豪科技是国内缝制设备电控领域的龙头企业，其产品主要是配套缝制及针纺机械的设备。2018 年国内缝制机械板块疲弱，市场竞争加剧，行业景气度下降，加之印巴市场占有率断崖式下跌，出口大幅下滑，行业环境与宏观环境的变化导致 2018 年下半年产品需求下滑较快，刺绣机电控产品收入同比降低 24.95％，因此营业收入的增长无法持续。此外，受刺绣机收入骤降的影响，下游整机厂商现金周转出现困难、付款周期延长，为了应对这一问题，公司对部分客户适度放宽了信用政策，导致期末应收账款余额出现增长，进而造成应收账款周转率降低。

三安光电（600703）2017 年也排在前 20，2018 年从第 11 名降至第 106 名，评分大幅降低主要是因为风险升高。具体来看，流动比率从 2017 年的 7.20 下降到 2018 年的 2.42，资产负债率从 2017 年的 21.65％上升为 2018 年的 30.99％，说明公司 2018 年短期偿债能力降低。据三安光电年报所示，公司 2017 年流动资产为 114.98 亿元，2018 年为 131.35 亿元，同比增长 14.24％；2017 年流动负债为 15.98 亿元，2018 年为 53.20 亿元，同比增长 232.92%。由此可以看出，公司流动比率的下降主要源于其流动负债的大幅上升。三安光电主要从事Ⅲ-Ⅴ族化合物半导体材料的研发与应用，着重于砷化镓、氮化镓、碳化硅、磷化铟、氮化铝、蓝宝石等半导体新材料，核心主业为芯片。但是近年来，传统半导体材料的需求陷入停滞，2018 年更是芯片板块触底的一年，企业偿债风险提高，主要有两个原因：一是，随着新增产能带来材料、设备需求增加，企业应付账款大大增加，应付票据及应付账款期末余额较期初增长 95.22%；二是，下游客户的实际需求量没有爆发式的增长，加之芯片价格出现大幅下降，半导体又持续亏损，企业的现金和应收账款回款缓慢。同时，因产能增加而囤积的存货受到单价下跌影响，账面价值也不高。这一系列的连锁反应导致企业的偿债风险升高。

第17章 电力、热力、燃气及水生产和供应业会计综合评价指数编制结果及分析

电力、热力、燃气及水生产和供应业，包括电力、热力生产和供应业（行业代码为D44）、燃气生产和供应业（行业代码为D45），以及水的生产和供应业（行业代码为D46）三个子行业。具体而言，电力生产和供应业是指利用火力、水力、核力、风力、太阳能和其他能源进行电力生产的活动，利用电网出售给用户电能的输送与分配活动，以及供电局的供电活动。热力生产和供应业是指利用煤炭、油、燃气等能源，通过锅炉等装置生产蒸汽和热水，或外购蒸汽、热水进行供应销售、供热设施维护管理的活动。燃气生产和供应业是指利用煤炭、油、燃气等能源生产燃气，或外购液化石油气、天然气等燃气，并进行输送分配，向用户销售燃气的活动，以及煤气、液化石油气、天然气输送分配及使用过程中的维修和管理活动。水的生产和供应业则包括自来水生产和供应，污水处理及其再生利用，海水淡化处理，其他水的处理、利用与分配等。电力、热力、燃气及水生产和供应业是国民经济的基础性行业。

作为关乎国计民生的关键行业，电力、热力、燃气及水生产和供应业的发展对于居民生活、社会生产具有重要意义。我国政府非常重视我国电力、热力、燃气及水生产和供应业的发展，多次研究部署加快行业发展的政策和措施，先后出台了《电力发展"十三五"规划》《天然气发展"十三五"规划》等推动行业发展的重要纲领性文件。2018年，在党中央、国务院的决策部署和"四个革命、一个合作"能源安全新战略下，按照行业高质量发展的根本要求，电力、热力、燃气及水生产和供应业进行了较大力度的结构调整，更加重视绿色和清洁能源发展，呈现出更加安全可靠、科技信息化、交流合作国际化的发展趋势。上市公司作为行业内的领先企业，其经营业绩等对评价行业整体发展状况具有一定的示范作用。本章以上市公司为样本，从发展趋势、回报、风险和成长四个角度对电力、热力、燃气及水生产和供应业的经营状况进行分析，以期为电力、热力、燃气及水生产

和供应业的健康发展提供一些有益的经验和借鉴。

17.1 电力、热力、燃气及水生产和供应业发展趋势分析

为了对电力、热力、燃气及水生产和供应业的发展趋势进行分析，我们以2007 年第 1 季度以来的所有季度作为样本区间。截至 2019 年第 1 季度，我们所选样本 49 个季度的季均总资产为 21 919.39 亿元，季均营业总收入为 1 714.61 亿元，季均价值创造额为 590.86 亿元。

为了研究电力、热力、燃气及水生产和供应业的发展趋势，我们以样本公司的季度总资产额、季度营业总收入和季度价值创造额为基础构建了电力、热力、燃气及水生产和供应业的资产指数、收入指数和价值创造额指数（见表 17-1）。三类指数的总体波动趋势如图 17-1 所示。

表 17-1 电力、热力、燃气及水生产和供应业资产指数、收入指数、价值创造额指数编制结果

季度	资产指数	收入指数	价值创造额指数
200701	100	100	100
200702	107	109	119
200703	113	116	119
200704	122	130	130
200801	126	120	87
200802	135	133	81
200803	142	145	74
200804	144	136	80
200901	149	127	100
200902	153	138	114
200903	175	166	135
200904	189	187	133
201001	196	182	117
201002	205	195	135
201003	211	213	169
201004	225	238	174
201101	235	221	133
201102	242	238	171
201103	251	257	171

续表

季度	资产指数	收入指数	价值创造额指数
201104	256	265	177
201201	265	254	169
201202	269	267	227
201203	274	267	249
201204	287	317	296
201301	295	265	237
201302	297	268	275
201303	301	305	332
201304	310	320	270
201401	312	281	281
201402	317	285	309
201403	323	302	358
201404	334	312	294
201501	341	281	322
201502	348	273	347
201503	352	291	372
201504	367	308	304
201601	371	265	318
201602	397	275	344
201603	395	305	375
201604	414	349	322
201701	427	322	258
201702	433	318	281
201703	440	379	352
201704	449	386	276
201801	455	378	289
201802	465	377	326
201803	472	423	351
201804	480	442	314
201901	495	438	363

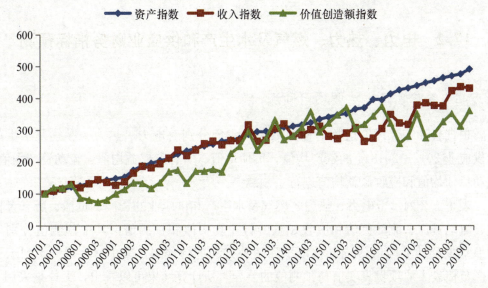

图 17 - 1　电力、热力、燃气及水生产和供应业三类指数总体波动趋势

由表 17-1 和图 17-1 可知，从总体运行趋势看，电力、热力、燃气及水生产和供应业资产指数自 2007 年第 1 季度以来一直呈上升趋势，2019 年第 1 季度达到 495 点，与 2007 年第 1 季度相比上升了 395%。从收入指数变动趋势看，2007—2013 年处于稳步上升阶段，但自 2013 年以来，波动幅度加大且上升趋势减缓，这表明行业发展受限。2018 年，在能源安全新战略的指导下，产业供应能力有所增强，收入指数的增长速度开始回升。从价值创造额指数的变动趋势看，2008 年金融危机造成行业需求下降，价值创造额指数在 2008 年下降明显，之后持续上升，进入 2013 年，开始出现周期性波动，呈现出明显的第 3 季度效应，且增长放慢。2018 年，尽管营收能力有所攀升，但价值创造能力未见显著提升。

对比价值创造额指数与收入指数可以发现，从 2007 年第 1 季度至 2012 年第 4 季度，收入指数与价值创造额指数的变动趋势基本一致，但从 2013 年开始，收入指数出现震荡调整且增速放缓，收入指数开始处于资产指数之下。2018 年，二者差距有减小的趋势，说明行业收入增速开始提升。综合三类指数的运行趋势可以看出，电力、热力、燃气及水生产和供应业的资产规模一直在不断扩大，收入及价值创造额却没有相应地同幅度提升，二者的增长速度整体较慢。2018 年，我国加强了对环保、绿色能源的重视，在"四个革命、一个合作"能源安全新战略的指导下，电力、热力、燃气及水生产和供应业必将逐步加大结构调整力度，未来几年行业的发展前景会有所改善。

17.2 电力、热力、燃气及水生产和供应业财务指标预测

17.2.1 资产负债表主要项目预测

根据会计综合评价指数的构建需要，我们分别对电力、热力、燃气及水生产和供应业 2012—2018 年的资产均值、负债均值、所有者权益均值、流动资产均值、流动负债均值和应收账款均值进行了预测。

表 17-2 列示了电力、热力、燃气及水生产和供应业的资产、负债、所有者权益、流动资产、流动负债和应收账款的行业真实值和预测值，其中预测值分别采用 B 周期移动平均和 A 周期移动平均两种方法进行预测。表 17-3 则分别列示了资产负债表主要项目真实值与预测值的差异，从计算结果可以看出，无论是采用 B 周期移动平均还是 A 周期移动平均，均能够对资产负债表主要项目进行准确预测，模型稳定性较好。

表 17-2　资产负债表主要项目预测结果　　　　　　　单位：亿元

年份	BCM/ACM	资产	负债	所有者权益	流动资产	流动负债	应收账款
2012	BCM 真实值	110.00	67.40	43.40	22.60	32.40	5.03
	BCM 预测值	108.00	66.30	42.10	22.60	31.20	4.67
	ACM 真实值	156.00	96.10	61.40	29.60	45.40	6.60
	ACM 预测值	152.00	94.20	59.40	28.60	43.10	6.08
2013	BCM 真实值	122.00	72.80	49.60	25.10	36.10	5.46
	BCM 预测值	120.00	71.60	49.10	24.20	34.50	5.34
	ACM 真实值	158.00	94.30	65.00	31.40	45.80	6.61
	ACM 预测值	161.00	96.20	66.10	31.80	46.20	6.78
2014	BCM 真实值	136.00	80.00	55.90	27.70	40.00	5.77
	BCM 预测值	134.00	78.30	55.50	27.10	38.70	6.09
	ACM 真实值	175.00	103.00	72.90	33.20	49.90	6.78
	ACM 预测值	173.00	100.00	73.70	32.60	49.30	7.45
2015	BCM 真实值	153.00	89.60	63.60	30.20	44.00	6.11
	BCM 预测值	148.00	86.50	62.10	28.70	43.60	5.91
	ACM 真实值	178.00	103.00	75.40	32.70	49.50	6.75
	ACM 预测值	171.00	98.40	72.70	30.80	47.60	6.31

续表

年份	BCM/ACM	资产	负债	所有者权益	流动资产	流动负债	应收账款
2016	BCM 真实值	163.00	92.90	69.70	32.60	46.20	6.79
	BCM 预测值	168.00	97.00	71.20	32.70	48.00	6.89
	ACM 真实值	197.00	113.00	83.30	36.50	55.60	7.50
	ACM 预测值	199.00	115.00	84.40	36.00	55.50	7.43
2017	BCM 真实值	170.00	98.20	71.70	35.40	50.60	7.87
	BCM 预测值	176.00	101.00	74.80	35.60	51.10	7.75
	ACM 真实值	206.00	120.00	84.70	39.70	59.60	8.49
	ACM 预测值	210.00	122.00	87.10	39.70	60.70	8.35
2018	BCM 真实值	173.00	101.00	71.60	36.50	53.50	8.18
	BCM 预测值	177.00	102.00	74.40	37.00	54.50	8.39
	ACM 真实值	208.00	123.00	85.60	40.90	62.30	9.10
	ACM 预测值	210.00	124.00	85.90	41.30	63.30	9.19

表 17-3　资产负债表主要项目预测差异

年份	BCM/ACM	资产	负债	所有者权益	流动资产	流动负债	应收账款
2012	BCM	−1.63%	−1.65%	−2.92%	0.01%	−3.92%	−7.10%
	ACM	−2.66%	−1.97%	−3.39%	−3.26%	−5.04%	−7.91%
2013	BCM	−1.47%	−1.72%	−1.06%	−3.77%	−4.54%	−2.20%
	ACM	1.73%	2.09%	1.79%	1.37%	0.91%	2.58%
2014	BCM	−1.60%	−2.12%	−0.70%	−2.03%	−3.07%	5.49%
	ACM	−1.01%	−2.37%	1.17%	−1.75%	−1.22%	9.82%
2015	BCM	−3.39%	−3.41%	−2.39%	−5.03%	−0.86%	−3.34%
	ACM	−4.11%	−4.73%	−3.61%	−5.83%	−3.72%	−6.44%
2016	BCM	3.20%	4.39%	2.22%	0.31%	3.99%	1.53%
	ACM	1.18%	1.59%	1.25%	−1.35%	−0.09%	−0.99%
2017	BCM	3.56%	2.43%	4.31%	0.38%	0.95%	−1.54%
	ACM	2.36%	1.41%	2.78%	−0.04%	1.19%	−1.63%
2018	BCM	2.49%	1.20%	3.85%	1.45%	1.85%	2.57%
	ACM	0.96%	0.78%	0.34%	0.91%	1.71%	0.93%

17.2.2 利润表主要项目预测

根据会计综合评价指数的构建需要，我们对利润表中营业总收入、营业总成本和扣除非经常性损益后的净利润三个会计项目进行了预测。需要说明的是，由于净利润包括企业的投资收益等非经常性损益，难以准确衡量企业主营业务所产生的回报，因此在对行业回报进行计算的过程中，选取扣除非经常性损益后的净利润进行预测。根据利润表的特点，在对营业总收入、营业总成本和扣除非经常性损益后的净利润进行预测的过程中，将除数占比法和周期移动平均法结合起来使用。

表17-4列示了利润表中营业总收入、营业总成本和扣除非经常性损益后的净利润的真实值和预测值，其中预测值分别采用B周期移动平均和A周期移动平均两种方法进行预测。表17-5进一步计算了利润表主要项目真实值与预测值的差异，结果显示利润表主要项目的预测差异较小，说明采取的方法能够较好地对利润表主要项目进行预测。

表 17-4 利润表主要项目预测结果 单位：亿元

年份	BCM/ACM	营业总收入	营业总成本	扣除非经常性损益后的净利润
2012	BCM 真实值	39.20	37.00	2.39
	BCM 预测值	39.30	37.30	2.18
	ACM 真实值	53.90	49.70	3.30
	ACM 预测值	53.90	50.10	3.01
2013	BCM 真实值	42.00	38.90	3.32
	BCM 预测值	41.80	38.30	3.44
	ACM 真实值	52.70	47.50	4.45
	ACM 预测值	52.50	47.00	4.49
2014	BCM 真实值	42.50	39.40	3.50
	BCM 预测值	42.80	38.90	3.69
	ACM 真实值	57.00	50.90	5.02
	ACM 预测值	57.00	50.20	5.33
2015	BCM 真实值	43.40	40.00	3.77
	BCM 预测值	43.30	39.40	3.90
	ACM 真实值	55.00	48.20	5.10
	ACM 预测值	53.90	47.30	5.28
2016	BCM 真实值	45.00	41.10	3.80
	BCM 预测值	44.30	40.30	4.09
	ACM 真实值	56.80	50.50	4.93
	ACM 预测值	56.70	49.90	5.33

续表

年份	BCM/ACM	营业总收入	营业总成本	扣除非经常性损益后的净利润
2017	BCM 真实值	52.30	49.30	3.41
	BCM 预测值	52.20	50.10	3.35
	ACM 真实值	61.60	57.10	3.92
	ACM 预测值	61.50	57.50	3.82
2018	BCM 真实值	55.00	52.40	3.53
	BCM 预测值	55.40	52.70	3.59
	ACM 真实值	66.00	61.10	4.16
	ACM 预测值	66.40	61.60	4.15

表 17 - 5　利润表主要项目预测差异

年份	BCM/ACM	营业总收入	营业总成本	扣除非经常性损益后的净利润
2012	BCM	0.13%	0.71%	−8.78%
	ACM	0.11%	0.71%	−8.74%
2013	BCM	−0.60%	−1.58%	3.47%
	ACM	−0.35%	−1.05%	1.02%
2014	BCM	0.52%	−1.27%	5.42%
	ACM	0.02%	−1.44%	6.22%
2015	BCM	−0.31%	−1.40%	3.46%
	ACM	−1.92%	−1.88%	3.47%
2016	BCM	−1.58%	−2.02%	7.59%
	ACM	−0.23%	−1.15%	8.10%
2017	BCM	−0.15%	1.46%	−1.90%
	ACM	−0.10%	0.74%	−2.54%
2018	BCM	0.70%	0.60%	1.50%
	ACM	0.58%	0.76%	−0.04%

17.2.3　基于预测指标测算行业回报、风险和成长

在完成对营业总收入、营业总成本、扣除非经常性损益后的净利润、资产、负债、所有者权益、流动资产、流动负债和应收账款行业均值的预测之后，我们以预测值为基准，根据行业回报、风险和成长，计算了行业的净资产收益率、总资产收益率、销售净利率、资产负债率、流动比率、总资产周转率、应收账款周转率、营业收入增长率和总资产增长率 9 个财务指标。具体预测结果列示在表 17 - 6 中。

表 17-6　电力、热力、燃气及水生产和供应业回报、风险和成长预测结果

年份	BCM/ACM	回报			风险		成长			
		净资产收益率	总资产收益率	销售净利率	资产负债率	流动比率	总资产周转率	应收账款周转率	营业收入增长率	总资产增长率
2012	BCM 真实值	0.058	0.022	0.061	0.61	0.70	0.37	8.15	1.06	1.07
	BCM 预测值	0.053	0.020	0.056	0.61	0.73	0.37	8.76	1.05	1.02
	ACM 真实值	0.056	0.022	0.061	0.62	0.65	0.36	8.32	1.00	1.06
	ACM 预测值	0.051	0.020	0.056	0.62	0.66	0.35	8.99	0.98	1.00
2013	BCM 真实值	0.071	0.029	0.079	0.60	0.69	0.36	8.01	1.07	1.11
	BCM 预测值	0.075	0.030	0.082	0.60	0.70	0.37	8.34	1.06	1.11
	ACM 真实值	0.070	0.028	0.084	0.60	0.69	0.34	7.98	0.98	1.01
	ACM 预测值	0.072	0.029	0.086	0.60	0.69	0.34	8.17	0.97	1.06
2014	BCM 真实值	0.066	0.027	0.082	0.59	0.69	0.33	7.58	1.01	1.11
	BCM 预测值	0.071	0.029	0.086	0.59	0.70	0.34	7.48	1.02	1.11
	ACM 真实值	0.073	0.030	0.088	0.59	0.66	0.34	8.51	1.08	1.11
	ACM 预测值	0.076	0.032	0.094	0.58	0.66	0.34	8.01	1.08	1.08
2015	BCM 真实值	0.063	0.026	0.087	0.59	0.69	0.30	7.31	1.02	1.13
	BCM 预测值	0.066	0.028	0.090	0.59	0.66	0.31	7.22	1.01	1.11
	ACM 真实值	0.069	0.029	0.093	0.58	0.66	0.31	8.13	0.96	1.02
	ACM 预测值	0.072	0.031	0.098	0.58	0.65	0.31	7.84	0.95	0.99
2016	BCM 真实值	0.057	0.024	0.084	0.57	0.70	0.29	6.98	1.04	1.07
	BCM 预测值	0.061	0.026	0.092	0.58	0.68	0.28	6.93	1.02	1.14
	ACM 真实值	0.062	0.026	0.087	0.57	0.66	0.30	7.98	1.03	1.10
	ACM 预测值	0.068	0.029	0.094	0.58	0.65	0.31	8.25	1.05	1.16
2017	BCM 真实值	0.048	0.020	0.065	0.58	0.70	0.31	7.13	1.16	1.04
	BCM 预测值	0.046	0.019	0.064	0.57	0.70	0.30	7.13	1.18	1.05
	ACM 真实值	0.047	0.020	0.064	0.58	0.67	0.31	7.70	1.08	1.05
	ACM 预测值	0.045	0.019	0.062	0.58	0.66	0.30	7.80	1.09	1.06
2018	BCM 真实值	0.049	0.021	0.064	0.58	0.68	0.32	6.85	1.05	1.01
	BCM 预测值	0.048	0.020	0.065	0.58	0.68	0.31	6.86	1.06	1.00
	ACM 真实值	0.049	0.020	0.063	0.59	0.66	0.32	7.51	1.07	1.01
	ACM 预测值	0.048	0.020	0.063	0.59	0.65	0.32	7.58	1.08	1.00

表 17-7 进一步列示了电力、热力、燃气及水生产和供应业回报、风险和成长的财务指标预测值与真实值之间的差异。对比电力、热力、燃气及水生产和供应业采用 B 周期移动平均和 A 周期移动平均所预测的财务指标与该行业财务指标的真实值可知，所选用预测模型的预测效果较好，预测能力比较稳定。

表 17-7　电力、热力、燃气及水生产和供应业回报、风险和成长预测差异

年份	BCM/ACM	回报			风险		成长			
		净资产收益率	总资产收益率	销售净利率	资产负债率	流动比率	总资产周转率	应收账款周转率	营业收入增长率	总资产增长率
2012	BCM	−8.60%	−9.27%	−8.90%	−0.01%	4.09%	−0.41%	7.39%	−0.63%	−4.38%
	ACM	−9.10%	−9.14%	−8.84%	0.70%	1.87%	−0.33%	7.99%	−2.10%	−6.15%
2013	BCM	5.50%	5.10%	4.10%	−0.25%	0.80%	0.96%	4.13%	−0.73%	0.16%
	ACM	1.76%	1.47%	1.37%	0.35%	0.45%	0.10%	2.38%	−0.46%	4.51%
2014	BCM	6.34%	7.07%	4.87%	−0.54%	1.08%	2.09%	−1.21%	1.13%	−0.12%
	ACM	4.69%	5.91%	6.19%	−1.38%	−0.54%	−0.27%	−5.86%	0.38%	−2.69%
2015	BCM	5.14%	6.16%	3.78%	−0.03%	−4.20%	2.29%	−1.25%	−0.83%	−1.82%
	ACM	4.79%	6.20%	5.50%	−0.64%	−2.19%	0.67%	−3.58%	−1.95%	−3.14%
2016	BCM	7.57%	7.58%	9.32%	1.15%	−3.54%	−1.60%	−0.81%	1.46%	6.82%
	ACM	9.25%	9.57%	8.34%	0.40%	−1.25%	1.13%	3.47%	1.73%	5.52%
2017	BCM	−5.01%	−5.11%	−1.76%	−1.09%	−0.56%	−3.42%	−0.03%	1.46%	0.34%
	ACM	−4.47%	−4.24%	−2.44%	−0.93%	−1.21%	−1.85%	1.25%	0.12%	1.17%
2018	BCM	−2.48%	−1.47%	0.79%	−1.27%	−0.39%	−2.25%	0.15%	0.85%	−1.03%
	ACM	−1.57%	−1.67%	−0.62%	−0.17%	−0.79%	−1.06%	0.89%	0.69%	−1.37%

17.3　电力、热力、燃气及水生产和供应业运行状况分析

会计综合评价指数分别采用 B 周期移动平均和 A 周期移动平均两种方法，对行业运行状况基准值进行预测。具体来讲，B 周期移动平均的样本数量以年度最新行业样本为准，进行滚动预测，样本数量较多，更能代表行业当前发展状况；A 周期移动平均则按照样本基期进行滚动预测，样本选取比较稳定，对行业历史发展状况的讨论更为充分。

17.3.1　电力、热力、燃气及水生产和供应业回报分析

图 17-2、图 17-3 和图 17-4 分别为 2007—2018 年电力、热力、燃气及水生

产和供应业的净资产收益率、总资产收益率和销售净利率的变动趋势图。其中，净资产收益率和总资产收益率的分母分别采用本年年末所有者权益（总资产）与上年年末所有者权益（总资产）的均值计算，因此净资产收益率和总资产收益率的基期均为 2008 年。基于对电力、热力、燃气及水生产和供应业财务指标的预测，在评价电力、热力、燃气及水生产和供应业回报的过程中，我们分别在图中画出了基于 B 周期移动平均和 A 周期移动平均所计算的 2012—2018 年净资产收益率、总资产收益率和销售净利率的预测值。

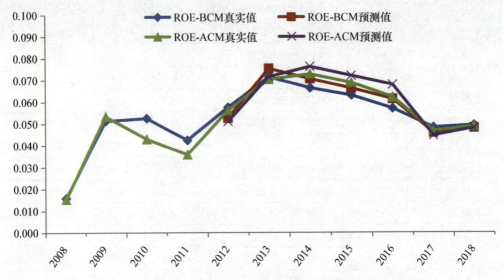

图 17-2 电力、热力、燃气及水生产和供应业净资产收益率

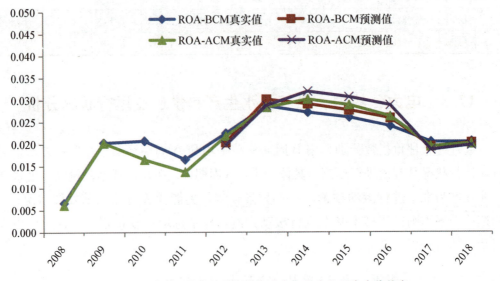

图 17-3 电力、热力、燃气及水生产和供应业总资产收益率

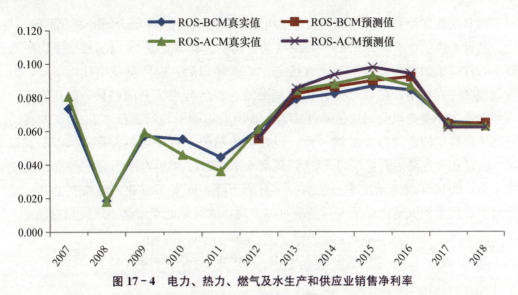

图 17 - 4　电力、热力、燃气及水生产和供应业销售净利率

观察图 17 - 2、图 17 - 3 和图 17 - 4 可以发现，电力、热力、燃气及水生产和供应业 B 周期移动平均和 A 周期移动平均所选样本的回报类财务指标的变动趋势大体一致。从图 17 - 2 和图 17 - 3 来看，净资产收益率和总资产收益率在 2008—2009 年变动幅度较大，这与 2008 年爆发的金融危机以及随后的四万亿元投资计划密切相关。2009—2011 年，二者出现下滑，随后两年开始大幅上升，2013 年到达历史高位。2013—2016 年，行业回报趋于平稳，但总体略有下滑。2017 年，由于国内外环境严峻复杂，净资产收益率和总资产收益率再次发生较大幅度的下滑。2018 年，国内经济形势趋于稳定，国家开始深化供给侧改革，并且对新能源概念更为重视，因此二者止住了下降的势头，有所回涨。从图 17 - 4 来看，销售净利率历年来的趋势大致印证了净资产收益率和总资产收益率的变化趋势。结合净资产收益率、总资产收益率以及销售净利率的变动情况，总体来说，2018 年电力、热力、燃气及水生产和供应业的回报能力较为稳定，并且有回升趋势。但就目前来看，行业回报能力仍然低于 2016 年的水平，因此需给予该行业进一步的政策扶持，使其回报能力逐渐提升。

在电力、热力、燃气及水生产和供应业回报分析中，从预测财务指标与真实财务指标的对比可以看出，无论是采用 B 周期移动平均还是 A 周期移动平均，预测值与真实值的差异均较小，表明模型预测效果较好。

17.3.2　电力、热力、燃气及水生产和供应业风险分析

图 17 - 5、图 17 - 6 分别从资产负债率和流动比率两个角度对电力、热力、燃气及水生产和供应业的风险进行了分析。与行业回报的分析类似，2007—2018 年电力、热力、燃气及水生产和供应业的风险类财务指标根据行业真实值进行计算，同

时采用 B 周期移动平均和 A 周期移动平均计算了资产负债率和流动比率的预测值。

从资产负债率看，无论是 B 周期移动平均所选样本还是 A 周期移动平均所选样本，计算出的资产负债率都比较稳定。2012 年以后，资产负债率缓慢下降，但变动幅度一直较小，在 0.55～0.60 之间波动，2018 年有上升的趋势，杠杆的提升可能会带来一定的风险。从流动比率看，B 周期移动平均所选样本和 A 周期移动平均所选样本的变动趋势虽然一致，但在具体数值上有一定的差距。2007—2011年，流动比率先降后升，2011 年达到最高水平，2012 年后有所下降。与资产负债率类似，2018 年的流动比率相较前一年有所下降，证实了行业风险略有上升。综合资产负债率和流动比率的变动情况可以发现，该行业近年来整体风险相对稳定。

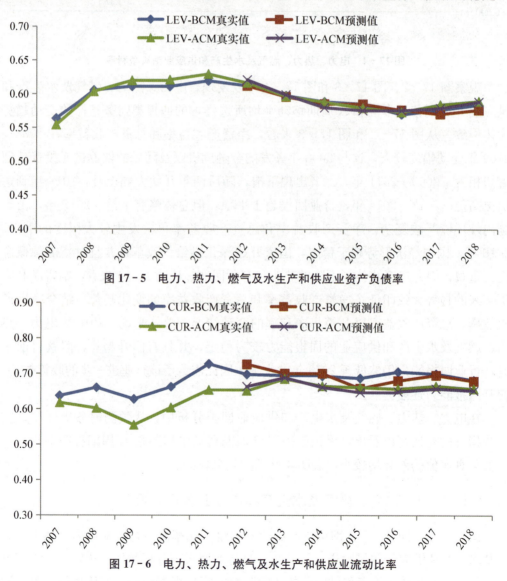

图 17 - 5　电力、热力、燃气及水生产和供应业资产负债率

图 17 - 6　电力、热力、燃气及水生产和供应业流动比率

　　从电力、热力、燃气及水生产和供应业资产负债率和流动比率的预测值可以发现，采用 B 周期移动平均和 A 周期移动平均所计算的 2012—2018 年行业预测值与真实值的差距较小，能够较好地反映行业风险变动趋势，说明模型预测效果较好。

17.3.3　电力、热力、燃气及水生产和供应业成长分析

　　图 17－7、图 17－8、图 17－9 和图 17－10 分别从电力、热力、燃气及水生产和供应业周转速度（总资产周转率、应收账款周转率）和成长速度（营业收入增长

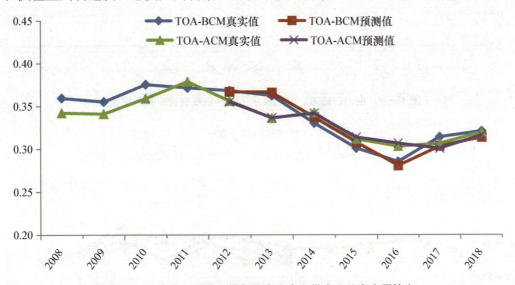

图 17－7　电力、热力、燃气及水生产和供应业总资产周转率

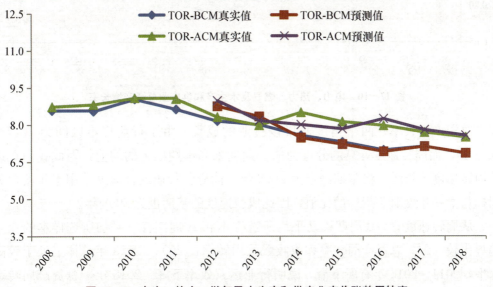

图 17－8　电力、热力、燃气及水生产和供应业应收账款周转率

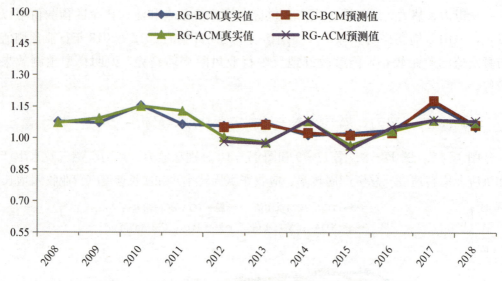

图 17-9　电力、热力、燃气及水生产和供应业营业收入增长率

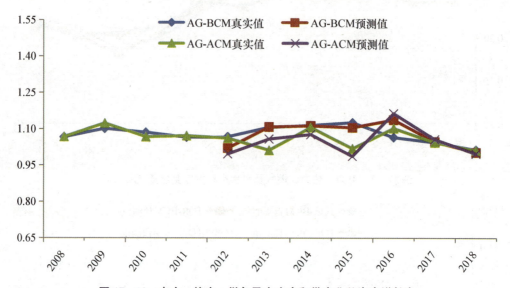

图 17-10　电力、热力、燃气及水生产和供应业总资产增长率

率、总资产增长率）两个角度衡量该行业的成长。由于行业样本区间为 2007—2018 年，而周转速度计算的分母为前一期期末和本期期末的均值，因此我们在进行周转速度分析时，将基期确定为 2008 年。同样，行业成长速度采用本年度财务指标与上一年度财务指标的比值，因此成长速度的基期也为 2008 年。

从周转速度看，B 周期移动平均所选样本和 A 周期移动平均所选样本的变动趋势比较一致。总资产周转率和应收账款周转率在 2008—2013 年总体上处于较高水平，2014—2016 年有所下滑，说明行业运营效率下降。2018 年，总资产周转率在前一年的基础上继续提升，但应收账款周转率依旧处在下滑阶段，表明该行业的运营效率需进一步提高。从成长速度看，营业收入增长率和总资产增长率变化幅度较小，保持在 1.05 上下。2018 年，按照 B 周期移动平均计算的营业收入增长率虽有所下滑，但仍处于近几年的高位，而无论是采用 B 周期移动平均还是 A 周期移动平均计算的总资产增长率，都显示出进一步下降的趋势，说明行业规模缩小。综合电力、热力、燃气及水生产和供应业的周转速度和成长速度可以发现，该行业的成长动力不足，要进一步提升其成长性和盈利水平，还需要加强运营管理、提高运营效率、完善产品并改善销售模式等。

从电力、热力、燃气及水生产和供应业的周转速度（总资产周转率、应收账款周转率）和成长速度（营业收入增长率、总资产增长率）的预测值可以发现，采用 B 周期移动平均和 A 周期移动平均所计算的 2012—2018 年行业预测值与真实值的差距较小，能够较好地反映行业成长变动趋势，说明模型预测效果较好。

17.4　电力、热力、燃气及水生产和供应业会计综合评价指数公司排名分析

根据制造业会计综合评价指数的计算方法，表 17-8 列示了电力、热力、燃气及水生产和供应业上市公司的前 20 名。由表 17-8 所知，2018 年电力、热力、燃气及水生产和供应业会计综合评价指数排名前 5 的上市公司分别为百川能源（600681）、新天然气（603393）、皖天然气（603689）、福能股份（600483）和联美控股（600167）。

表 17-8　2018 年会计综合评价指数电力、热力、燃气及水生产和供应业前 20 名上市公司

股票简称	股票代码	2018 年 ACV 评分	2018 年排名	2017 年排名	排名变动
百川能源	600681	100.00	1	1	—
新天然气	603393	100.00	1	—	—
皖天然气	603689	98.14	3	—	—
福能股份	600483	97.12	4	24	↑
联美控股	600167	96.41	5	1	↓
文山电力	600995	91.57	6	5	↓
岷江水电	600131	91.42	7	52	↑
新疆浩源	002700	90.58	8	7	↓
涪陵电力	600452	85.90	9	14	↑
重庆水务	601158	84.88	10	8	↓
明星电力	600101	83.88	11	15	↑
深圳燃气	601139	83.68	12	10	↓
海峡环保	603817	81.36	13	—	—

续表

股票简称	股票代码	2018 年 ACV 评分	2018 年排名	2017 年排名	排名变动
中原环保	000544	80.85	14	19	↑
江苏国信	002608	80.48	15	17	↑
浙能电力	600023	80.42	16	11	↓
申能股份	600642	80.04	17	31	↑
重庆燃气	600917	80.02	18	29	↑
川投能源	600674	79.80	19	28	↑
陕天然气	002267	77.52	20	32	↑

注：会计综合评价指数的构建以公开财务数据真实有效为前提。

与 2017 年相比，2018 年电力、热力、燃气及水生产和供应业排名前 20 的上市公司中，排名上升较快的 3 家分别是岷江水电（600131）、福能股份（600483）和申能股份（600642），下降较快的是中天能源（600856）。

岷江水电（600131）2017 年排在第 52 名，2018 年排在第 7 名，上升了 45 名，评分提高主要是由于成长速度和盈利能力提升。成长速度方面主要体现在营业收入增长率提高，从 2017 年的 -27.72% 增长到 2018 年的 36.47%；盈利能力方面主要体现在总资产收益率提高，从 2017 年的 3.05% 增长到 2018 年的 4.97%。据岷江水电年报所示，公司 2017 年营业收入为 8.22 亿元，2018 年为 11.21 亿元，比 2017 年增加 36.37%；2017 年扣除非经常性损益后的净利润为 0.72 亿元，2018 年为 1.19 亿元，比 2017 年增加 65.28%；2017 年总资产为 23.79 亿元，2018 年为 23.98 亿元，比 2017 年增加 0.80%。岷江水电总资产基本和上年持平，营业收入和净利润的增长速度较快，明显超过了资产的增长速度，其成长速度和盈利能力的上升主要是由于营业收入和扣除非经常性损益后的净利润增长较快。岷江水电是一个集发配、售电于一体的电力企业，拥有区域性独立配电网络，公司电力销售以大工业和趸售用户为主。2018 年公司业绩和经营利润的增加主要来源于发电和售电业务的增长、成本费用的有效控制以及更多的投资收益。具体来讲，2018 年，公司充分研判经营形势，通过科学调度和优化电网运行，加大了市场开拓和增供促销力度，公司自有水电厂发电量和售电量增加，主营业务的盈利能力显著提升。同时，公司加强了对经营业绩有重要支撑的电力类投资企业的生产运营监管工作，督促其增收节支、挖潜降耗，从而使投资收益也得以提高。

福能股份（600483）2017 年排在第 24 名，2018 年排在第 4 名，上升了 20 名，评分提高主要是由于成长能力大幅改善，主要体现在营业收入增长率和总资产增长率升高。其中，营业收入增长率从 2017 年的 6.88% 增长到 2018 年的 37.57%，总资产增长率从 2017 年的 10.12% 增长到 2018 年的 37.65%。福能股份主要业务为电力、热力生产和销售。据福能股份年报所示，公司 2017 年总资产为 197.651

亿元，2018 年为 272.07 亿元，比 2017 年增加 37.65%；2017 年营业收入为 67.99 亿元，2018 年为 93.54 亿元，比 2017 年增加 37.58%。2018 年公司总资产增加主要是因为成功发行了可转债。2018 年 12 月 7 日，福能股份通过发行可转债，成功募集到总计 28.30 亿元的资金，同时在 2018 年还收购了六枝电厂，这些都使公司规模得以扩大。公司营业收入主要来源于风电业务，该业务得益于风电项目装机容量增加，业绩一直保持较好水平，属于公司重要盈利来源。2018 年，风电项目收入进一步增加，对总收入贡献巨大。此外，由于公司热电联产业务执行了"以热定电"的发电原则和电量交易政策，发电充分利用小时优势，因而在 2018 年煤价处于高位的不利经营形势下，仍旧保持了较高的盈利水平。

申能股份（600642）2017 年排在第 31 名，2018 年排在第 17 名，上升了 14 名，评分提高主要是由于成长能力大幅改善和盈利能力上升。成长能力方面主要体现在总资产增长率提高，从 2017 年的 0.69% 增长到 2018 年的 10.39%；盈利能力方面主要体现在净资产收益率和销售净利率提高，净资产收益率从 2017 年的 3.75% 增长到 2018 年的 4.39%，销售净利率从 2017 年的 3.84% 增长到 2018 年的 4.10%。据申能股份年报所示，公司 2017 年总资产为 540.47 亿元，2018 年为 596.62 亿元，比 2017 年增加 10.39%；2017 年营业收入为 324.04 亿元，2018 年为 362.61 亿元，比 2017 年增加 11.90%；2017 年扣除非经常性损益后的净利润为 12.43 亿元，2018 年为 14.85 亿元，同比增加 19.47%。申能股份主要从事电力、石油、天然气的开发建设和经营管理，作为上海市能源项目开发主体，提供电力、石油、天然气项目的勘探开发、投资建设、运营维护，以及节能环保技术、燃料贸易等多种服务。报告期内，公司总资产增加主要是因为其在电力结构调整、油气上游资源拓展上加大力度，先后成立了申能新能源（青海）有限公司、申能新能源（内蒙古）有限公司和新能源福建筹建处，形成了"3+1"的多区域布局，全年共收购风电及光伏发电项目 19.95 万千瓦。净利润提升主要是因为申皖发电计划外电量远超预期，在 2018 年成功实现扭亏为盈。同时，公司积极拓展电力市场和工业供气市场，这些都助力公司进一步提升经营效益。此外，公司还深化了单位千瓦率、费用营收率等关键经营指标的对标管理，严控成本费用，使得煤电企业四项费用明显下降。

中天能源（600856）2017 年排在第 6 名，2018 年下滑至第 97 名，下降了 91 名，评分降低主要是由于盈利能力减弱。具体体现在销售净利率下降，从 2017 年的 7.85% 下降到 2018 年的 −21.80%。中天能源是国内综合性油气供应商和运营商，主营业务有国外油气开采、海外油气资源进口、国内油气加工、终端分销及天然气储运设备的制造和销售。据中天能源年报所示，公司 2017 年营业收入为 64.93 亿元，2018 年为 34.26 亿元，同比降低 47.24%；2017 年扣除非经常性损益后的净利润为 5.09 亿元，2018 年为－7.47 亿元，同比降低 246.76％。扣除非经常性损益后的净利润下降幅度远大于营业收入的下降幅度是导致销售净利率下降的直接原因。营业收入较上年同期大幅下降的原因在于，公司 2018 年下半年受到国内金融去杠杆政策的影响，民营企业融资难问题有所加剧，此外中天能源股价在 6 月中下旬持续暴跌，银行因此收缩贷款信用，公司现金流出现严重的问题，导致公司液化天然气分销业务下滑，以致第 3、4 季度的油品销售业务大大受限。而扣除非经常性损益后的净利润下降的原因除了销售量减少，还包括公司对资产减值准备、折耗成本以及资产减值损失的处理都大幅增加，这些因素叠加导致了公司扣除非经常性损益后的净利润直接降为负数。

第 18 章　零售业会计综合评价指数编制结果及分析

零售业（行业代码为 F52）包括百货商店、超级市场、专门零售商店、品牌专卖店、售货摊等主要面向最终消费者的销售活动，以互联网、邮政、电话、售货机等方式进行销售的活动，还包括在同一地点，后面加工生产、前面销售的店铺。零售业是社会化大生产过程中的重要环节，是决定经济运行速度、质量和效益的主导力量，是我国市场化程度最高、竞争最为激烈的行业之一。零售业作为国民经济第三产业中的一个重要经济部门，在联系生产、沟通消费，以及促进国民经济增长等方面发挥着重要作用。零售业的发展状况在很多国家和地区已经成为国民经济的"晴雨表"。在现代市场经济条件下，零售业已经成为国民经济的基础产业和主导产业，"十二五"规划以来，为进一步释放城乡居民消费潜力，国家出台了一系列扶持政策，以加大对零售业的扶持力度。与此同时，物流、信息技术等相关行业的飞速发展，也在一定程度上带动了零售业的发展与变革。目前，从宏观经济走势来看，居民收入水平整体上处于较快上升阶段。从长远来看，我国居民消费无论是从总量上还是从结构上都有相当大的发展空间，这为我国零售业的发展提供了良好的中长期宏观环境。上市公司作为行业龙头，其经营业绩和财务绩效等均具有一定的代表性，对评价行业整体发展状况具有重要意义。本章以上市公司为样本，从发展趋势、回报、风险和成长四个角度对零售业的经营状况进行分析，以期为零售业的健康发展提供一些有益的经验和借鉴。

18.1　零售业发展趋势分析

为了对零售业的发展趋势进行分析，我们以零售业 2007 年第 1 季度以来的所有季度作为研究样本。截至 2019 年第 1 季度，我们所选样本 49 个季度的季均总资

产为 6 290.61 亿元，季均营业总收入为 1 957.14 亿元，季均价值创造额为 254.64
亿元。

为了研究零售业的发展趋势，我们以样本公司的季度总资产额、季度营业总
收入和季度价值创造额为基础构建了零售业的资产指数、收入指数和价值创造额
指数（见表 18-1）。三类指数的总体波动趋势如图 18-1 所示。

表 18-1 零售业资产指数、收入指数、价值创造额指数编制结果

季度	资产指数	收入指数	价值创造额指数
200701	100	100	100
200702	104	90	100
200703	113	88	96
200704	121	111	150
200801	126	126	136
200802	129	108	121
200803	135	111	118
200804	134	113	127
200901	139	132	149
200902	144	120	138
200903	153	125	127
200904	162	153	173
201001	184	171	209
201002	187	159	186
201003	202	165	190
201004	216	206	241
201101	227	230	262
201102	239	213	246
201103	266	224	237
201104	287	246	300
201201	290	268	284
201202	291	245	238
201203	312	245	246
201204	325	276	313
201301	332	293	311
201302	331	272	290
201303	346	263	239
201304	353	290	298
201401	352	294	313

续表

季度	资产指数	收入指数	价值创造额指数
201402	353	270	282
201403	369	276	267
201404	383	306	380
201501	393	313	344
201502	435	347	374
201503	445	321	291
201504	456	365	383
201601	473	363	377
201602	544	346	360
201603	629	367	362
201604	656	431	477
201701	673	404	444
201702	679	405	430
201703	704	421	407
201704	735	480	543
201801	754	460	519
201802	766	449	577
201803	829	460	503
201804	854	495	614
201901	866	480	579

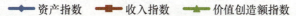

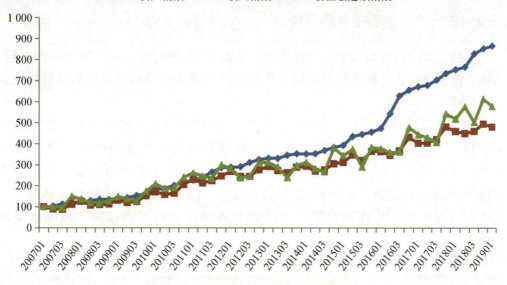

图 18-1　零售业三类指数总体波动趋势

　　由表 18-1 和图 18-1 可知，从总体运行趋势来看，零售业资产指数自 2007 年第 1 季度以来一直呈上升趋势，2019 年第 1 季度达到 866 点，与 2007 年第 1 季度相比上升了 766%。收入指数一直保持稳步上升趋势，但从 2012 年开始增速有所放缓，自 2015 年起上升速度再次加快，一直持续至 2019 年第 1 季度。零售业的价值创造额指数与收入指数的走势较为相似，从 2009 年第 3 季度至 2011 年第 4 季度增速较快，之后放缓，从 2016 年第 1 季度至 2018 年第 4 季度增速再次明显提升，说明近几年零售业的价值创造效率有所提升，行业发展势头良好。

　　从三类指数运行趋势之间的关系来看，2012 年之前，该行业资产和收入的增长速度与价值创造额的增长速度基本一致，但是从 2012 年第 1 季度开始，资产的增长速度开始超过收入和价值创造额的增长速度，并且差距逐步扩大。从收入指数和价值创造额指数的相对走势来看，二者较为一致，具有较强的季节性，表现出第 2、3 季度偏低，第 1、4 季度走高的特征，大致呈 N 型波动，符合零售业的行业特征。产生这一现象主要是因为受到春节及其他节假日的影响，我国零售业的营业总收入大部分来自第 1、4 季度。此外，零售业的价值创造额指数在 2018 年首次明显超过收入指数，说明该行业的价值创造能力有所提高。综合三类指数的运行趋势发现，近年来，该行业资产规模增加迅速，而收入总额和价值创造额的增速并没有资产增速高，说明该行业运行效率较差，有必要给予高度重视。

18.2　零售业财务指标预测

18.2.1　资产负债表主要项目预测

　　根据会计综合评价指数的构建需要，我们分别对零售业 2012—2018 年的资产均值、负债均值、所有者权益均值、流动资产均值、流动负债均值和存货均值进行了预测。

　　表 18-2 列示了零售业的资产、负债、所有者权益、流动资产、流动负债和存货的行业真实值和预测值，其中预测值分别采用 B 周期移动平均和 A 周期移动平均两种方法进行预测。表 18-3 则分别列示了资产负债表主要项目真实值与预测值的差异，从计算结果可以看出，无论是采用 B 周期移动平均还是 A 周期移动平均，均能够对资产负债表主要项目进行准确预测，模型稳定性较好。

表 18 - 2　资产负债表主要项目预测结果①　　　　　　　　单位：亿元

年份	BCM/ACM	资产	负债	所有者权益	流动资产	流动负债	存货
2012	BCM 真实值	80.10	50.70	29.50	50.60	45.80	15.30
	BCM 预测值	79.70	50.10	29.60	51.40	46.30	15.50
	ACM 真实值	55.00	34.60	20.30	30.90	30.30	9.64
	ACM 预测值	56.80	36.10	20.50	32.90	32.20	10.60
2013	BCM 真实值	86.80	55.30	31.50	53.70	49.00	15.90
	BCM 预测值	89.50	57.40	32.10	56.10	51.40	17.20
	ACM 真实值	58.70	36.40	22.20	32.90	31.60	9.97
	ACM 预测值	61.00	38.30	22.60	34.40	33.20	10.70
2014	BCM 真实值	93.70	58.70	35.00	55.00	51.30	16.50
	BCM 预测值	93.70	59.80	33.50	56.30	52.80	17.80
	ACM 真实值	64.10	38.70	24.10	33.30	33.20	10.70
	ACM 预测值	62.40	37.80	24.30	33.60	32.40	10.80
2015	BCM 真实值	107.00	67.10	39.30	62.60	58.70	18.50
	BCM 预测值	109.00	69.00	40.20	63.60	59.70	18.80
	ACM 真实值	72.00	42.90	27.10	37.90	36.40	11.30
	ACM 预测值	71.30	42.40	26.30	37.10	36.50	11.30
2016	BCM 真实值	120.00	71.20	48.10	71.70	61.60	20.80
	BCM 预测值	123.00	73.10	49.30	71.50	62.10	20.90
	ACM 真实值	80.30	47.10	31.40	42.10	40.30	13.00
	ACM 预测值	81.60	47.60	31.30	41.60	40.40	12.60
2017	BCM 真实值	123.00	72.70	50.30	70.80	63.00	20.20
	BCM 预测值	122.00	71.70	50.50	69.80	61.20	20.00
	ACM 真实值	81.20	46.90	33.00	42.00	39.90	13.30
	ACM 预测值	80.30	46.50	32.90	41.30	39.70	13.30
2018	BCM 真实值	132.00	78.50	53.90	76.20	68.00	21.70
	BCM 预测值	132.00	77.20	55.50	76.10	66.80	21.80
	ACM 真实值	84.90	48.90	34.70	44.80	42.50	14.30
	ACM 预测值	85.10	49.00	35.20	45.10	42.20	14.80

　　① 根据当年会计准则，"应付票据"及"应付账款"项目归并至新增的"应付票据及应付账款"项目，因此，无法准确获得"应付账款"单项数据，预测结果中未包含"应付账款"指标。

表 18 - 3 资产负债表主要项目预测差异

年份	BCM/ACM	资产	负债	所有者权益	流动资产	流动负债	存货
2012	BCM	−0.53%	−1.14%	0.63%	1.77%	1.08%	1.26%
	ACM	3.25%	4.39%	1.00%	6.41%	6.53%	9.82%
2013	BCM	3.05%	3.88%	1.77%	4.56%	4.85%	8.50%
	ACM	4.01%	5.41%	1.98%	4.57%	5.13%	7.57%
2014	BCM	−0.01%	1.95%	−4.19%	2.51%	3.03%	7.59%
	ACM	−2.66%	−2.35%	0.86%	0.67%	−2.40%	1.10%
2015	BCM	2.44%	2.84%	2.29%	1.61%	1.58%	1.86%
	ACM	−1.01%	−1.27%	−2.93%	−2.26%	0.16%	0.28%
2016	BCM	2.52%	2.68%	2.34%	−0.18%	0.80%	0.21%
	ACM	1.63%	0.95%	−0.38%	−1.08%	0.29%	−3.04%
2017	BCM	−0.65%	−1.37%	0.40%	−1.45%	−2.91%	−1.11%
	ACM	−1.14%	−0.97%	−0.28%	−1.59%	−0.57%	−0.21%
2018	BCM	0.08%	−1.63%	2.99%	−0.15%	−1.80%	0.75%
	ACM	0.22%	0.16%	1.53%	0.70%	−0.89%	3.83%

18.2.2 利润表主要项目预测

根据会计综合评价指数的构建需要，我们对利润表中营业总收入、营业总成本和扣除非经常性损益后的净利润三个会计项目进行了预测。需要说明的是，由于净利润包括企业的投资收益等非经常性损益，难以准确衡量企业主营业务所产生的回报，因此在对行业回报进行计算的过程中，选取扣除非经常性损益后的净利润进行预测。根据利润表的特点，在对营业总收入、营业总成本和扣除非经常性损益后的净利润进行预测的过程中，将除数占比法和周期移动平均法结合起来使用。

表 18 - 4 列示了利润表中营业总收入、营业总成本和扣除非经常性损益后的净利润的真实值和预测值，其中预测值分别采用 B 周期移动平均和 A 周期移动平均两种方法进行预测。表 18 - 5 进一步计算了利润表主要项目真实值与预测值的差异，结果显示利润表主要项目的预测差异较小，说明采取的方法能够较好地对利润表主要项目进行预测。

表 18－4　利润表主要项目预测结果　　　　　　　　单位：亿元

年份	BCM/ACM	营业总收入	营业总成本	扣除非经常性损益后的净利润
2012	BCM 真实值	77.60	75.30	1.76
	BCM 预测值	78.00	75.80	1.76
	ACM 真实值	82.50	79.70	1.91
	ACM 预测值	82.90	80.30	1.86
2013	BCM 真实值	80.80	78.50	1.73
	BCM 预测值	82.10	79.80	1.78
	ACM 真实值	88.90	86.00	1.89
	ACM 预测值	90.40	87.60	1.94
2014	BCM 真实值	81.70	79.50	1.61
	BCM 预测值	81.10	78.90	1.63
	ACM 真实值	92.60	90.00	1.62
	ACM 预测值	91.90	89.10	1.65
2015	BCM 真实值	84.10	82.10	1.48
	BCM 预测值	84.90	82.90	1.48
	ACM 真实值	101.00	98.60	1.54
	ACM 预测值	102.00	99.30	1.50
2016	BCM 真实值	85.20	83.10	1.57
	BCM 预测值	84.50	82.60	1.51
	ACM 真实值	104.00	102.00	1.64
	ACM 预测值	103.00	100.00	1.54
2017	BCM 真实值	89.20	86.50	2.04
	BCM 预测值	89.00	86.20	2.04
	ACM 真实值	114.00	110.00	2.32
	ACM 预测值	112.00	109.00	2.26
2018	BCM 真实值	89.50	87.60	1.89
	BCM 预测值	91.00	88.40	2.01
	ACM 真实值	123.00	121.00	2.36
	ACM 预测值	126.00	122.00	2.52

表 18 - 5　利润表主要项目预测差异

年份	BCM/ACM	营业总收入	营业总成本	扣除非经常性损益后的净利润
2012	BCM	0.53%	0.60%	−0.03%
	ACM	0.49%	0.70%	−2.90%
2013	BCM	1.59%	1.60%	2.44%
	ACM	1.79%	1.87%	2.72%
2014	BCM	−0.76%	−0.81%	1.19%
	ACM	−0.74%	−0.99%	1.77%
2015	BCM	0.91%	0.92%	−0.01%
	ACM	0.65%	0.68%	−2.51%
2016	BCM	−0.76%	−0.59%	−3.82%
	ACM	−1.44%	−1.17%	−5.65%
2017	BCM	−0.24%	−0.29%	0.02%
	ACM	−1.33%	−1.37%	−2.71%
2018	BCM	1.69%	0.90%	6.23%
	ACM	1.90%	0.88%	6.87%

18.2.3　基于预测指标测算行业回报、风险和成长

在完成对营业总收入、营业总成本、扣除非经常性损益后的净利润、资产、负债、所有者权益、流动资产、流动负债和存货行业均值的预测之后，我们以预测值为基准，根据行业回报、风险和成长，计算了行业的净资产收益率、总资产收益率、销售净利率、资产负债率、流动比率、总资产周转率、存货周转率、营业收入增长率和总资产增长率9个财务指标。具体预测结果列示在表 18 - 6 中。

表 18 - 6　零售业回报、风险和成长预测结果

年份	BCM/ACM	回报			风险		成长			
		净资产收益率	总资产收益率	销售净利率	资产负债率	流动比率	总资产周转率	存货周转率	营业收入增长率	总资产增长率
2012	BCM 真实值	0.063	0.023	0.023	0.63	1.10	1.02	5.12	1.09	1.11
	BCM 预测值	0.062	0.024	0.023	0.63	1.11	1.05	5.30	1.08	1.15
	ACM 真实值	0.094	0.034	0.023	0.63	1.02	1.48	7.83	0.83	0.98
	ACM 预测值	0.090	0.033	0.022	0.64	1.02	1.46	7.34	0.81	1.00

续表

| 年份 | BCM/ACM | 回报 | | | 风险 | | 成长 | | | |
		净资产收益率	总资产收益率	销售净利率	资产负债率	流动比率	总资产周转率	存货周转率	营业收入增长率	总资产增长率
2013	BCM 真实值	0.057	0.021	0.021	0.64	1.09	0.97	5.04	1.04	1.08
	BCM 预测值	0.058	0.021	0.022	0.64	1.09	0.97	4.88	1.05	1.12
	ACM 真实值	0.089	0.033	0.021	0.62	1.04	1.56	8.77	1.08	1.07
	ACM 预测值	0.090	0.033	0.021	0.63	1.04	1.54	8.22	1.09	1.07
2014	BCM 真实值	0.048	0.018	0.020	0.63	1.07	0.91	4.91	1.01	1.08
	BCM 预测值	0.050	0.018	0.020	0.64	1.07	0.89	4.51	0.99	1.05
	ACM 真实值	0.070	0.026	0.018	0.60	1.00	1.51	8.73	1.04	1.09
	ACM 预测值	0.070	0.027	0.018	0.61	1.03	1.49	8.29	1.02	1.02
2015	BCM 真实值	0.040	0.015	0.018	0.63	1.07	0.84	4.69	1.03	1.14
	BCM 预测值	0.040	0.015	0.017	0.63	1.07	0.84	4.53	1.05	1.17
	ACM 真实值	0.060	0.023	0.015	0.60	1.04	1.48	8.99	1.09	1.12
	ACM 预测值	0.059	0.022	0.015	0.60	1.02	1.52	8.99	1.11	1.14
2016	BCM 真实值	0.036	0.014	0.018	0.59	1.16	0.75	4.23	1.01	1.13
	BCM 预测值	0.034	0.013	0.018	0.59	1.15	0.73	4.16	1.00	1.13
	ACM 真实值	0.056	0.021	0.016	0.59	1.05	1.37	8.35	1.03	1.12
	ACM 预测值	0.054	0.020	0.015	0.58	1.03	1.34	8.38	1.01	1.14
2017	BCM 真实值	0.041	0.017	0.023	0.59	1.12	0.73	4.22	1.05	1.02
	BCM 预测值	0.041	0.017	0.023	0.59	1.14	0.73	4.22	1.05	0.99
	ACM 真实值	0.072	0.029	0.020	0.58	1.05	1.41	8.36	1.09	1.01
	ACM 预测值	0.070	0.028	0.020	0.58	1.04	1.39	8.38	1.09	0.98
2018	BCM 真实值	0.036	0.015	0.021	0.59	1.12	0.70	4.19	1.00	1.07
	BCM 预测值	0.038	0.016	0.022	0.58	1.14	0.72	4.23	1.02	1.08
	ACM 真实值	0.070	0.028	0.019	0.58	1.05	1.49	8.77	1.09	1.05
	ACM 预测值	0.074	0.030	0.020	0.58	1.07	1.52	8.68	1.12	1.06

　　表 18-7 进一步列示了零售业回报、风险和成长类财务指标预测值与真实值之间的差异。对比零售业采用 B 周期移动平均和 A 周期移动平均所预测的财务指标

与该行业财务指标的真实值可知，所选用预测模型的预测效果较好，预测能力比较稳定。

表 18 - 7　零售业回报、风险和成长预测差异

年份	BCM/ACM	回报			风险		成长			
		净资产收益率	总资产收益率	销售净利率	资产负债率	流动比率	总资产周转率	存货周转率	营业收入增长率	总资产增长率
2012	BCM	−1.39%	2.09%	−0.56%	−0.61%	0.68%	2.66%	3.45%	−0.89%	3.39%
	ACM	−4.27%	−4.88%	−3.37%	1.10%	−0.11%	−1.56%	−6.26%	−2.90%	2.29%
2013	BCM	1.21%	1.09%	0.84%	0.80%	−0.28%	0.25%	−3.18%	1.06%	3.61%
	ACM	1.18%	−0.90%	0.91%	1.35%	−0.53%	−1.79%	−6.27%	1.29%	0.73%
2014	BCM	2.59%	−0.27%	1.96%	1.96%	−0.50%	−2.19%	−8.18%	−2.31%	−2.98%
	ACM	0.37%	1.24%	2.53%	0.32%	3.15%	−1.27%	−5.01%	−2.49%	−6.41%
2015	BCM	0.77%	−1.29%	−0.91%	0.38%	0.03%	−0.38%	−3.49%	1.68%	2.46%
	ACM	−1.38%	−0.73%	−3.14%	−0.26%	−2.41%	2.48%	0.00%	1.41%	1.69%
2016	BCM	−6.00%	−6.15%	−3.09%	0.16%	−0.98%	−3.16%	−1.56%	−1.65%	0.07%
	ACM	−4.16%	−6.01%	−4.27%	−0.66%	−1.37%	−1.82%	0.33%	−2.08%	2.67%
2017	BCM	−1.31%	−0.89%	0.27%	−0.73%	1.50%	−1.15%	0.15%	0.52%	−3.08%
	ACM	−2.39%	−2.94%	−1.40%	0.17%	−1.03%	−1.56%	0.24%	0.12%	−2.72%
2018	BCM	4.42%	6.52%	4.47%	−1.71%	1.68%	1.96%	1.05%	1.94%	0.73%
	ACM	6.19%	7.35%	4.88%	−0.06%	1.60%	2.36%	−0.98%	3.27%	1.37%

18.3　零售业运行状况分析

会计综合评价指数分别采用 B 周期移动平均和 A 周期移动平均两种方法，对行业运行状况基准值进行预测。具体来讲，B 周期移动平均的样本数量以年度最新行业样本为准，进行滚动预测，样本数量较多，更能代表行业当前发展状况；A 周期移动平均则按照样本基期进行滚动预测，样本选取比较稳定，对行业历史发展状况的讨论更为充分。

18.3.1　零售业回报分析

图 18 - 2、图 18 - 3 和图 18 - 4 分别为 2007—2018 年零售业的净资产收益率、

总资产收益率和销售净利率的变动趋势图，其中，净资产收益率和总资产收益率的分母分别采用本年年末所有者权益（总资产）与上年年末所有者权益（总资产）的均值计算，因此，净资产收益率和总资产收益率的基期均为 2008 年。基于对零售业财务指标的预测，在评价零售业回报的过程中，我们分别在图中画出了基于 B 周期移动平均和 A 周期移动平均所计算的 2012—2018 年净资产收益率、总资产收益率和销售净利率的预测值。

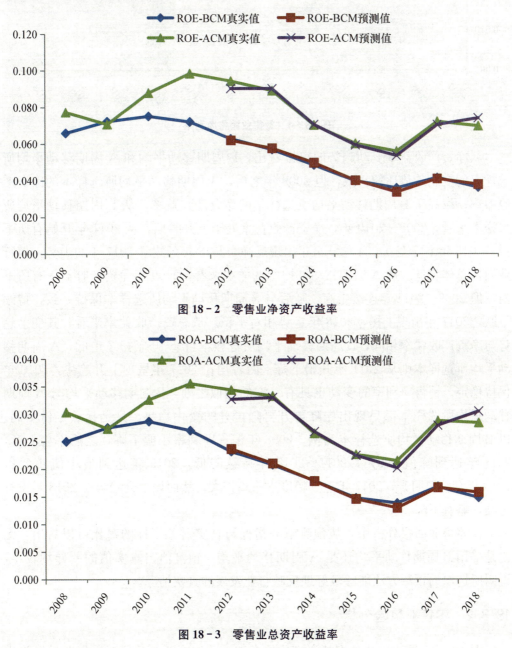

图 18 - 2 零售业净资产收益率

图 18 - 3 零售业总资产收益率

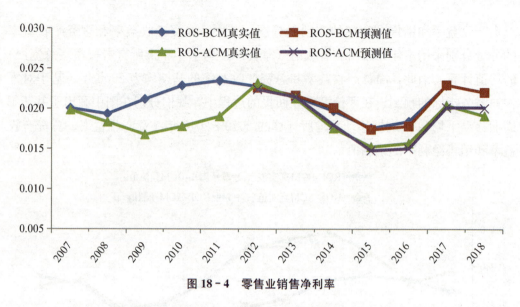

图 18-4　零售业销售净利率

从净资产收益率变动趋势图可以看出，B 周期移动平均和 A 周期移动平均所选样本的变动趋势比较一致，但 2009 年之后，A 周期移动平均所选样本的净资产收益率持续高于 B 周期移动平均所选样本的净资产收益率。从 B 周期移动平均所选样本来看，2008—2010 年，净资产收益率处于上升时期，从 2011 年开始有所下滑，2016 年下降至 0.034，2017 年出现反弹，2018 年延续了 2017 年的走势，但行业回报总体较低。从 A 周期移动平均所选样本来看，2009 年净资产收益率有所下滑，但 2009—2011 年连续走高，随后与 B 周期移动平均所选样本保持一致，持续下跌，2017 年出现上扬，2018 年走势相对平稳。从总资产收益率来看，其变动趋势与净资产收益率相同，B 周期移动平均所选样本自 2010 年持续走低，A 周期移动平均所选样本则从 2011 年开始下降，两者均在 2017 年呈现上升趋势，2018 年保持稳定。销售净利率的变动也具有一定的相似之处，B 周期移动平均与 A 周期移动平均所选样本都呈现出先降再升再降再升的变化趋势，只是拐点年份不同。以 B 周期移动平均所选样本为例，2008 年销售净利率小幅下降，之后平稳上升，2011 年达到峰值 2.3％，2011—2015 年持续降低，2015 年达到最小值 1.7％，2016 年有小幅回升，2017 年上升幅度进一步扩大，然而该上升趋势在 2018 年没有延续，略有下降。

在零售业回报分析中，从预测财务指标与真实财务指标的对比可以看出，无论是采用 B 周期移动平均还是 A 周期移动平均，预测值与真实值的差异均较小，说明所选取的预测方法能够较好地反映行业发展的真实情况。

18.3.2　零售业风险分析

图 18-5、图 18-6 分别从资产负债率和流动比率两个角度对零售业的风险进

行了分析。与行业回报的分析类似，2007—2018 年零售业的风险类财务指标根据行业真实值进行计算，同时采用 B 周期移动平均和 A 周期移动平均计算了资产负债率和流动比率的预测值。

不论是从资产负债率还是流动比率看，B 周期移动平均和 A 周期移动平均所选样本的变动趋势均较为一致。其中，零售业的资产负债率在 2007—2008 年保持稳定，2009—2011 年逐步上升并达到高位，说明在此期间行业经营风险较高。之后，B 周期所选样本和 A 周期所选样本分别从 2013 年和 2012 年开始下降，2016—2018 年趋于稳定。零售业的流动比率在 2007—2011 年缓慢上升，2011—2018 年保持在 1.00 上下，印证了行业经营风险下降的现象。

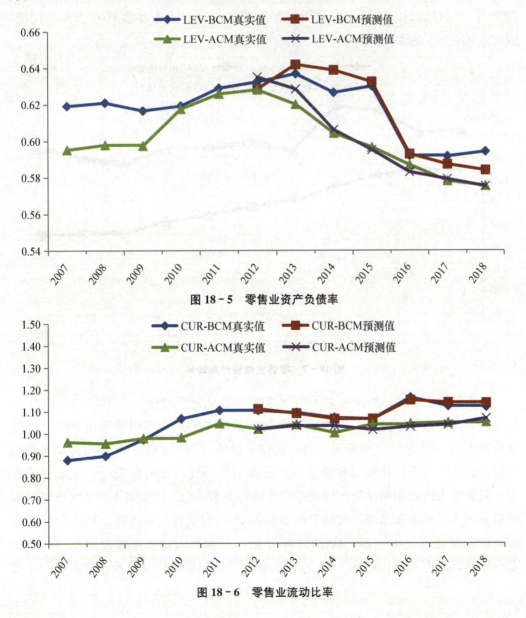

图 18-5 零售业资产负债率

图 18-6 零售业流动比率

从零售业资产负债率和流动比率的预测值可以发现，采用 B 周期移动平均和 A 周期移动平均所计算的 2012—2018 年行业预测值与真实值的差异较小，说明预测方法能够反映行业真实情况。

18.3.3 零售业成长分析

图 18-7、图 18-8、图 18-9 和图 18-10 分别从零售业周转速度（总资产周转率、存货周转率）和成长速度（营业收入增长率、总资产增长率）两个角度衡量该行业的成长。由于行业样本区间为 2007—2018 年，而周转速度计算的分母为前一期期末和本期期末的均值，所以我们在进行周转速度分析时，将基期确定为 2008 年。同样，行业成长速度采用本年度财务指标与上一年度财务指标的比值，因此成长速度的基期也为 2008 年。

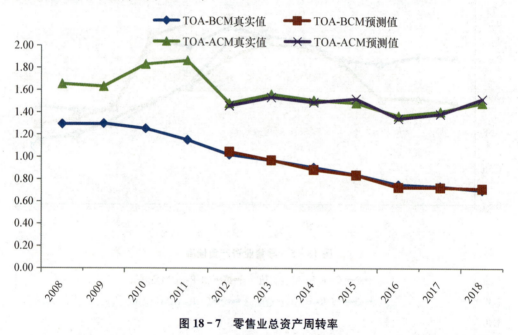

图 18-7　零售业总资产周转率

从周转速度看，B 周期移动平均所选样本的总资产周转率在 2008—2010 年保持稳定，之后缓慢下降；A 周期移动平均所选样本的总资产周转率在 2008—2011 年有所上升，但是 2012 年显著下滑，2012—2018 年保持稳定。存货周转率表现出类似的走势，说明近几年零售业总资产和存货的周转状况有所恶化。从成长速度看，营业收入增长率和总资产增长率变化趋势基本一致。B 周期移动平均所选样本的营业收入增长率和总资产增长率在 2009 年之后均呈现上升趋势，2011 年达到高点，2012 年出现较大跌幅。从 2013 年开始，营业收入增长率恢复至 1.00 上下，趋于平稳，总资产增长率在 1.10 上下波动，2018 年依然延续这种稳定走势。A 周期移动平均所选样本的营业收入增长率和总资产增长率在 2010—2012 年急速下降，之后触底反弹，呈现大幅上升趋势，此后在小范围内稳定波动，近年基本达到与 B 周期移动平均所选样本相同的水平。零售业成长速度的变化情况印证了行业已经进入稳定周期的假设。

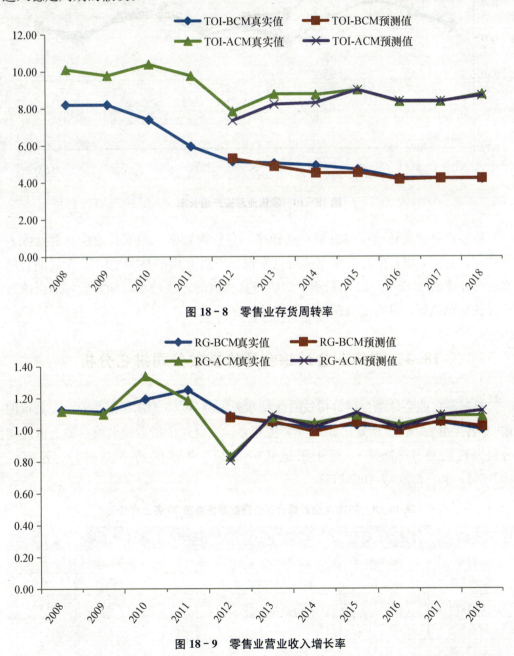

图 18-8　零售业存货周转率

图 18-9　零售业营业收入增长率

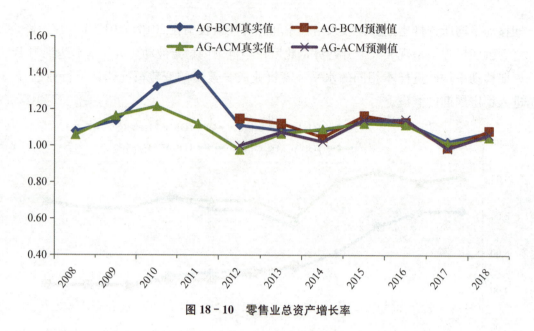

图 18 - 10　零售业总资产增长率

从零售业的周转速度（总资产周转率、存货周转率）和成长速度（营业收入增长率、总资产增长率）的预测值可以发现，采用 B 周期移动平均和 A 周期移动平均所计算的 2012—2018 年行业预测值与真实值的差距较小，能够较好地反映行业成长变动趋势，说明模型预测效果较好。

18.4　零售业会计综合评价指数公司排名分析

根据零售业会计综合评价指数的计算方法，表 18 - 8 列示了零售业上市公司的前 20 名。由表 18 - 8 所知，2018 年零售业会计综合评价指数排名前 5 的上市公司分别为跨境通（002640）、博士眼镜（300622）、华东医药（000963）、徐家汇（002561）和三江购物（601116）。

表 18 - 8　2018 年会计综合评价指数零售业前 20 名上市公司

股票简称	股票代码	2018 年 ACV 评分	2018 年排名	2017 年排名	排名变动
跨境通	002640	100.00	1	1	—
博士眼镜	300622	100.00	1	—	—
华东医药	000963	99.06	3	4	↑
徐家汇	002561	98.02	4	3	↓
三江购物	601116	96.56	5	32	↑
益丰药房	603939	92.84	6	5	↓
一心堂	002727	91.09	7	8	↑

续表

股票简称	股票代码	2018 年 ACV 评分	2018 年排名	2017 年排名	排名变动
广百股份	002187	90.81	8	15	↑
上海九百	600838	88.75	9	9	─
首商股份	600723	88.48	10	12	↑
红旗连锁	002697	87.95	11	18	↑
美克家居	600337	87.48	12	1	↓
百大集团	600865	86.50	13	41	↑
飞亚达 A	000026	86.29	14	22	↑
中兴商业	000715	85.16	15	20	↑
杭州解百	600814	84.49	16	14	↓
永辉超市	601933	83.38	17	6	↓
莱绅通灵	603900	83.27	18	─	─
老百姓	603883	82.45	19	7	↓
上海医药	601607	82.36	20	24	↑

注：会计综合评价指数的构建以公开财务数据真实有效为前提。

　　与 2017 年相比，2018 年零售业排名前 20 的上市公司中，排名上升较快的 2 家分别是三江购物（601116）和百大集团（600865），下降较快的 2 家分别是美克家居（600337）和老百姓（603883）。

　　三江购物（601116）2017 年排在第 32 名，2018 年排在第 5 名，上升了 27 名，评分提高主要是由于债务风险下降和成长速度提升。债务风险方面主要体现在流动比率上升，从 2017 年的 1.37 上升到 2018 年的 2.44；成长速度方面主要体现在营业收入增长率和总资产增长率提高，营业收入增长率从 2017 年的 −0.96％ 增长到 2018 年的 9.64％，总资产增长率从 2017 年的 3.19％ 增长到 2018 年的 60.53％。三江购物综合排名上升主要是由于营业收入和总资产均增长较快，且流动资产的增长速度超过流动负债的增长速度，使得企业资产的变现能力增强，短期偿债能力较好。据三江购物年报所示，公司 2017 年营业收入为 37.70 亿元，2018 年为 41.33 亿元，比 2017 年增加 9.63％；2017 年总资产为 27.65 亿元，2018 年为 44.38 亿元，比 2017 年增加 60.51％。在短期偿债能力方面，2017 年流动资产为 15.28 亿元，2018 年为 31.96 亿元，比 2017 年增加 109.16％；2017 年流动负债为 11.19 亿元，2018 年为 13.10 亿元，比 2017 年增加 17.07％。三江购物主要有超市、创新店、小业态店三种业态，采用连锁经营方式，门店选址一般在社区附近，商品结构以社区居民日常生活消费品为主，满足社区老百姓日常生活所需。公司 2018 年实际非公开发行 A 股股票 1.37 亿股，每股面值人民币 1 元，每股发行价人民币 10.71 元，由杭州阿里巴巴泽泰以货币资金出资认购。由于此次非公开发行股票工作，公司的货币资金和总资产明显增加，短期偿债能力明显增强。公司营业收入从 2013 年开始连续 5 年下降，但 2018 年同比增长 9.64%，主要是由于公司加快了开店速度，2018 年新开门店 39 家，为历年开店数量最多的一年，门店改造的有序推进提升了一部分营业收入。同时，公司各类产品的销售额也显著提高，其中，食品销售较上年增加 7.58%，主要是因为公司加强冷鲜短保食品的运营能力赢得顾客青睐和新店销售增加。生鲜类销售收入同比增加 30.75%，主要是由于公司持续改造生鲜购物环境、增加基地商品，以及在食品安全上执行 100% 检测等措施赢得了顾客的认可。

百大集团（600865）2017 年排在第 41 名，2018 年排在第 13 名，上升了 28 名，评分提高主要是由于债务风险下降和盈利能力提升。债务风险方面主要体现在流动比率上升，从 2017 年的 1.75 上升到 2018 年的 2.95；盈利能力方面主要体现在净资产收益率、总资产收益率和销售净利率均有所上升，净资产收益率从 2017 年的 1.42% 增长到 2018 年的 4.67%，总资产收益率从 2017 年的 1.15% 增长到 2018 年的 3.82%，销售净利率从 2017 年的 2.53% 增长到 2018 年的 9.95%。百大集团综合排名上升主要是由于流动资产的增长速度超过流动负债的增长速度，资产的变现能力增强，同时公司扣除非经常性损益后的净利润也有所增加。据百大集团年报所示，公司 2017 年流动资产为 6.52 亿元，2018 年为 6.85 亿元，比 2017 年增加 5.06%；2017 年流动负债为 3.74 亿元，2018 年为 2.32 亿元，比 2017 年减少 37.97%，可见流动负债减少是公司短期偿债能力增强的主要原因。百大集团 2017 年扣除非经常性损益后的净利润为 0.24 亿元，2018 年为 0.81 亿元，比 2017 年增加 237.50%，利润上升是公司盈利能力增强的主要原因。百大集团主营业务为百货零售业，涵盖酒店服务、文化产业、物业服务等多个业务领域。公司拥有杭州百货大楼一家门店，系单店经营模式。杭州百货大楼是公司最主要的收入和利润来源，其他业务所取得的收入占比较小。报告期内，公司扣除非经常性损益后的净利润上升主要有两个原因：一是，公司参股 30% 的重要联营企业杭州百大置业有限公司，与上年同期相比，2018 年度可售物业销售价格有所上升，同时银行借款减少，相应利息支出减少，亏损显著收窄，导致公司本期对杭州百大置业的股权投资按权益法确认的投资损失，以及对剩余股权按公允价值重新计量产生的利得本期转回损失均较上年同期大幅减少；二是，公司于 2017 年年末受让杭州工商信托股份有限公司部分股权，报告期取得分红 1 690.88 万元并计入投资收益。此外，公司流动负债大幅减少主要是本期归还了银行借款所致。

美克家居（600337）2017 年排在第 1 名，2018 年排在第 12 名，下降了 11 名，评分下降主要是由于债务风险上升。债务风险方面主要体现在资产负债率上升和

流动比率下降，资产负债率从 2017 年的 28.78% 上升到 2018 年的 44.98%，流动
比率从 2017 年的 3.23 下降到 2018 年的 1.86。美克家居综合排名下降主要是由于
总负债增加，以及流动负债的增长速度超过流动资产的增长速度。据美克家居年
报所示，公司 2017 年总负债为 19.93 亿元，2018 年为 39.42 亿元，比 2017 年增加
97.79%；2017 年总资产为 69.25 亿元，2018 年为 87.63 亿元，比 2017 年增加
26.54%，可见总负债增加是公司资产负债率上升的主要原因。公司 2017 年流动资
产为 42.27 亿元，2018 年为 55.60 亿元，比 2017 年增加 31.54%；2017 年流动负
债为 13.09 亿元，2018 年为 29.94 亿元，比 2017 年增加 128.72%，可见流动负债
增加是公司短期偿债能力下降的主要原因。美克家居是面向全球中高端优质市场，
以中国、美国及其他亚太地区为主，为客户打造高品位、一站式生活方式极致体
验且国际化程度较高的上市公司。报告期内，公司负债增加是由多方面原因导致
的。具体而言，短期借款同比增加 1 113.24%，主要原因是公司 2017 年通过募集
资金暂时补充了流动资金，压缩了贷款规模，因而年末短期借款减少，而 2018 年
因业务发展需要，向银行申请的短期借款到账，致使该科目增长比例较大。应付
票据及应付账款同比增加 163.74%，主要原因是公司为扩大销售规模，增加了原
材料采购及商品备货，同时进一步加强了资金管理以降低资金成本，加大了银行
承兑汇票、商业承兑汇票结算力度。其他应付款同比增加 31.03%，主要原因是本
期公司将越南的高端实木家具和装饰品制造商 M.U.S.T. 公司纳入合并报表，导
致其他应付款相应增加；一年内到期的非流动负债同比增加 220.82%，主要是公
司将报告期末至到期日不足一年的长期借款重分类调整至该科目所致；长期借款
同比增加 31.86%，主要原因是报告期内公司因美国美克设计研发中心项目建设需
要，借入中长期项目贷款，以及为调整债务结构，增加了中期流动资金贷款规模；
长期应付款同比增加 31.93%，主要是由于将美国个性化沙发定制制造商 Rowe 公
司纳入合并报表范围，Rowe 公司的房屋建筑物和土地采取售后回租业务所形成的
长期应付款增加。综合以上因素，公司 2018 年的流动负债增加了一倍多。

老百姓（603883）2017 年排在第 7 名，2018 年排在第 19 名，下降了 12 名，
评分下降主要是由于债务风险上升和成长速度下降。债务风险方面主要体现在流
动比率下降，从 2017 年的 1.50 下降到 2018 年的 0.87；成长速度方面主要体现在
总资产增长率下降，从 2017 年的 36.44% 下降到 2018 年的 26.66%。老百姓综合
排名下降主要是由于流动负债的增长速度超过流动资产的增长速度，以及总资产
的增长速度下降。据老百姓年报所示，公司 2017 年流动资产为 39.79 亿元，2018
年为 43.11 亿元，比 2017 年增加 8.34%；2017 年流动负债为 26.51 亿元，2018 年
为 49.46 亿元，比 2017 年增加 86.57%。可见流动负债增加是公司短期偿债能力
下降的主要原因。老百姓 2016—2018 年的总资产分别为 49.10 亿元、66.99 亿元、

84.85 亿元，2017 年比 2016 年增加 36.44％，2018 年比 2017 年增加 26.66％，可见总资产增加速度放缓是成长速度下降的主要原因。老百姓是国内规模领先的药品零售连锁企业之一，公司主要通过构建营销网络从事药品及其他健康相关商品的销售，经营品类包括中西成药、中药饮片、养生中药、健康器材、健康食品、普通食品、个人护理品和生活用品等。除药品零售外，公司兼营药品批发与制造（主要为中成药及中药饮片制造），在采用传统经营管理模式的同时，公司与时俱进，不断创新发展，近年来大力发展药店加盟及中医馆连锁等业态，积极探索 O2O 业务，不断为未来发展寻找新动能。报告期内，公司流动负债大幅增加是由于一年内到期的非流动负债由上期的 0.11 亿元增加到了 8.07 亿元，主要是本期应付债券科目余额根据会计准则要求，调整至一年内到期的非流动负债科目所致。虽然 2018 年总资产增长率达到了 26.66％，但由于 2017 年公司以非公开发售方式募集股份使总资产增长率达到了 36.44％，高于 2018 年的总资产增长率，因此在数据上表现为总资产增长速度放缓。

第 19 章　交通运输业会计综合评价指数
编制结果及分析

交通运输业是指国民经济中专门从事运送货物和旅客的社会生产部门，包括铁路运输业（行业代码为 G53）、道路运输业（行业代码为 G54）、水上运输业（行业代码为 G55）、航空运输业（行业代码为 G56）、管道运输业（行业代码为 G57），以及装卸搬运和运输代理业（行业代码为 G58）6 个细分行业。交通运输业是国民经济在生产过程中连接各部门的链条和纽带，是一个感应度和带动度较高的基础产业，是国民经济的动脉。作为发展中国家，交通运输业对我国经济、社会发展起着显著的前导性作用。工农业生产、人民生活以及国防建设的诸多方面都和交通运输业的发展有着紧密的关系。据调查，凡是发展迅速的地区都是交通运输条件较好的地区，一个地区的发展速度和水平与该地区的基础设施尤其是交通运输业的发展水平呈正相关，因此交通运输业也被誉为经济发展的"先行官"。近年来，交通运输业受到政府的重视，"要致富，先修路"的思想深入人心。在国家西部大开发战略的推动下，交通运输业取得了长足发展，路网逐渐完善，布局也更加合理，但是，目前我国交通运输业与发达国家相比仍存在显著差距。在新形势下，我国应结合自身实际情况尽快制定相应策略，推动交通运输业向更高层次发展。交通运输业的研究对于推动国民经济增长具有重要的现实意义和战略意义。本章以上市公司为样本，从发展趋势、回报、风险和成长四个角度对交通运输业的经营状况进行分析，以期为交通运输业的健康发展提供一些有益的经验和借鉴。

19.1　交通运输业发展趋势分析

为了对交通运输业的发展趋势进行分析，我们以 2007 年第 1 季度以来的所有季度作为样本区间。截至 2019 年第 1 季度，我们所选样本 49 个季度的季均总资产为 17 122.86 亿元，季均营业总收入为 1 795.90 亿元，季均价值创造额为 580.45

亿元。

为了研究交通运输业的发展趋势，我们以样本公司的季度总资产额、季度营业总收入和季度价值创造额为基础构建了交通运输业的资产指数、收入指数和价值创造额指数（见表19-1）。三类指数的总体波动趋势如图19-1所示。

表 19-1 交通运输业资产指数、收入指数、价值创造额指数编制结果

季度	资产指数	收入指数	价值创造额指数
200701	100	100	100
200702	100	112	131
200703	105	146	147
200704	116	230	234
200801	121	182	147
200802	125	199	181
200803	129	201	132
200804	128	160	—34
200901	131	131	96
200902	134	134	114
200903	136	161	113
200904	140	169	129
201001	147	180	158
201002	154	210	187
201003	162	244	240
201004	169	234	206
201101	172	220	178
201102	179	244	184
201103	185	269	208
201104	188	256	155
201201	191	239	166
201202	196	290	223
201203	202	290	235
201204	204	271	182
201301	210	253	175
201302	213	266	199
201303	218	297	233
201304	220	287	184
201401	224	272	193
201402	228	283	237
201403	231	317	280

续表

季度	资产指数	收入指数	价值创造额指数
201404	236	293	244
201501	239	278	245
201502	246	278	284
201503	247	311	317
201504	252	287	260
201601	257	278	250
201602	268	287	283
201603	274	322	313
201604	292	374	311
201701	300	428	306
201702	304	445	332
201703	312	499	385
201704	318	480	310
201801	319	478	313
201802	329	501	378
201803	347	591	386
201804	367	579	386
201901	392	547	382

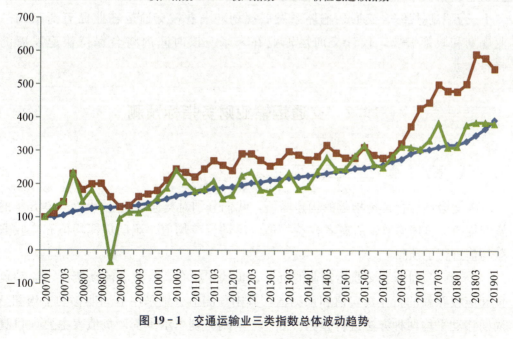

图 19-1　交通运输业三类指数总体波动趋势

由表 19-1 和图 19-1 可知，从总体运行趋势来看，交通运输业资产指数自 2007 年第 1 季度以来一直呈上升趋势，并且从 2018 年第 1 季度开始，上升速度明显加快，2019 年第 1 季度达到 392 点，与 2007 年第 1 季度相比上升了 292%。从收入指数变动趋势看，受金融危机影响，收入指数在 2008 年第 3 季度至 2009 年第 1 季度持续下降，之后一直在波动中上升，2016 年以来上升幅度加大。交通运输业紧紧抓住扩大内需的历史性机遇，建网提质，内外畅通，努力构建大交通发展格局，呈现出快速、健康的发展势头。2018 年，国内行业形势稳定，加之《"十三五"现代综合交通运输体系发展规划》的激励，收入指数在 2018 年前三季度有明显的提升，2018 年第 4 季度和 2019 年第 1 季度略有下降，符合行业波动惯性的特征。从价值创造额指数的变动趋势看，2007 年第 4 季度有一个显著提升，随后剧烈下降，2008 年第 4 季度甚至下降至 -34 点，2009 年在经济政策的刺激下快速上升，之后便一直围绕着资产指数在波动中上涨，截至 2018 年基本处于资产指数之上。

从三类指数运行趋势之间的关系来看，交通运输业的资产增长速度较为稳定，行业收入和价值创造额的增长速度变动较大。整体来看，收入指数一直高于资产指数，且 2016 年以来差距有扩大的趋势，说明行业运行效率较高；价值创造额指数从围绕资产指数上下浮动，到 2018 年基本高于资产指数，说明行业发展前景向好。综合三类指数的运行趋势可以发现，随着行业资产规模的扩大，价值创造额和收入一同提升，表明交通运输业发展较快，运行效率较高。结合我国《"十三五"现代综合交通运输体系发展规划》来看，交通运输业已有清晰的产业规划和政策引导，预计交通运输业在未来一段时间内将会保持快速发展的趋势。

19.2 交通运输业财务指标预测

19.2.1 资产负债表主要项目预测

根据会计综合评价指数的构建需要，我们分别对交通运输业 2012—2018 年的资产均值、负债均值、所有者权益均值、流动资产均值、流动负债均值和应收账款均值进行了预测。

表 19-2 列示了交通运输业的资产、负债、所有者权益、流动资产、流动负债和应收账款的行业真实值和预测值，其中预测值分别采用 B 周期移动平均和 A 周期移动平均两种方法进行预测。表 19-3 则分别列示了资产负债表主要项目真实值与预测值的差异，从计算结果可以看出，无论是采用 B 周期移动平均还是

A 周期移动平均，均能够对资产负债表主要项目进行准确预测，模型稳定性较好。

表 19 - 2　资产负债表主要项目预测结果　　　　单位：亿元

年份	BCM/ACM	资产	负债	所有者权益	流动资产	流动负债	应收账款
2012	BCM 真实值	155.00	71.00	78.80	33.90	35.00	4.26
	BCM 预测值	155.00	71.10	78.90	32.80	35.80	4.09
	ACM 真实值	177.00	82.00	86.80	37.90	40.30	4.35
	ACM 预测值	178.00	83.80	87.50	37.90	42.50	4.29
2013	BCM 真实值	163.00	76.20	82.00	36.00	38.10	4.62
	BCM 预测值	163.00	76.10	82.20	36.50	35.40	4.45
	ACM 真实值	184.00	86.10	91.20	39.40	42.50	4.71
	ACM 预测值	184.00	86.10	91.00	39.80	39.50	4.43
2014	BCM 真实值	174.00	79.30	87.10	37.30	38.60	4.97
	BCM 预测值	174.00	79.80	87.50	38.10	39.20	5.15
	ACM 真实值	189.00	85.10	95.80	41.40	40.80	4.93
	ACM 预测值	186.00	85.10	93.70	40.40	42.50	5.16
2015	BCM 真实值	181.00	81.80	91.50	38.30	39.70	4.98
	BCM 预测值	179.00	80.10	90.80	37.30	39.40	5.01
	ACM 真实值	183.00	80.60	93.60	40.90	39.70	5.03
	ACM 预测值	183.00	79.50	94.70	40.70	40.30	5.16
2016	BCM 真实值	187.00	84.20	93.60	40.90	40.50	5.38
	BCM 预测值	189.00	85.60	94.50	42.10	41.70	5.16
	ACM 真实值	207.00	92.30	102.00	45.20	44.50	6.09
	ACM 预测值	202.00	88.90	102.00	46.30	42.70	5.49
2017	BCM 真实值	198.00	87.30	99.80	41.10	43.20	5.61
	BCM 预测值	194.00	86.60	98.20	41.70	43.20	5.71
	ACM 真实值	216.00	95.90	109.00	45.50	47.50	6.21
	ACM 预测值	217.00	96.20	109.00	47.00	47.40	6.53
2018	BCM 真实值	213.00	97.80	105.00	44.40	46.90	6.14
	BCM 预测值	203.00	92.10	101.00	41.90	43.70	5.68
	ACM 真实值	227.00	102.00	112.00	47.60	52.00	6.42
	ACM 预测值	227.00	103.00	112.00	46.30	50.40	6.12

表 19 - 3　资产负债表主要项目预测差异

年份	BCM/ACM	资产	负债	所有者权益	流动资产	流动负债	应收账款
2012	BCM	0.05%	0.10%	0.13%	−3.07%	2.16%	−3.97%
	ACM	0.98%	2.20%	0.87%	−0.16%	5.32%	−1.54%
2013	BCM	0.05%	−0.10%	0.22%	1.36%	−7.04%	−3.78%
	ACM	0.10%	0.01%	−0.24%	1.06%	−6.95%	−5.88%
2014	BCM	−0.15%	0.63%	0.50%	1.95%	1.44%	3.70%
	ACM	−1.85%	0.00%	−2.19%	−2.40%	4.28%	4.58%
2015	BCM	−1.25%	−2.12%	−0.81%	−2.76%	−0.75%	0.65%
	ACM	0.20%	−1.45%	1.21%	−0.32%	1.68%	2.52%
2016	BCM	1.40%	1.61%	0.91%	3.02%	2.85%	−4.13%
	ACM	−2.35%	−3.69%	0.07%	2.46%	−4.08%	−9.89%
2017	BCM	−1.92%	−0.84%	−1.60%	1.41%	0.10%	1.88%
	ACM	0.52%	0.41%	0.41%	3.21%	−0.11%	5.05%
2018	BCM	−4.93%	−5.84%	−4.21%	−5.56%	−6.90%	−7.49%
	ACM	−0.01%	0.39%	−0.14%	−2.68%	−3.06%	−4.65%

19.2.2　利润表主要项目预测

根据会计综合评价指数的构建需要，我们对利润表中营业总收入、营业总成本和扣除非经常性损益后的净利润三个会计项目进行了预测。需要说明的是，由于净利润包括企业的投资收益等非经常性损益，难以准确衡量企业主营业务所产生的回报，因此在对行业回报进行计算的过程中，选取扣除非经常性损益后的净利润进行预测。根据利润表的特点，在对营业总收入、营业总成本和扣除非经常性损益后的净利润进行预测的过程中，将除数占比法和周期移动平均法结合起来使用。

表 19 - 4 列示了利润表中营业总收入、营业总成本和扣除非经常性损益后的净利润的真实值和预测值，其中预测值分别采用 B 周期移动平均和 A 周期移动平均两种方法进行预测。表 19 - 5 进一步计算了利润表主要项目真实值与预测值的差异，结果显示利润表主要项目的预测差异较小，说明采取的方法能够较好地对利润表主要项目进行预测。

表 19－4 利润表主要项目预测结果   单位：亿元

年份	BCM/ACM	营业总收入	营业总成本	扣除非经常性损益后的净利润
2012	BCM 真实值	55.00	47.60	4.46
	BCM 预测值	55.40	48.00	4.64
	ACM 真实值	59.30	50.90	4.79
	ACM 预测值	59.90	51.60	4.91
2013	BCM 真实值	57.60	50.60	4.37
	BCM 预测值	57.50	50.50	4.37
	ACM 真实值	60.70	52.80	4.84
	ACM 预测值	60.50	52.40	4.77
2014	BCM 真实值	59.60	52.10	4.64
	BCM 预测值	60.10	52.70	4.34
	ACM 真实值	61.60	53.30	5.10
	ACM 预测值	62.00	53.90	4.72
2015	BCM 真实值	59.30	51.60	5.10
	BCM 预测值	59.20	51.30	5.44
	ACM 真实值	59.50	51.60	5.19
	ACM 预测值	59.40	51.40	5.59
2016	BCM 真实值	59.30	51.50	5.14
	BCM 预测值	58.80	50.90	5.37
	ACM 真实值	61.70	53.50	5.27
	ACM 预测值	60.00	51.90	5.48
2017	BCM 真实值	65.10	56.80	5.87
	BCM 预测值	64.70	56.50	6.07
	ACM 真实值	69.80	60.90	6.39
	ACM 预测值	69.40	60.50	6.47
2018	BCM 真实值	68.40	60.30	5.56
	BCM 预测值	68.00	60.00	5.46
	ACM 真实值	75.60	66.80	6.00
	ACM 预测值	76.00	67.30	5.80

表 19－5　利润表主要项目预测差异

年份	BCM/ACM	营业总收入	营业总成本	扣除非经常性损益后的净利润
2012	BCM	0.72％	0.83％	4.10％
	ACM	1.06％	1.36％	2.36％
2013	BCM	－0.21％	－0.25％	0.11％
	ACM	－0.40％	－0.73％	－1.49％
2014	BCM	0.76％	1.17％	－6.51％
	ACM	0.76％	1.05％	－7.47％
2015	BCM	－0.19％	－0.50％	6.60％
	ACM	－0.18％	－0.44％	7.73％
2016	BCM	－0.83％	－1.18％	4.56％
	ACM	－2.82％	－2.98％	3.97％
2017	BCM	－0.60％	－0.66％	3.43％
	ACM	－0.48％	－0.59％	1.21％
2018	BCM	－0.54％	－0.43％	－1.79％
	ACM	0.46％	0.75％	－3.28％

19.2.3　基于预测指标测算行业回报、风险和成长

在完成对营业总收入、营业总成本、扣除非经常性损益后的净利润、资产、负债、所有者权益、流动资产、流动负债和应收账款行业均值的预测之后，我们以预测值为基准，根据行业回报、风险和成长，计算了行业的净资产收益率、总资产收益率、销售净利率、资产负债率、流动比率、总资产周转率、应收账款周转率、营业收入增长率和总资产增长率 9 个财务指标。具体预测结果列示在表 19－6 中。

表 19－6　交通运输业回报、风险和成长预测结果

年份	BCM/ACM	回报			风险		成长			
		净资产收益率	总资产收益率	销售净利率	资产负债率	流动比率	总资产周转率	应收账款周转率	营业收入增长率	总资产增长率
2012	BCM真实值	0.058	0.029	0.081	0.46	0.97	0.36	13.63	1.02	1.02
	BCM预测值	0.059	0.030	0.084	0.46	0.92	0.36	13.60	1.03	1.00
	ACM真实值	0.059	0.028	0.081	0.46	0.94	0.35	14.06	1.04	1.09
	ACM预测值	0.059	0.029	0.082	0.47	0.89	0.35	13.86	1.04	1.08

续表

年份	BCM/ACM	回报			风险		成长			
		净资产收益率	总资产收益率	销售净利率	资产负债率	流动比率	总资产周转率	应收账款周转率	营业收入增长率	总资产增长率
2013	BCM 真实值	0.054	0.027	0.076	0.47	0.95	0.36	12.97	1.05	1.05
	BCM 预测值	0.054	0.028	0.076	0.47	1.03	0.36	13.47	1.04	1.05
	ACM 真实值	0.054	0.027	0.080	0.47	0.93	0.34	13.40	1.02	1.04
	ACM 预测值	0.053	0.026	0.079	0.47	1.01	0.33	13.87	1.01	1.03
2014	BCM 真实值	0.055	0.028	0.078	0.46	0.97	0.35	12.44	1.03	1.07
	BCM 预测值	0.051	0.026	0.072	0.46	0.97	0.36	12.52	1.04	1.07
	ACM 真实值	0.055	0.027	0.083	0.45	1.01	0.33	12.78	1.01	1.03
	ACM 预测值	0.051	0.025	0.076	0.46	0.95	0.34	12.94	1.03	1.01
2015	BCM 真实值	0.057	0.029	0.086	0.45	0.97	0.33	11.92	0.99	1.04
	BCM 预测值	0.061	0.031	0.092	0.45	0.95	0.34	11.64	0.98	1.03
	ACM 真实值	0.055	0.028	0.087	0.44	1.03	0.32	11.94	0.97	0.97
	ACM 预测值	0.059	0.030	0.094	0.43	1.01	0.32	11.51	0.96	0.99
2016	BCM 真实值	0.055	0.028	0.087	0.45	1.01	0.32	11.44	1.00	1.03
	BCM 预测值	0.058	0.029	0.091	0.45	1.01	0.32	11.55	0.99	1.06
	ACM 真实值	0.054	0.027	0.085	0.45	1.02	0.32	11.09	1.04	1.13
	ACM 预测值	0.056	0.028	0.091	0.44	1.09	0.31	11.26	1.01	1.10
2017	BCM 真实值	0.061	0.031	0.090	0.44	0.95	0.34	11.84	1.10	1.06
	BCM 预测值	0.063	0.032	0.094	0.45	0.96	0.34	11.90	1.03	1.03
	ACM 真实值	0.061	0.030	0.092	0.44	0.96	0.33	11.34	1.13	1.05
	ACM 预测值	0.061	0.031	0.093	0.44	0.99	0.33	11.56	1.16	1.08
2018	BCM 真实值	0.054	0.027	0.081	0.46	0.95	0.33	11.63	1.05	1.08
	BCM 预测值	0.055	0.027	0.080	0.45	0.96	0.34	11.93		1.04
	ACM 真实值	0.054	0.027	0.079	0.45	0.92	0.34	11.98	1.08	1.05
	ACM 预测值	0.052	0.026	0.076	0.45	0.92	0.34	12.02	1.09	1.04

　　表 19-7 进一步列示了交通运输业回报、风险和成长类财务指标预测值与真实值之间的差异。对比交通运输业采用 B 周期移动平均和 A 周期移动平均所预测的财务指标与该行业财务指标的真实值可知，所选用预测模型的预测效果较好，预测能力比较稳定。

表 19-7　交通运输业回报、风险和成长预测差异

| 年份 | BCM/ACM | 回报 | | | 风险 | | 成长 | | | |
		净资产收益率	总资产收益率	销售净利率	资产负债率	流动比率	总资产周转率	应收账款周转率	营业收入增长率	总资产增长率
2012	BCM	2.45%	2.84%	3.36%	0.06%	−5.12%	−0.50%	−0.24%	0.48%	−2.33%
	ACM	0.35%	1.16%	1.29%	1.20%	−5.20%	−0.12%	−1.40%	−0.43%	−0.42%
2013	BCM	−0.07%	0.06%	0.32%	−0.14%	9.03%	−0.25%	3.81%	−0.92%	0.00%
	ACM	−1.78%	−2.01%	−1.09%	−0.08%	8.60%	−0.93%	3.53%	−1.45%	−0.88%
2014	BCM	−6.84%	−6.45%	−7.21%	0.79%	0.50%	0.81%	0.66%	0.97%	−0.20%
	ACM	−6.31%	−6.64%	−8.17%	1.88%	−6.41%	1.66%	1.30%	1.16%	−1.95%
2015	BCM	6.78%	7.36%	6.80%	−0.89%	−2.03%	0.53%	−2.32%	−0.94%	−1.10%
	ACM	8.28%	8.64%	7.93%	−1.65%	−1.96%	0.66%	−3.60%	−0.94%	2.09%
2016	BCM	4.49%	4.46%	5.44%	0.21%	0.17%	−0.93%	1.02%	−0.64%	2.68%
	ACM	3.33%	5.18%	6.99%	−1.38%	6.82%	−1.69%	1.52%	−2.64%	−2.55%
2017	BCM	3.82%	3.75%	4.05%	1.10%	1.31%	−0.29%	0.47%	0.24%	−3.27%
	ACM	0.97%	2.11%	1.71%	−0.11%	3.33%	0.40%	1.91%	2.41%	2.94%
2018	BCM	1.18%	1.75%	−1.26%	−0.96%	1.45%	3.05%	2.56%	0.06%	−3.07%
	ACM	−3.40%	−3.52%	−3.73%	0.40%	0.39%	0.21%	0.34%	0.95%	−0.53%

19.3　交通运输业运行状况分析

会计综合评价指数分别采用 B 周期移动平均和 A 周期移动平均两种方法，对行业运行状况基准值进行预测。具体来讲，B 周期移动平均的样本数量以年度最新行业样本为准，进行滚动预测，样本数量较多，更能代表行业当前发展状况；A 周期移动平均则按照样本基期进行滚动预测，样本选取比较稳定，对行业历史发展状况的讨论更为充分。

19.3.1　交通运输业回报分析

图 19-2、图 19-3 和图 19-4 分别为 2007—2018 年交通运输业的净资产收益率、总资产收益率和销售净利率的变动趋势图，其中，总资产收益率和净资产收

益率的分母分别采用本年年末所有者权益（总资产）与上年年末所有者权益（总资产）的均值计算，因此净资产收益率和总资产收益率的基期均为 2008 年。基于对交通运输业财务指标的预测，在评价交通运输业回报的过程中，我们分别在图中画出了基于 B 周期移动平均和 A 周期移动平均所计算的 2012—2018 年净资产收益率、总资产收益率和销售净利率的预测值。

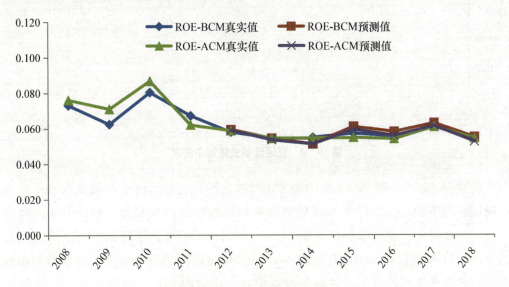

图 19 - 2   交通运输业净资产收益率

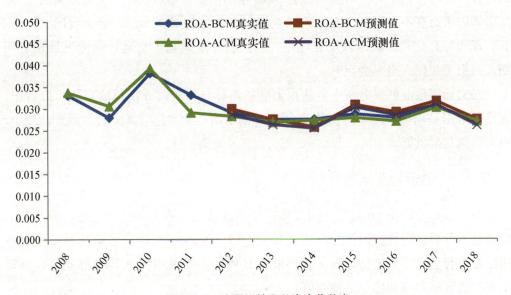

图 19 - 3   交通运输业总资产收益率

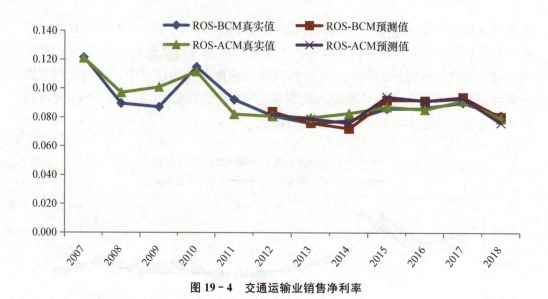

图 19－4　交通运输业销售净利率

观察图 19-2、图 19-3 和图 19-4 可以发现，交通运输业 B 周期移动平均和 A 周期移动平均所选取样本的回报类财务指标的变动趋势高度一致。其中，净资产收益率和总资产收益率都在 2009—2011 年出现了明显的下降回升再下降的变化趋势，2011 年以后变动幅度开始减小，2018 年较前两年有所下降。销售净利率的变动趋势和净资产收益率、总资产收益率存在一定的差异，但差异不大，2018 年同样有一定程度的下降。可见，尽管 2018 年国内经济形势稳定，又有政策的引导，但市场需求力度不及预期，交通运输业的运行走势趋弱。不过，鉴于我国《"十三五"现代综合交通运输体系发展规划》的出台，未来几年交通运输业发展形势明朗，回报类指标大概率会回升。

在交通运输业回报分析中，从预测财务指标与真实财务指标的对比可以看出，无论是采用 B 周期移动平均还是 A 周期移动平均，预测值与真实值的差异均较小，说明预测效果较好。

19.3.2　交通运输业风险分析

图 19-5、图 19-6 分别从资产负债率和流动比率两个角度对交通运输业的风险进行了分析。与行业回报的分析类似，2007—2018 年交通运输业的风险类财务指标依据行业真实值进行计算，同时采用 B 周期移动平均和 A 周期移动平均计算了资产负债率和流动比率的预测值。

从资产负债率和流动比率来看，交通运输业 B 周期移动平均所选样本与 A 周期移动平均所选样本变化趋势基本一致。从资产负债率看，2013 年之前明显呈现上升趋势，其后略有浮动，2018 年较上一年稍有提升，但未达到近年高位，说明交通运输业的风险状况较为稳定。从流动比率看，短期偿债能力在 2016 年之前平稳上升，2017 年出现小幅回落，2018 年继续下降。考虑到中美贸易摩擦对物流市场的影响，行业风险可能在此期间略有提升，不过随着贸易争端的缓和，预期行业风险不会有大幅变动。综合资产负债率和流动比率的变化趋势可知，近两年交通运输行业的运行风险略有上升，但对未来发展态势影响不大。

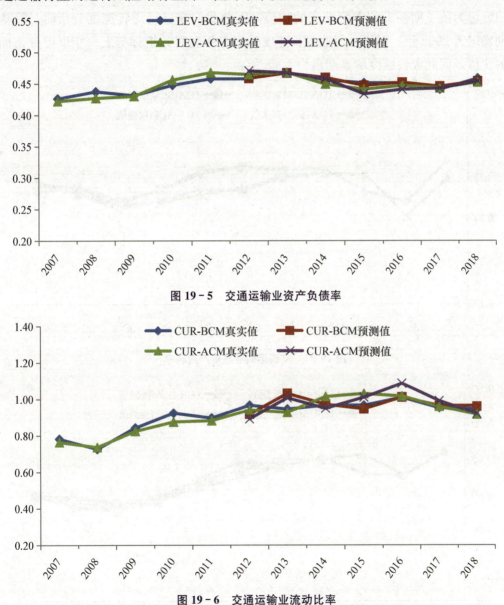

图 19-5　交通运输业资产负债率

图 19-6　交通运输业流动比率

从交通运输业资产负债率和流动比率的预测值可以发现，采用 B 周期移动平均和 A 周期移动平均所计算的 2012—2018 年行业预测值与真实值的差距较小，能够较好地反映行业风险变动趋势，说明模型预测效果较好。

19.3.3　交通运输业成长分析

图 19-7、图 19-8、图 19-9 和图 19-10 分别从交通运输业周转速度（总资产周转率、应收账款周转率）和成长速度（营业收入增长率、总资产增长率）两个角度衡量该行业的成长。由于行业样本区间为 2007—2018 年，而周转速度计算的分母为前一期期末和本期期末的均值，因此我们在进行周转速度分析时，将基期确定为 2008 年。同样，行业成长速度采用本年度财务指标与上一年度财务指标的比值，因此成长速度的基期也为 2008 年。

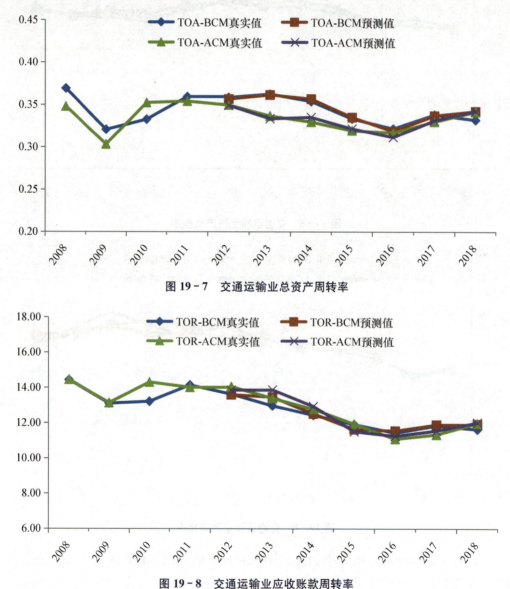

图 19-7　交通运输业总资产周转率

图 19-8　交通运输业应收账款周转率

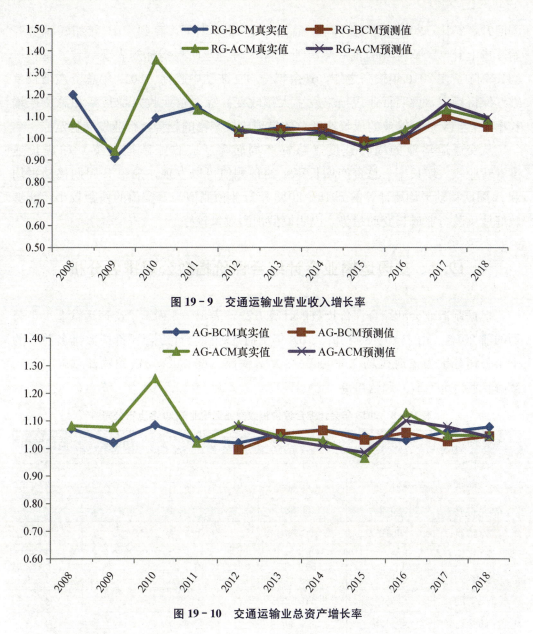

图 19 - 9　交通运输业营业收入增长率

图 19 - 10　交通运输业总资产增长率

从周转速度看，B 周期移动平均所选样本和 A 周期移动平均所选样本的变动趋势比较一致。总资产周转率除在 2009 年和 2016 年有明显下降，其余年份变化都相对平缓，2018 年在上一基础上，继续保持上升态势，资产周转速度进一步加快。应收账款周转率在 2016 年之前整体保持下降趋势，2016 年达到最低点，2017—2018 年有所回升。结合总资产周转率和应收账款周转率来看，近两年交通运输业的周转速度逐渐提升。

从成长速度看，B 周期移动平均所选样本和 A 周期移动平均所选样本的变动趋势比较一致。受金融危机影响，营业收入增长率在 2009 年大幅下降，2010 年急剧回升，2010—2015 年持续下降，最低降至 1.00 上下，直到 2016 年扭转态势开始逐步上升，2018 年相较前一年有所下降，与行业回报指标的表现一致。总资产增长率除了在 2010 年较高之外，其余年份均在波动中趋稳。2018 年总资产增长率继续保持稳定，说明行业规模未发生大幅改变。综合营业收入增长率和总资产增长率来看，交通运输业的成长速度总体呈现比较平稳的趋势，行业发展稳定。

从交通运输业的周转速度（总资产周转率、应收账款周转率）和成长速度（营业收入增长率、总资产增长率）的预测值可以发现，采用 B 周期移动平均和 A 周期移动平均所计算的 2012—2018 年行业预测值与真实值的差距较小，能够较好地反映行业成长变动趋势，说明模型预测效果较好。

19.4　交通运输业会计综合评价指数公司排名分析

根据制造业会计综合评价指数的计算方法，表 19-8 列示了交通运输业上市公司的前 20 名。由表 19-8 可知，2018 年交通运输业会计综合评价指数排名前 5 的上市公司分别为上海机场（600009）、大秦铁路（601006）、铁龙物流（600125）、渤海轮渡（603167）和营口港（600317）。

表 19-8　2018 年会计综合评价指数交通运输业前 20 名上市公司

股票简称	股票代码	2018 年 ACV 评分	2018 年排名	2017 年排名	排名变动
上海机场	600009	100.00	1	3	↑
大秦铁路	601006	100.00	1	6	↑
铁龙物流	600125	93.88	3	16	↑
渤海轮渡	603167	90.96	4	4	—
营口港	600317	90.63	5	38	↑
唐山港	601000	90.51	6	12	↑
厦门空港	600897	90.18	7	14	↑
龙江交通	601188	88.39	8	1	↓
盐田港	000088	86.58	9	—	—
华贸物流	603128	85.67	10	21	↑
海峡股份	002320	85.15	11	5	↓
长航凤凰	000520	84.86	12	9	↓
春秋航空	601021	84.55	13	23	↑
宁沪高速	600377	82.50	14	18	↑
恒通股份	603223	82.39	15	11	↓
深圳机场	000089	79.78	16	24	↑

续表

股票简称	股票代码	2018 年 ACV 评分	2018 年排名	2017 年排名	排名变动
锦江投资	600650	79.50	17	26	↑
北部湾港	000582	78.77	18	34	↑
西部创业	000557	77.04	19	47	↑
交运股份	600676	73.71	20	30	↑

注：会计综合评价指数的构建以公开财务数据真实有效为前提。

与 2017 年相比，2018 年发生排名变动的上市公司中，上升较快的 2 家分别是营口港（600317）和西部创业（000557），下降较快的 2 家分别是澳洋顺昌（002245）和湖南投资（000548）。

营口港（600317）2017 年排在第 38 名，2018 年升至第 5 名，整体上升 33 名，其在风险、回报和成长三方面的指标都有一定程度的提高，但评分的快速升高最主要还是由于回报能力增强。回报能力方面主要体现在总资产收益率和净资产收益率提升，总资产收益率从 2017 年的 3.26% 增长到 2018 年的 6.40%，净资产收益率从 2017 年的 4.76% 增长到 2018 年的 8.85%。据营口港年报所示，总资产收益率和净资产收益率的增长皆为业绩推动，2018 年公司扣除非经常性损益后的净利润为 10.40 亿元，比 2017 年增加了 94.11%。营口港主营业务为码头及其他港口设施服务，货物装卸、仓储服务，船舶港口服务，港口设施设备和港口机械的租赁、维修服务等。报告期内，公司净利润升高的原因是港口的吞吐量增加以及高费率货种占比提高。2018 年，营口港总共完成吞吐量 2.93 亿吨，其中贸易矿吞吐量更是创下历史新高，同时，公司初步建成了铁矿石贸易平台，带来了更多的外贸进口铁矿石，形成了贸易商和采购方集聚效应，净利润得以攀升。此外，港口的区位优势也为公司业绩做出了贡献，由于营口港连接东北经济区和环渤海经济区，是距东北三省及内蒙古东四盟腹地最近的出海口，陆路运输成本较周边港口相对较低，公司通过降低货主的综合成本扩大了货源，进一步拉高了公司业绩。

西部创业（000557）2017 年排在第 47 名，2018 年上升到第 19 名，跻身前 20 行列，评分提高主要是由于公司风险降低。具体表现为流动比率增加，从 2017 年的 0.96% 增长到 2018 年的 2.06。据西部创业年报所示，2017 年公司的流动资产为 8.40 亿元，2018 年为 16.55 亿元，同比增加 97.02%，其中增幅最大的科目为应收账款与货币资金。相比之下，公司 2017 年的流动负债为 8.78 亿元，2018 年为 8.04 亿元，略微减少。公司目前从事的业务包括铁路运输、仓储物流、葡萄酒、酒店餐饮，2018 年新增了铁路专用线代运营代维修服务，但营业收入和利润 90% 以上还是来自铁路运输。报告期内，宁夏枣泉电厂、中国石化长城能源化工、华能宁夏大坝电厂四期开通运输，煤炭需求量上升，铁路货运量也随之增长，公司取得铁路开通运营以来最好成绩，铁路运输业务收入较上年同期有较大幅度增长。收入的提升带动了现金及应收账款的增加，进而在短期负债变化不大的情况下，提高了流动比率。

澳洋顺昌（002245）2017 年排在第 7 名，2018 年下滑至第 29 名，各方面的指标都变差，但评分下降的主要原因是回报能力降低。相较于 2017 年，澳洋顺昌 2018 年的净资产收益率、总资产收益率以及销售净利率皆下降，净资产收益率从 10.46％降至 4.83％，总资产收益率从 5.57％降至 2.65％，销售净利率从 8.83％降至 4.29％。据澳洋顺昌年报所示，公司 2017 年扣除非经常性损益后的净利润为 3.21 亿元，2018 年为 1.84 亿元，同比下降了 42.68％。澳洋顺昌主要从事金属物流配送，兼营 LED 芯片业务及锂电池业务。报告期内，公司金属物流配送业务保持了正常的生产经营状态，盈利水平基本稳定，但锂电池和 LED 业务相继受创。2018 年上半年，受生产线调整的影响，锂电池销售额较低，下半年 LED 市场形势愈加严峻，芯片价格持续下滑，因而公司的整体利润受到影响。

湖南投资（000548）2017 年排在第 8 名，2018 年降到第 40 名，下降了 32 名，评分降低的主要原因在于成长能力下降。具体体现在营业收入增长率上，从 2017 年的 359.08％下降到 2018 年的−69.24％。据湖南投资年报所示，公司 2017 年营业收入为 9.71 亿元，2018 年为 2.99 亿元，相比 2017 年下降了 69.21％。湖南投资的业务有路桥收费、酒店经营、房地产开发和现代物业管理，其中路桥收费是经营收入的主要来源。公司拥有绕南高速 100％收费经营权、银盆岭大桥 50.05％收费经营权、橘子洲大桥 20.05％收费经营权以及浏阳河大桥 44.45％收费经营权。报告期内，公司在路桥收费板块的收入稳中有升，酒店经营和房地产开发板块也稳步发展，并未出现较大的经营问题。2018 年营业收入下降的主要原因在于公司 2017 年确认了湖南投资大厦的房地产销售收入 7.48 亿元，该收入占 2017 年营业收入的 77.08％。

第20章 房地产业会计综合评价指数 编制结果及分析

房地产业（行业代码为 K70），是指以土地和建筑物为经营对象，从事房地产开发、建设、经营、管理以及维修、装饰和服务的集多种经济活动为一体的综合性产业。房地产业在我国有着举足轻重的地位，作为国民经济的增长点，该行业为中国经济的快速增长做出了重大贡献。然而，近年来，我国房地产业遭遇发展瓶颈，产生了一系列备受社会关注的问题，如资源的浪费与流失、房地产开发过程中对生态环境造成的破坏，以及商品房空置量增加甚至是房价崩盘等。"十三五"期间，在创新和供给侧改革的背景下，房地产业迎来新的机遇。随着我国经济的整体转型，传统房地产企业面临不转型就会被淘汰的危机，房地产市场的自身周期变化与政府调控让房地产企业不断优胜劣汰。上市公司作为行业龙头，其经营业绩和财务绩效等均对评价行业整体发展状况具有一定的示范作用。本章以上市公司为样本，从发展趋势、回报、风险和成长四个角度对房地产业的经营状况进行分析，以期为房地产业的健康发展提供一些有益的经验和借鉴。

20.1 房地产业发展趋势分析

为了对房地产业的发展趋势进行分析，我们以 2007 年第 1 季度以来的所有季度作为样本区间。截至 2019 年第 1 季度，我们所选样本 49 个季度的季均总资产为 34 790.41 亿元，季均营业总收入为 2 125.04 亿元，季均价值创造额为 788.05 亿元。

为了研究房地产业的发展趋势，我们以样本公司的季度总资产额、季度营业总收入和季度价值创造额为基础构建了房地产业的资产指数、收入指数和价值创造额指数（见表 20 - 1）。三类指数的总体波动趋势如图 20 - 1 所示。

表 20 - 1　房地产业资产指数、收入指数、价值创造额指数编制结果

季度	资产指数	收入指数	价值创造额指数
200701	100	100	100
200702	109	132	177
200703	133	117	128
200704	149	283	386
200801	161	131	180
200802	166	145	257
200803	178	119	139
200804	179	253	301
200901	189	112	164
200902	204	197	331
200903	231	165	251
200904	251	364	563
201001	269	188	286
201002	285	212	343
201003	307	185	273
201004	336	516	848
201101	354	181	368
201102	379	269	500
201103	413	231	403
201104	433	608	885
201201	446	204	399
201202	466	307	508
201203	496	307	494
201204	525	808	1 166
201301	558	279	506
201302	581	483	722
201303	619	376	573
201304	648	962	1 216
201401	682	311	574
201402	713	506	791
201403	740	444	603
201404	758	1 151	1 403

续表

季度	资产指数	收入指数	价值创造额指数
201501	801	322	678
201502	961	886	1 230
201503	1 029	676	794
201504	1 090	1 616	1 655
201601	1 150	650	943
201602	1 199	1 030	1 374
201603	1 279	869	1 072
201604	1 359	1981	2 398
201701	1 432	699	1 118
201702	1 511	1 038	1 639
201703	1 608	864	1 324
201704	1 755	2 246	2 876
201801	1 837	833	1 476
201802	1 949	1 332	2 242
201803	2 065	1 177	1 722
201804	2 156	2 509	3 370
201901	2 240	1 037	1 817

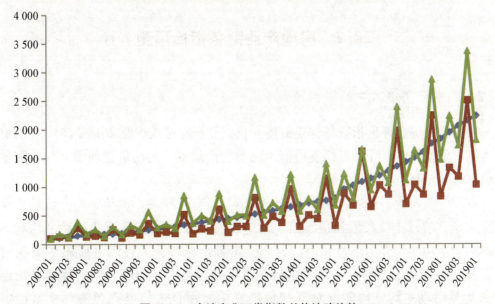

图 20 - 1　房地产业三类指数总体波动趋势

由表 20-1 和图 20-1 可知，从总体运行趋势来看，房地产业的资产指数自 2007 年第 1 季度以来一直呈上升趋势，2019 年第 1 季度达到 2 240 点，与 2007 年第 1 季度相比上升了 2 140%。收入指数和价值创造额指数存在明显的季度效应，呈现出第 1、3 季度走低，第 2、4 季度走高且第 4 季度最高的特征，主要是因为春季和秋季是传统房地产的销售旺季，房地产企业会在第 4 季度进行结算，自 2016 年以来，收入指数和价值创造额指数的季度效愈加明显。

从三类指数运行趋势之间的关系来看，收入指数和价值创造额指数保持十分显著的相关性，但价值创造额指数始终高于收入指数，说明房地产业价值创造额的增速要快于收入的增速。同时，两者的波动幅度比资产指数波动幅度更大，且一直围绕着资产指数上下变动。值得注意的是，近年该行业的资产指数有全面超越收入指数的趋势，说明资产的增长并没有带动收入的同步增长。由于房地产业的资产主要是土地和商品房，大量的土地和商品房处于空置状态，无法促进销量的增加，印证了房地产业在"十年黄金时代"之后一度进入发展的瓶颈阶段。

综合三类指数的运行趋势可以发现，近年来房地产业的资产指数大幅增长，但其收入指数增长率与价值创造额指数增长率略低，说明房地产业应在供给侧改革的背景下，抓住机遇，在组织模式、发展理念、发展方式等多方面进行创新，加强产业优化，提高行业品质，增加行业价值。由于我国经济发展正在由高速增长模式向高质量发展模式转变，房地产业作为中国经济发展的重要支柱之一，也将随着经济发展和社会进步进一步成长。

20.2 房地产业财务指标预测

20.2.1 资产负债表主要项目预测

根据会计综合评价指数的构建需要，我们分别对房地产业 2012—2018 年的资产均值、负债均值、所有者权益均值、流动资产均值、流动负债均值和应收账款均值进行了预测。

表 20-2 列示了房地产业的资产、负债、所有者权益、流动资产、流动负债和应收账款的行业真实值和预测值，其中预测值分别采用 B 周期移动平均和 A 周期移动平均两种方法进行预测。表 20-3 则分别列示了资产负债表主要项目真实值与预测值的差异，从计算结果可以看出，无论是采用 B 周期移动平均还是 A 周期移动平均，均能够对资产负债表主要项目进行准确预测，模型稳定性较好。

表 20 - 2 资产负债表主要项目预测结果 单位：亿元

年份	BCM/ACM	资产	负债	所有者权益	流动资产	流动负债	应收账款
2012	BCM 真实值	148.00	106.00	40.70	122.00	74.40	1.41
	BCM 预测值	149.00	107.00	41.00	122.00	76.40	1.29
	ACM 真实值	134.00	95.60	37.80	111.00	65.60	0.95
	ACM 预测值	135.00	96.70	38.20	112.00	68.40	1.03
2013	BCM 真实值	173.00	126.00	44.30	142.00	84.10	1.70
	BCM 预测值	175.00	128.00	44.90	144.00	85.70	1.65
	ACM 真实值	150.00	110.00	39.20	126.00	73.60	1.23
	ACM 预测值	150.00	110.00	39.40	126.00	73.50	1.29
2014	BCM 真实值	196.00	142.00	49.90	157.00	95.90	1.95
	BCM 预测值	200.00	146.00	50.10	162.00	96.90	1.92
	ACM 真实值	186.00	138.00	46.70	154.00	91.90	1.53
	ACM 预测值	190.00	141.00	46.70	159.00	92.60	1.58
2015	BCM 真实值	231.00	170.00	58.50	184.00	110.00	2.01
	BCM 预测值	229.00	169.00	56.80	182.00	112.00	2.19
	ACM 真实值	193.00	141.00	50.60	154.00	90.60	1.72
	ACM 预测值	193.00	141.00	49.70	154.00	93.40	1.82
2016	BCM 真实值	254.00	184.00	65.30	201.00	118.00	2.23
	BCM 预测值	261.00	189.00	67.50	204.00	119.00	2.39
	ACM 真实值	221.00	159.00	59.30	178.00	101.00	1.95
	ACM 预测值	225.00	162.00	61.00	178.00	101.00	2.12
2017	BCM 真实值	269.00	194.00	70.20	211.00	128.00	2.54
	BCM 预测值	268.00	194.00	70.60	211.00	125.00	2.52
	ACM 真实值	242.00	175.00	64.20	192.00	113.00	2.18
	ACM 预测值	237.00	172.00	64.00	190.00	109.00	2.20
2018	BCM 真实值	278.00	200.00	73.50	216.00	134.00	2.66
	BCM 预测值	286.00	206.00	75.70	221.00	140.00	2.74
	ACM 真实值	268.00	195.00	70.70	212.00	129.00	2.39
	ACM 预测值	273.00	198.00	72.30	216.00	134.00	2.38

表 12 - 3　资产负债表主要项目预测差异

年份	BCM/ACM	资产	负债	所有者权益	流动资产	流动负债	应收账款
2012	BCM	0.61%	0.10%	0.77%	0.07%	2.69%	−8.41%
	ACM	0.93%	1.11%	1.06%	0.77%	4.30%	7.82%
2013	BCM	1.59%	1.45%	1.39%	1.18%	1.94%	−3.20%
	ACM	0.14%	0.22%	0.58%	−0.31%	−0.13%	4.41%
2014	BCM	2.26%	2.89%	0.38%	3.55%	1.02%	−1.70%
	ACM	1.92%	2.40%	0.07%	3.57%	0.75%	3.63%
2015	BCM	−0.70%	−0.55%	−2.89%	−0.92%	1.17%	9.00%
	ACM	0.01%	0.37%	−1.67%	0.13%	3.16%	5.92%
2016	BCM	2.80%	2.68%	3.25%	1.26%	0.99%	7.60%
	ACM	1.95%	1.76%	2.85%	−0.02%	−0.17%	8.61%
2017	BCM	−0.28%	−0.36%	0.58%	0.37%	−2.10%	−0.63%
	ACM	−1.81%	−1.84%	−0.29%	−0.83%	−3.22%	0.73%
2018	BCM	2.75%	2.95%	3.09%	2.18%	4.72%	2.68%
	ACM	1.76%	1.68%	2.22%	1.64%	3.72%	−0.23%

20.2.2　利润表主要项目预测

根据会计综合评价指数的构建需要，我们对利润表中营业总收入、营业总成本和扣除非经常性损益后的净利润三个会计项目进行了预测。需要说明的是，由于净利润包括企业的投资收益等非经常性损益，难以准确衡量企业主营业务所产生的回报，因此在对行业回报进行计算的过程中，选取扣除非经常性损益后的净利润进行预测。根据利润表的特点，在对营业总收入、营业总成本和扣除非经常性损益后的净利润进行预测的过程中，将除数占比法和周期移动平均法结合起来使用。

表 20 - 4 列示了利润表中营业总收入、营业总成本和扣除非经常性损益后的净利润的真实值和预测值，其中预测值分别采用 B 周期移动平均和 A 周期移动平均两种方法进行预测。表 20 - 5 进一步计算了利润表主要项目真实值与预测值的差异，结果显示利润表主要项目的预测差异较小，说明采取的方法能够较好地对利润表主要项目进行预测。

表 20 - 4　利润表主要项目预测结果　　　　　　　　单位：亿元

年份	BCM/ACM	营业总收入	营业总成本	扣除非经常性损益后的净利润
2012	BCM 真实值	29.20	25.30	2.91
	BCM 预测值	29.30	25.80	2.88
	ACM 真实值	24.60	21.00	2.57
	ACM 预测值	24.80	21.20	2.47
2013	BCM 真实值	34.30	30.10	3.13
	BCM 预测值	34.80	30.30	3.42
	ACM 真实值	29.20	25.50	2.63
	ACM 预测值	29.40	25.50	2.81
2014	BCM 真实值	37.50	33.70	2.99
	BCM 预测值	38.80	34.80	3.08
	ACM 真实值	34.50	30.80	2.73
	ACM 预测值	35.80	31.90	2.73
2015	BCM 真实值	41.90	38.60	3.23
	BCM 预测值	42.50	39.00	3.27
	ACM 真实值	35.10	32.40	2.66
	ACM 预测值	36.00	33.10	2.70
2016	BCM 真实值	52.30	47.40	4.02
	BCM 预测值	56.20	51.40	4.14
	ACM 真实值	45.90	41.40	3.52
	ACM 预测值	49.20	44.70	3.65
2017	BCM 真实值	52.40	47.10	4.63
	BCM 预测值	54.50	48.80	4.62
	ACM 真实值	46.90	41.80	4.18
	ACM 预测值	47.80	42.30	4.13
2018	BCM 真实值	54.40	49.20	5.05
	BCM 预测值	56.50	50.60	5.48
	ACM 真实值	51.60	46.30	4.79
	ACM 预测值	52.50	46.60	5.15

表 20-5　利润表主要项目预测差异

年份	BCM/ACM	营业总收入	营业总成本	扣除非经常性损益后的净利润
2012	BCM	0.61%	1.74%	−0.92%
	ACM	0.46%	0.69%	−4.01%
2013	BCM	1.32%	0.68%	9.23%
	ACM	0.81%	0.06%	6.84%
2014	BCM	3.56%	3.11%	2.98%
	ACM	3.84%	3.55%	−0.10%
2015	BCM	1.53%	1.04%	1.25%
	ACM	2.49%	2.18%	1.51%
2016	BCM	7.47%	8.48%	3.10%
	ACM	7.06%	7.87%	3.86%
2017	BCM	3.97%	3.52%	−0.17%
	ACM	1.93%	1.37%	−1.31%
2018	BCM	3.74%	2.84%	8.44%
	ACM	1.72%	0.64%	7.55%

20.2.3　基于预测指标测算行业回报、风险和成长

在完成对营业总收入、营业总成本、扣除非经常性损益后的净利润、资产、负债、所有者权益、流动资产、流动负债和应收账款行业均值的预测之后，我们以预测值为基准，根据行业回报、风险和成长，计算了行业的净资产收益率、总资产收益率、销售净利率、资产负债率、流动比率、总资产周转率、应收账款周转率、营业收入增长率和总资产增长率9个财务指标。具体预测结果列示在表20-6中。

表 20-6　房地产业回报、风险和成长预测结果

年份	BCM/ACM	回报			风险		成长			
		净资产收益率	总资产收益率	销售净利率	资产负债率	流动比率	总资产周转率	应收账款周转率	营业收入增长率	总资产增长率
2012	BCM 真实值	0.075	0.021	0.100	0.72	1.63	0.21	22.10	1.10	1.14
	BCM 预测值	0.073	0.021	0.098	0.72	1.59	0.21	22.78	1.11	1.13
	ACM 真实值	0.069	0.020	0.104	0.72	1.70	0.19	26.54	1.07	1.10
	ACM 预测值	0.065	0.019	0.100	0.72	1.64	0.19	26.11	1.04	1.07

续表

年份	BCM/ACM	回报			风险		成长			
		净资产收益率	总资产收益率	销售净利率	资产负债率	流动比率	总资产周转率	应收账款周转率	营业收入增长率	总资产增长率
2013	BCM 真实值	0.074	0.020	0.091	0.73	1.69	0.21	22.09	1.18	1.17
	BCM 预测值	0.080	0.021	0.098	0.73	1.67	0.21	23.70	1.19	1.18
	ACM 真实值	0.068	0.019	0.090	0.73	1.71	0.21	26.74	1.18	1.12
	ACM 预测值	0.072	0.020	0.095	0.74	1.71	0.21	25.45	1.19	1.11
2014	BCM 真实值	0.063	0.016	0.080	0.73	1.63	0.20	20.54	1.09	1.13
	BCM 预测值	0.065	0.016	0.079	0.73	1.68	0.21	21.80	1.12	1.14
	ACM 真实值	0.064	0.016	0.079	0.74	1.67	0.20	24.99	1.18	1.24
	ACM 预测值	0.063	0.016	0.076	0.74	1.72	0.21	24.96	1.22	1.27
2015	BCM 真实值	0.060	0.015	0.077	0.74	1.67	0.20	21.17	1.12	1.18
	BCM 预测值	0.061	0.015	0.077	0.74	1.63	0.20	20.72	1.09	1.14
	ACM 真实值	0.055	0.014	0.076	0.73	1.70	0.19	21.63	1.02	1.03
	ACM 预测值	0.056	0.014	0.075	0.73	1.65	0.19	21.14	1.01	1.01
2016	BCM 真实值	0.065	0.017	0.077	0.73	1.71	0.22	24.71	1.25	1.10
	BCM 预测值	0.067	0.017	0.074	0.72	1.71	0.23	24.53	1.32	1.14
	ACM 真实值	0.064	0.017	0.077	0.72	1.76	0.22	25.00	1.31	1.15
	ACM 预测值	0.066	0.017	0.074	0.72	1.76	0.24	24.93	1.37	1.17
2017	BCM 真实值	0.068	0.018	0.088	0.72	1.65	0.20	22.00	1.00	1.06
	BCM 预测值	0.067	0.017	0.085	0.72	1.69	0.21	22.16	0.97	1.03
	ACM 真实值	0.068	0.018	0.089	0.72	1.70	0.20	22.68	1.02	1.09
	ACM 预测值	0.066	0.018	0.086	0.72	1.74	0.21	22.13	0.97	1.05
2018	BCM 真实值	0.070	0.018	0.093	0.72	1.61	0.20	20.92	1.04	1.04
	BCM 预测值	0.075	0.020	0.097	0.72	1.58	0.20	21.48	1.04	1.07
	ACM 真实值	0.071	0.019	0.093	0.73	1.65	0.20	22.61	1.10	1.11
	ACM 预测值	0.076	0.020	0.098	0.73	1.62	0.21	22.95	1.10	1.15

　　表 20-7 进一步列示了房地产业回报、风险和成长类财务指标预测值与真实值之间的差异。对比房地产业采用 B 周期移动平均和 A 周期移动平均所预测的财务

指标和该行业财务指标的真实值可知，所选用预测模型的预测效果较好，预测能力比较稳定。

表 20-7　房地产业回报、风险和成长预测差异

年份	BCM/ACM	回报			风险		成长			
		净资产收益率	总资产收益率	销售净利率	资产负债率	流动比率	总资产周转率	应收账款周转率	营业收入增长率	总资产增长率
2012	BCM	−1.88%	−1.97%	−1.52%	−0.50%	−2.55%	−0.45%	3.05%	0.70%	−0.97%
	ACM	−5.25%	−5.83%	−4.45%	0.17%	−3.39%	−1.45%	−1.63%	−3.43%	−2.03%
2013	BCM	8.06%	8.01%	7.81%	−0.14%	−0.75%	0.18%	7.29%	0.71%	0.98%
	ACM	5.97%	6.29%	5.98%	0.08%	−0.18%	0.29%	−4.81%	0.35%	−0.78%
2014	BCM	2.12%	1.02%	−0.55%	0.62%	2.50%	1.58%	6.10%	2.20%	0.65%
	ACM	−0.40%	−1.21%	−3.79%	0.47%	2.80%	2.68%	−0.13%	3.01%	1.78%
2015	BCM	2.68%	0.59%	−0.27%	0.15%	−2.07%	0.87%	−2.12%	−1.96%	−2.89%
	ACM	2.36%	0.55%	−0.96%	0.36%	−2.94%	1.53%	−2.24%	−1.30%	−1.88%
2016	BCM	2.74%	1.95%	−4.07%	−0.12%	0.26%	6.27%	−0.73%	5.86%	3.53%
	ACM	3.07%	2.79%	−2.99%	−0.19%	0.15%	5.95%	−0.27%	4.46%	1.95%
2017	BCM	−2.00%	−1.36%	−3.97%	−0.08%	2.52%	2.72%	0.72%	−3.27%	−3.00%
	ACM	−2.50%	−1.30%	−3.18%	−0.03%	2.47%	1.94%	−2.42%	−4.79%	−3.69%
2018	BCM	6.45%	7.09%	4.52%	0.19%	−2.42%	2.45%	2.65%	−0.21%	3.04%
	ACM	6.46%	7.48%	5.73%	−0.08%	−2.00%	1.65%	1.49%	−0.21%	3.64%

20.3　房地产业运行状况分析

会计综合评价指数分别采用 B 周期移动平均和 A 周期移动平均两种方法，对行业运行状况基准值进行预测。具体来讲，B 周期移动平均的样本数量以年度最新行业样本为准，进行滚动预测，样本数量较多，更能代表行业当前发展状况；A 周期移动平均则按照样本基期进行滚动预测，样本选取比较稳定，对行业历史发展状况的讨论更为充分。

20.3.1　房地产业回报分析

图 20-2、图 20-3 和图 20-4 分别为 2007—2018 年房地产业的净资产收益

率、总资产收益率和销售净利率的变动趋势图，其中，总资产收益率和净资产收益率的分母分别采用本年年末所有者权益（总资产）与上年年末所有者权益（总资产）的均值计算，因此净资产收益率和总资产收益率的基期均为 2008 年。基于对房地产业财务指标的预测，在评价房地产业回报的过程中，我们分别在图中画出了基于 B 周期移动平均和 A 周期移动平均所计算的 2012—2018 年净资产收益率、总资产收益率和销售净利率的预测值。

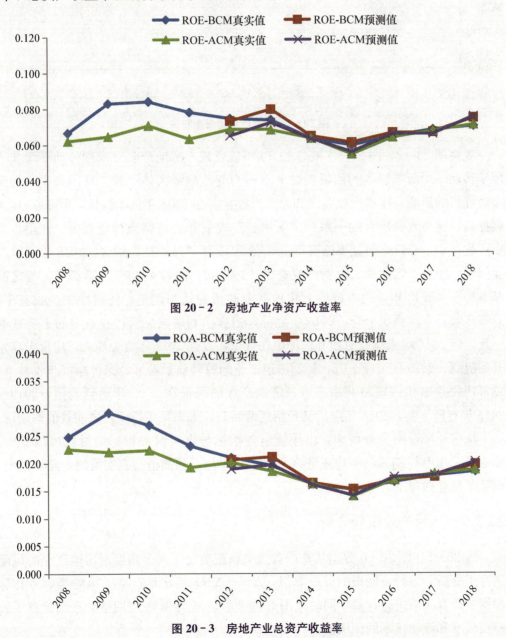

图 20 - 2　房地产业净资产收益率

图 20 - 3　房地产业总资产收益率

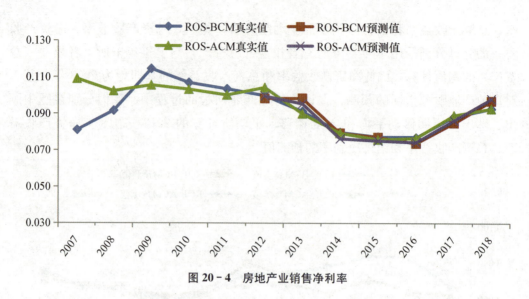

图 20 - 4　房地产业销售净利率

观察图 20 - 2、图 20 - 3 和图 20 - 4 可以发现，房地产业 B 周期移动平均和 A 周期移动平均所选样本的回报类财务指标的变动趋势大体一致。具体来说，受到金融危机的影响，净资产收益率和总资产收益率在 2008 年处于低位，但 2009 年大幅提高，这与政府出台的一系列"保增长"政策和经济刺激计划有关。此后，净资产收益率、总资产收益率略有下滑，在 2015 年"瓶颈期"触底。2016 年房地产业回暖，净资产收益率、总资产收益率开始上升，2017 年由于政策调控，与之前基本持平。2018 年，地方政府对房地产业政策的适当调整，使得净资产收益率、总资产收益率均再次上升。2016 年之前，销售净利率同总资产收益率的走势基本一致，但 2016 年未能及时回升仍停留在低位，直到 2017 年资金涌入，房价走高才开始提高，2018 年继续上升，证明房地产业的盈利前景看好。综合净资产收益率、总资产收益率和销售净利率来看，房地产业的回报在 2009 年达到高值，2010—2015 年有所下落，2016 年以后又开始逐渐回升，未来几年行业发展前景值得期待。

从房地产业回报分析中，由预测财务指标与真实财务指标的对比可以看出，无论是采用 B 周期移动平均还是 A 周期移动平均，预测值与真实值的差异均较小，确认了行业回报率的变动趋势。

20.3.2　房地产业风险分析

图 20 - 5、图 20 - 6 分别从资产负债率和流动比率两个角度对房地产业的风险进行了分析。与行业回报的分析类似，2007—2018 年房地产业的风险类财务指标根据行业真实值进行计算，同时采用 B 周期移动平均和 A 周期移动平均计算了资产负债率和流动比率的预测值。

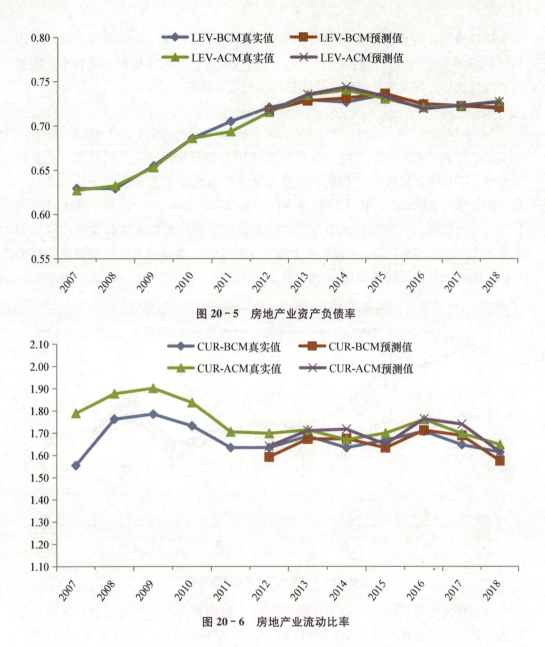

图 20 - 5 房地产业资产负债率

图 20 - 6 房地产业流动比率

从图 20 - 5 和图 20 - 6 中可以看到，房地产业基于 B 周期移动平均和 A 周期移动平均所得出的变动趋势大体一致。资产负债率在 2007—2015 年持续增加，从 0.63 上升到 0.73 上下，2016 年停止上涨趋势并有所下降，此后几年变动不明显，2018 年略有提高，但依旧维持在 0.73 上下。从流动比率看，变动幅度较大的区间是 2007—2011 年，2011 年以后变动幅度减小，2016 年以来存在一定程度的下降，2018 年进一步下降，说明风险有上升的趋势，与资产负债率的变动情况相似。综合该行业资产负债率和流动比率的变动趋势发现，近年来房地产业有风险升高的势头，需要加强管控，控制风险，以保证其发展具有可持续性。

从房地产业资产负债率和流动比率的预测值可以发现，采用 B 周期移动平均和 A 周期移动平均所计算的 2012—2018 年行业预测值与真实值的差距较小，能够较好地反映行业风险变动趋势，说明模型预测效果较好。

20.3.3 房地产业成长分析

图 20 - 7、图 20 - 8、图 20 - 9 和图 20 - 10 分别从房地产业周转速度（总资产周转率、应收账款周转率）和成长速度（营业收入增长率、总资产增长率）两个角度衡量该行业的成长。由于行业样本区间为 2007—2018 年，而周转速度计算的分母为前一期期末和本期期末的均值，因此我们在进行周转速度分析时，将基期确定为 2008 年。同样，行业成长速度采用本年度财务指标与上一年度财务指标的比值，因此成长速度的基期也为 2008 年。

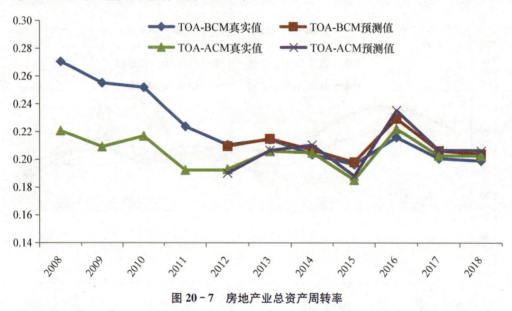

图 20 - 7　房地产业总资产周转率

从周转速度看，基于 B 周期移动平均和 A 周期移动平均所得出的样本的变动趋势大体一致。总资产周转率在 2015 年之前呈现下滑趋势，2015 年出现最低值，2016 年有较大幅度的上升，之后再次下降，2018 年基本保持稳定。应收账款周转率在 2008—2010 年持续上升，同样在 2015 年达到最低点，2016 年明显提升。类似地，2018 年行业周转率变动较小，说明近两年行业运行比较稳定。从成长速度看，B 周期移动平均所选样本和 A 周期移动平均所选样本的变动趋势仍然相近。营业收入增长率自 2008 年以来一直处于相对稳定状态，其中变动幅度相对较大的是 2015—2017 年，2016 年达到行业高位，但 2017 年持续力不足，较 2016 年的高增长发生明显下降，2018 年略有上升，不过仍无法达到 2016 年的水平。总资产增长率整体变动不明显，基本维持在 1.10 上下，2018 年有小幅升高，说明房地产市场的规模一直比较稳定。

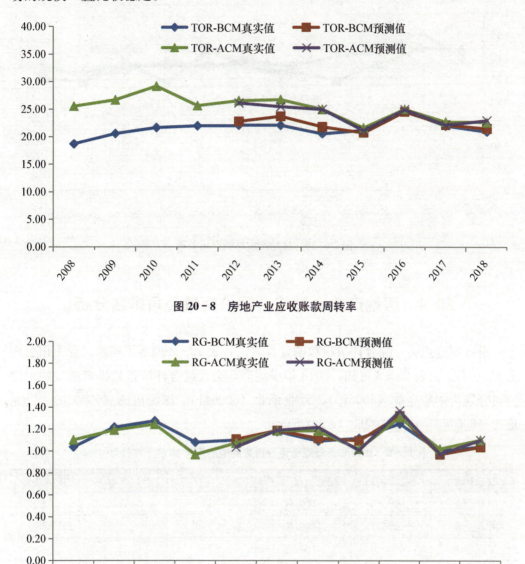

图 20-8　房地产业应收账款周转率

图 20-9　房地产业营业收入增长率

　　从房地产业周转速度（总资产周转率、应收账款周转率）和成长速度（营业收入增长率、总资产增长率）的预测值可以发现，采用 B 周期移动平均和 A 周期移动平均所计算的 2012—2018 年行业预测值与真实值的差距较小，能够较好地反映行业成长变动趋势，说明模型预测效果较好。

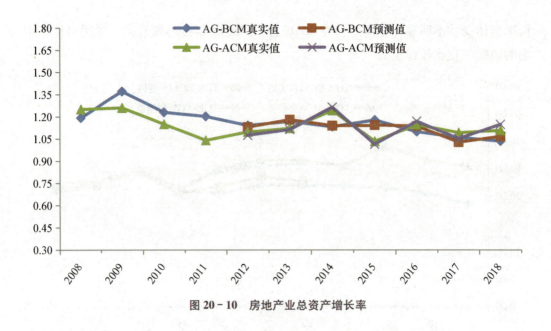

图 20-10　房地产业总资产增长率

20.4　房地产业会计综合评价指数公司排名分析

　　根据制造业会计综合评价指数的计算方法，表 20-8 列示了房地产业上市公司的前 20 名。由表 20-8 可知，2018 年房地产业会计综合评价指数排名前 5 的上市公司分别为中华企业（600675）、万业企业（600641）、深深房 A（000029）、卧龙地产（600173）和华联控股（000036）。

表 20-8　2018 年会计综合评价指数房地产业前 20 名上市公司①

股票简称	股票代码	2018 年 ACV 评分	2018 年排名	2017 年排名	排名变动
中华企业	600675	100.00	1	99	↑
万业企业	600641	100.00	1	1	↑
深深房 A	000029	100.00	1	13	—
卧龙地产	600173	96.68	4	16	↑
华联控股	000036	95.41	5	1	↓
深物业 A	000011	95.31	6	6	—
我爱我家	000560	92.03	7	87	↑
国创高新	002377	90.76	8	9	↑
世荣兆业	002016	88.09	9	5	↓

---

　　①　*ST 新梅（600732）原排在第 7 名，宁波富达（600724）原排在第 12 名，分别由于涉及重大资产重组和出售、行业类型或将改变而被剔除。

续表

股票简称	股票代码	2018 年 ACV 评分	2018 年排名	2017 年排名	排名变动
光大嘉宝	600622	87.35	10	36	↑
粤宏远 A	000573	84.07	11	51	↑
广宇发展	000537	83.50	12	4	↓
城投控股	600649	83.13	13	85	↑
大龙地产	600159	82.73	14	53	↑
冠城大通	600067	82.12	15	39	↑
电子城	600658	82.02	16	10	↓
深振业 A	000006	81.85	17	14	↓
长春经开	600215	81.82	18	86	↑
广宇集团	002133	81.09	19	41	↑
顺发恒业	000631	80.78	20	8	↓

注：会计综合评价指数的构建以公开财务数据真实有效为前提。

与 2017 年相比，2018 年有几家上市公司排名变动非常大，排名上升较快的 3 家分别是中华企业（600675）、我爱我家（000560）和城投控股（600649），下降较快的是粤泰股份（600393）。

中华企业（600675）2017 年排在第 99 名，2018 年迅速升至首位，上升了 98 名，评分大幅提高主要是由于成长能力和盈利能力提升。成长能力方面主要体现在营业收入增长率和总资产增长率上升，盈利能力方面主要体现在净资产收益率上升。具体而言，营业收入增长率从 2017 年的 −46.05% 增长到 2018 年的 151.81%，总资产增长率从 2017 年的 −8.45% 增长到 2018 年的 103.28%，净资产收益率从 2017 年的 5.81% 增长到 2018 年的 23.83%，增长趋势十分明显。据中华企业年报所示，公司 2017 年营业收入为 130.80 亿元，2018 年为 192.86 亿元，同比增长 47.45%；扣除非经常性损益后的净利润由 2017 年的 2.86 亿元增至 2018 年的 24.71 亿元，增幅高达 763.99%，超过了净资产的增长速度；总资产由 2017 年的 278.58 亿元增至 566.31 亿元，同比增长 103.28%。公司综合排名上升主要来自营业收入、扣除非经常性损益后的净利润以及总资产的快速上升。中华企业的主要业务是房地产综合服务等。报告期内，公司资产增加主要是由于完成了资产重组。2018 年，公司通过股份发行及以现金支付的形式向控股股东上海地产（集团）有限公司购买其持有的上海中星 100% 的股权，使规模显著扩大。营业收入和扣除非经常性损益后的净利润增加则是由于公司的重组优势和战略改进。一是，资产重组解决了困扰公司多年的同业竞争问题，营业能力得以增强。二是，公司积极采取了分类措施，对上海本地项目使用精准营销策略，对异地项目采用多策略组合销售手段，对零散商业尝试先租后售带租约去化，促使2018年的累计签约面积和签约金额大幅上升。在这两个因素的共同作用下，企业的销售业绩实现了突破。

我爱我家（000560）2017年排在第87名，2018年排在第7名，上升了80名，上升幅度同样很大，评分提高主要是由于成长能力和盈利能力增强。成长能力体现在营业收入增长率和总资产周转率上升，盈利能力体现在净资产收益率和总资产收益率上升。具体而言，营业收入增长率从2017年的-31.20%增长到2018年的710.91%，总资产周转率从2017年的0.11增长到2018年的0.60，净资产增长率从2017年的1.00%增长到2018年的7.47%，总资产收益率从2017年的0.49%增长到2018年的3.69%。据我爱我家年报所示，公司2017年营业收入为13.19亿元，2018年为106.92亿元，比2017年增加710.61%；2017年扣除非经常性损益后的净利润为0.59亿元，2018年为6.55亿元，比2017年增加1010.17%。公司综合排名上升主要是由于营业收入和扣除非经常性损益后的净利润上升。我爱我家的主营业务是房地产综合服务，其中核心业务为房地产经纪，同时也涉及商业资产运营等。报告期内，公司以发行股份及支付现金的方式购买我爱我家房地产经纪16名股东合计持有的我爱我家房地产经纪84.44%的股权，并通过协议收购了我爱我家房地产经纪少数股东股权。通过上述重组及股权受让，公司实现了产业升级，成为中国房地产综合服务行业的龙头企业，市场竞争力得到了极大加强。截至2018年年底，公司线下门店已覆盖北京、天津、上海等17个主要一、二线城市，门店数量达3200家（452家加盟店），在已布局城市市场占有率稳居前三。收购完成后第一年，我爱我家业绩迅速提升，财务状况得以全面改善。

城投控股（600649）2017年排在第85名，2018年排在第13名，上升了72名，评分提高主要是由于成长能力和周转速度提升，具体体现在营业收入增长率和总资产周转率上升。其中，营业收入增长率从2017年的-66.10%增长到2018年的114.69%，总资产周转率从2017年的0.08增长到2018年的0.19。据城投控股年报所示，公司2017年营业收入为32.15亿元，2018年为69.03亿元，比2017年增加114.69%，远超总资产的增长速度，因而城投控股成长能力的提高主要是由于营业收入上升。城投控股的主营业务是房地产综合服务，房地产业务包括全资子公司置地集团所从事的土地开发、保障房和商品房建设、办公园区、写字楼开发和"城中村"改造等。报告期内，公司营业收入增加有三个原因：一是，2017年将子公司新江湾城纳入了合并范围，故在2018年年报中，公司合并了其全年的经营损益。二是，在并购新江湾城后，公司全力推动房地产主业转型发展，做大做强主业规模，积极拓展租赁住房、保障房，更新城市业务资源，房地产销售收入因此得以大幅提升。三是，加快推进公司在建项目节点，凭借集团优势，深度参与了一体化的基础设施和其余市场化项目，成为中期受益的核心标的。这些都为城投控股营业收入的增长带来了巨大动力。

　　粤泰股份（600393）2017 年排在第 1 名，2018 年陡降 98 名，排在第 99 名，评分大幅下滑主要是由于公司的成长能力和盈利能力下降较多。具体而言，成长能力方面主要体现在营业收入增长率降低，从 2017 年的 487.12％下降到 2018 年的－41.52％；盈利能力方面主要体现在净资产收益率降低，从 2017 年的 19.97％下降到 2018 年的 0.04％，降幅明显。粤泰股份的主营业务为房地产开发，业务范围集中在国内及柬埔寨。据粤泰股份年报所示，公司 2017 年营业收入为 56.01 亿元，2018 年为 32.76 亿元，下降 41.51％；2017 年扣除非经常性损益后的净利润为 11.75 亿元，2018 年为 0.02 亿元，下降 99.83％。营业收入和扣除非经常性损益后的净利润严重下跌主要有两个原因：一是，公司虽然在 2016 年通过重组实现了资产规模的扩张，但相较国内其他大型房地产开发商而言，业务规模依旧偏小，竞争力和抗风险能力都较弱，因此随着房地产行业竞争加剧、行业集中度进一步提高，公司的业务发展愈加受限；二是，公司在 2017 年将淮南中校区项目一次性转让给永嘉商业，形成一次性收入 21.22 亿元，拉高了当年收入，但 2018 年不存在出售项目获得巨额收入的情况，业绩骤降。

第 21 章　银行业会计综合评价指数
编制结果及分析

　　银行业（行业代码为 J66）作为金融业大类下的细分行业，包括除中央银行以外的各类银行所从事的存款、贷款和信用卡等货币媒介活动，还包括在中国开展货币业务的外资银行及分支机构的活动。作为现代金融业的主体，银行业是国民经济运转的重要枢纽，是国家宏观调控的关键领域。该行业的运行状况直接关系到整个国家的经济发展和社会稳定，在一国金融乃至经济体系中的地位是非常重要的。近年来，受经济增速下行、利率市场化持续推进、互联网金融快速发展和基准利率下调等因素影响，银行业的运行和发展面临较大的挑战和压力。考虑到银行业与其他行业在经营对象等方面存在差异，其经营业绩和财务绩效的评价与分析具有特殊性，且在风险状况和资本方面需要满足监管需求，为更好地了解该行业的运行情况和发展趋势，本章暂不考虑监管指标，而从盈利能力和成长能力两个角度对银行业的经营状况进行分析，以期为银行业的健康发展提供一些有益的经验和借鉴。

21.1　银行业发展趋势分析

　　为了对银行业的发展趋势进行分析，我们以 2007 年第 1 季度以来的所有季度作为研究样本。截至 2019 年第 1 季度，我们所选样本 49 个季度的季均总资产为 895 061.22 亿元，季均营业收入为 6 608.37 亿元，季均价值创造额为 4 830.20 亿元。

　　为了研究银行业的发展趋势，我们以样本公司的季度总资产额、季度营业收入和季度价值创造额为基础构建了银行业的资产指数、收入指数和价值创造额指数（见表 21-1）。三类指数的总体波动趋势如图 21-1 所示。

表 21 - 1　银行业资产指数、收入指数、价值创造额指数编制结果①

季度	资产指数	收入指数	价值创造额指数
200701	100	100	100
200702	107	113	96
200703	112	126	96
200704	114	131	92
200801	120	144	115
200802	124	158	123
200803	127	150	108
200804	133	147	76
200901	151	139	103
200902	159	149	120
200903	162	154	125
200904	168	166	116
201001	180	175	135
201002	186	184	147
201003	193	233	134
201004	198	249	132
201101	211	275	163
201102	219	290	171
201103	222	292	171
201104	232	305	158
201201	248	332	195
201202	257	337	201
201203	260	337	197
201204	267	347	179
201301	282	376	216
201302	287	381	226
201303	291	374	217
201304	296	384	206
201401	311	432	242
201402	323	436	245

① 截至 2018 年年底，银行业样本共包含 29 家上市商业银行，但由于新上市的 13 家商业银行规模较小，与其他样本存在较大差异，因而在预测过程中予以剔除，故银行业预测样本共包含 16 家上市商业银行。其中，5 家为大型商业银行，8 家为股份制商业银行，3 家为城市商业银行。

续表

季度	资产指数	收入指数	价值创造额指数
201403	323	430	239
201404	330	436	226
201501	342	477	253
201502	361	478	255
201503	364	473	243
201504	370	471	210
201601	382	526	259
201602	398	479	257
201603	404	452	244
201604	420	450	214
201701	432	517	267
201702	438	476	265
201703	441	476	256
201704	447	491	225
201801	456	532	280
201802	462	527	270
201803	471	532	263
201804	474	537	240
201901	492	612	311

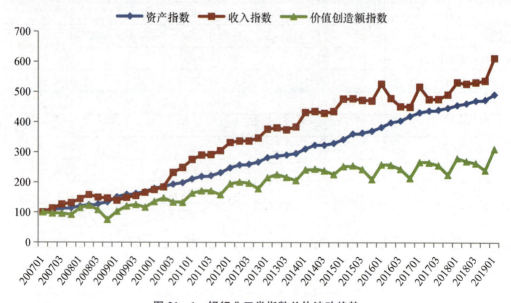

图 21-1 银行业三类指数总体波动趋势

由表 21-1 和图 21-1 可知，从总体运行趋势来看，银行业资产指数自 2007 年第 1 季度以来一直呈上升趋势，2019 年第 1 季度达到 492 点，与 2007 年第 1 季度相比上升了 392%。从收入指数变动趋势看，2008 年第 3 季度至 2009 年第 1 季度呈现下降趋势，这主要是因为 2008 年爆发的金融危机给该行业带来了一定的冲击；2009 年第 1 季度之后持续上升，2016 年第 1 季度至 2018 年第 4 季度依然呈现上升趋势，但是增速有所放缓。从 2011 年第 1 季度开始，收入指数表现出周期性特征，第 1 季度的收入明显高于其他季度，这主要是因为银行业的经营业绩存在季节性波动，2016—2018 年收入指数周期性波动的幅度有所增加。从价值创造额指数的变动趋势看，除 2008 年第 4 季度出现小幅下降之外，截至 2018 年一直波动上升，并且呈现第 1、2、3 季度走高，第 4 季度走低的周期性特征，说明银行业的价值创造额受季节影响明显。

从三类指数运行趋势之间的关系来看，该行业的收入增长速度和资产增长速度始终高于价值创造额的增长速度，说明该行业的价值创造能力有待提升。从三类指数的波动趋势来看，收入指数和价值创造额指数从长期看存在较为明显的季节性波动，且价值创造额指数相比收入指数更明显。综合三类指数的运行趋势可以发现，随着该行业资产规模的扩大，收入和价值创造额一同提升，且收入指数基本在资产指数之上，但近年价值创造额指数的增速放缓，与资产指数之间的差距逐渐扩大，说明银行业整体运行效率较高，发展态势良好，但价值创造能力的提升应该引起重视。

21.2　银行业财务指标预测

21.2.1　资产负债表主要项目预测

根据会计综合评价指数的构建需要，我们分别对银行业 2012—2018 年的资产均值和所有者权益均值进行了预测。

表 21-2 列示了银行业的资产和所有者权益的行业真实值和预测值，其中预测值分别采用 B 周期移动平均和 A 周期移动平均两种方法进行预测。表 21-3 则分别列示了资产负债表主要项目真实值与预测值的差异，从计算结果可以看出，两种方法均能够对资产负债表主要项目进行准确预测，模型稳定性较好。

表 21 - 2　资产负债表主要项目预测结果　　　　　　　单位：亿元

年份	BCM/ACM	资产	所有者权益
2012	BCM 真实值	53 700	3 370
	BCM 预测值	54 200	3 420
	ACM 真实值	50 300	3 230
	ACM 预测值	50 800	3 310
2013	BCM 真实值	59 500	3 860
	BCM 预测值	60 400	3 940
	ACM 真实值	59 500	3 860
	ACM 预测值	60 500	3 910
2014	BCM 真实值	66 100	4 630
	BCM 预测值	66 800	4 530
	ACM 真实值	66 100	4 630
	ACM 预测值	66 400	4 500
2015	BCM 真实值	74 300	5 440
	BCM 预测值	74 900	5 460
	ACM 真实值	74 300	5 440
	ACM 预测值	74 500	5 480
2016	BCM 真实值	84 000	6 090
	BCM 预测值	82 700	6 290
	ACM 真实值	84 000	6 090
	ACM 预测值	82 500	6 320
2017	BCM 真实值	89 100	6 720
	BCM 预测值	90 100	6 780
	ACM 真实值	89 100	6 720
	ACM 预测值	90 300	6 720
2018	BCM 真实值	94 700	7 470
	BCM 预测值	95 900	7 500
	ACM 真实值	94 700	7 470
	ACM 预测值	96 000	7 440

表 21 - 3　资产负债表主要项目预测差异

年份	BCM/ACM	资产	所有者权益
2012	BCM	0.91%	1.44%
	ACM	1.13%	2.45%
2013	BCM	1.57%	2.11%
	ACM	1.71%	1.28%
2014	BCM	1.03%	−2.10%
	ACM	0.52%	−2.83%
2015	BCM	0.79%	0.51%
	ACM	0.29%	0.81%
2016	BCM	−1.54%	3.24%
	ACM	−1.72%	3.72%
2017	BCM	1.09%	0.78%
	ACM	1.38%	−0.10%
2018	BCM	1.31%	0.43%
	ACM	1.42%	−0.38%

21.2.2　利润表主要项目预测

根据会计综合评价指数的构建需要，我们采用除数占比法和周期移动平均法相结合的预测方法对利润表中营业收入、手续费及佣金净收入、业务及管理费和扣除非经常性损益后的净利润 4 个项目进行了预测。

表 21 - 4 列示了银行业的营业收入、手续费及佣金净收入、业务及管理费和扣除非经常性损益后的净利润的真实值和预测值，其中预测值分别采用 B 周期移动平均和 A 周期移动平均两种方法进行预测。表 21 - 5 进一步计算了利润表主要项目真实值与预测值的差异，从计算结果可以看出，两种方法能够较好地预测利润表主要项目，准确性较高。

表 21 - 4　利润表主要项目预测结果　　　　　　　　　单位：亿元

年份	BCM/ACM	营业收入	手续费及佣金净收入	业务及管理费	扣除非经常性损益后的净利润
2012	BCM 真实值	1 620	290	510	638
	BCM 预测值	1 640	283	518	636
	ACM 真实值	1 510	271	459	610
	ACM 预测值	1 530	263	464	610

续表

年份	BCM/ACM	营业收入	手续费及佣金净收入	业务及管理费	扣除非经常性损益后的净利润
2013	BCM 真实值	1 820	356	562	720
	BCM 预测值	1 840	365	564	726
	ACM 真实值	1 820	356	562	720
	ACM 预测值	1 830	364	561	722
2014	BCM 真实值	2 080	408	613	776
	BCM 预测值	2 100	412	615	793
	ACM 真实值	2 080	408	613	776
	ACM 预测值	2 090	412	612	791
2015	BCM 真实值	2 280	467	634	790
	BCM 预测值	2 300	473	643	801
	ACM 真实值	2 280	467	634	790
	ACM 预测值	2 290	470	643	797
2016	BCM 真实值	2 290	502	641	788
	BCM 预测值	2 340	508	646	799
	ACM 真实值	2 290	502	641	788
	ACM 预测值	2 330	506	644	794
2017	BCM 真实值	2 350	501	664	837
	BCM 预测值	2 330	499	661	842
	ACM 真实值	2 350	501	664	837
	ACM 预测值	2 320	498	658	839
2018	BCM 真实值	2 540	513	705	883
	BCM 预测值	2 520	512	697	895
	ACM 真实值	2 540	513	705	883
	ACM 预测值	2 510	511	697	893

表 21 - 5 利润表主要项目预测差异

年份	BCM/ACM	营业收入	手续费及佣金净收入	业务及管理费	扣除非经常性损益后的净利润
2012	BCM	1.27%	−2.39%	1.64%	−0.43%
	ACM	1.12%	−3.17%	1.15%	0.03%
2013	BCM	1.31%	2.54%	0.45%	0.82%
	ACM	0.71%	2.14%	−0.15%	0.34%

续表

年份	BCM/ACM	营业收入	手续费及佣金净收入	业务及管理费	扣除非经常性损益后的净利润
2014	BCM	0.93%	0.99%	0.32%	2.21%
	ACM	0.47%	1.12%	−0.04%	1.92%
2015	BCM	0.89%	1.32%	1.46%	1.37%
	ACM	0.63%	0.68%	1.49%	0.92%
2016	BCM	2.04%	1.35%	0.71%	1.40%
	ACM	1.80%	0.92%	0.43%	0.80%
2017	BCM	−0.78%	−0.42%	−0.42%	0.61%
	ACM	−1.27%	−0.74%	−0.83%	0.23%
2018	BCM	−0.86%	−0.28%	−1.07%	1.38%
	ACM	−1.00%	−0.34%	−1.01%	1.15%

21.2.3　基于预测指标测算行业盈利能力和成长能力

在完成对营业收入、手续费及佣金净收入、业务及管理费、扣除非经常性损益后的净利润、资产和所有者权益行业均值的预测之后，我们以预测值为基准，根据行业盈利能力和成长能力，计算了行业的净资产收益率、总资产收益率、成本收入比、中间业务收入占比、营业收入增长率和总资产增长率6个财务指标。表21-6列示了银行业盈利能力和成长能力的财务指标真实值和预测值。表21-7进一步列示了银行业盈利能力和成长能力的财务指标预测值与真实值之间的差异。通过两个表可以看出，该模型的预测结果较理想，可靠性较高。

表 21-6　银行业盈利能力和成长能力预测结果

年份	BCM/ACM	盈利能力				成长能力	
		综合盈利能力			盈利结构		
		净资产收益率	总资产收益率	成本收入比	中间业务收入占比	营业收入增长率	总资产增长率
2012	BCM 真实值	0.206	0.013	0.314	0.179	1.162	1.153
	BCM 预测值	0.203	0.013	0.315	0.172	1.168	1.177
	ACM 真实值	0.206	0.013	0.304	0.180	1.168	1.152
	ACM 预测值	0.201	0.013	0.304	0.172	1.166	1.189

续表

年份	BCM/ACM	盈利能力				成长能力	
		综合盈利能力			盈利结构		
		净资产收益率	总资产收益率	成本收入比	中间业务收入占比	营业收入增长率	总资产增长率
2013	BCM 真实值	0.199	0.013	0.309	0.196	1.122	1.108
	BCM 预测值	0.197	0.013	0.306	0.198	1.122	1.115
	ACM 真实值	0.203	0.013	0.309	0.196	1.205	1.183
	ACM 预测值	0.200	0.013	0.306	0.199	1.200	1.190
2014	BCM 真实值	0.183	0.012	0.294	0.196	1.145	1.112
	BCM 预测值	0.187	0.012	0.292	0.196	1.140	1.106
	ACM 真实值	0.183	0.012	0.294	0.196	1.145	1.112
	ACM 预测值	0.188	0.012	0.293	0.197	1.142	1.099
2015	BCM 真实值	0.157	0.011	0.278	0.205	1.093	1.124
	BCM 预测值	0.160	0.011	0.280	0.206	1.093	1.121
	ACM 真实值	0.157	0.011	0.278	0.205	1.093	1.124
	ACM 预测值	0.160	0.011	0.281	0.205	1.095	1.121
2016	BCM 真实值	0.137	0.010	0.280	0.219	1.005	1.130
	BCM 预测值	0.136	0.010	0.276	0.218	1.017	1.104
	ACM 真实值	0.137	0.010	0.280	0.219	1.005	1.130
	ACM 预测值	0.135	0.010	0.276	0.217	1.017	1.108
2017	BCM 真实值	0.131	0.010	0.283	0.213	1.026	1.061
	BCM 预测值	0.129	0.010	0.284	0.214	0.998	1.090
	ACM 真实值	0.131	0.010	0.283	0.213	1.026	1.061
	ACM 预测值	0.129	0.010	0.284	0.215	0.995	1.095
2018	BCM 真实值	0.124	0.010	0.278	0.202	1.080	1.063
	BCM 预测值	0.125	0.010	0.277	0.203	1.079	1.065
	ACM 真实值	0.124	0.010	0.278	0.202	1.080	1.063
	ACM 预测值	0.126	0.010	0.278	0.204	1.083	1.063

表 21 - 7　银行业盈利能力和成长能力预测差异

| 年份 | BCM/ACM | 盈利能力 | | | | 成长能力 | |
| | | 综合盈利能力 | | | 盈利结构 | | |
		净资产收益率	总资产收益率	成本收入比	中间业务收入占比	营业收入增长率	总资产增长率
2012	BCM	−1.48%	−0.40%	0.37%	−3.61%	0.50%	2.06%
	ACM	−2.46%	0.36%	0.03%	−4.24%	−0.20%	3.21%
2013	BCM	−0.96%	−0.43%	−0.85%	1.21%	0.05%	0.66%
	ACM	−1.45%	−1.09%	−0.86%	1.42%	−0.41%	0.57%
2014	BCM	2.39%	0.90%	−0.61%	0.06%	−0.38%	−0.53%
	ACM	2.91%	0.83%	−0.51%	0.65%	−0.23%	−1.17%
2015	BCM	2.07%	0.46%	0.57%	0.42%	−0.04%	−0.24%
	ACM	1.80%	0.52%	0.85%	0.05%	0.16%	−0.23%
2016	BCM	−0.54%	1.86%	−1.31%	−0.68%	1.14%	−2.31%
	ACM	−1.51%	1.59%	−1.35%	−0.87%	1.17%	−2.01%
2017	BCM	−1.32%	0.80%	0.37%	0.36%	−2.76%	2.67%
	ACM	−1.46%	0.36%	0.45%	0.53%	−3.02%	3.15%
2018	BCM	0.78%	0.18%	−0.21%	0.58%	−0.08%	0.22%
	ACM	1.40%	−0.24%	−0.01%	0.67%	0.27%	0.04%

21.3　银行业运行状况分析

21.3.1　银行业盈利能力分析

1. 综合盈利能力分析

图 21 - 2、图 21 - 3 和图 21 - 4 分别为 2007—2018 年银行业的净资产收益率、总资产收益率和成本收入比的变动趋势图，其中，净资产收益率和总资产收益率的分母分别采用本年年末所有者权益（总资产）与上年年末所有者权益（总资产）的均值计算，因此，净资产收益率和总资产收益率的基期均为 2008 年。基于对银行业财务指标的预测，在评价该行业盈利能力的过程中，我们分别在图中画出了基于 B 周期移动平均和 A 周期移动平均所计算的 2012—2018 年净资产收益率、总资产收益率和成本收入比的预测值。

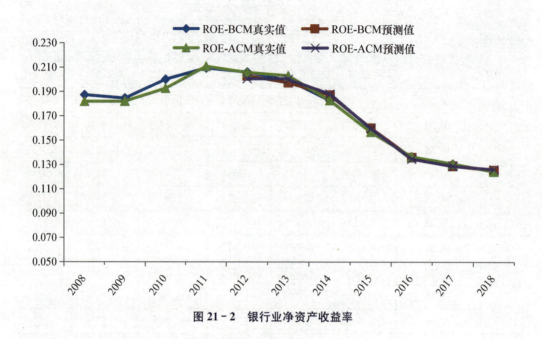

图 21 - 2　银行业净资产收益率

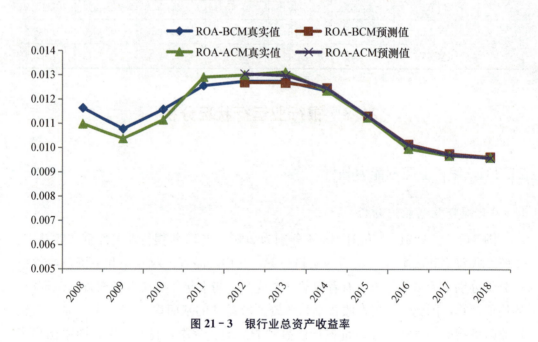

图 21 - 3　银行业总资产收益率

图 21 - 4　银行业成本收入比

　　观察图 21 - 2 和图 21 - 3 可以发现，银行业 B 周期移动平均和 A 周期移动平均所选样本的净资产收益率和总资产收益率的变动趋势较为一致。由于 2008 年下半年在全球范围内爆发金融危机，给银行业造成了较大影响，因此 2009 年的净资产收益率与总资产收益率均出现一定程度的下滑。2009 年之后，两项指标开始平稳增长，分别于 2011 年和 2012 年达到高点，随后持续下滑，2018 年净资产收益率下滑至 0.126，总资产收益率下滑至 0.010，但 2017—2018 年的下降趋势明显放缓，这主要是由于国内五次降息降准以及利率市场化进程的推进缩小了银行的利差，行业转型的压力使其盈利能力下降。观察图 21 - 4 可以发现，该行业的成本收入比在 2008 年大幅下降，2009 年有所回升，之后稳步下降，2016 年降至 0.276，2017—2018 年下降趋势有所缓解，说明金融危机后该行业对费用支出的管理能力持续提高。总体而言，受国民经济和利率市场化等多重因素影响，银行业的综合盈利能力持续下降，行业面临较大挑战。

　　由以上分析可知，无论是采用 B 周期移动平均还是 A 周期移动平均，这三项指标预测值与真实值的差异均较小，变化趋势一致，一方面说明模型的预测效果较好，另一方面印证了银行业综合盈利能力下降的现象。

　　2. 盈利结构分析

　　图 21 - 5 为 2007—2018 年银行业中间业务收入占比的变动趋势图。同样基于对银行业财务指标的预测，在评价该行业盈利结构的过程中，我们分别在图中画出了基于 B 周期移动平均和 A 周期移动平均所计算的 2012—2018 年指标的预测值。

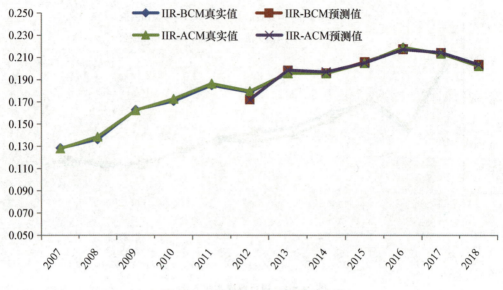

图 21 - 5　银行业中间业务收入占比

　　观察图 21 - 5 可以发现，2007—2016 年，银行业的中间业务收入占比总体呈上升趋势，行业整体盈利结构处于逐渐优化的过程中，只有 2012 年有小幅下降。但是，近年中间业务收入占比的增长趋势有所放缓，甚至在 2017—2018 年连续两年出现下滑，主要是受到经济下滑以及银保监会强化收费政策监管等的影响。

　　由以上分析可知，无论是采用 B 周期移动平均还是 A 周期移动平均，2012—2018 年行业预测值与真实值的差距均较小，能够较好地反映行业变动趋势，说明模型预测效果较好。

　　结合盈利能力和盈利结构两个方面来看，银行业的整体盈利能力受国民经济和行业竞争等影响面临较大压力，同时为了抵御利率市场化等带来的冲击，该行业加快了中间业务等非利息收入业务的发展，逐步调整收入结构。

21.3.2　银行业成长能力分析

　　图 21 - 6 和图 21 - 7 分别从营业收入增长率和总资产增长率两个方面对银行业的成长能力进行了分析。由于行业样本区间为 2007—2018 年，而行业成长速度的测算需要用到上一年度财务数据，因此我们在进行成长能力分析时，将基期确定为 2008 年，并且在指标变动趋势图中画出了基于 B 周期移动平均和 A 周期移动平均所计算的 2012—2018 年各指标的预测值。

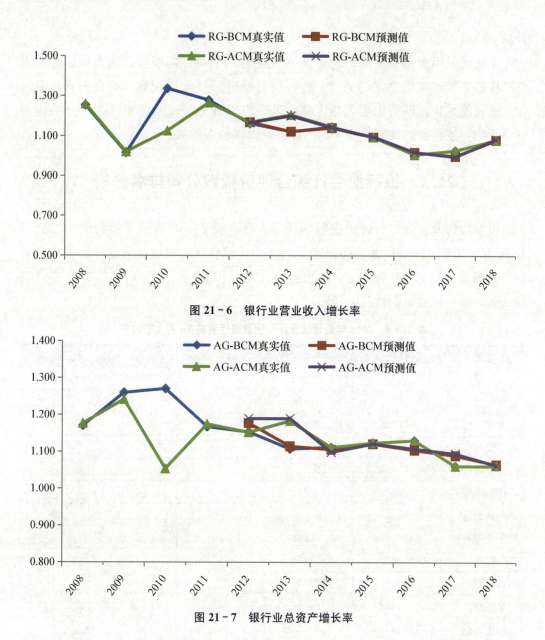

图 21-6　银行业营业收入增长率

图 21-7　银行业总资产增长率

从图 21-6 中可以看出，银行业营业收入增长率在 2009 年出现大幅下滑，降
至 101.9%，随后又大幅上涨至 133.6%，这主要是由于金融危机给该行业带来了
巨大冲击，使得 2009 年的营业收入增长率较低，金融危机之后，市场的回暖和政
府的经济刺激措施使得该行业的营业收入又大幅增加。2011 年之后，营业收入增
长率总体呈现下降趋势，2017 年下降至 99.5%，2018 年略有回升，说明市场的景
气程度对该行业产生了较大影响。从图 21-7 中可以看出，银行业总资产增长率自
2011 年后呈现下滑趋势，近年来下降速度明显放缓，截至 2018 年年末，总资产增
长率为 106.3%，说明受国民经济下行影响，银行业的资产规模扩张速度有所放缓

并趋于稳定。

无论是采用 B 周期移动平均还是 A 周期移动平均，两项成长能力指标的预测值总体趋势和真实值总体趋势较一致，说明模型预测效果较好。综合来看，银行业的成长能力相比期初出现大幅下降，进一步说明受宏观经济和行业自身结构调整等影响，该行业的发展受到一定的冲击，面临较大挑战。

21.4 银行业会计综合评价指数公司排名分析

根据银行业会计综合评价指数的计算方法，表 21-8 列示了银行业上市公司前 16 名。由表 21-8 所知，2018 年银行业会计综合评价指数排名前 5 的上市公司分别为招商银行（600036）、宁波银行（002142）、农业银行（601288）、工商银行（601398）和建设银行（601939）。

表 21-8 2018 年会计综合评价指数银行业前 16 名上市公司

股票简称	股票代码	2018 年 ACV 评分	2018 年排名	2017 年排名	排名变动
招商银行	600036	100.00	1	1	—
宁波银行	002142	86.58	2	2	—
农业银行	601288	75.24	3	3	—
工商银行	601398	61.62	4	4	—
建设银行	601939	58.87	5	5	—
南京银行	601009	58.25	6	15	↑
光大银行	601818	57.70	7	11	↑
华夏银行	600015	57.44	8	7	↓
中国银行	601988	52.52	9	9	—
兴业银行	601166	49.96	10	12	↑
交通银行	601328	48.81	11	8	↓
民生银行	600016	47.42	12	13	↑
浦发银行	600000	44.60	13	6	↓
平安银行	000001	43.65	14	14	—
中信银行	601998	42.88	15	16	↑
北京银行	601169	39.53	16	10	↓

注：会计综合评价指数的构建以公开财务数据真实有效为前提。

与 2017 年相比，2018 年银行业排名前 20 的上市公司中，排名上升较快的 2 家分别是南京银行（601009）和光大银行（601818），下降较快的是浦发银行（600000）。

南京银行（601009）2017 年排在第 15 名，2018 年排在第 6 名，上升了 9 名，评分提高主要是由于成长速度提升。成长速度方面主要体现在营业收入增长率和总资产增长率提高，营业收入增长率从 2017 年的 −6.68％增长到 2018 年的 10.33％，总资产增长率从 2017 年的 7.24％增长到 2018 年的 8.94％。南京银行综合排名上升主要是由于营业收入和总资产增长较快。据南京银行年报所示，公司 2017 年营业收入为 248.39 亿元，2018 年为 274.06 亿元，比 2017 年增加 10.33％；2017 年总资产为 11 411.63 亿元，2018 年为 12 432.69 亿元，比 2017 年增加 8.95％。南京银行主营业务包括公司银行业务、个人银行业务、资金业务和其他业务等。报告期内，南京银行资产增加主要是由于贷款和以公允价值计量且其变动计入当期损益的金融资产增长较多。2018 年，南京银行获批境外机构贷款业务资质，同时，"鑫航标"大数据平台、"鑫云＋"互金平台全新上线，优化了放贷模型规则，推进了贷款由大额、长期向小额、高频的平台化转型，目标客户群更加广泛，信贷资产投放明显加大，贷款总额较上年增长了 23.50％，贷款占比在总资产中提升至 38.64％，是总资产提高的最大动力。而以公允价值计量且其变动计入当期损益的金融资产的增长则主要来源于公司债券，相较 2017 年，以公允价值计量且其变动计入当期损益的金融资产增幅高达 69.73％，整体上升至 1 052.16 亿元。南京银行营业收入增加主要来源于三个方面：一是 2018 年净息差的提升，加之贷款规模快速增长，对南京银行的营业收入起到了极大的拉动作用；二是南京银行在 2018 年加入亚太贷款市场公会，跨境金融综合服务竞争力进一步提升，在一定程度上促进了业务的增长；三是为应对市场变化，消费金融中心 2018 年主动调整管理模式，全面打造了线下和线上双支柱可持续的业务发展模式，同时进行数字化营销、风险控制和运营，保持了业务规模的快速增长。截至 2018 年年末，消费金融中心全年新增客户 590 万户，实现营业收入 15.55 亿元，较上年增长 7.38 亿元，增幅达 90.33％。

光大银行（601818）2017 年排在第 11 名，2018 年排在第 7 名，上升了 4 名，评分提高主要是由于成长速度提升。成长速度方面主要体现在营业收入增长率和总资产增长率提高，营业收入增长率从 2017 年的 −2.33％增长到 2018 年的 20.03％，总资产增长率从 2017 年的 1.69％增长到 2018 年的 6.58％。光大银行综合排名上升主要是由于营业收入和总资产增长较快。据光大银行年报所示，公司 2017 年营业收入为 918.50 亿元，2018 年为 1 102.44 亿元，比 2017 年增加 20.03％；2017 年总资产为 40 882.43 亿元，2018 年为 43 573.32 亿元，比 2017 年增加 6.58％。光大银行的主营业务包括吸收存款、发放贷款、发行票据、发行债券以及其他作为信贷机构可开展的所有业务。报告期内，光大银行营业收入增加有两个原因：一是公司贷款规模增长，实现贷款和垫款利息收入 1 049.87 亿元，同比增加 180.46 亿元，增长 20.76％；二是其他收入增加，2018 年实现其他收入 123.07 亿元，同比增加 121.81 亿元，主要是由于 2018 年正式实施新金融工具会计准则，按照准则要求，将原在"利息收入"中核算的货币基金、债券基金等业务收入调整至"投资收益"等其他收入中核算。按照上年可比口径，将基金投资等业务收入加回还原后，利息净收入 733.99 亿元，同比增加 124.49 亿元，增长 20.42％。光大银行资产增加主要是贷款和垫款增长所致，报告期末，贷款和垫款本金总额 24 213.29 亿元，同比增加 3 892.73 亿元，增长 19.16％，贷款和垫款净额在资产总额中占比 54.19％，同比上升 5.74 个百分点。

浦发银行（600000）2017 年排在第 6 名，2018 年排在第 13 名，下降了 7 名，评分降低主要是由于成长速度降低和盈利结构恶化。成长速度方面主要体现在营业收入增长率和总资产增长率下降，营业收入增长率从 2017 年的 4.87％下降到 2018 年的 1.73％，总资产增长率从 2017 年的 4.78％下降到 2018 年的 2.49％；盈利结构方面主要体现在中间业务收入（手续费及佣金净收入）占比下降，从 2017 年的 27.03％下降到 2018 年的 22.74％。浦发银行综合排名下降主要是由于营业收入和总资产的增长速度放缓，且收入结构有待优化。据浦发银行年报所示，公司 2016—2018 年营业收入分别为 1 607.79 亿元、1 686.19 亿元、1 715.42 亿元，2017 年比 2016 年增加 4.88％，2018 年比 2017 年增加 1.73％；2016—2018 年总资产分别为 58 572.63 亿元、61 372.40 亿元、62 896.06 亿元，2017 年比 2016 年增加 4.78％，2018 年比 2017 年增加 2.48％；2017 年、2018 年手续费及佣金净收入分别为 455.80 亿元和 390.09 亿元，2018 年比 2017 年下降 14.42％。浦发银行的主营业务包括吸收公众存款，发放短期、中期和长期贷款，办理结算，办理票据贴现，发行金融债券，代理发行、代理兑付、承销政府债券，买卖政府债券，同业拆借等，以及经中国人民银行和银保监会批准经营的其他业务。报告期内，公司营业收入减少是由于手续费及佣金净收入减少，其中，最主要的是托管及其他受托业务手续费收入减少。公司资产总额增速放缓主要是由于金融投资和现金及存放央行款项减少，2017 年金融投资为 21 046.98 亿元，2018 年下降为 19 228.15 亿元，现金及存放央行款项由 2017 年的 4 865.31 亿元下降至 2018 年的 4 437.23 亿元。

下 篇
会计投资价值指数

　　企业投资价值关系着投资者的切身利益，因此受到资本市场各方的重点关注。会计信息能够真实、准确、完整地反映企业财务状况、经营成果和现金流量，经过提炼的会计信息有助于投资者对企业的投资价值进行判断。会计信息的价值相关性一直是会计研究的一个重要方面（例如，Ball & Brown，1968；Ohlson，1995；Maydew & Weiss，1997）。其中，盈余价格比（E/P，即市盈率的倒数）由于综合了会计信息和市场信息，在理论上成为学术研究的焦点之一（例如，Basu，1977；Lakonishok et al.，1994）。在国内外投融资实务界，它也是价值投资策略中用以选择个股或构建投资组合的重要工具。市盈率在我国甚至一度成为新股发行定价的主要依据。然而，传统盈余价格比所包含的信息有限，基于该指标进行股票估值进而预测未来股票收益的可靠性难免遭受质疑。这从已有文献的研究结果中可见一斑（Banz & Breen，1986；Lau et al.，2002；陈信元等，2001；苏宝通等，2004）。事实上，一方面，上市公司的投资价值不仅取决于盈余规模，还与包括盈余持续性、稳健性在内的盈余质量相关；成长性也是决定股票内在价值的重要因素（Williams，1938）；不同的行业属性也会影响到上市公司的投资价值。另一方面，传统盈余价格比属于衡量股票投资价值的滞后指标，不仅大大降低了公司信息的时效性，更无法准确反映出当下公司的投资价值。鉴于此，本报告试图对传统盈余价格比进行改进，将盈余质量、成长性、行业属性以及相关预测会计信息纳入股票估值体系中，从而构建出包含更多基本面信息、更具时效性的会计投资价值指数。

第 22 章　会计投资价值指数编制
原理及分析方法

自从实证会计研究的开山之作 Ball & Brown（1968）问世以来，研究会计盈余价值相关性的文献不断涌现，该文及其后大量经验证据表明，以盈余为代表的会计数字确实包含重要的企业价值信息，即会计数字对股价或其他经济变量具有一定的解释力与预测力。因此，营业收入、会计盈余、现金流等可视为反映公司基本价值的指标，据此可估计股票的内在价值。Lakonishok et al.（1994）将当前股价相对于会计盈余、股利、历史股价、净资产等基本价值指标被低估的股票称为价值型股票，而买入并长期持有价值型股票能获取正的超额收益，研究结果再次证实了"价值投资策略能战胜市场"。同时，研究发现，未来一年期股票收益与当期盈余价格比（E/P，即市盈率的倒数）显著正相关，表明该指标对横截面股票收益具有一定的预测作用，与历史同类文献的结论相一致。

与欧美市场的经验证据相似的是，国内学者在研究中发现，市盈率与未来股票收益负相关。在国内投融资实务界，市盈率长期以来既是新股发行定价的主要依据，也是价值投资策略中用以选择个股或构建投资组合的重要工具。尽管如此，盈余价格比作为反映股票内在价值的重要指标仍然存在一定的缺陷。

首先，传统的盈余价格比所包含的信息极其有限，基于该指标进行股票估值进而预测未来股票收益的可靠性饱受质疑，这从已有文献的研究结果可见一斑。事实上，上市公司的投资价值不仅取决于盈余规模，还与包括盈余持续性、稳健性在内的盈余质量相关。此外，成长性也是决定股票内在价值的重要因素。鉴于此，本报告试图对传统盈余价格比进行改进，将盈余质量、成长性和经营风险纳入股票估值体系中，从而构建出包含更多基本面信息的会计投资价值指数，即修正盈余价格比。

其次，传统盈余价格比属于衡量股票投资价值的滞后指标，这是因为计算该指标需要上市公司年报中的净利润信息，而上市公司通常在次年的 4 月才会披露年报。然而，从会计年度结束日（12 月 31 日）到年报披露日，上市公司的经营状况已经通过一些非正式渠道（例如媒体报道、分析师研报、内部知情者的传播）进入股票市场，从而反映在公司股价之中。因此，当我们计算出传统盈余价格比时，该指标所包含的会计信息已经滞后了约 4 个月。这不仅大大降低了公司信息的时效性，更无法准确反映出当下公司的投资价值。鉴于此，本报告试图在修正盈余价格比的基础上，应用两种方法进行改进：（1）应用上市公司前三个季度的会计信息提前预测出公司全年的会计信息，从而构建出包含预测会计信息的会计投资价值指数，即基于预测会计信息的修正盈余价格比（简称预测盈余价格比）。该指标牺牲了一部分会计信息的准确性，但较为充分地发挥了会计信息的时效性，同时保障了会计信息的完整性。（2）仅应用上市公司前三个季度的会计信息构建会计投资价值指数，即基于前三季度会计信息的修正盈余价格比（简称前三季度盈余价格比）。该指标牺牲掉了一部分会计信息的完整性，但较好地兼顾并保障了会计信息的时效性和准确性。

盈余价格比的收益预测作用已经得到国内外不少经验证据的支持，那么，在大力倡导价值投资理念、机构投资者持股比例不断上升的中国资本市场中，该指标能否成为有效的投资工具？修正盈余价格比作为投资工具是否比传统盈余价格比更有效？预测盈余价格比和前三季度盈余价格比能否充分利用公司会计信息的时效性，更好地挖掘股票的投资价值？本报告试图对以上问题做出回答。通过构建投资组合并进行实证分析，我们发现：首先，基于修正盈余价格比所构建的投资组合的长期市场表现要好于基于传统盈余价格比所构建的投资组合及指数组合的市场表现，而其投资风险并不高于其他组合。其次，基于预测盈余价格比和前三季度盈余价格比所构建的投资组合，其市场表现要显著好于修正盈余价格比投资组合、传统盈余价格比投资组合以及市场指数组合，而其投资风险并未高于其他投资组合。该结果揭示了除盈余以外的会计信息在资产定价中发挥着重要作用，充分利用会计信息的时效性对于挖掘股票的投资价值具有不容忽视的意义。

22.1　理论基础与文献支持

自 20 世纪 70 年代以来，国外不少学者对盈余价格比的收益预测作用展开了大量研究。Basu（1977）在其研究中发现，与随机挑选的股票组合相比，持有高盈余价格比的股票组合能赚取更高的绝对收益及风险调整收益，而持有低盈余价格比的股票组合正好相反。该结果明显与资本资产定价模型及市场效率假说相悖，该文将这一资产定价异象归因于市场非效率。随后，Reinganum（1981）利用纽约证券交易所与美国证券交易所的混合样本对市盈率、公司规模与股票收益的相关性进行检验，结果发现，市盈率、公司规模均与横截面股票收益显著相关，而将二者纳入同一回归模型时，市盈率不再显著，而规模效应依然存在。对此，该文认为，市盈率与公司规模虽然都与资本资产定价模型遗漏的因素有关，但规模效应捕获了市盈率效应。无独有偶，Banz（1981）基于纽约证券交易所的样本数据发现，公司规模与股票收益显著负相关，这种规模效应似乎已经存续了 40 年之久。与 Basu（1977）的市场非效率观点不同的是，该文将这种异象归因于资本资产定价模型设定错误，并且断言盈余价格比只是公司规模的代理。针对其他学者提出的挑战，Basu（1983）以纽约证券交易所上市公司为样本，再次对盈余价格比、公司规模与股票收益的关系进行检验。结果发现，与持有低盈余价格比的股票相比，持有高盈余价格比的股票能赚取更高的风险调整收益，即使控制了公司规模，盈余价格比效应仍然显著。与此同时，尽管小公司的股票市场表现优于大公司，但在控制了风险差异与盈余价格比效应后，规模效应几乎消失殆尽。对此，该文审慎地指出，盈余价格比效应并不完全独立于规模效应，这两个变量可能只是众多预期股票收益决定因素的代理。

然而，Basu（1983）的观点并不意味着盈余价格比与股票收益之间的关系已成定论，争议似乎还在发展。Cook & Rozeff（1984）的研究结果表明，股票收益与盈余价格比和公司规模均显著相关，二者对横截面股票收益的解释力并无实质性差异。随后，Banze & Breen（1986）在其研究中发现了股票收益的规模效应，却没有找到独立的盈余价格比效应，与 Reinganum（1981）的研究结果大体一致。面对先前文献中存在的争议，Jaffe et al.（1989）指出，之所以很难区分股票收益中的盈余价格比效应与规模效应，一定程度上是因为取样期间较短，绝大多数文献未将 1 月与其他月份区分开来。鉴于此，该文在重新检验这两种效应时从研究设计上做了四项改进：延长取样期间（1951—1986 年）；克服样本的生存偏差问题；同时采用组合分析法与似不相关回归（SUR）检验；将 1 月与其他月份分别检验。结果发现，若不考虑月份差异，盈余价格比效应与规模效应均显著，与 Cook & Rozeff（1984）的结论一致；将 1 月与其他月份分开检验则发现，规模效应仅存在于 1 月，而盈余价格比效应在所有月份均显著。此外，对于那些亏损公司而言，不论其规模大小，均能取得较高的收益。此后，来自美国证券市场的证据再次表明，盈余价格比效应始终显著，而规模效应并非总是如此。Giannetti（2007）以 1994年第 3 季度至 2002 年第 4 季度标普 500 成分股为样本，发现盈余价格比在短期内能有效预测横截面股票收益。具体而言，当季股票收益与上一季度的盈余价格比正相关，而与上一季度盈余价格比的增量负相关。

在美国学界尚未形成定论之前，亚太地区的不少学者也开始关注股票收益的盈余价格比效应与规模效应。Wong & Lye（1990）利用1975—1985年来自新加坡的样本数据对规模效应与盈余价格比效应进行检验，结果发现，股票收益与规模、盈余价格比均显著相关，并且盈余价格比效应强于规模效应。Chan et al.（1991）基于1971—1988年来自日本市场的样本数据对股票收益与盈余价格比、规模、账市比及现金流价格比之间的关系进行检验，发现盈余价格比效应与规模效应同时存在，但在控制账市比和现金流价格比之后，盈余价格比与规模的关系不再显著。借鉴Fama & French（1992）的研究方法，Lam（2002）利用我国香港市场的样本数据对横截面股票收益的影响因素进行检验，结果发现，股票收益与盈余价格比显著正相关，与欧美市场的结论相一致。然而，公司规模的回归系数却显著为正。对此，该文并未给出明确解释。几乎与此同时，Lau et al.（2002）采用新加坡和马来西亚的样本数据检验股票收益与贝塔、公司规模、盈余价格比、现金流价格比、账市比及销售收入增长率之间的关系，结果发现，新加坡市场并不存在盈余价格比效应，而马来西亚市场的盈余价格比效应在2—12月显著。

由于中国证券市场成立时间较晚，国内相关研究集中于2000年以后。同时，由于取样期间不同、盈余价格比的定义不统一、计量方法存在差异等，研究结论也不尽相同，大致可以归为两类：第一类观点认为，盈余价格比（市盈率）与股票收益正（负）相关，持有高盈余价格比的股票或股票组合能获取正的超额收益。第二类观点认为，盈余价格比（市盈率）与股票收益无明显相关性，盈余价格比（市盈率）可能并不是有效的投资工具。

综上可见，国内外文献对盈余价格比（市盈率）能否预测横截面股票收益尚未达成共识，对于价值型投资的超额收益问题也未给出清晰的解释，会计信息在资产定价中的基础性作用尚需进一步发掘。基于此，本文将以价值投资策略作为逻辑起点，以检验会计投资价值指数作为投资工具的有效性为核心，通过比较传统盈余价格比组合、修正盈余价格比组合、预测盈余价格比组合、前三季度盈余价格比组合与各市场投资组合的持有期收益，判断会计投资价值指数对于投资者选股或构建股票组合的参考意义，并对相关期间我国证券市场的运行效率进行简要评价。

22.2　数据来源与样本筛选

本报告实证检验部分涉及上市公司财务报告与股票市场交易数据。其中，财务报告包括年度财务报告与季度财务报告，数据来源于Wind数据库；股票市场交易数据包括个股月收益率、流通市值与总市值，数据来源于CSMAR数据库。个别数据取自上海证券交易所与深圳证券交易所公布的上市公司年报。

由于上证 180、深证 100 及沪深 300 指数均于 2004 年以后构建，因此本报告以 2004—2018 年全部 A 股上市公司为初选样本，考虑到变量特有的经济含义与数据的可得性，我们按照以下程序对样本进行筛选：（1）剔除上年单季度营业总收入与本年年度营业总收入小于 0 的样本，剔除本年单季度营业总收入小于 0 的样本；（2）剔除年度经营现金流入小于 0 的样本；（3）剔除上市首年数据；（4）剔除检验期间被 ST 及资不抵债的样本；（5）对个别错误数据进行修正。需要指出的是，由于大盘指数成分股中包含金融类上市公司，而本报告旨在检验会计投资价值指数作为选股工具的有效性，因而未将金融类企业排除在外，但我们在会计投资价值指数的公式设计中考虑了两类公司业务性质的差异。

22.3　指数定义及计算公式

传统的盈余价格比计算公式如下：

$$\text{ETP}=\frac{\text{eps}}{\text{price}}=\frac{\text{income}}{\text{tolmktvalue}} \tag{22-1}$$

式中，eps 为每股盈余；price 为每股价格；income 代表公司年度净利润；tolmktvalue 代表上市公司的总市值。

在传统盈余价格比中，净利润仅能反映一家上市公司在特定会计期间内的盈利水平，无法包含盈利质量、经营风险、成长性等会计信息，而这些信息都是决定上市公司内在价值的重要因素。因此，我们以传统盈余价格比为基础，综合考察上市公司的盈利能力、盈利质量、成长性与经营风险，编制了修正盈余价格比，计算公式如下：

$$\text{ETP}_{\text{adj}}=\frac{\text{niae}\times(1+\text{growth})\times\dfrac{\text{ocidsx}}{\text{trevenue}}}{\text{tolmktvalue}} \tag{22-2}$$

式中，niae 代表扣除非经常性损益后的净利润，既能反映企业的盈利水平，又能反映盈利的可靠性与可持续性；ocidsx 代表经营活动产生的现金流入，等于"经营活动现金流入小计"减去"客户存款和同业存放款项净增加额""向中央银行借款净增加额""向其他金融机构拆入资金净增加额"；trevenue 代表营业总收入（2003—2006 年为"主营业务收入"与"其他业务利润"之和）；ocidsx/trevenue 代表营业总收入的现金保障倍数，一定程度上能反映盈利质量、经营风险及会计稳健性水平；growth 代表各年四个季度的单季度营业总收入同比增长率的均值，反映企业的成长能力。可见，修正盈余价格比指标兼顾了公司的市场价值、盈利能力、盈利质量、成长性及经营风险。当其他条件保持不变时，公司价值越是被低估、盈利能力越好、盈利质量越高、成长性越强、经营风险越小，修正盈余价格比将越大。因此，基于修正盈余价格比构建的投资组合能兼顾价值投资策略与成长投资策略的特点。

由于在计算传统盈余价格比和修正盈余价格比时需要公司年报的数据，而根据中国证监会的规定，公司年报披露的截止时间为次年的 4 月 30 日，因此这两个指标所包含的信息反映的是 4 个月前公司的投资价值，具有一定的滞后性。然而，从会计年度结束日（当年 12 月 31 日）到年报披露截止日（次年 4 月 30 日），虽然公司上一年度的会计信息没有正式公布，但部分信息已经通过一些非正式渠道（例如公司内部知情者传播、媒体报道、分析师研报等）进入股票市场，最终反映在上市公司的股价里。这一现实情况导致传统盈余价格比和修正盈余价格比无法充分利用会计信息的时效性，基于这两者构建的投资组合也会因信息的滞后性而损失次年 1—4 月的投资收益。因此，为了充分挖掘会计信息的时效性，避免指标滞后性造成的投资损失，我们以修正盈余价格比为基础，尝试应用公司前三个季度的会计信息预测公司全年的会计信息，包括扣除非经常性损益后的净利润、营业总收入、营业收入增长率等，构建基于预测会计信息的修正盈余价格比。预测方法为会计综合评价指数编制原理与方法中提出的 A 周期预测法。由于公司经营活动现金流入指标规律性较弱且波动性较大，预测相对困难，因此我们暂且只用前三季度的数据进行计算。基于预测会计信息的修正盈余价格比的计算公式如下：

$$\text{ETP}_{\text{pre,adj}} = \frac{\text{niae}_{\text{pre}} \times (1 + \text{growth}_{\text{pre}}) \times \dfrac{\text{ocidsx}_{\text{q3}}}{\text{trevenue}_{\text{pre}}}}{\text{tolmktvalue}} \tag{22-3}$$

基于预测数据的修正盈余价格比虽然较好地保障了会计信息的时效性，同时也兼顾了会计信息的完整性，但由于预测数据通常存在一定的误差，因此损失了一部分会计信息的准确性。进一步，本报告仅应用前三季度的会计信息构建会计投资价值指数，即基于前三季度会计信息的修正盈余价格比。该指标能够较为充分地利用会计信息的时效性，同时保障会计信息的准确性，但不可避免地会损失一部分会计信息的完整性。基于前三季度会计信息的修正盈余价格比计算公式如下：

$$\text{ETP}_{\text{q3,adj}} = \frac{\text{niae}_{\text{q3}} \times (1 + \text{growth}_{\text{q3}}) \times \dfrac{\text{ocidsx}_{\text{q3}}}{\text{trevenue}_{\text{q3}}}}{\text{tolmktvalue}} \tag{22-4}$$

式中，niae$_{q3}$，growth$_{q3}$，ocidsx$_{q3}$，trevenue$_{q3}$ 分别为公司前三季度的扣除非经常性损益后的净利润、营业收入增长率、经营活动现金流入、营业总收入。

22.4　投资组合构建

为了对会计投资价值指数的有效性进行检验，我们分别构建了四个投资组合：修正盈余价格比 200（ETP$_{adj}$200）、基于预测会计信息的修正盈余价格比 200（简称预测盈余价格比，ETP$_{pre,adj}$200）、基于前三季度数据的修正盈余价格比 200（简称前三季度盈余价格比，ETP$_{q3,adj}$200）和传统盈余价格比 200（ETP200）。在 2016 年及以前年度的报告中，我们仅在 A 股市场中选取 100 只股票构建投资组合并进行实证分析，而从 2017 年度报告开始，我们将投资组合的规模扩充为 200 只。采用这一做法的原因是：在会计投资价值指数形成的初期，A 股市场中仅有约 1 500 只股票，13 个行业分类，100 只股票已经足够覆盖各种行业，具有充分的市场代表性。如今，A 股市场经过快速发展，挂牌上市的公司已经达到 3 600 余家，行业分类扩充为 19 个，100 只股票已经无法对 19 个行业进行覆盖，市场代表性有所降低。因此，我们将投资组合的规模扩充至 200 只。

第一，修正盈余价格比 200 投资组合的构建步骤具体如下：（1）根据式（22-2），计算各上市公司的修正盈余价格比。根据中国证监会的规定，上市公司披露年报的截止日期是次年的 4 月 30 日。因此，按照历史研究的习惯做法，我们在计算上市公司的修正盈余价格比时取次年 4 月份最后一个交易日的总市值，分子中的会计指标取自公司的年报或季报。（2）根据证监会发布的 2012 年上市公司行业分类代码，计算各行业上市公司占全部 A 股上市公司总数的比例，该比例即各行业上市公司在投资组合中的比例。（3）将各年度样本按照修正盈余价格比分行业降序排列，而后根据第（2）步中计算出的比例，分行业选取修正盈余价格比最高的 200 只股票构成投资组合，记为修正盈余价格比 200。

第二，预测盈余价格比 200 投资组合的构建步骤具体如下：（1）根据式（22-3），计算各上市公司的预测盈余价格比。由于计算该指标仅需要前三个季度的财务报告，且根据中国证监会的规定，上市公司披露 3 季报的截止日期是当年的 10 月 31 日，因此，我们在计算预测盈余价格比时取当年 10 月最后一个交易日的总市值，预测公司全年会计信息的数据取自公司前三个季度的财务报告。（2）根据证监会发布的 2012 年上市公司行业分类代码，计算各行业上市公司占全部 A 股上市公司总数的比例，该比例即各行业上市公司在投资组合中的比例。（3）将各年度样本按照预测盈余价格比分行业降序排列，而后根据第（2）步计算出的比例，分行业选取预测盈余价格比最高的 200 只股票构成投资组合，记为预测盈余价格比 200。

　　第三，前三季度盈余价格比 200 投资组合的构建步骤如下：（1）根据式（22-4），计算各上市公司的前三季度盈余价格比。由于计算该指标仅需要前三个季度的财务报告，且根据中国证监会的规定，上市公司披露 3 季报的截止日期是当年的 10 月 31 日，因此，我们在计算上市公司的前三季度盈余价格比时取当年 10 月最后一个交易日的总市值，会计指标的数据取自公司前三个季度的财务报告。（2）根据证监会发布的 2012 年上市公司行业分类代码，计算各行业上市公司占全部 A 股上市公司总数的比例，该比例即各行业上市公司在投资组合中的比例。（3）将各年度样本按照前三季度盈余价格比分行业降序排列，而后根据第（2）步计算出的比例，分行业选取前三季度盈余价格比最高的 200 只股票构成投资组合，记为前三季度盈余价格比 200。

　　第四，传统盈余价格比 200 投资组合的构建步骤如下：（1）根据式（22-1），计算各上市公司的盈余价格比。同样，上市公司的总市值为次年 4 月最后一个交易日的总市值，净利润取自上市公司年报。（2）将各年度样本按照盈余价格比降序排列，选取盈余价格比最高的 200 只股票构成投资组合，记为传统盈余价格比 200。

　　同时，我们选取上证综指、沪深 300、上证 180、深证成指、深证 100 作为对照组。对于修正盈余价格比 200 和传统盈余价格比 200，于每年的 5 月初构建投资组合，并持有一年至次年的 4 月底；对于预测盈余价格比 200 和前三季度盈余价格比 200，于每年的 11 月初构建投资组合，组合形成期要比修正盈余价格比 200 和传统盈余价格比 200 提前 5 个月，持有一年至次年的 10 月底。虽然各投资组合的形成期有所不同，但为了使各投资组合的持有期收益率在横截面上具有可比性，我们将检验期统一划定为当年 5 月初至次年 4 月底。

第 23 章 会计投资价值指数编制结果及分析
——基于滞后会计信息的修正盈余价格比

根据前述编制原理与方法，我们应用 2004—2018 年[①]中国 A 股上市公司的财务数据和交易数据编制了修正盈余价格比，构建了投资组合，并对投资组合的收益与风险进行了测算分析。

23.1 描述性统计

如前所述，我们于每年 4 月底根据上市公司的修正盈余价格比和传统盈余价格比分别构建修正盈余价格比 200（$ETP_{adj}200$）和传统盈余价格比 200（ETP200）两个投资组合，并对这两个投资组合的修正盈余价格比和传统盈余价格比进行了描述性统计，结果如表 23-1 所示。

表 23-1 变量描述性统计

Panel A：修正盈余价格比 200（$ETP_{adj}200$）						
组合形成期	样本量	最小值	中位数	最大值	均值	标准差
2005.5	200	0.02	0.13	370.50	2.35	26.44
2006.5	200	0.01	0.05	34.96	0.24	2.47
2007.5	200	0.01	0.04	1.81	0.07	0.14
2008.5	200	0.02	0.06	19.54	0.28	1.83
2009.5	200	0.03	0.07	9.01	0.20	0.76
2010.5	200	0.02	0.06	9.05	0.18	0.74

[①] 以 2018 年而非 2019 年为样本终点，是因为上市公司 2018 年年报披露截止日为 2019 年 4 月 30 日，而我们测算根据 2019 年 4 月 30 日数据构建的投资组合的收益率需要 2019 年 5 月至 2020 年 4 月的数据。

续表

Panel A：修正盈余价格比 200（ETP$_{adj}$200）						
组合形成期	样本量	最小值	中位数	最大值	均值	标准差
2011.5	200	0.03	0.07	171.20	1.08	12.11
2012.5	200	0.05	0.10	793.50	4.64	56.22
2013.5	200	0.05	0.09	602.70	3.38	42.62
2014.5	200	0.04	0.09	8.40	0.27	0.83
2015.5	200	0.02	0.05	6.09	0.16	0.68
2016.5	200	0.02	0.06	119.20	0.80	8.45
2017.5	200	0.03	0.08	56.35	0.61	4.13
2018.5	200	0.02	0.12	571.36	3.11	40.39
全样本	2 800	0.01	0.08	793.50	1.24	23.22
Panel B：传统盈余价格比 200（ETP200）						
组合形成期	样本量	最小值	中位数	最大值	均值	标准差
2005.5	200	0.06	0.08	0.22	0.10	0.03
2006.5	200	0.03	0.05	0.25	0.05	0.02
2007.5	200	0.03	0.04	0.11	0.04	0.01
2008.5	200	0.04	0.05	0.16	0.06	0.02
2009.5	200	0.05	0.06	0.24	0.07	0.02
2010.5	200	0.04	0.14	0.14	0.06	0.02
2011.5	200	0.05	0.07	0.16	0.07	0.02
2012.5	200	0.07	0.09	0.21	0.10	0.03
2013.5	200	0.08	0.10	0.28	0.11	0.03
2014.5	200	0.11	0.06	1.52	0.14	0.11
2015.5	200	0.04	0.06	0.17	0.06	0.02
2016.5	200	0.06	0.08	0.23	0.09	0.03
2017.5	200	0.06	0.07	0.19	0.08	0.03
2018.5	200	0.08	0.10	0.43	0.12	0.04
全样本	2 800	0.03	0.07	1.52	0.08	0.05

由表 23-1 可知，从变量的均值和中位数来看，修正盈余价格比和传统盈余价格比在年份趋势上基本一致。在 14 个组合形成期中，纳入投资组合的样本公司在 2005 年 5 月、2012 年 5 月、2013 年 5 月、2014 年 5 月和 2018 年 5 月最有可能被低估或者被低估的程度最大，而在 2006 年 5 月、2007 年 5 月、2010 年 5 月和 2015 年 5 月最有可能被高估或者被高估的程度最大，这一结果与同期沪深两市的大盘表现相一致，尤其是在 2014 年下半年，沪深两市迎来的"牛市"印证了 2012 年 5 月、2013 年 5 月和 2014 年 5 月的公司股价被低估，而自 2015 年 6 月以来的"股灾"证实 2015 年 5 月的公司股价被高估。从 2017 年 5 月到 2018 年 4 月，A 股市

场的走势处于较为平稳的状态，因此修正盈余价格比和传统盈余价格比的取值大致位于历史年份取值的中间位置。2018 年 5 月以来，修正盈余价格比中位数为0.12，均值为 3.11，可以判断股票整体处于被低估的状态，由于受到中美贸易摩擦等因素的影响，我国股票市场并未展示出上升态势，反而有一定程度的下滑倾向。实际上，修正盈余价格比 200 和传统盈余价格比 200 所包含的股票大多为权重股，具有规模大、流动性强、市场表现稳定等特点，能较好地代表市场的整体走势。

23.2　投资组合的持有期"收益-风险"比较

为了检验修正盈余价格比作为投资工具的有效性，除了传统盈余价格比 200 投资组合之外，我们还选取了常见的作为股票投资组合业绩评价标准的市场组合作为对照组，包括上证综指、深证成指、沪深 300、上证 180 和深证 100。由于各类综合股价指数的权重选择标准不一，存在流通股和非流通股之分，因而本报告在计算修正盈余价格比 200 投资组合和传统盈余价格比 200 投资组合的收益率时采用流通市值加权和总市值加权两种方法，综合股指收益率的算法保持不变，结果如表 23－2 和表 23－3 所示。

表 23－2　投资组合年化收益率与标准离差率：流通市值加权

检验期	$ETP_{adj}200$	ETP200	上证综指	上证 180	沪深 300	深证成指	深证 100
2005.5—2006.4	26.16%	27.55%	24.25%	23.97%	25.73%	21.97%	30.34%
2006.5—2007.4	205.33%	209.72%	166.71%	194.54%	203.55%	182.22%	203.90%
2007.5—2008.4	14.42%	17.80%	−3.86%	10.98%	11.25%	24.29%	22.33%
2008.5—2009.4	−28.00%	−31.85%	−32.91%	−34.43%	−33.75%	−29.64%	−29.46%
2009.5—2010.4	24.08%	20.18%	15.86%	14.68%	16.94%	17.47%	24.07%
2010.5—2011.4	19.23%	4.15%	1.42%	1.48%	4.09%	10.31%	11.66%
2011.5—2012.4	−19.11%	−12.54%	−17.70%	−16.86%	−17.75%	−17.32%	−19.84%
2012.5—2013.4	−8.27%	−0.61%	−9.11%	−5.21%	−6.81%	−14.63%	−10.07%
2013.5—2014.4	−2.00%	−6.79%	−6.96%	−11.44%	−11.79%	−15.86%	−11.30%
2014.5—2015.4	120.47%	116.63%	119.19%	124.43%	120.04%	102.64%	107.87%
2015.5—2016.4	−23.78%	−21.33%	−33.85%	−35.90%	−33.54%	−31.56%	−27.26%
2016.5—2017.4	23.26%	16.68%	7.36%	9.39%	8.97%	0.92%	8.34%
2017.5—2018.4	14.04%	14.65%	−2.30%	8.56%	9.22%	0.88%	11.52%
2018.5—2019.5	0.18%	4.88%	−0.13%	7.76%	4.16%	−6.30%	0.58%
BHR	707.92%	669.11%	165.57%	297.31%	319.69%	206.48%	456.30%
年均收益率	16.09%	15.69%	7.23%	10.36%	10.79%	8.33%	13.04%
标准离差率	5.38	5.51	8.89	7.28	7.09	8.45	6.35

表 23-3　投资组合年化收益率与标准离差率：总市值加权

检验期	ETP$_{adj}$200	ETP200	上证综指	上证 180	沪深 300	深证成指	深证 100
2005.5—2006.4	29.53%	34.46%	24.25%	23.97%	25.73%	21.97%	30.34%
2006.5—2007.4	178.04%	184.92%	166.71%	194.54%	203.55%	182.22%	203.90%
2007.5—2008.4	12.18%	15.28%	−3.86%	10.98%	11.25%	24.29%	22.33%
2008.5—2009.4	−26.49%	−31.52%	−32.91%	−34.43%	−33.75%	−29.64%	−29.46%
2009.5—2010.4	22.20%	19.48%	15.86%	14.68%	16.94%	17.47%	24.07%
2010.5—2011.4	16.65%	4.64%	1.42%	1.48%	4.09%	10.31%	11.66%
2011.5—2012.4	−19.24%	−13.92%	−17.70%	−16.86%	−17.75%	−17.32%	−19.84%
2012.5—2013.4	−9.20%	−1.38%	−9.11%	−5.21%	−6.81%	−14.63%	−10.07%
2013.5—2014.4	−1.05%	−5.92%	−6.96%	−11.44%	−11.79%	−15.86%	−11.30%
2014.5—2015.4	122.01%	121.38%	119.19%	124.43%	120.04%	102.64%	107.87%
2015.5—2016.4	−24.09%	−21.51%	−33.85%	−35.90%	−33.54%	−31.56%	−27.26%
2016.5—2017.4	17.53%	16.13%	7.36%	9.39%	8.97%	0.92%	8.34%
2017.5—2018.4	10.18%	12.50%	−2.30%	8.56%	9.22%	0.88%	11.52%
2018.5—2019.4	−1.18%	4.55%	−0.13%	7.76%	4.16%	−6.30%	0.58%
BHR	562.53%	616.77%	165.57%	297.31%	319.69%	206.48%	456.30%
年均收益率	14.46%	15.11%	7.23%	10.36%	10.79%	8.33%	13.04%
标准离差率	5.75	5.62	8.89	7.28	7.09	8.45	6.35

　　观察表 23-2 不难发现，总体而言，修正盈余价格比 200 投资组合和传统盈余价格比 200 投资组合的 14 年持有期收益率（BHR）、年度平均收益率显著高于市场指数组合，这说明长期持有价值型股票能够获取正的超额收益，与 Lakonishok et al.（1994）的研究结论相一致。与此同时，与传统盈余价格比 200 投资组合相比，基于流通市值加权的修正盈余价格比 200 投资组合的 14 年持有期收益率和年均收益率显著更高。具体来说，若不考虑交易成本，只需在每年 5 月初更新投资组合，修正盈余价格比 200 投资组合连续 168 个月的持有期收益率高达 707.92%，年均收益率为 16.09%，而传统盈余价格比 200 投资组合连续 168 个月的持有期收益率为 669.11%，年均收益率为 15.69%。这表明综合考虑公司市场价值、盈利能力、盈利质量、成长性、经营风险和所属行业的混合投资策略更为有效。

　　从单个年份的市场表现来看，修正盈余价格比 200 投资组合与传统盈余价格比 200 投资组合互有短长。但是从大多数年份来看，修正盈余价格比 200 投资组合的市场表现要好于传统盈余价格比 200 投资组合。例如，2009 年 5 月至 2010 年 4 月，修正盈余价格比 200 投资组合的持有期收益率高出传统盈余价格比 200 投资组合 3.90 个百分点；2010 年 5 月至 2011 年 4 月，修正盈余价格比 200 投资组合的持有期收益率高出传统盈余价格比 200 投资组合 15.08 个百分点；2013 年 5 月至 2014 年 4 月，修正盈余价格比 200 投资组合的持有期收益率高出传统盈余价格比 200 投资组合 4.79 个百分点。2014 年 5 月至 2015 年 4 月，我国 A 股市场处于"牛市"阶段，修正盈余价格比 200 投资组合的持有期收益率高达 120.47％，高出传统盈余价格比 200 投资组合 3.84 个百分点。2015 年 5 月至 2016 年 6 月，由于 A 股市场发生"股灾"，修正盈余价格比 200 投资组合、传统盈余价格比 200 投资组合以及其他市场组合的收益率均为负值。尽管这次"股灾"的影响力非常大，但修正盈余价格比 200 投资组合的持有期收益率仍明显高于市场投资组合，且相比传统盈余价格比 200 投资组合仍存在优势。2016 年 5 月至 2017 年 4 月，我国股市逐渐走出"股灾"并开始趋于稳定。在这一持有期内，修正盈余价格比 200 投资组合的持有期收益率高达 23.26％，弥补了投资组合在"股灾"期间遭受的巨额损失（（1 − 23.78％）（1＋23.26％）＝0.94），基本消除了"股灾"带来的负面影响。同时，修正盈余价格比 200 投资组合的收益率要比传统盈余价格比 200 投资组合高出 6.58 个百分点。2017 年 5 月至 2018 年 4 月，修正盈余价格比 200 投资组合的持有期收益率与传统盈余价格比 200 投资组合收益率基本接近。2018 年 5 月至 2019 年 4 月，修正盈余价格比 200 投资组合的持有期收益率低于传统盈余价格比 200 投资组合收益率。

那么，高回报是否意味着高风险呢？根据有效市场假说，资产的收益和风险是对称的。换言之，既然修正盈余价格比 200 投资组合的持有期收益率高于其他投资组合，那么其必然会承担更高的风险。因此，本报告考察了以股票收益波动率度量的市场风险，对市场风险的度量采用投资组合业绩评价中最常用的均值-方差分析法，即以投资组合月收益率的标准离差率来衡量投资风险，计算公式如下：

$$SDTE = \frac{\sigma_p}{E(R_p)} \qquad\qquad (23-1)$$

式中，$SDTE$ 为标准离差率，又称变异系数，代表单位期望收益所对应的风险水平；σ_p 代表投资组合的月收益率标准差；$E(R_p)$ 代表投资组合的月收益率期望值。

从表 23-2 中可以看出，在整个检验期间（2005 年 5 月至 2019 年 4 月），修正盈余价格比 200 投资组合的标准离差率不仅远远低于市场投资组合，还低于传统盈余价格比 200 投资组合。基于修正盈余价格比的投资策略具有高收益、低风险的特征，而有效市场假定下"收益与风险对称"的观点不能解释这一结果；换言之，修正盈余价格比 200 投资组合的高收益不能归因于投资者承担了更高的市场风险。

观察表 23-3 同样发现，修正盈余价格比 200 投资组合的 14 年持有期收益率以及年度平均收益率基本高于其他投资组合，而标准离差率低于其他投资组合。对比表 23-2 可知，在考虑流通股和非流通股的计算差异之后，基于总市值加权的修正盈余价格比 200 投资组合和传统盈余价格比 200 投资组合的持有期收益率和年均收益率有所下降，标准离差率有所上升，但主要结果基本保持不变。

为了更直观、清晰地反映修正盈余价格比作为投资工具的有效性，我们绘制了修正盈余价格比 200 投资组合、传统盈余价格比 200 投资组合和其他市场投资组合 168 个月的持有期累计收益率走势图。在计算累计收益率时，我们同样采用了流通市值加权和总市值加权两种方法，结果见图 23 - 1 和图 23 - 2。

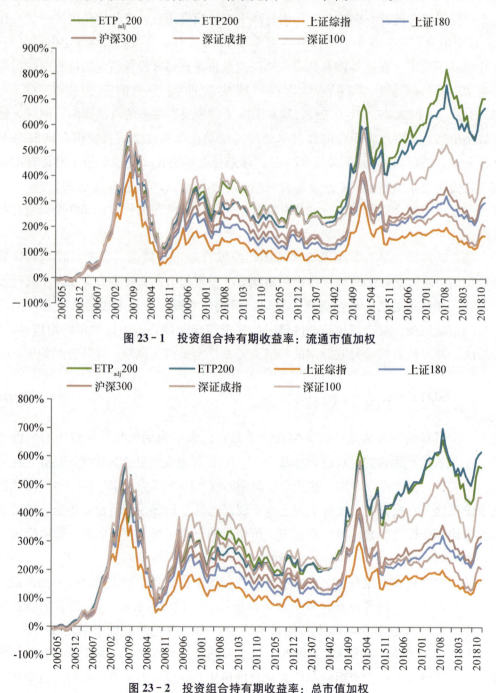

图 23 - 1　投资组合持有期收益率：流通市值加权

图 23 - 2　投资组合持有期收益率：总市值加权

由图 23-1 可知，在整个持有期内，修正盈余价格比 200 投资组合和传统盈余价格比 200 投资组合的收益显著高于其他市场投资组合。

特别是从长期来看，修正盈余价格比 200 投资组合的累计收益率基本维持在传统盈余价格比 200 投资组合以及其他市场投资组合之上。图 23-1 更为形象、直观地表明，长期持有价值型股票是能够获取超额回报的，这与 Lakonishok et al.（1994）的发现相一致，且除净利润以外的会计数字能为投资者选股提供增量信息，兼顾公司市场价值、盈利能力、盈利质量、成长性、经营风险和所属行业的混合价值投资策略相比传统的仅考虑市场价值和盈利能力的简单价值投资策略更为有效。由图 23-2 可知，在整个检验期间，所有投资组合的累计收益率走势与图 23-1 保持一致，基于修正盈余价格比构建的投资组合能够获得十分可观的超额回报。

根据上面的结论，我们已经知道，修正盈余价格比能够作为衡量股票投资价值的有效投资工具，长期持有修正盈余价格比 200 投资组合能够获得十分可观的超额收益。然而在实际应用过程中，对于我国股市的分配主体——中小投资者而言，由于资金量和技术层面的原因，同时对 200 只股票进行交易存在一定的困难，大部分的中小投资者只能从修正盈余价格比 200 投资组合中选取部分股票进行投资。因此，我们进一步对修正盈余价格比 200 投资组合进行更为深入的探究，通过考察更多公司层面的因素，为投资者提供更为明确、直接、细致的指导。

23.3　进一步分析——公司规模的影响

我们先来考察公司规模的影响。对于纳入修正盈余价格比 200 投资组合中的股票，首先，我们根据公司规模（应用总市值衡量）的中位数将其分为规模小和规模大两组，每组包含 100 只股票。其次，为了探究公司规模对投资组合收益率的影响，我们计算了不同规模投资组合的各年度持有期收益率、持有期累计收益率和年均收益率。同时，由于各类综合股指的权重选择标准不一，存在流通股和非流通股之分，因而我们在计算收益率时选择流通市值加权和总市值加权两种方法。结果如表 23-4 所示。

表 23-4　投资组合年化收益率与标准离差率：区分规模

检验期	ETP$_{adj}$200			
	流通市值加权		总市值加权	
	规模小	规模大	规模小	规模大
2005.5—2006.4	29.70%	25.29%	31.89%	29.04%
2006.5—2007.4	249.88%	196.42%	246.41%	171.08%

续表

检验期	ETP$_{adj}$200			
	流通市值加权		总市值加权	
	规模小	规模大	规模小	规模大
2007.5—2008.4	6.12%	15.86%	4.87%	13.15%
2008.5—2009.4	−11.95%	−30.06%	−12.46%	−27.95%
2009.5—2010.4	46.30%	20.37%	46.09%	18.30%
2010.5—2011.4	6.07%	21.50%	9.50%	17.88%
2011.5—2012.4	−23.68%	−18.40%	−24.01%	−18.49%
2012.5—2013.4	−12.74%	−7.76%	−12.61%	−8.78%
2013.5—2014.4	17.71%	−4.17%	19.74%	−3.85%
2014.5—2015.4	125.29%	119.68%	126.01%	121.29%
2015.5—2016.4	−14.75%	−25.14%	−14.54%	−25.63%
2016.5—2017.4	10.92%	25.60%	8.90%	19.21%
2017.5—2018.4	−8.64%	17.71%	−10.88%	13.76%
2018.5—2019.4	−7.90%	1.50%	−10.14%	0.32%
BHR	824.73%	683.39%	798.71%	536.68%
年均收益率	17.22%	15.84%	16.98%	14.14%
标准离差率	5.47	5.45	5.54	5.85

表 23-4 分别报告了基于流通市值加权的投资组合和基于总市值加权的投资组合年化收益率与标准离差率。由表 23-4 可知，将修正盈余价格比 200 投资组合按公司规模的中位数分组后，小规模组合连续 168 个月的持有期收益率高达824.73% 和 798.71%，年均收益率达到 17.22% 和 16.98%；而大规模组合连续 168 个月的持有期收益率仅为 683.39% 和 536.68%，约为前者的 2/3，年均收益率只有 15.84% 和 14.14%。以上结果表明，公司规模对投资组合的收益率存在显著影响，持有修正盈余价格比 200 投资组合中的小规模公司股票能够获取更高的市场回报。我们仍然应用投资组合月收益率的标准离差率，对修正盈余价格比 200 投资组合中小规模组合和大规模组合的投资风险进行考察。由表 23-4 可知，在流通市值加权的情况下，小规模组合的标准离差率与大规模组合的标准离差率基本相同。在总市值加权的情况下，小规模组合的标准离差率相对更小。这一结果说明，小规模组合不仅具备高收益的特点，而且每单位的期望收益所承担的风险低于大规模组合。因此，对于投资者来说，在构建投资组合时，侧重选取修正盈余价格比200 投资组合中的小规模公司股票，不仅能够获得可观的回报，而且投资风险较小。

为了更直观、清晰地观察公司规模对投资组合收益率的影响，我们绘制了修正盈余价格比 200 投资组合中小规模组合和大规模组合 168 个月的持有期累计收益率走势图。在计算累计收益率时，我们同样采用了流通市值加权和总市值加权两种方法，结果见图 23-3 和图 23-4。

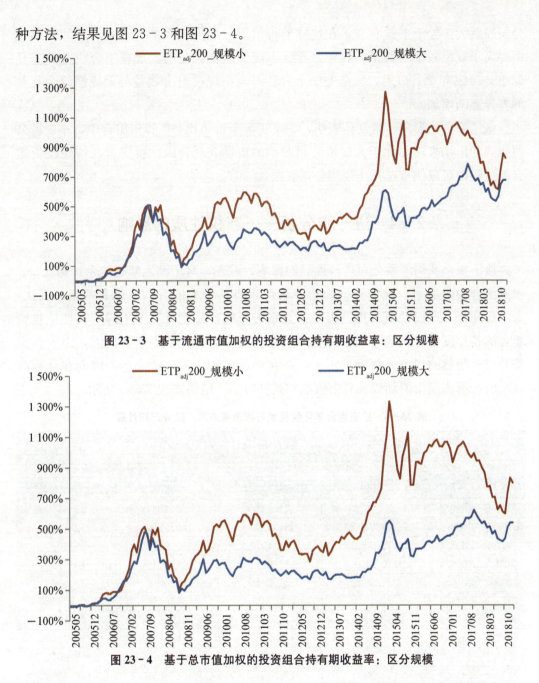

图 23-3 基于流通市值加权的投资组合持有期收益率：区分规模

图 23-4 基于总市值加权的投资组合持有期收益率：区分规模

由图 23-3 和图 23-4 可知，无论是基于流通市值加权还是基于总市值加权，在整个检验期内，小规模组合的累计收益率几乎都要高于大规模组合的累计收益率。特别是 2009 年 1 月之后，两组间差距逐步扩大，2018 年 3 月底，大规模组合的累计收益率仅为小规模组合累计收益率的一半左右。自 2018 年 4 月，小规模组合收益与大规模组合收益的差异开始缩小，尤其是 2019 年 1 月，两者差距最小。从 2018 年 4 月到 2019 年 1 月，上证指数由 3 500 点左右下跌至 2 500 点左右，上市公司股票大多处于下跌状态。在这样的行情下，市值较大的白马股、蓝筹股的收益要高于规模较小的股票的收益，导致小规模组合收益与大规模组合收益的差异缩小。2019年2月以后，大盘处于上升状态，小规模组合收益与大规模组合收益的差异逐渐增加。

该结果更为形象、直观地表明，在修正盈余价格比200投资组合中，小规模公司股票的市场表现要优于大规模公司股票的市场表现，因此投资者在构建投资组合的过程中可以侧重选择小规模公司股票。

23.4 进一步分析——产权性质的影响

接下来，我们考察公司产权性质的影响。首先，对于纳入修正盈余价格比200投资组合中的股票，我们根据公司产权性质将其分为国有和非国有两组。其次，为了探究公司产权性质对投资组合收益率的影响，我们计算了不同产权性质投资组合的各年度持有期收益率、持有期累计收益率和年均收益率。同时，由于各类综合股价指数的权重选择标准不一，存在流通股和非流通股之分，因而在计算收益率时选择流通市值加权和总市值加权两种方法。结果如表23-5所示。

表23-5 投资组合年化收益率与标准离差率：区分产权性质

检验期	ETP$_{adj}$200			
	流通市值加权		总市值加权	
	国有	非国有	国有	非国有
2005.5—2006.4	26.95%	21.03%	30.30%	22.68%
2006.5—2007.4	188.54%	261.91%	166.32%	252.15%
2007.5—2008.4	15.69%	7.49%	13.31%	5.20%
2008.5—2009.4	−30.15%	−15.52%	−28.03%	−16.32%
2009.5—2010.4	21.63%	34.67%	19.00%	34.90%
2010.5—2011.4	21.12%	22.24%	18.45%	21.28%
2011.5—2012.4	−17.71%	−24.68%	−17.24%	−26.16%
2012.5—2013.4	−7.87%	−9.65%	−8.63%	−10.91%
2013.5—2014.4	−1.04%	1.43%	−2.10%	5.60%
2014.5—2015.4	120.53%	120.15%	124.36%	116.63%
2015.5—2016.4	−26.08%	−21.30%	−26.15%	−22.78%
2016.5—2017.4	33.60%	13.18%	30.91%	7.27%
2017.5—2018.4	17.79%	10.41%	15.11%	5.31%
201905—2019.4	−1.14%	2.95%	−1.18%	−1.10%
BHR	729.57%	907.50%	628.63%	707.87%
年均收益率	16.31%	17.94%	15.24%	16.09%
标准离差率	5.32	5.28	5.54	5.70

　　表23-5分别报告了基于流通市值加权的投资组合和基于总市值加权的投资组合年均收益率与标准离差率。由表23-5可知，将修正盈余价格比200投资组合按公司产权性质分组后，国有组合连续168个月的持有期收益率只有729.57%和628.63%，年均收益率只有16.31%和15.24%；而非国有组合连续168个月的持有期收益率高达907.50%和707.87%，年均收益率达到17.94%和16.09%。以上结果表明，公司产权性质对投资组合的收益率存在显著影响，持有修正盈余价格比200投资组合中的非国有组合能够获取更高的市场回报。我们仍然应用投资组合月收益率的标准离差率，对修正盈余价格比200投资组合中国有组合和非国有组合的投资风险进行考察。由表23-5可知，在流通市值加权的情况下，非国有组合的标准离差率相对较小。而在总市值加权的情况下，国有组合与非国有组合的标准离差率较为相近。这一结果说明，非国有组合不仅具备高收益的特点，而且每单位的期望收益所承担的风险低于国有组合。因此，对于投资者来说，在构建投资组合时，侧重选取修正盈余价格比200投资组合中的非国有公司股票，不仅能够获得可观的回报，而且投资风险较小。

　　为了更直观、清晰地观察公司产权性质对投资组合收益率的影响，我们绘制了修正盈余价格比200投资组合中国有组合和非国有组合168个月的持有期累计收益率走势图。在计算累计收益率时，我们同样采用了流通市值加权和总市值加权两种方法，结果见图23-5和图23-6。

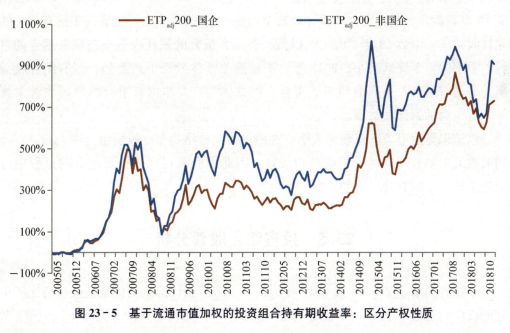

图23-5　基于流通市值加权的投资组合持有期收益率：区分产权性质

图 23 - 6　基于总市值加权的投资组合持有期收益率：区分产权性质

　　由图 23 - 5 和图 23 - 6 可知，无论是基于流通市值还是基于总市值加权，在整个检验期内，非国有组合的累计收益率几乎都要高于国有组合的累计收益率。特别是 2009 年之后，两组间差距明显扩大。2010—2016 年，非国有组合的累计收益率几乎是国有组合的累计收益率的 2 倍，尤其是 2015 年 6 月 12 日上证指数创 5 178 点新高，非国有组合的累计收益率达到了 1 000% 左右，远远高于国有组合的累计收益率。但 2015 年"股灾"以后，非国有组合的累计收益率与国有组合的累计收益率的差距逐渐缩小。2018 年，沪深股票整体处于下跌态势，国有组合收益率与非国有组合收益率曲线出现重合。但总体而言，非国有组合的累计收益率高于国有组合的累计收益率。

　　该结果更为形象、直观地表明，在修正盈余价格比 200 投资组合中，非国有公司股票的市场表现要优于国有公司股票，因此投资者在构建投资组合的过程中可以侧重选择非国有公司股票。

23.5　投资组合股票分析

　　本报告列示了 2017 年和 2018 年根据基于滞后会计信息的修正盈余价格比所构建的投资组合股票名单，以及相对于 2017 年，2018 年新纳入投资组合的股票名单，详见二维码。

2017 年修正盈余价格比	2018 年修正盈余价格比	2018 年新纳入修正盈余
投资组合股票名单	投资组合股票名单	价格比投资组合股票名单

此外，我们从相对于 2017 年，2018 年新纳入投资组合的股票名单中选取了两只有代表性的股票，从修正盈余价格比的角度进行了分析。

一、徐工机械

（一）公司基本介绍

徐工机械（000425）是中国工程机械行业极具竞争力和影响力的公司，是全球工程机械制造商中产品品种与系列最多元化、最齐全的公司，也是品牌影响力最大的中国工程机械制造企业。公司主要从事起重机械、铲运机械、压实机械、路面机械、桩工机械、消防机械、环卫机械和其他工程机械及备件的研发、制造、销售和服务工作。产品中轮式起重机市场占有率位居全球第一，随车起重机等多项核心产品市场占有率稳居国内第一。

（二）修正盈余价格比指标分析

徐工机械 2018 年的修正盈余价格比为 0.08。具体分析如下：

公司 2017 年营业收入为 291.31 亿元，2018 年为 444.10 亿元，同比增长52.45%。2018 年单季度营业收入同比增长率为 53.63%。就国内业务来看，受到环保更新、下游基建项目开工量增长等因素的积极影响，2018 年我国起重机行业量价齐升，汽车起重机行业销量为 32 318 辆，同比增长 62%，其中徐工机械销量为 14 804 辆，市场占有率为 45.8%，稳居行业第一，且公司收入增速超过销量增速。就国外业务来看，公司不断拓宽海外业务，海外业务为公司业绩带来了新的增长点。2018 年公司出口总额稳居行业第一，产品出口至 183 个国家和地区；汽车起重机、履带起重机、装载机、压路机、平地机、摊铺机六大产品出口总额居行业第一。

公司 2017 年扣除非经常性损益后的净利润为 8.29 亿元，2018 年为 17.89 亿元，同比增长 115.80%，反映了公司较高的盈利质量。2018 年公司毛利率和净利率分别达 16.69% 和 4.6%，净利润率提升明显。主要原因有：一是自 2018 年第3 季度以来钢材价格持续回落，成本降低；二是主要产品供不应求导致价格上涨，利率提升；三是四项费用占比下降超过 3 个百分点，其中财务费用下降 105.74%。

公司 2017 年经营活动现金流入为 322.45 亿元，2018 年为 464.11 亿元，同比增长 43.93%。2018 年经营活动现金流入大约是同年度营业收入的 1.05 倍，说明公司现金流充裕，经营风险较低。公司在经营过程中严格控制风险，实施稳健的销售政策，要求起重机分期首付不低于 40%，挖机分期首付不低于 30%，按揭和融资租赁模式的首付也控制在 20%～25% 的范围内。公司始终把控制风险放在首要位置，在现金流、利润、市场占有率等指标的优先级上，现金流优先于利润，利润优先于市场占有率。

总体而言，在综合考虑上市公司的盈利能力、盈利质量、成长性、经营风险等因素后，可以看出徐工机械具有非常高的投资价值。

二、金地集团

（一）公司基本介绍

金地集团（600383）的主营业务为房地产开发与销售，经营模式以自主开发销售为主。公司的业务板块分为住宅地产开发、商业地产和产业地产开发及运营、房地产金融及物业管理服务等。

（二）修正盈余价格比指标分析

金地集团 2018 年的修正盈余价格比为 0.54。具体分析如下：

公司 2017 年营业收入为 376.62 亿元，2018 年为 506.99 亿元，同比增长 34.62%，表明公司具有较高的盈利水平。2018 年单季度营业收入同比增长 41.16%，公司成长性良好。尽管 2018 年市场环境相对严峻复杂，但营业收入依旧大幅提升的主要原因如下：一是公司因城施策，制定了合理的销售策略，实现了销量大幅上升。2018 年公司实现销售面积 877.8 万平方米，同比增长 14.5%；实现销售金额 1 623.3 亿元，同比增长 15.3%。二是合并财务报表范围内的房地产项目的结算收入增加，2018 年公司结算收入为 460.59 亿元，同比增长 36.84%。

公司 2017 年扣除非经常性损益后的净利润为 53.01 亿元，2018 年为 69.87 亿元，同比增长 31.81%，说明公司盈利质量进一步提高。公司房地产业务毛利率为 43.08%，较上年同期增加 9.12 个百分点，创历史新高。公司注重成本管理，在进入新城市前会进行成本调研并编制成本限额标准；在成本采购方面，公司增加战略采购的部品范围和跨区域的采购协作，引入更多供应商以降低采购价格；在招标方面，公司通过缩短招标和结算日期来提高效率。这些举措进一步降低了运营成本。

公司 2017 年经营活动现金流入为 1 170.92 亿元，2018 年为 1 506.37 亿元，同比增长 28.65%。2018 年经营活动现金流入与年度营业收入的比值为 2.97，说明公司现金流充裕，经营风险较低。公司现金流充裕的原因有三个：一是坚持稳健的财务管理方针，高度重视现金流管理，强调销售及时回款；二是注重经营的安全稳定性，不断拓展融资渠道，通过多样化的融资渠道确保安全稳定的资产负债水平和资本状况；三是加强流动性管理，在确保资金安全的前提下，通过投融资结合等方式提升资金的使用效率。

总体而言，金地集团经营稳健，现金流充裕，具有较高的盈利能力、盈利质量以及成长性，同时也有较高的投资价值。

23.6　小结

会计数字的信息含量与价值投资策略是资本市场研究领域的两大热门话题。本报告以传统盈余价格比为基础，综合考虑公司盈利质量、成长性及经营风险，继而构建修正盈余价格比，通过考察该指标作为股票投资工具的有效性，验证会计信息在资产定价中的基础性作用。

应用 2004—2018 年沪深 A 股的样本数据，本报告得出以下基本结论：基于修正盈余价格比的选股策略不仅能战胜市场指数，而且优于传统盈余价格比。长期来看，根据修正盈余价格比构建的投资组合能获取显著的超额回报，且具有高收益、低风险的特征。这一结果表明，企业的投资价值不仅受其盈利能力和市值的影响，还与盈利质量、成长性及经营风险相关。综上所述，本报告构建的修正盈余价格比充分发挥了会计信息在资产定价中的基础性作用，为投资者评估企业投资价值提供了借鉴。

第 24 章　会计投资价值指数编制结果及分析
——基于预测会计信息的修正盈余价格比

根据前述编制原理与方法，我们应用 2004—2018 年中国 A 股上市公司的财务数据和交易数据编制了基于预测会计信息的修正盈余价格比（简称预测盈余价格比），构建了投资组合，并对投资组合的收益与风险进行了测算分析。

24.1　描述性统计

如前所述，我们于每年 11 月初根据上市公司的预测盈余价格比构建预测盈余价格比 200 投资组合（$ETP_{pre,adj}200$），于每年 5 月初根据上市公司的传统盈余价格比构建传统盈余价格比 200 投资组合（ETP200），并对这两个投资组合的预测盈余价格比和传统盈余价格比进行描述性统计，结果如表 24-1 所示。

表 24-1　变量描述性统计

Panel A：预测盈余价格比 200（$ETP_{pre,adj}200$）						
组合形成期	样本量	最小值	中位数	最大值	均值	标准差
2004.11	200	0.02	0.06	778.91	5.59	59.32
2005.11	200	0.02	0.08	27.30	0.52	2.92
2006.11	200	0.03	0.07	1.41	0.10	0.13
2007.11	200	0.01	0.03	6.72	0.11	0.49
2008.11	200	0.04	0.14	780.22	7.08	63.08
2009.11	200	0.02	0.05	4.57	0.12	0.36
2010.11	200	0.02	0.06	125.78	1.42	11.36
2011.11	200	0.03	0.08	926.28	5.20	65.54

续表

Panel A：预测盈余价格比 200（ETP$_{pre,adj}$200）						
组合形成期	样本量	最小值	中位数	最大值	均值	标准差
2012.11	200	0.04	0.08	346.19	2.25	24.59
2013.11	200	0.02	0.08	57.71	0.73	5.56
2014.11	200	0.01	0.06	10.51	0.24	1.01
2015.11	200	0.01	0.05	418.52	3.55	34.41
2016.11	200	0.02	0.06	46.51	0.50	3.36
2017.11	200	0.02	0.09	311.13	2.13	22.40
2018.11	200	0.03	0.16	113.52	1.30	8.66
全样本	3 000	0.01	0.07	926.28	2.06	30.92
Panel B：传统盈余价格比 200（ETP200）						
组合形成期	样本量	最小值	中位数	最大值	均值	标准差
2005.5	200	0.06	0.08	0.22	0.10	0.03
2006.5	200	0.03	0.05	0.25	0.05	0.02
2007.5	200	0.03	0.04	0.11	0.04	0.01
2008.5	200	0.04	0.05	0.16	0.06	0.02
2009.5	200	0.05	0.06	0.24	0.07	0.02
2010.5	200	0.04	0.06	0.14	0.06	0.02
2011.5	200	0.05	0.07	0.16	0.07	0.02
2012.5	200	0.07	0.09	0.21	0.10	0.03
2013.5	200	0.08	0.10	0.28	0.11	0.03
2014.5	200	0.08	0.11	1.52	0.14	0.11
2015.5	200	0.04	0.06	0.17	0.06	0.02
2016.5	200	0.06	0.08	0.23	0.09	0.03
2017.5	200	0.06	0.07	0.19	0.08	0.03
2018.5	200	0.08	0.10	0.43	0.12	0.04
全样本	2 800	0.03	0.07	1.52	0.08	0.05

　　由表 24-1 可知，由于预测盈余价格比 200 投资组合的构建应用预测的会计信息，且构建时间比传统盈余价格比 200 投资组合早 6 个月，因此根据 2004—2018 年的财务数据可以形成 15 个预测盈余价格比 200 投资组合和 14 个传统盈余价格比 200 投资组合。

　　Panel A 报告了预测盈余价格比 200 投资组合的描述性统计结果，观察中位数和均值可知，纳入投资组合的样本公司在 2004 年 11 月、2008 年 11 月、2011 年 11 月、2012 年 11 月、2015 年 11 月、2017 年 11 月最有可能被低估或者被低估的程度最大，而在 2006 年 11 月、2007 年 11 月、2009 年 11 月、2014 年 11 月和 2016 年 11 月最有可能被高估或者被高估的程度最大，2018 年 11 月投资组合的预测盈余价格比基本处于平均水平，这一结果与同期沪深两市的大盘表现相一致。该结果初步说明，我们应用 A 周期预测法对上市公司的盈余价格比 200 投资组合实现了较好的预测。Panel B 报告了传统盈余价格比 200 投资组合的描述性统计结果，观察中位数和均值可知，纳入投资组合的样本公司在 2005 年 5 月、2012 年 5 月、2013 年 5 月和 2014 年 5 月最有可能被低估或者被低估的程度最大，而在 2006 年 5 月、2007 年 5 月和 2015 年 5 月最有可能被高估或者被高估的程度最大，这一结果与同期沪深两市的大盘表现相一致，尤其是 2014 年下半年沪深两市迎来的"牛市"印证了 2012 年 5 月、2013 年 5 月和 2014 年 5 月的公司股票被低估，而 2015——2016 年的"股灾"则证实了 2015 年 5 月的公司股价被高估。预测盈余价格比 200 投资组合和传统盈余价格比 200 投资组合包括诸多规模大、流动性强、市场表现稳定的权重股，能够较好地反映市场的整体走势。

24.2 投资组合的持有期"收益-风险"比较

为了检验预测盈余价格比作为投资工具的有效性，除了传统盈余价格比 200 投资组合之外，我们还选取了修正盈余价格比 200 投资组合，以及常见的作为股票投资组合业绩评价标准的市场投资组合为对照组，包括上证综指、深证成指、沪深 300、上证 180 和深证 100。由于各类综合股指的权重选择标准不一，存在流通股和非流通股之分，因而本报告在计算预测盈余价格比、修正盈余价格比和传统盈余价格比的投资组合收益率时采用流通市值加权和总市值加权两种方法，而综合股指收益率的算法保持不变。同时，尽管预测盈余价格比 200 投资组合的形成时间为每年的 11 月初，但为了确保各投资组合的持有期收益率在横截面上具有可比性，我们将检验期统一确定为当年 5 月至次年 4 月。结果如表 24-2 和表 24-3 所示。

表 24-2 投资组合年化收益率与标准离差率：流通市值加权

检验期	$ETP_{pre,adj}200$	$ETP_{adj}200$	ETP200	上证综指	上证 180	沪深 300	深证成指	深证 100
2005.5—2006.4	37.31%	26.16%	27.55%	24.25%	23.97%	25.73%	21.97%	30.34%
2006.5—2007.4	229.01%	205.33%	209.72%	166.71%	194.54%	203.55%	182.22%	203.90%
2007.5—2008.4	19.84%	14.42%	17.80%	−3.86%	10.98%	11.25%	24.29%	22.33%
2008.5—2009.4	−18.51%	−28.00%	−31.85%	−32.91%	−34.43%	−33.75%	−29.64%	−29.46%
2009.5—2010.4	23.13%	24.08%	20.18%	15.86%	14.68%	16.94%	17.47%	24.07%
2010.5—2011.4	12.78%	19.23%	4.15%	1.42%	1.48%	4.09%	10.31%	11.66%
2011.5—2012.4	−17.12%	−19.11%	−12.54%	−17.70%	−16.86%	−17.75%	−17.32%	−19.84%

续表

检验期	ETP$_{pre,adj}$200	ETP$_{adj}$200	ETP200	上证综指	上证 180	沪深 300	深证成指	深证 100
2012.5—2013.4	−11.11%	−8.27%	−0.61%	−9.11%	−5.21%	−6.81%	−14.63%	−10.07%
2013.5—2014.4	−0.54%	−2.00%	−6.79%	−6.96%	−11.44%	−11.79%	−15.86%	−11.30%
2014.5—2015.4	120.95%	120.47%	116.63%	119.19%	124.43%	120.04%	102.64%	107.87%
2015.5—2016.4	−22.64%	−23.78%	−21.33%	−33.85%	−35.90%	−33.54%	−31.56%	−27.26%
2016.5—2017.4	26.55%	23.26%	16.68%	7.36%	9.39%	8.97%	0.92%	8.34%
2017.5—2018.4	14.74%	14.04%	14.65%	−2.30%	8.56%	9.22%	0.88%	11.52%
2018.5—2019.4	−1.65%	0.18%	4.88%	−0.13%	7.76%	4.16%	−6.30%	0.58%
BHR	995.76%	707.92%	669.11%	165.57%	297.31%	319.69%	206.48%	456.30%
年均收益率	18.65%	16.09%	15.69%	7.23%	10.36%	10.79%	8.33%	13.04%
标准离差率	4.91	5.38	5.51	8.89	7.28	7.09	8.45	6.35

表 24 - 3　投资组合年化收益率与标准离差率：总市值加权

检验期	ETP$_{pre,adj}$200	ETP$_{adj}$200	ETP200	上证综指	上证 180	沪深 300	深证成指	深证 100
2005.5—2006.4	40.76%	29.53%	34.46%	24.25%	23.97%	25.73%	21.97%	30.34%
2006.5—2007.4	225.74%	178.04%	184.92%	166.71%	194.54%	203.55%	182.22%	203.90%
2007.5—2008.4	18.12%	12.18%	15.28%	−3.86%	10.98%	11.25%	24.29%	22.33%
2008.5—2009.4	−19.24%	−26.49%	−31.52%	−32.91%	−34.43%	−33.75%	−29.64%	−29.46%
2009.5—2010.4	24.23%	22.20%	19.48%	15.86%	14.68%	16.94%	17.47%	24.07%
2010.5—2011.4	13.09%	16.65%	4.64%	1.42%	1.48%	4.09%	10.31%	11.66%
2011.5—2012.4	−18.09%	−19.24%	−13.92%	−17.70%	−16.86%	−17.75%	−17.32%	−19.84%
2012.5—2013.4	−11.63%	−9.20%	−1.38%	−9.11%	−5.21%	−6.81%	−14.63%	−10.07%
2013.5—2014.4	−0.01%	−1.05%	−5.92%	−6.96%	−11.44%	−11.79%	−15.86%	−11.30%
2014.5—2015.4	121.08%	122.01%	121.38%	119.19%	124.43%	120.04%	102.64%	107.87%
2015.5—2016.4	−23.80%	−24.09%	−21.51%	−33.85%	−35.90%	−33.54%	−31.56%	−27.26%
2016.5—2017.4	20.79%	17.53%	16.13%	7.36%	9.39%	8.97%	0.92%	8.34%
2017.5—2018.4	10.29%	10.18%	12.50%	−2.30%	8.56%	9.22%	0.88%	11.52%
2018.5—2019.4	−3.45%	−1.18%	4.55%	−0.13%	7.76%	4.16%	−6.30%	0.58%
BHR	863.64%	562.53%	616.77%	165.57%	297.31%	319.69%	206.48%	456.30%
年均收益率	17.57%	14.46%	15.11%	7.23%	10.36%	10.79%	8.33%	13.04%
标准离差率	5.12	5.75	5.62	8.89	7.28	7.09	8.45	6.35

观察表 24 - 2 不难发现，总体而言，预测盈余价格比 200 投资组合、修正盈余价格比 200 投资组合和传统盈余价格比 200 投资组合的 14 年持有期收益率 (BHR)、年均收益率显著高于市场指数组合，这说明长期持有价值型股票能够获取正的超额收益，这与 Lakonishok et al.（1994）的研究结论相一致。与此同时，相比于修正盈余价格比 200 投资组合和传统盈余价格比 200 投资组合，预测盈余价格比 200 投资组合的 14 年持有期收益率和年均收益率显著更高。具体说来，若不考虑交易成本，只需在每年 11 月初更新投资组合，预测盈余价格比 200 投资组合

连续 168 个月的持有期收益率高达 995.76%，年均收益率为 18.65%。这表明基于预测会计信息的修正盈余价格比能够充分利用公司会计信息的时效性，明显优于基于滞后会计信息的修正盈余价格比和传统盈余价格比。

从单个年份的市场表现来看，预测盈余价格比 200 投资组合、修正盈余价格比 200 投资组合和传统盈余价格比 200 投资组合互有短长。但是从大多数年份来看，预测盈余价格比 200 投资组合的市场表现显著更好。例如，2005 年 5 月至 2006 年 4 月，预测盈余价格比 200 投资组合的持有期收益率为 37.31%，而同期修正盈余价格比 200 和传统盈余价格比 200 投资组合的持有期收益率仅为 26.16% 和 27.55%。2006 年 5 月至 2007 年 4 月，预测盈余价格比 200 投资组合的持有期收益率为 229.01%，而同期修正盈余价格比 200 投资组合和传统盈余价格比 200 投资组合的持有期收益率仅为 205.33% 和 209.72%。2007 年 5 月至 2008 年 4 月，预测盈余价格比 200 投资组合的持有期收益率为 19.84%，而同期修正盈余价格比 200 投资组合和传统盈余价格比 200 投资组合的持有期收益率仅为 14.42% 和 17.08%。在世界金融危机期间（2008 年 5 月至 2009 年 4 月），所有投资组合都发生了亏损，市场投资组合的平均亏损程度达到惊人的 32.04%，而预测盈余价格比 200 投资组合的亏损幅度远低于市场投资组合，仅为 18.51%，同期修正盈余价格比 200 投资组合和传统盈余价格比 200 投资组合的收益率为 -28.00% 和 -31.85%。2014 年 5 月至 2016 年 4 月，我国 A 股"牛市"和"股灾"接连上演，在"牛市"期间，预测盈余价格比 200 投资组合的持有期收益率达到 120.95%，高于修正盈余价格比 200 投资组合和传统盈余价格比 200 投资组合的 120.47% 和 116.63%。在"股灾"期间，市场投资组合的平均亏损程度大多超过 30%，而预测盈余价格比 200 投资组合的收益率为 -22.64%。2016 年 5 月至 2017 年 4 月，预测盈余价格比 200 投资组合的持有期收益率为 26.55%，远高于其他投资组合，完全弥补了"股灾"造成的亏损。2017 年 5 月至 2018 年 4 月，预测盈余价格比 200 投资组合收益率与修正盈余价格比 200 投资组合、传统盈余价格比 200 投资组合收益率接近，但相对较高。2018 年 5 月至 2019 年 4 月，预测盈余价格比 200 投资组合收益率略低于修正盈余价格比 200 投资组合和传统盈余价格比 200 投资组合收益率。

那么，高回报是否意味着高风险呢？根据有效市场假说，资产的收益和风险是对称的；换言之，既然预测盈余价格比 200 投资组合的持有期收益率高于其他投资组合，那么其必然会承担更高的风险。因此，本报告考察了以股票收益波动率度量的市场风险，对市场风险的度量采用投资组合业绩评价中最常用的均值-方差分析法，即以投资组合月收益率的标准离差率来衡量投资风险，计算公式如下：

$$SDTE = \frac{\sigma_p}{E(R_p)} \qquad\qquad (24-1)$$

式中，$SDTE$ 为标准离差率，又称变异系数，代表单位期望收益所对应的风险水平；σ_p 代表投资组合的月收益率标准差；$E(R_p)$ 代表投资组合的月收益率期望值。

从表 24-2 中可以看出，在整个检验期间（2005 年 5 月至 2019 年 4 月），预测盈余价格比 200 投资组合的标准离差率不仅远远低于市场投资组合，还低于修正盈余价格比 200 投资组合和传统盈余价格比 200 投资组合。基于预测盈余价格比的投资策略具有高收益、低风险特征，而有效市场假定下"收益与风险对称"的观点不能解释这一结果；换言之，预测盈余价格比 200 投资组合的高收益不能归因于投资者承担了更高的市场风险。

观察表 24-3 同样发现，预测盈余价格比 200 投资组合的 14 年持有期收益率以及年均收益率均高于其他投资组合。对比表 24-2 可知，在考虑流通股和非流通股的计算差异之后，基于总市值加权的预测盈余价格比 200 投资组合、修正盈余价格比 200 投资组合和传统盈余价格比 200 投资组合的持有期收益率和年均收益率有所下降，标准离差率稍有上升，但主要结果基本保持不变。

为了更直观、清晰地看出预测盈余价格比作为投资工具的有效性，我们绘制了预测盈余价格比 200 投资组合、修正盈余价格比 200 投资组合、传统盈余价格比 200 投资组合和其他市场投资组合 168 个月的持有期累计收益率走势图。在计算累计收益率时，我们同样采用了流通市值加权和总市值加权两种方法，结果见图 24-1 和图 24-2。

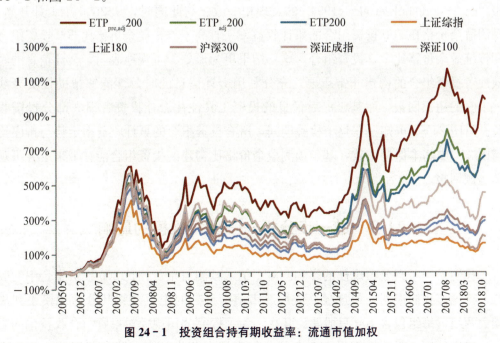

图 24-1　投资组合持有期收益率：流通市值加权

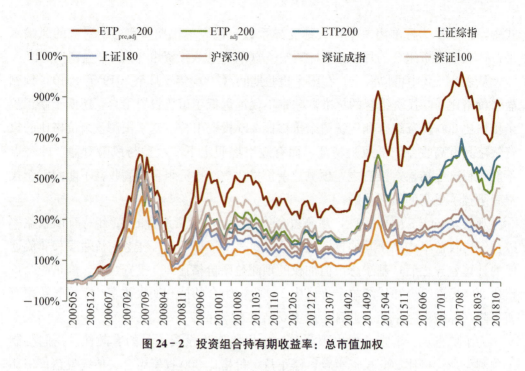

图 24-2　投资组合持有期收益率：总市值加权

由图 24-1 可知，在整个持有期内，预测盈余价格比 200 投资组合、修正盈余价格比 200 投资组合和传统盈余价格比 200 投资组合的累计收益率基本位于市场投资组合之上。这再一次说明，长期持有价值型股票能够带给投资者十分可观的回报，与 Lakonishok et al.（1994）的发现相一致。与此同时，从 2006 年 1 月开始，预测盈余价格比 200 投资组合的累计收益率一直高于修正盈余价格比 200 投资组合和传统盈余价格比 200 投资组合。这一结果更为形象、直观地表明，会计信息的时效性对投资组合的构建非常重要，充分利用会计信息的时效性能够帮助投资者获得丰厚的超额回报，而基于滞后信息的投资工具往往会让投资者损失部分投资收益。由图 24-2 可知，在整个检验期间，所有投资组合的累计收益率走势与排序均与图 24-1 基本保持一致，基于预测盈余价格比构建的投资组合能够带来十分可观的超额回报。

24.3　进一步分析——公司规模的影响

我们先来考察公司规模的影响。对于纳入预测盈余价格比 200 投资组合中的股票，首先，我们根据公司规模（应用总市值衡量）的中位数将其分为规模小和规模大两组，每组包含 100 只股票。其次，为了探究公司规模对投资组合收益率的影响，我们计算了不同规模投资组合的各年度持有期收益率、持有期累计收益率和年均收益率。同时，由于各类综合股价指数的权重选择标准不一，存在流通股和非流通股之分，因而我们在计算收益率时选择流通市值加权和总市值加权两种方法。结果如表 24-4 所示。

表 24-4 分别报告了基于流通市值加权和基于总市值加权的投资组合年均收益率与标准离差率。由表 24-4 可知，将预测盈余价格比 200 投资组合按公司规模的中位数分组后，小规模组合连续 168 个月的持有期收益率高达 1 249.39% 和 1 271.51%，年均收益率达到 20.43% 和 20.57%；大规模组合连续 168 个月的持有期收益率仅为 950.91% 和 808.18%，约为前者的 2/3，年均收益率只有 18.30% 和 17.07%。以上结果表明，公司规模对投资组合的收益率存在显著影响，持有预测盈余价格比 200 投资组合中的小规模公司股票能够获取更高的市场回报。我们仍然应用投资组合月收益率的标准离差率，对预测盈余价格比 200 投资组合中小规模组合和大规模组合的投资风险进行考察。由表 24-4 可知，无论是基于流通市值加权还是基于总市值加权，小规模组合的标准离差率相对更小。这一结果说明，小规模组合不仅具有高收益的特点，而且每单位的期望收益所承担的风险低于大规模组合。因此，对于投资者来说，在构建投资组合时，侧重选取预测盈余价格比 200 投资组合中的小规模公司股票，不仅能够获得可观的回报，而且投资风险较小。

表 24-4 投资组合年化收益率与标准离差率：区分规模

检验期	$ETP_{pre,adj}200$			
	流通市值加权		总市值加权	
	规模小	规模大	规模小	规模大
2005.5—2006.4	30.83%	38.76%	32.40%	42.26%
2006.5—2007.4	247.01%	225.00%	243.90%	222.09%
2007.5—2008.4	14.93%	21.23%	16.98%	18.65%
2008.5—2009.4	−3.61%	−21.24%	−3.70%	−21.81%
2009.5—2010.4	54.96%	19.37%	56.10%	20.32%
2010.5—2011.4	11.92%	12.92%	14.37%	12.95%
2011.5—2012.4	−24.01%	−16.36%	−23.46%	−17.45%
2012.5—2013.4	−11.81%	−11.09%	−11.03%	−11.78%
2013.5—2014.4	14.68%	−2.35%	17.56%	−2.29%
2014.5—2015.4	145.73%	117.34%	147.63%	116.68%
2015.5—2016.4	−8.97%	−24.86%	−11.85%	−25.75%
2016.5—2017.4	7.49%	29.88%	7.19%	23.38%
2017.5—2018.4	−10.44%	18.71%	−11.42%	14.04%
2018.4—2019.5	−6.53%	−0.97%	−9.74%	−2.40%
BHR	1 249.39%	950.91%	1 271.51%	808.18%
年均收益率	20.43%	18.30%	20.57%	17.07%
标准离差率	4.86	5.00	4.86	5.23

为了更直观、清晰地观察公司规模对投资组合收益率的影响，我们绘制了预测盈余价格比 200 投资组合中小规模组合和大规模组合 168 个月的持有期累计收益率走势图。在计算累计收益率时，我们同样采用了流通市值加权和总市值加权两种方法，结果见图 24-3 和图 24-4。

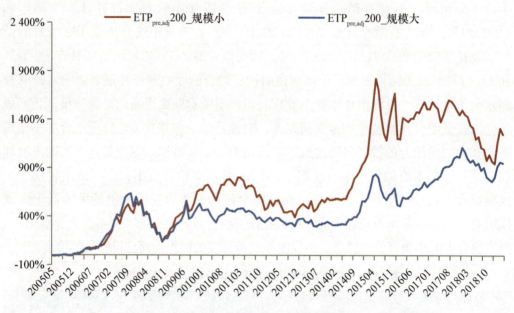

图 24-3　基于流通市值加权的投资组合持有期收益率：区分规模

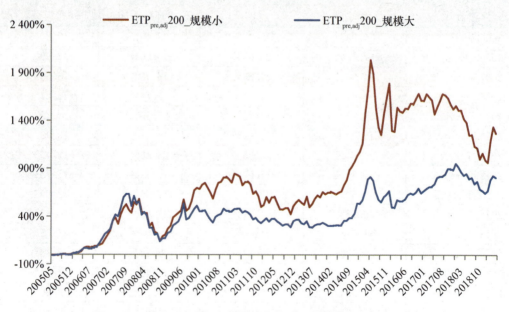

图 24-4　基于总市值加权的投资组合持有期收益率：区分规模

由图 24-3 和图 24-4 可知，无论是基于流通市值还是基于总市值加权，在整个检验期内，小规模组合的累计收益率几乎都要高于大规模组合的累计收益率。特别是从 2010 年开始，两组间差距逐步扩大，2017 年 4 月底，大规模组合累计收益率仅为小规模组合累计收益率的 2/3 左右。从 2018 年开始，小规模组合累计收益率与大规模组合累计收益率的差距逐渐缩小。由表 24-4 可知，2018 年 4 月到 2019 年 5 月，在流通市值和总市值加权的方式下，小规模组合的收益率为 -6.53% 和 -9.74%，而大规模组合的收益率为 -0.97% 和 -2.40%，高于小规模组合，原因在于 2018 年之后沪深股市一直处于低位震荡区间。因此，白马股、龙头股等价值性股票的表现优于成长性股票的表现。但是从 168 个月的持有期累计收益率走势图来看，在预测盈余价格比 200 投资组合中，小规模公司股票的市场表现要优于大规模公司股票，因此投资者在构建投资组合的过程中可以侧重选择小规模公司股票。

24.4　进一步分析——产权性质的影响

进一步，我们考察公司产权性质的影响。首先，对于纳入预测盈余价格比 200 投资组合中的股票，我们根据公司产权性质将其分为国有和非国有两组。其次，为了探究公司产权性质对投资组合收益率的影响，我们计算了不同产权性质投资组合的各年度持有期收益率、持有期累计收益率和年均收益率。同时，由于各类综合股价指数的权重选择标准不一，存在流通股和非流通股之分，因而在计算收益率时选择流通市值加权和总市值加权两种方法。结果如表 24-5 所示。

表 24-5　投资组合年化收益率与标准离差率：区分产权性质

检验期	ETP$_{pre,adj}$200			
	流通市值加权		总市值加权	
	国有	非国有	国有	非国有
2005.5—2006.4	39.17%	30.37%	42.90%	30.83%
2006.5—2007.4	225.79%	240.42%	221.34%	245.71%
2007.5—2008.4	22.26%	12.42%	20.21%	10.37%
2008.5—2009.4	-18.28%	-21.90%	-19.20%	-22.37%
2009.5—2010.4	17.75%	42.84%	18.20%	44.28%
2010.5—2011.4	9.73%	22.66%	9.54%	23.40%
2011.5—2012.4	-14.74%	-25.61%	-15.86%	-25.56%

续表

	$ETP_{pre,adj}200$			
	流通市值加权		总市值加权	
检验期	国有	非国有	国有	非国有
2012.5—2013.4	−14.98%	−12.13%	−14.98%	−12.61%
2013.5—2014.4	−2.86%	8.04%	−3.08%	9.10%
2014.5—2015.4	122.42%	121.97%	125.81%	116.09%
2015.5—2016.4	−25.31%	−18.47%	−26.87%	−18.12%
2016.5—2017.4	38.30%	15.26%	35.16%	9.95%
2017.5—2018.4	15.99%	14.69%	13.85%	6.34%
2018.5—2019.4	−1.58%	−3.08%	−1.58%	−6.71%
BHR	980.96%	1 018.01%	901.21%	845.00%
年均收益率	18.53%	18.82%	17.89%	17.40%
标准离差率	4.94	5.03	5.06	5.34

　　表24-5分别报告了基于流通市值加权和基于总市值加权的投资组合年均收益率和标准离差率。由表24-5可知，将预测盈余价格比200投资组合按公司产权性质分组后，国有组合连续168个月的持有期收益率为980.96%和901.21%，年均收益率为18.53%和17.89%；非国有组合连续168个月的持有期收益率为1 018.01%和845.00%，年均收益率为18.82%和17.40%。以上结果表明，在本报告构建的预测盈余价格比200投资组合中，持有国有组合和非国有组合的累计收益率较为相近，均能够获得较高的投资回报。我们仍然应用投资组合月收益率的标准离差率，对预测盈余价格比200投资组合中国有组合和非国有组合的投资风险进行考察。由表24-5可知，无论是基于流通市值加权还是基于总市值加权，国有组合和非国有组合的标准离差率都相差不大。因此，对于投资者来说，在应用预测盈余价格比构建投资组合时，无论是投资国有股还是非国有股，均能获得较为可观的回报，同时投资风险较小。

　　为了更直观、清晰地观察公司产权性质对投资组合收益率的影响，我们绘制了预测盈余价格比200投资组合中国有组合和非国有组合168个月的持有期累计收益率走势图。在计算累计收益率时，我们同样采用了流通市值加权和总市值加权两种方法，结果见图24-5和图24-6。

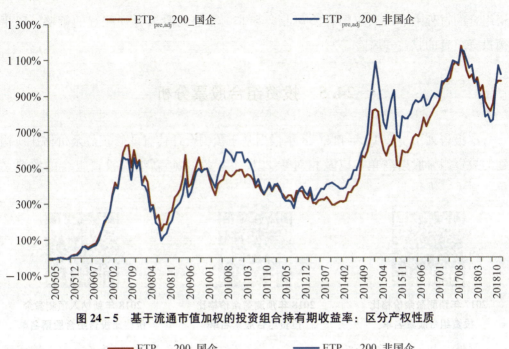

图 24 - 5　基于流通市值加权的投资组合持有期收益率：区分产权性质

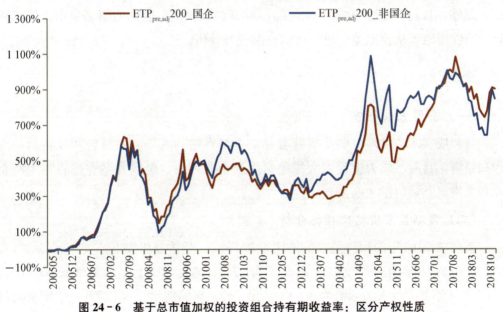

图 24 - 6　基于总市值加权的投资组合持有期收益率：区分产权性质

由图 24 - 5 和图 24 - 6 可知，无论是基于流通市值加权还是基于总市值加权，在整个检验期内，国有组合和非国有组合的累计收益率的走势都较为相近。2018年 5 月至 2019 年 4 月，无论是基于流通市值加权还是基于总市值加权，国有组合收益率都高于非国有组合收益率。值得注意的是，非国有组合收益率波动相对较大，具体表现为在"牛市"阶段收益率增长较快，在"熊市"阶段下跌也更为明显。相比之下，国有组合则呈现出相对较低的市场风险。因此，投资者在构建投资组合的过程中可以采取国有公司股票和非国有公司股票合理配置的策略，以平衡投资组合的收益和风险。

24.5　投资组合股票分析

本报告列示了 2017 年和 2018 年根据基于预测会计信息的修正盈余价格比所构建的投资组合股票名单，以及相对于 2017 年，2018 年新纳入投资组合的股票名单，详见二维码。

| 2017 年预测盈余价格比
投资组合股票名单 | 2018 年预测盈余价格比
投资组合股票名单 | 2018 年新纳入预测盈余
价格比投资组合股票名单 |

此外，我们从相对于 2017 年，2018 年新纳入投资组合的股票名单中选取了两只代表性股票，从预测盈余价格比的角度进行分析。

一、新和成

（一）公司基本介绍

新和成（002001）主要从事营养品、香精香料、高分子新材料和原料药的生产和销售，目前已成为世界四大维生素生产企业之一、全国大型香精香料生产企业和维生素类饲料添加剂企业。

（二）预测盈余价格比指标分析

新和成 2018 年的预测盈余价格比为 0.164 5。具体分析如下：

公司 2018 年前三季度的营业收入为 67.19 亿元，比上年同期增长 64.20%，2018 年全年营业收入实际值为 86.83 亿元，较上年同期增长 39.27%，表明公司具有较强的盈利能力。公司前三季度营业收入迅速增长的原因在于：一是巴斯夫工厂大火事件导致柠檬醛装置停产，因此第一季度维生素价格大幅上涨，公司主导产品销售价格上涨导致公司业绩表现突出。二是第三季度维生素产品销量上涨，上涨原因为行业出口增加拉动需求增长。随着贸易形势趋于缓和，财政部和国家税务总局宣布自 2018 年 9 月 15 日起维生素产品出口退税率统一上调至 16%，该政策将会促进我国维生素出口，拉升公司主要产品销量。预期 2018 年全年营业收入会有较大幅度的提升，主要原因：一是第 4 季度是维生素行业传统旺季，屠宰量增加导致饲料需求增长；二是公司在 2018 年 8 月 22 日发布公告，宣布建设每年 2 万吨的维生素 E 项目，扩大规模优势，提升公司的市场占有率，进一步掌握定价权。2018 年公司年报数据表明全年营业收入实现了较大幅度的增长，可以证实预测盈余价格比的预测有效性。2018 年经预测的年度营业收入季均增长率为 61.93%，表明公司成长性良好。

公司 2018 年前三季度扣除非经常性损益后的净利润为 24.24 亿元，比上年同期增长 181.56%，2018 年全年扣除非经常性损益后的净利润实际值为 28.89 亿元，较上年同期增长 75.48%，表明公司具有较高的盈利质量。扣除非经常性损益后的净利润上涨的原因除上述因素外，蛋氨酸业务也为公司带来了巨大利润。公司作为全球第八家具备蛋氨酸核心生产技术的企业，目前拥有一期每年生产 5 万吨蛋氨酸项目。由于蛋氨酸下游需求增长稳定，且蛋氨酸与维生素下游用户基本相同，因此公司凭借已有的维生素销售渠道，销售蛋氨酸产品，缩短产品培育期并降低渠道建设成本。公司有多个蛋氨酸项目正在建设，由于之前我国蛋氨酸依赖进口，公司在完全释放体量后可满足国内需求，预期全年扣除非经常性损益后的净利润会有较大幅度增长。

公司 2017 年前三季度经营活动现金流入为 41.70 亿元，2018 年为 74.17 亿元，同比增长 77.87%。公司 2017 年全年经营活动现金流入为 53.80 亿元，2018 年为 94.76 亿元，同比增长 76.13%。2018 年前三季度经营活动现金流入与预测年度营业收入之比为 0.43，2018 年经营活动现金流入与年度营业收入之比为 1.09，反映公司现金流充裕，经营风险较低。由于经营活动现金流不确定性较大，因此在构建预测盈余价格比指标时未使用全年预测值，但是从上述指标可以看出，前三季度经营活动现金流入增长率和全年经营活动现金流入增长率非常接近，说明该公司经营活动现金流具有较高的稳定性。公司前三季度经营活动产生的现金流入增加主要是销售商品、提供劳务收到的现金较上年同期增加所致。

总体而言，在综合考虑上市公司的盈利能力、盈利质量、成长性、经营风险等因素后，可以看出新和成具有非常高的投资价值。

二、天地源

(一)公司基本介绍

天地源（600665）主要从事房地产开发与经营业务。按照"立足于区域深耕"的主业发展战略定位，初步形成了以西安为中心的西部市场、以苏州为中心的长三角市场、以天津为中心的京津冀市场、以深圳为中心的珠三角市场以及以重庆为中心的西南市场等全国性战略布局，形成了从房地产开发、销售、物业经营、物业服务到不动产代理的环形产业链。

（二）预测盈余价格比指标分析

公司 2018 年的预测盈余价格比为 5.39。具体分析如下：

公司 2018 年前三季度的营业收入为 40.12 亿元，比上年同期增长 51.17%。2018 年在坚持"房住不炒"的调控逻辑下，各地保持了调控的连续性和稳定性。公司前三季度营业收入和净利润同比增加的主要原因为公司竣工交房项目及结转面积较上年同期增加。2018 年第 4 季度受到棚改货币化安置缩减等政策的影响，市场购买力下降，第 4 季度营业收入表现不及预期。但是从 2018 年全年来看，公司主动融入西安市高新区提出的"大干一二三，建好首善区"的潮流，制定新的发展战略，努力提高经营效益，营业收入实现了较大幅度的增长。2018 年全年营业收入实际值为 52.67 亿元，较上年同期增长 33.18%，表明公司具有较强的盈利能力。2018 年公司新签合同额 52.08 亿元，销售回款 58.34 亿元，新开工面积 86.53 万平方米，竣工面积 51.94 万平方米，主要经营指标均取得历史最好成绩。2018 年经预测的年度营业收入季均增长率为 74.21%，表明公司成长性良好。

公司 2018 年前三季度扣除非经常性损益后的净利润为 3.52 亿元，比上年同期增长 106.52%，2018 年全年扣除非经常性损益后的净利润实际值为 4.21 亿元，较上年同期增长 63.32%，表明公司具有较高的盈利质量。

公司 2017 年前三季度经营活动现金流入为 49.92 亿元，2018 年为 71.61 亿元，同比增长 43.45%。公司 2017 年全年经营活动现金流入为 77.18 亿元，2018 年为 81.74 亿元，同比增长 5.91%。2018 年前三季度经营活动现金流入与预测年度营业收入之比为 1.01，2018 年经营活动现金流入与年度营业收入之比为 1.55，反映公司现金流充裕，经营风险较低。从上述指标可以看出，前三季度经营活动现金流入和全年经营活动现金流入比较接近，说明该公司经营活动现金流具有较高的稳定性。公司前三季度经营活动产生的现金流入增加主要是因为销售回款增加及收回上年支付的土地出让保证金。房地产属于资金密集型行业，充足的现金流对公司经营非常重要，在实际运营中，公司注重把控项目进度，坚持高周转率和快速回笼资金的策略。同时，积极拓宽融资渠道，合理运用融资方式，降低财务杠杆风险，确保公司现金流安全和经营稳健。

总体而言，天地源经营稳健，现金流充裕，具有较高的盈利能力、盈利质量以及成长性，同时有较高的投资价值。

24.6 小结

会计信息的时效性对于基于公司会计信息的投资策略具有至关重要的意义。

本报告以修正盈余价格比为基础，应用 A 周期预测法，构建了基于公司预测会计信息的预测盈余价格比，进而考察构建优质投资组合的能力以及投资组合的市场表现。该指标虽然在一定程度上损失了会计信息的准确性，但更为充分地利用了会计信息的时效性，保障了会计信息的完整性。

　　应用 2004—2018 年沪深 A 股的样本数据，本报告得出以下结论：基于预测盈余价格比的选股策略不仅能够战胜市场指数，还显著优于基于滞后会计信息的修正盈余价格比和传统盈余价格比，并且具有高收益、低风险的特征。这一结果表明，企业会计信息的时效性对于准确评估企业的投资价值、构建优质投资组合具有重要的理论和现实意义。对于投资者来说，充分利用会计信息的时效性能够降低投资风险，获取更为丰厚的市场报酬。

第 25 章　会计投资价值指数编制结果及分析
——基于前三季度会计信息的修正盈余价格比

　　根据前述编制原理与方法，我们应用 2004—2018 年中国 A 股上市公司的财务数据和交易数据编制了基于前三季度会计信息的修正盈余价格比（简称前三季度盈余价格比），构建了投资组合，并对投资组合的收益与风险进行了测算分析。

25.1　描述性统计

　　如前所述，我们于每年 11 月初根据上市公司的前三季度盈余价格比构建前三季度盈余价格比 200 投资组合（$ETP_{q3,adj}200$），于每年 5 月初根据上市公司的传统盈余价格比构建传统盈余价格比 200 投资组合（$ETP200$），并对这两个投资组合的预测盈余价格比和传统盈余价格比进行描述性统计，结果如表 25-1 所示。

表 25-1　变量描述性统计

Panel A：前三季度盈余价格比 200（$ETP_{q3,adj}200$）						
组合形成期	样本量	最小值	中位数	最大值	均值	标准差
2004.11	200	0.03	0.08	393.18	2.19	27.80
2005.11	200	0.03	0.08	28.10	0.29	2.02
2006.11	200	0.01	0.07	1.42	0.09	0.11
2007.11	200	0.01	0.03	9.82	0.16	0.97
2008.11	200	0.05	0.14	21.73	0.47	2.15
2009.11	200	0.02	0.04	5.51	0.15	0.65

续表

Panel A：前三季度盈余价格比 200（$ETP_{q3,adj}200$）						
组合形成期	样本量	最小值	中位数	最大值	均值	标准差
2010.11	200	0.02	0.05	11.16	0.18	0.85
2011.11	200	0.03	0.08	773.07	4.27	54.68
2012.11	200	0.03	0.07	754.02	4.09	53.32
2013.11	200	0.02	0.07	11.88	0.23	0.97
2014.11	200	0.02	0.06	8.77	0.22	0.99
2015.11	200	0.01	0.05	294.67	1.97	21.48
2016.11	200	0.02	0.06	67.19	0.60	4.85
2017.11	200	0.05	0.15	761.67	4.37	53.87
2018.11	200	0.04	0.12	56.11	0.50	3.98
全样本	3000	0.01	0.07	773.07	1.32	25.84
Panel B：传统盈余价格比 200（ETP200）						
组合形成期	样本量	最小值	中位数	最大值	均值	标准差
2005.5	200	0.06	0.08	0.22	0.10	0.03
2006.5	200	0.03	0.05	0.25	0.05	0.02
2007.5	200	0.03	0.04	0.11	0.04	0.01
2008.5	200	0.04	0.05	0.16	0.06	0.02
2009.5	200	0.05	0.06	0.24	0.07	0.02
2010.5	200	0.04	0.06	0.14	0.06	0.02
2011.5	200	0.05	0.07	0.16	0.07	0.02
2012.5	200	0.07	0.09	0.21	0.10	0.03
2013.5	200	0.08	0.10	0.28	0.11	0.03
2014.5	200	0.08	0.11	1.52	0.13	0.11
2015.5	200	0.04	0.06	0.17	0.06	0.02
2016.5	200	0.06	0.08	0.23	0.09	0.03
2017.5	200	0.06	0.07	0.19	0.08	0.03
2018.5	200	0.06	0.10	0.43	0.12	0.04
全样本	2 800	0.03	0.07	1.52	0.08	0.05

由表 25-1 可知，由于前三季度盈余价格比 200 投资组合的构建仅应用前三季

度的会计信息，且构建时间比传统盈余价格比 200 投资组合早 6 个月，因此根据 2004—2018 年的财务数据可以形成 15 个前三季度盈余价格比 200 投资组合和 14 个传统盈余价格比 200 投资组合。

Panel A 报告了前三季度盈余价格比 200 投资组合的描述性统计结果，观察中位数和均值可知，纳入投资组合的样本公司在 2004 年 11 月、2008 年 11 月、2011 年 11 月、2012 年 11 月、2015 年 11 月和 2017 年 11 月最有可能被低估或者被低估的程度最大，而在 2006 年 11 月、2007 年 11 月、2009 年 11 月、2010 年 11 月、2013 年 11 月和 2014 年 11 月最有可能被高估或者被高估的程度最大，2018 年 11 月的前三季度盈余价格比处于全部样本的平均水平，这一结果与同期沪深两市的大盘表现相一致。Panel B 报告了传统盈余价格比 200 投资组合的描述性统计结果，观察其中位数和均值可知，纳入投资组合的样本公司在 2005 年 5 月、2012 年 5 月、2013 年 5 月和 2014 年 5 月最有可能被低估或者被低估的程度最大，而在 2006 年 5 月、2007 年 5 月和 2015 年 5 月最有可能被高估或者被高估的程度最大，这一结果与同期沪深两市的大盘表现相一致，尤其是 2014 年下半年以来沪深两市迎来的"牛市"印证了 2012 年 5 月、2013 年 5 月和 2014 年 5 月的公司股价被低估，而 2015 年 6 月以来的"股灾"证实了 2015 年 5 月的公司股价被高估。事实上，前三季度盈余价格比 200 投资组合和传统盈余价格比 200 投资组合囊括了诸多规模大、流动性强、市场表现稳定的权重股，能够较好地反映市场的整体走势。

25.2 投资组合的持有期"收益–风险"比较

为了检验前三季度盈余价格比作为投资工具的有效性，除了传统盈余价格比 200 投资组合之外，我们还选取了预测盈余价格比 200 投资组合和修正盈余价格比 200 投资组合，以及常见的作为股票投资组合业绩评价标准的市场组合为对照组，包括上证综指、深证成指、沪深 300、上证 180 和深证 100。由于各类综合股指的权重选择标准不一，存在流通股和非流通股之分，因而本报告在计算前三季度盈余价格比、预测盈余价格比、修正盈余价格比和传统盈余价格比的投资组合收益率时采用流通市值加权和总市值加权两种方法，而综合股指收益率的算法保持不变。同时，虽然前三季度盈余价格比 200 投资组合的形成时间为每年的 11 月初，但为了确保各投资组合的持有期收益率在横截面上具有可比性，我们将检验期统一确定为当年 5 月至次年 4 月。结果如表 25-2 和表 25-3 所示。

表 25-2　投资组合年化收益率与标准离差率：流通市值加权

检验期	ETP$_{q3.adj}$ 200	ETP$_{pre.adj}$ 200	ETP$_{adj}$ 200	ETP200	上证综指	上证 180	沪深 300	深证成指	深证 100
2005.5~2006.4	36.07%	37.31%	26.16%	27.55%	24.25%	23.97%	25.73%	21.97%	30.34%
2006.5~2007.4	227.30%	229.01%	205.33%	209.72%	166.71%	194.54%	203.55%	182.22%	203.90%
2007.5~2008.4	19.63%	19.84%	14.42%	17.80%	-3.86%	10.98%	11.25%	24.29%	22.33%
2008.5~2009.4	-18.76%	-18.51%	-28.00%	-31.85%	-32.91%	-34.43%	-33.75%	-29.64%	-29.46%
2009.5~2010.4	30.11%	23.13%	24.08%	20.18%	15.86%	14.68%	16.94%	17.47%	24.07%
2010.5~2011.4	18.13%	12.78%	19.23%	4.15%	1.42%	1.48%	4.09%	10.31%	11.66%
2011.5~2012.4	-16.11%	-17.12%	-19.11%	-12.54%	-17.70%	-16.86%	-17.75%	-17.32%	-19.84%
2012.5~2013.4	-10.12%	-11.11%	-8.27%	-0.61%	-9.11%	-5.21%	-6.81%	-14.63%	-10.07%
2013.5~2014.4	-1.35%	-0.54%	-2.00%	-6.79%	-6.96%	-11.44%	-11.79%	-15.86%	-11.30%
2014.5~2015.4	130.52%	120.95%	120.47%	116.63%	119.19%	124.43%	120.04%	102.64%	107.87%
2015.5~2016.4	-27.68%	-22.64%	-23.78%	-21.33%	-33.85%	-35.90%	-33.54%	-31.56%	-27.26%
2016.5~2017.4	25.30%	26.55%	23.26%	16.68%	7.36%	9.39%	8.97%	0.92%	8.34%
2017.5~2018.4	16.05%	14.74%	14.04%	14.65%	-2.30%	8.56%	9.22%	0.88%	11.52%
2018.5~2019.4	-1.19%	-1.65%	0.18%	4.88%	-0.13%	7.76%	4.16%	-6.30%	0.58%
BHR	1 085.37%	995.76%	707.92%	669.11%	165.57%	297.31%	319.69%	206.48%	456.30%
年均收益率	19.32%	18.65%	16.09%	15.69%	7.23%	10.36%	10.79%	8.33%	13.04%
标准离差率	4.81	4.91	5.38	5.51	8.89	7.28	7.09	8.45	6.35

表 25 - 3　投资组合年化收益率与标准离差率：总市值加权

检验期	ETP$_{q3+adj}$ 200	ETP$_{prec.adj}$ 200	ETP$_{adj}$ 200	ETP200	上证综指	上证180	沪深300	深证成指	深证100
2005.5～2006.4	36.80%	40.76%	29.53%	34.46%	24.25%	23.97%	25.73%	21.97%	30.34%
2006.5～2007.4	221.93%	225.74%	178.04%	184.92%	166.71%	194.54%	203.55%	182.22%	203.90%
2007.5～2008.4	18.39%	18.12%	12.18%	15.28%	-3.86%	10.98%	11.25%	24.29%	22.33%
2008.5～2009.4	-19.50%	-19.24%	-26.49%	-31.52%	-32.91%	-34.43%	-33.75%	-29.64%	-29.46%
2009.5～2010.4	29.84%	24.23%	22.20%	19.48%	15.86%	14.68%	16.94%	17.47%	24.07%
2010.5～2011.4	14.68%	13.09%	16.65%	4.64%	1.42%	1.48%	4.09%	10.31%	11.66%
2011.5～2012.4	-16.99%	-18.09%	-19.24%	-13.92%	-17.70%	-16.86%	-17.75%	-17.32%	-19.84%
2012.5～2013.4	-9.90%	-11.63%	-9.20%	-1.38%	-9.11%	-5.21%	-6.81%	-14.63%	-10.07%
2013.5～2014.4	0.77%	-0.01%	-1.05%	-5.92%	-6.96%	-11.44%	-11.79%	-15.86%	-11.30%
2014.5～2015.4	132.24%	121.08%	122.01%	121.38%	119.19%	124.43%	120.04%	102.64%	107.87%
2015.5～2016.4	-28.12%	-23.80%	-24.09%	-21.51%	-33.85%	-35.90%	-33.54%	-31.56%	-27.26%
2016.5～2017.4	19.43%	20.79%	17.53%	16.13%	7.36%	9.39%	8.97%	0.92%	8.34%
2017.5～2018.4	10.94%	10.29%	10.18%	12.50%	-2.30%	8.56%	9.22%	0.88%	11.52%
2018.5～2019.4	-2.44%	-3.45%	-1.18%	4.55%	-0.13%	7.76%	4.16%	-6.30%	0.58%
BHR	916.41%	863.64%	562.53%	616.77%	165.57%	297.31%	319.69%	206.48%	456.30%
年均收益率	18.01%	17.57%	14.46%	15.11%	7.23%	10.36%	10.79%	8.33%	13.04%
标准离差率	5.05	5.12	5.75	5.62	8.89	7.28	7.09	8.45	6.35

观察表 25-2 不难发现，总体而言，前三季度盈余价格比 200 投资组合、预测盈余价格比 200 投资组合、修正盈余价格比 200 投资组合和传统盈余价格比 200 投资组合的 14 年持有期收益率（BHR）、年均收益率显著高于市场指数组合，这说明长期持有价值型股票能够获取正的超额收益，与 Lakonishok et al.（1994）的研究结论相一致。与此同时，相比于预测盈余价格比 200、修正盈余价格比 200 和传统盈余价格比 200 投资组合，前三季度盈余价格比 200 投资组合的 14 年持有期收益率和年均收益率明显更高。具体来说，若不考虑交易成本，只需在每年 11 月初更新投资组合，前三季度盈余价格比 200 投资组合连续 168 个月的持有期收益率高达 1 085.37%，年度平均收益率为 19.32%。这表明尽管损失了部分会计信息的完整性，但前三季度盈余价格比充分利用了公司会计信息的时效性，优于预测盈余价格比，更明显优于基于滞后数据的修正盈余价格比和传统盈余价格比。

从单个年份的市场表现来看，前三季度盈余价格比 200 投资组合、预测盈余价格比 200 投资组合、修正盈余价格比 200 投资组合和传统盈余价格比 200 投资组合互有短长。但是从大多数年份来看，前三季度盈余价格比 200 投资组合的市场表现相对更好。例如，2005 年 5 月至 2006 年 4 月，前三季度盈余价格比 200 投资组合的持有期收益率为 36.07%，而同期修正盈余价格比 200 投资组合和传统盈余价格比 200 投资组合的持有期收益率仅为 26.16% 和 27.55%。2006 年 5 月至 2007 年 4 月，前三季度盈余价格比 200 投资组合的持有期收益率为 227.30%，而同期修正盈余价格比 200 投资组合和传统盈余价格比 200 投资组合的持有期收益率仅为 205.33% 和 209.72%。2007 年 5 月至 2008 年 4 月，前三季度盈余价格比 200 投资组合的持有期收益率为 19.63%，而同期修正盈余价格比 200 投资组合和传统盈余价格比 200 投资组合的持有期收益率仅为 14.42% 和 17.80%。在世界金融危机期间（2008 年 5 月至 2009 年 4 月），所有投资组合都发生了亏损，市场投资组合的平均亏损程度超过 30%，而前三季度盈余价格比 200 投资组合的亏损程度远低于市场投资组合，仅为 18.76%，同期修正盈余价格比 200 投资组合和传统盈余价格比 200 投资组合的收益率为 -28.00% 和 -31.85%。2009 年 5 月至 2010 年 4 月，前三季度盈余价格比 200 投资组合的持有期收益率为 30.11%，而同期预测盈余价格比 200 投资组合、修正盈余价格比 200 投资组合和传统盈余价格比 200 投资组合的持有期收益率仅为 23.13%、24.08% 和 20.18%。2014 年 5 月至 2016 年 4 月，我国 A 股"牛市"和"股灾"接连上演，在"牛市"期间，前三季度盈余价格比 200 投资组合的持有期收益率达到 130.52%，高于预测盈余价格比 200 投资组合、修正盈余价格比 200 投资组合和传统盈余价格比 200 投资组合的 120.95%、120.47% 和 116.63%。在"股灾"期间，市场投资组合的平均亏损程度大多超过 30%，而前三季度盈余价格比 200 投资组合的亏损程度要小于市场投资组合。2016

年 5 月至 2017 年 4 月以及 2017 年 5 月至 2018 年 4 月，前三季度盈余价格比 200 投资组合的持有期收益率分别为 25.30％和 16.05％，高于其他市场投资组合，完全弥补了"股灾"造成的亏损。2018 年 5 月至 2019 年 4 月，市场投资组合的持有期收益率亏盈参半，前三季度盈余价格比 200 投资组合的持有期收益率和预测盈余价格比 200 投资组合的持有期收益率均为负，但是前三季度盈余价格比 200 投资组合的亏损程度更少。

那么，高回报是否意味着高风险呢？根据有效市场假说，资产的收益和风险是对称的；换言之，既然前三季度盈余价格比 200 投资组合的持有期收益率高于其他投资组合，那么其必然会承担更高的风险。因此，本报告考察了以股票收益波动率度量的市场风险，对市场风险的度量采用投资组合业绩评价中最常用的均值-方差分析法，即以投资组合月收益率的标准离差率来衡量投资风险，计算公式如下：

$$SDTE = \frac{\sigma_p}{E(R_p)} \tag{25-1}$$

式中，$SDTE$ 为标准离差率，又称变异系数，代表单位期望收益所对应的风险水平；σ_p 代表投资组合的月收益率标准差；$E(R_p)$ 代表投资组合的月收益率期望值。

从表 25-2 中可以看出，在整个检验期间（2005 年 5 月至 2019 年 4 月），前三季度盈余价格比 200 投资组合的标准离差率不仅远远低于市场投资组合，还低于预测盈余价格比 200 投资组合、修正盈余价格比 200 投资组合和传统盈余价格比 200 投资组合。基于前三季度盈余价格比的投资策略具有高收益、低风险的特征，而有效市场假定下"收益与风险对称"的观点不能解释这一结果；换言之，前三季度盈余价格比 200 投资组合的高收益不能归因于投资者承担了更高的市场风险。

观察表 25-3 同样发现，前三季度盈余价格比 200 投资组合的 14 年持有期收益率以及年均收益率均高于其他投资组合。对比表 25-2 可知，在考虑流通股和非流通股的计算差异之后，基于总市值加权的前三季度盈余价格比 200 投资组合、预测盈余价格比 200 投资组合、修正盈余价格比 200 投资组合和传统盈余价格比 200 投资组合的持有期收益率和年均收益率有所下降，标准离差率稍有上升，但主要结果基本保持不变。

为了更直观、清晰地看出前三季度盈余价格比作为投资工具的有效性，我们绘制了前三季度盈余价格比 200 投资组合、预测盈余价格比 200 投资组合、修正盈余价格比 200 投资组合、传统盈余价格比 200 投资组合和其他市场投资组合 168 个月的持有期累计收益率走势图。在计算累计收益率时，我们同样采用了流通市值加权和总市值加权两种方法，结果见图 25-1 和图 25-2。

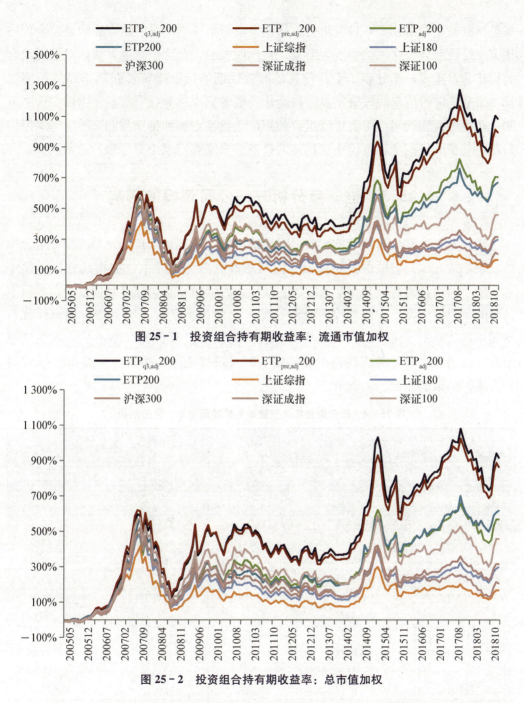

图 25-1　投资组合持有期收益率：流通市值加权

图 25-2　投资组合持有期收益率：总市值加权

　　由图 25-1 可知，在持有期内，前三季度盈余价格比 200 投资组合、预测盈余价格比 200 投资组合、修正盈余价格比 200 投资组合和传统盈余价格比 200 投资组合的累计收益率整体上高于其他市场投资组合，这再一次说明，长期持有价值型股票能够带给投资者十分可观的回报，与 Lakonishok et al.（1994）的发现相一致。与此同时，从长期来看，前三季度盈余价格比 200 投资组合的累计收益率一直高于预测盈余价格比 200 投资组合、修正盈余价格比 200 投资组合和传统盈余价格比 200 投资组合。这一结果更为形象、直观地表明，会计信息的时效性对投资组合的构建非常重要，充分利用会计信息的时效性能够帮助投资者获得丰厚的超额回报，而基于滞后信息的投资工具往往会让投资者损失部分投资收益。由图 25-2 可知，在整个检验期间，所有投资组合的累计收益率走势和排序与图 25-1 基本保持一致，基于前三季度盈余价格比构建的投资组合能够带来十分可观的超额回报。

25.3 进一步分析——公司规模的影响

我们先来考察公司规模的影响。对于纳入前三季度盈余价格比 200 投资组合中的股票，首先，我们根据公司规模（应用总市值衡量）的中位数将其分为规模小和规模大两组，每组包含 100 只股票。其次，为了探究公司规模对投资组合收益率的影响，我们计算了不同规模投资组合的各年度持有期收益率、持有期累计收益率和年均收益率。同时，由于各类综合股价指数的权重选择标准不一，存在流通股和非流通股之分，因而我们在计算收益率时选择流通市值加权和总市值加权两种方法。结果如表 25-4 所示。

表 25-4　投资组合年化收益率与标准离差率：区分规模

检验期	$ETP_{q3,adj}200$			
	流通市值加权		总市值加权	
	规模小	规模大	规模小	规模大
2005.5—2006.4	48.07%	33.42%	50.70%	34.37%
2006.5—2007.4	231.40%	225.82%	221.54%	221.37%
2007.5—2008.4	15.39%	20.93%	16.56%	18.84%
2008.5—2009.4	-8.86%	-20.57%	-8.79%	-21.37%
2009.5—2010.4	51.01%	26.69%	50.22%	26.63%
2010.5—2011.4	14.99%	19.15%	14.52%	15.00%
2011.5—2012.4	-25.65%	-14.90%	-24.77%	-15.95%
2012.5—2013.4	-9.35%	-10.22%	-9.48%	-10.03%
2013.5—2014.4	15.29%	-3.35%	19.91%	-1.94%
2014.5—2015.4	134.68%	129.73%	138.43%	130.72%
2015.5—2016.4	-11.93%	-29.96%	-10.61%	-30.79%
2016.5—2017.4	8.37%	28.06%	6.07%	21.91%
2017.5—2018.4	-13.32%	20.92%	-14.96%	15.52%
2018.5—2019.4	-3.80%	-1.00%	-5.57%	-2.07%
BHR	1 200.31%	1 048.03%	1 213.74%	859.69%
年均收益率	20.11%	19.04%	20.20%	17.53%
标准离差率	4.94	4.88	4.93	5.16

　　表 25-4 分别报告了基于流通市值加权和基于总市值加权的投资组合年均收益率与标准离差率。由表 25-4 可知，将前三季度盈余价格比 200 投资组合按公司规模的中位数分组后，小规模组合连续 168 个月的持有期收益率高达 1 200.31% 和 1 213.74%，年均收益率达到 20.11% 和 20.20%；大规模组合连续 168 个月的持有期收益率仅为 1 048.03% 和 859.69%，年均收益率只有 19.04% 和 17.53%。以上结果表明，公司规模对投资组合的收益率存在显著影响，持有前三季度盈余价格比 200 投资组合中的小规模公司股票能够获取更高的市场回报。我们仍然应用投资组合月收益率的标准离差率，对前三季度盈余价格比 200 投资组合中小规模组合和大规模组合的投资风险进行考察。由表 25-4 可知，在流通市值加权的情况下，小规模组合和大规模组合的标准离差率相近。而在总市值加权的情况下，小规模组合的标准离差率相对更小。这一结果说明，小规模组合不仅具备高收益的特点，而且每单位的期望收益所承担的风险低于大规模组合。因此，对于投资者来说，在构建投资组合时，侧重选取前三季度盈余价格比 200 投资组合中的小规模公司股票，不仅能够获得可观的回报，而且投资风险较小。

　　为了更直观、清晰地观察公司规模对投资组合收益率的影响，我们绘制了前三季度盈余价格比 200 投资组合中小规模组合和大规模组合 168 个月的持有期累计收益率走势图。在计算累计收益率时，我们同样采用了流通市值加权和总市值加权两种方法，结果见图 25-3 和图 25-4。

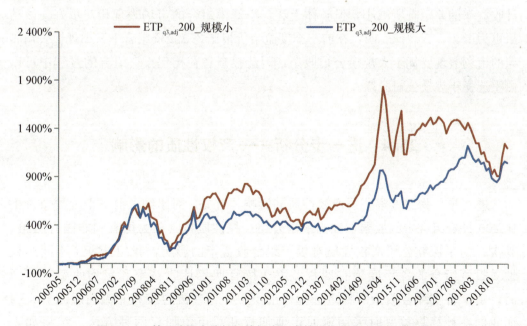

图 25-3　基于流通市值加权的投资组合持有期收益率：区分规模

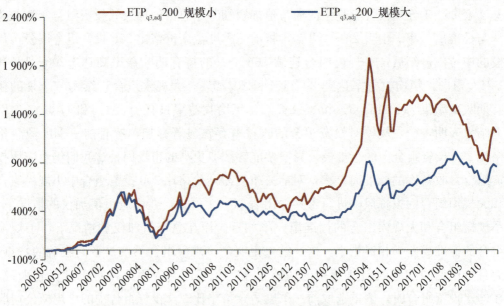

图 25 - 4　基于总市值加权的投资组合持有期收益率：区分规模

由图 25 - 3 和图 25 - 4 可知，无论是基于流通市值加权还是基于总市值加权，在整个检验期内，小规模组合的累计收益率几乎都要高于大规模组合的累计收益率。特别是从 2010 年开始，两组间差距逐步扩大。虽然自 2018 年开始，由于中美贸易摩擦的影响，中国股市的表现一直不佳，导致小规模组合与大规模组合的累计收益率的差距有所减小，但整体上看，小规模组合的市场表现相对更好。该结果更为形象、直观地表明，在前三季度盈余价格比 200 投资组合中，小规模公司股票的市场表现要优于大规模公司股票，因此投资者在构建投资组合的过程中可以侧重选择小规模公司股票。

25.4　进一步分析——产权性质的影响

进一步，我们考察公司产权性质的影响。首先，对于纳入前三季度盈余价格比 200 投资组合中的股票，我们根据公司产权性质将其分为国有和非国有两组。其次，为了探究公司产权性质对投资组合收益率的影响，我们计算了不同产权性质投资组合的各年度持有期收益率、持有期累计收益率和年均收益率。同时，由于各类综合股指的权重选择标准不一，存在流通股和非流通股之分，因而我们在计算收益率时采用流通市值加权和总市值加权两种方法。结果如表 25 - 5 所示。

表 25－5　投资组合年化收益率与标准离差率：区分产权性质

| 检验期 | ETP$_{q3,adj}$200 | | | |
| | 流通市值加权 | | 总市值加权 | |
	国有	非国有	国有	非国有
2005.5—2006.4	36.16%	34.22%	36.82%	35.32%
2006.5—2007.4	222.84%	248.87%	217.35%	248.79%
2007.5—2008.4	23.28%	7.09%	21.80%	5.36%
2008.5—2009.4	−18.22%	−22.97%	−19.39%	−22.89%
2009.5—2010.4	25.69%	45.20%	25.38%	43.80%
2010.5—2011.4	19.28%	16.42%	16.13%	13.91%
2011.5—2012.4	−14.50%	−24.05%	−15.43%	−24.19%
2012.5—2013.4	−14.98%	−9.32%	−15.19%	−7.19%
2013.5—2014.4	−5.31%	10.84%	−5.11%	15.33%
2014.5—2015.4	126.88%	144.77%	130.51%	141.62%
2015.5—2016.4	−29.93%	−24.36%	−30.76%	−23.87%
2016.5—2017.4	37.94%	10.50%	35.42%	5.00%
2017.5—2018.4	16.58%	14.02%	13.39%	6.59%
2018.5—2019.4	−0.91%	−1.60%	−0.81%	−4.45%
BHR	1 058.63%	1 044.11%	926.97%	902.62%
年均收益率	19.12%	19.02%	18.10%	17.90%
标准离差率	4.86	5.04	5.04	5.27

表 25－5 分别报告了基于流通市值加权和基于总市值加权的投资组合年均收益率和标准离差率。由表 25－5 可知，将前三季度盈余价格比 200 投资组合按公司产权性质分组后，国有组合连续 168 个月的持有期收益率为 1 058.63% 和 926.97%，年均收益率为 19.12% 和 18.10%；而非国有组合连续 168 个月的持有期收益率为 1 044.11% 和 902.62%，年均收益率为 19.02% 和 17.90%。以上结果表明，在前三季度盈余价格比 200 投资组合中，持有国有组合和非国有组合均能获得较为客观的投资收益，且两个组合的收益率相差不大。我们仍然应用投资组合月收益率的标准离差率，对前三季度盈余价格比 200 投资组合中国有组合和非国有组合的投资风险进行考察。由表 25－5 可知，无论是基于流通市值加权还是基于总市值加权，国有组合与非国有组合的标准离差率都较为相近。这一结果说明，国有组合和非国有组合不仅在收益水平上较为一致，同时还承担了相近的市场风险。因此，对于投资者来说，在构建投资组合时，无论是选取前三季度盈余价格比 200 投资组合中的国有股还是非国有股，均能够获得可观的回报，同时投资风险较小。

　　为了更直观、清晰地观察公司产权性质对投资组合收益率的影响，我们绘制了前三季度盈余价格比 200 投资组合中国有组合和非国有组合 168 个月的持有期累计收益率走势图。在计算累计收益率时，我们同样采用了流通市值加权和总市值加权两种方法，结果见图 25 - 5 和图 25 - 6。

图 25 - 5　基于流通市值加权的投资组合持有期收益率：区分产权性质

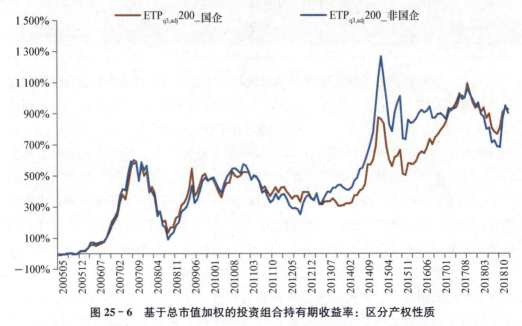

图 25 - 6　基于总市值加权的投资组合持有期收益率：区分产权性质

　　由图 25 - 5 和图 25 - 6 可知，无论是基于流通市值加权还是基于总市值加权，在整个检验期内，国有组合与非国有组合的累计收益率的走势基本一致，虽然在

2015 年接连爆发的"牛市"和"熊市"期间出现短期的偏离，但随后又恢复至相近的水平。值得注意的是，非国有组合的收益率波动相对较大，具体表现为在"牛市"阶段收益率增长较快，在"熊市"阶段下跌也更为明显。相比之下，国有组合则呈现出相对较低的市场风险。该结果更为形象、直观地表明，在前三季度盈余价格比 200 投资组合中，国有公司股票和非国有公司股票的市场表现并无明显的优劣之分，因此投资者在构建投资组合的过程中可以对两类股票进行合理配置，以平衡投资组合的收益与风险。

25.5　投资组合股票分析

本报告列示了 2017 年和 2018 年根据基于前三季度会计信息的修正盈余价格比所构建的投资组合股票名单，以及相对于 2017 年，2018 年新纳入投资组合的股票名单，详见二维码。

| 2017 年前三季度盈余价格比投资组合股票名单 | 2018 年前三季度盈余价格比投资组合股票名单 | 2018 年新纳入前三季度盈余价格比投资组合股票名单 |

此外，我们从相对于 2017 年，2018 年新纳入投资组合的股票名单中选取了两只代表性股票，从前三季度盈余价格比的角度进行分析。

一、元祖股份

（一）公司基本介绍

元祖股份（603886）主要从事各类烘焙食品的研发、生产与销售，旗下拥有蛋糕、月饼、水果及其他中西式糕点四大产品系列。公司产品以国内市场销售为主，利用全国连锁经营的线下实体店及线上各大电子商务平台实施销售活动。

（二）前三季度盈余价格比指标分析

元祖股份 2018 年前三季度盈余价格比为 0.06。具体分析如下：

公司 2017 年前三季度的营业收入为 14.01 亿元，2018 年为 16.32 亿元，比上年同期增长 16.49%，表明公司具有较强的盈利能力。2018 年前三季度营业收入季均增长率为 0.15，表明公司成长性良好。公司主要产品分为日常消费品和节令性产品。公司前三季度营业收入实现较大幅度增长，一方面受益于日常消费品销量的稳步上升，另一方面受益于节令性产品销量的上升。中国产业信息研究网发布的《2018—2023 年中国烘焙食品行业市场调查分析及发展前景预测研究报告》显示，中国的烘焙食品零售规模保持稳步增长，2012—2017 年年均复合增长率为 12.80%。在烘焙食品中，面包和糕点的销售额合计占 60% 左右，因此日常消费品需求增加带动公司营业收入上升。同时，由于 2018 年中秋及端午节令的业绩好于上年同期，公司前三季度营业收入同比增加。该指标兼顾并保障了会计信息的时效性和准确性，因此牺牲掉了部分会计信息的完整性，但是从主营业务来看，元祖股份处于防御性行业，不容易受到外围经济波动的影响，年度市场需求大致稳定，因此预测公司全年营业收入会有较大幅度增长。

公司 2017 年前三季度扣除非经常性损益后的净利润为 1.84 亿元，2018 年为 2.27 亿元，比上年同期增长 23.37%，表明公司具有较高的盈利质量。2018 年前三季度，营业收入和营业成本均有所增加，但是由于公司主要产品蛋糕、粽子、月饼等销量增加，且各项费用管控得当，净利润比上年同期增长 23.37%。

公司 2017 年前三季度经营活动现金流入为 17.41 亿元，2018 年为 19.67 亿元，同比增长 12.98%。2018 年前三季度经营活动现金流入与前三季度营业收入之比为 1.21，说明公司现金流充裕，经营风险较低。公司前三季度经营活动产生的现金流入增长的主要原因是销量增加。

总体而言，在综合考虑上市公司的盈利能力、盈利质量、成长性、经营风险等因素后，可以发现元祖股份具有非常高的投资价值。

二、建发股份

（一）公司基本介绍

建发股份（600153）的主营业务为两大板块，即供应链运营业务和房地产开发业务。供应链运营业务涉及的范围较广，主要有金属材料、浆纸产品、矿产品、农林产品、轻纺产品、化工产品、机电产品、能源产品以及汽车、食品、酒类等供应链服务；房地产开发业务主要包括住宅地产开发、商业地产开发、土地一级开发、工程代建、物业租赁和物业管理等。

（二）前三季度盈余价格比指标分析

建发股份 2018 年的前三季度盈余价格比为 0.09。具体分析如下：

公司 2017 年前三季度的营业收入为 1 441.87 亿元，2018 年为 1 832.63 亿元，比上年同期增长 27.10%，表明公司具有较强的盈利能力。2018 年前三季度营业收入季均增长率为 26.90%，表明公司兼具成长性和稳定性。公司在供应链和房地产业务方面均实现了较大幅度的营业收入提升。在供应链业务方面，公司坚持专业化经营核心品种，工业原材料类的大宗产品实现了 20% 左右的营业收入增长率；公司不仅深入挖掘中西部市场，还积极开拓海外市场，实现了进出口和国际跨境业务营业规模的巨大提升。在房地产业务方面，公司通过提高产品品质、创新营销模式等多种措施，推动去库存化，实现逆势突围，前三季度公司合同销售金额和权益销售金额两项指标增速均高于同期全国商品房相同指标的增速。

公司 2017 年前三季度扣除非经常性损益后的净利润为 13.16 亿元，2018 年为 14.11 亿元，比上年同期增长 7.22%，表明公司具有较高的盈利质量。

公司 2017 年前三季度经营活动现金流入为 1 750.03 亿元，2018 年为 2 476.64 亿元，同比增长 41.52%。2018 年前三季度经营活动现金流入与前三季度营业收入之比为 1.35，说明公司现金流充裕，经营风险较低。公司前三季度经营活动产生的现金流入增长的主要原因包括：一是供应链业务货款回笼速度加快，货款回笼金额增加。公司在 2018 年不断完善供应链风控管理体系，改进和优化供应链运营管理 ERP 平台和各垂直行业平台，推进供应链物流和仓储系统的信息化建设，优化交易流程，提升供应链上下游的协同效率。二是公司积极应对房地产政策，加快去库存化，有效推进销售资金回笼。此外，两家房地产子公司预收售房款增加也使得经营活动现金流入增加。

总体而言，公司实施稳健的经营政策，现金流充裕，具有较强的盈利能力和较高的盈利质量，兼具成长性和稳定性，具有较高的投资价值。

25.6　小结

会计信息的时效性对于基于公司会计信息的投资策略具有至关重要的意义。本报告以修正盈余价格比为基础，仅应用前三季度的会计信息构建前三季度盈余价格比，进而考察构建优质投资组合的能力以及投资组合的市场表现。该指标虽然放弃了公司第 4 季度的会计信息，牺牲了会计信息的完整性，但在一定程度上充分利用了公司会计信息的时效性，保障了会计信息的准确性。

应用 2004—2018 年沪深 A 股的样本数据，本报告得出以下结论：基于前三季度盈余价格比的选股策略不仅能够战胜市场指数，同时显著优于基于滞后会计信息的修正盈余价格比和传统盈余价格比，而且具有高收益、低风险的特征。这一结果表明，企业会计信息的时效性对于准确评估企业的投资价值、构建优质投资组合具有重要的理论和现实意义。对于投资者来说，充分利用会计信息的时效性能够降低投资风险，获取更为丰厚的市场报酬。

第 26 章　总结与展望

26.1　研究总结

26.1.1　会计宏观价值指数研究总结

在《中国会计指数研究报告（2017）》中，课题组为了适应我国经济体量持续扩大，上市公司数量日渐增多以及产业结构不断变化的发展现状，将会计宏观价值指数的编制样本由 1 273 家上市公司拓展为全部 A 股上市公司。本报告沿用了该方法，对 2018 年第 2 季度至 2019 年第 1 季度的会计宏观价值指数进行了编制与分析，系统考察了 2018 年以来我国的宏观经济形势。

结果显示：2018 年以来，会计宏观价值指数呈现出一些新的变化趋势和特点：（1）整体来看，价值创造额指数继续保持强劲的增长态势，价值创造效率指数出现稳中有升的回暖趋势。这表明在中美贸易摩擦的干扰下，我国宏观经济仍然保持良好运行，供给侧结构性改革也取得了阶段性成果。（2）国有控股公司在价值创造总量中占有绝对优势，说明国有控股公司在国民经济发展中发挥了主导作用，但非国有控股公司的单位资产价值创造额更大，资源利用效率更高。（3）2018年季均员工薪酬所得占比最高，政府税收所得次之，随后是股东获利所得，最后是债权人利息所得。（4）2018 年以来，华南地区经济发展增幅最大；西南、华东、华中地区稳中有升，趋势相似；东北、华北地区增长较为平缓；西北地区由于样本数量较少，整体走势波动较大。（5）2018 年以来，受中美贸易摩擦、民营企业融资难、经济形势阶段性疲态等多重因素的影响，大制造业的价值创造额与价值创造效率均出现了不同程度的下降，但在宏观经济政策调控下，2019 年第 1季度有所回升。（6）大服务业的地区发展极不平衡，华东、华南及华北地区大服务业上市公司的价值创造总量远高于其他地区。大服务业内各行业的价值创造实力分布不均，批发和零售业，交通运输业、仓储和邮政业，信息传输、软件和信息技术服务业，房地产业的资产规模较大，文化、体育和娱乐业，房地产业的价值创造额与价值创造效率远超其他行业。此外，国有控股公司的价值创造能力与效率要好于非国有控股公司。2018 年以来，受国际复杂经贸环境与国内严峻经济形势的影响，大服务业整体发展受限，两种指数均经历了大幅下跌。(7) 农林牧渔业的价值创造额指数出现回升趋势，但价值创造效率指数持续下降的现状需引起有关部门的足够重视。(8) 作为国民经济的润滑剂，金融业自 2015 年"股灾"之后陷入发展瓶颈，价值创造额指数与价值创造效率指数增长缓慢，2018 年第 2 季度至 2019 年第 1 季度延续了这一趋势。而与行业整体的瓶颈期相比，保险业迎来了自身发展的窗口期，价值创造额指数和价值创造效率指数持续上涨，动力强劲。

随着会计指数研究的深入，课题组对会计宏观价值指数的编制理念和编制方法进行了细化，以求更准确地把握各行业的运行状况和发展趋势。基于上述认识，课题组按照行业、经济性质和地区等对全样本、大制造业、大服务业、农林牧渔业和金融业的价值创造额、价值创造效率等进行了细致的分析和思考，得出一系列富有启发性的结论。可以说，会计宏观价值指数的编制工作越发成熟，初步做到从不同角度解释不同行业的发展趋势，能为各类利益主体（股东、政府、员工和债权人）制定合理和富有成效的经济决策提供有益的建议。

26.1.2　会计综合评价指数研究总结

在 2019 年度编制工作中，会计综合评价指数共计涵盖制造业（食品制造业，医药制造业，橡胶和塑料制品业，非金属矿物制品业，金属制品业，通用设备制造业，专用设备制造业，汽车制造业，电子器械及器材制造业，计算机等电子设备制造业，电力、热力、燃气及水生产和供应业）、零售业、交通运输业、房地产业和货币金融服务业（银行业）等 15 个行业。通过对行业资产负债表和利润表主要项目进行准确预测，会计综合评价指数实现了会计信息的提前披露，极大提高了会计数据的信息含量，能够为企业、投资者、商业银行等机构改善经营决策提供借鉴。依据选取的财务指标构建的会计综合评价指数，实现了从会计角度对上市公司经营业绩的财务评估，提升了会计信息对企业和利益相关者的可用性。

具体来讲，制造业、交通运输业和房地产业的会计综合评价指数主要从回报（净资产收益率、总资产收益率和销售净利率）、风险（流动比率、资产负债率）和成长（总资产周转率、应收账款周转率、营业收入增长率和总资产增长率）三个角度对财务报表主要项目进行预测与分析；零售业在制造业次类行业的基础上，将成长部分评价指标更新为存货周转率、总资产周转率、应付账款周转率、营业收入增长率和总资产增长率 5 个指标；货币金融服务业（银行业）由于自身经营特点有别于传统行业，其会计综合评价指数主要从盈利能力（净资产收益率、总资产收益率、成本收入比、中间业务收入比）、成长能力（总资产增长率、营业收入增长率）、资产质量（不良贷款率、拨备覆盖率、存贷比）和偿债能力（资本充足率、一级资本充足率）等角度进行分析与评价。此外，课题组根据会计综合评价指数的计算方法，得到了各行业综合运行情况最好的 20 家上市公司，并且进一步从盈利能力、成长能力、经营风险、资产质量、偿债能力等多个方面对测算结果的内涵加以定性解读与分析，完善了会计综合评价指数的分析体系，提升了会计综合评价指数在实践中评价行业运行情况的应用价值。

26.1.3 会计投资价值指数研究总结

企业的投资价值关乎投资者的切身利益，是资本市场关注的焦点。企业的会计信息能够真实、准确、完整地反映其财务状况，有助于投资者评估企业的投资价值。传统的盈余价格比（E/P，即市盈率的倒数）能够同时反映企业的会计信息和市场信息，因此在学术研究中广受关注，在实务界选择个股、构建投资组合、制定投资策略的过程中也应用广泛。

尽管如此，盈余价格比作为反映股票内在价值的重要指标仍然存在一定的缺陷。首先，传统的盈余价格比所包含的信息极其有限。上市公司的投资价值不仅取决于盈余规模，还与包括盈余的持续性、稳健性在内的盈余质量相关。此外，成长性也是决定股票内在价值的重要因素。鉴于此，本报告将盈余质量、成长性和经营风险纳入股票估值体系中，从而构建出包含更多基本面信息的会计投资价值指数，即修正盈余价格比。其次，传统的盈余价格比属于衡量股票投资价值的滞后指标，这是因为计算该指标需要上市公司年报中的净利润信息，而上市公司通常在次年的 4 月才会披露年报。这不仅大大降低了公司信息的时效性，更无法准确反映出当下公司的投资价值。鉴于此，本报告从两个视角出发，在修正盈余价格比的基础上进一步改进，包括构建基于预测会计信息的修正盈余价格比以及基于前三季度会计信息的修正盈余价格比。在这两个指标中，前者放弃了部分会计信息的准确性，后者牺牲了会计信息的完整性，但相对于滞后指标来说更充分地挖掘了会计信息的时效性，在一定程度上避免了滞后指标可能造成的对公司价值的误判。研究结果表明，基于企业会计投资价值指数的选股策略不仅能战胜市场，还优于传统盈余价格比，并且具有高收益、低风险的特征。

此外，值得注意的是，在 2019 年度的报告中，课题组基于会计投资价值指数的编制结果，进一步从盈利能力、盈利质量、成长性、经营风险等方面对上市公司的投资价值进行了系统分析，有助于投资者在构建投资组合过程中对会计投资价值指数的充分理解与合理运用，提升了会计投资价值指数的应用价值。

26.2　研究不足

在过去的一年，会计指数的研究范围和研究目标进一步清晰，研究方法日臻成熟，分析体系日益完善，理论和实践意义日渐凸显，但是，课题组的工作依然存在一些有待完善的地方，具体表现在以下几个方面：

第一，会计宏观价值指数的理论基础不够坚实，不能全面反映宏观经济的运行状况，在实践中的应用有待进一步推广。在今后的研究工作中，课题组将致力于以马克思劳动价值论为指导，构建宏观视角下的会计理论体系，以夯实会计宏观价值指数编制的理论基础。同时，课题组将结合我国现阶段宏观经济发展的需求，致力于实现对非上市公司样本的覆盖以及对更高频数据的应用，构建包含上市公司与非上市公司，基于月度数据编制的会计宏观价值指数，以更为全面地刻画我国宏观经济运行的真实情况。此外，课题组将积极开展与实务界及有关部门的合作，大力推进会计宏观价值指数在现实经济活动中的应用与推广。

第二，会计综合评价指数经过多年的研究与发展，目前已经囊括了制造业次类行业、零售业、交通运输业、房地产业、货币金融服务业等 15 个行业。在随后年度的研究工作中，课题组将进一步拓宽行业评价的覆盖范围，尝试实现预测周期更短、方法更为灵活的季度预测和滚动预测，同时进一步完善会计综合评价指数的分析体系，拓宽其在实践中评价行业运行情况的应用范围，以增强该指数的理论价值和现实意义。

第三，会计投资价值指数的会计信息含量，会计信息的时效性、准确性和完整性都存在完善的空间。在今后的工作中，课题组将尝试把更多能够反映股票投资价值的会计指标纳入考察范围内，并实现对更多会计指标的合理预测，进一步综合考虑会计信息作为价值投资工具的信息含量、时效性、完整性与准确性，为投资者选择投资标的、制定投资决策提供一定的指导意见。

第四，会计指数的时效性依然存在提高的可能性。本报告中会计综合评价指数首次实现了会计信息的提前预测，极大提高了会计信息的应用价值。随着时间的推移，会计指数数据来源的及时性问题亟待解决。课题组建议，现有国有企业和金融企业的每月月报能够详细披露人工成本、企业税费等详细数据，这有助于会计指数更好地反映企业的经营状况，有助于课题组为政府和企业制定合理的经济决策提供及时准确的政策建议。

第五，2018 年我国会计准则发生了重大变更，变更内容涉及会计政策、会计调整、会计估计、会计差错、报告日后事项等多方面内容。由于公司会计信息是会计指数研究的基础，因此会计准则的变更将对会计指数研究工作造成重大影响。例如，新会计准则下会计科目所包含的会计信息可能与变更前完全不同，导致原有的会计指数编制方法不再适用。

展望未来，课题组将在已有研究成果的基础上，着力做好以下几方面的工作：第一，以马克思劳动价值论为指导，构建宏观视角下的会计理论体系，夯实会计宏观价值指数编制的理论基础；第二，成立会计准则学习小组，尽快明确会计准则变更对会计指数研究工作产生的具体影响，进而合理调整会计指数的编制方法；第三，进一步拓展会计宏观价值指数的数据来源，加快推进指数编制样本对上市公司与非上市公司的全面覆盖，实现以月度数据为基础的指数编制与分析，使会计宏观价值指数更全面及时地反映我国宏观经济运行状况；第四，扩大会计综合评价指数的行业范围，实现预测周期更短、方法更加灵活的季度预测和滚动预测，同时进一步完善指数分析体系；第五，进一步完善会计投资价值指数的编制方法，充分挖掘会计信息的时效性、准确性和完整性，加强对会计投资价值指数测算结果的解读与分析；第六，着力推动与实务界及相关部门的合作，进一步提升会计指数在宏观、中观和微观等各个层面现实经济活动中的应用价值。

图书在版编目（CIP）数据

中国会计指数研究报告. 2019/王化成主编. --北
京：中国人民大学出版社，2021.5
　（中国人民大学研究报告系列）
　ISBN 978-7-300-29239-7

　Ⅰ. ①中… Ⅱ. ①王… Ⅲ. ①会计-指数-研究报告
-中国- 2019 Ⅳ. ①F23

　中国版本图书馆 CIP 数据核字（2021）第 060952 号

中国人民大学研究报告系列
中国会计指数研究报告（2019）
主　编　王化成
副主编　刘　欢　刘桂香　李昕宇　刘金钊
Zhongguo Kuaiji Zhishu Yanjiu Baogao（2019）

出版发行	中国人民大学出版社		
社　　址	北京中关村大街 31 号	**邮政编码**	100080
电　　话	010 - 62511242（总编室）	010 - 62511770（质管部）	
	010 - 82501766（邮购部）	010 - 62514148（门市部）	
	010 - 62515195（发行公司）	010 - 62515275（盗版举报）	
网　　址	http://www.crup.com.cn		
经　　销	新华书店		
印　　刷	北京玺诚印务有限公司		
规　　格	185 mm×260 mm　16 开本	**版　　次**	2021 年 5 月第 1 版
印　　张	27.5 插页 1	**印　　次**	2021 年 5 月第 1 次印刷
字　　数	505 000	**定　　价**	128.00 元